KB145259

양자 컴퓨팅 발전과 전망

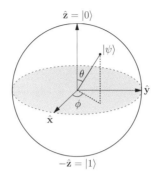

양자 컴퓨팅 발전과 전망

전미 과학·공학·의학한림원 지음
테크 트랜스 그룹 T4 옮김

i!i
에이콘

에이콘출판의 기틀을 마련하신 故 정완재 선생님 (1935-2004)

| 전미 과학 · 공학 · 의학한림원 소개 |

전미 과학한림원National Academy of Sciences은 1863년에 링컨 대통령이 서명한 의회 법안에 의해 과학 기술 관련 문제에 관한 국가의 조언을 제공하는 민간 비정부 기관으로 설립됐다. 회원들은 연구에 탁월한 공헌을 한 동료 중에서 선출된다. 마르샤 맥넛 박사Dr. Marcia McNutt 박사가 의장으로 활동하고 있다.

전미 공학한림원National Academy of Engineering은 1964년에 전미 과학한림원 산하에 국가에 공학 관련 자문을 하고자 설립됐다. 회원들은 공학에 대한 특별한 기여를 한 동료 중에서 선출된다. 모트 주니어 박사Dr. CD Mote, Jr.가 의장이다.

전미 의학한림원National Academy of Medicine(구 의학연구소)은 1970년 전미 과학한림원 산하의 의료 및 건강 문제에 대해 국가에 자문을 제공하고자 설립됐다. 회원들은 약과 건강에 대한 저명한 공헌을 한 동료 중에서 선출된다. 빅터 드자우 박사Dr. Victor J. Dzau가 의장이다.

전미 과학·공학·의학한림원은 협력해서 국가에 대해 독립적이며 객관적인 분석 및 자문을 제공하며 복잡한 문제를 해결하고 공공 정책 결정에 정보를 제공하는 기타 활동을 수행한다. 또한 전미한림원은 교육과 연구를 장려하고 지식에 대한 탁월한 공헌을 인정해 과학, 공학 및 의학 문제에 대한 대중의 인식을 높이고 있다.

전미 과학·공학·의학한림원은 www.nationalacademies.org에서 더 자세히 알아볼 수 있다.

전미 과학·공학·의학한림원에서 발표한 공동 연구 보고서는 인정된 전문가 위원회에서 작성한 각 사항의 연구 보고서에 기반을 두고 합의된 사항들을 문서화했다. 보고서에는 일반적으로 위원회에서 수집한 정보와 위원회의 심의에 따라 조사 결과, 결론 및 권장 사항들이 포함된다. 각 보고서는 엄격하고 독립적인 동료 심사 과정을 거치며, 이는 업무 관련 전미 한림원의 입장을 나타낸다.

전미 과학·공학·의학한림원은 간행물에는 전미 한림원에서 소집된 워크숍, 심포지엄 또는 기타 행사에서의 발표 및 토론 내용이 포함된다. 간행물에 포함된 진술 및 의견은 참가자의 것이며, 기술된 내용들은 다른 참가자, 기획위원회 또는 전미 한림원에 의해 보증되지 않는다.

전미 한림원의 다른 제품이나 활동에 따른 정보는 https://www.national-academies.org/about을 방문해서 확인할 수 있다.

| 양자 컴퓨팅의 기능성 및 시사점에 대한 기술 평가 위원회 |

마크 호로비츠[Mark A. Horowitz], NAE[1], 의장, 스탠포드 대학교

앨런 아스푸루-구직[Alan Aspuru-Guzik], 토론토 대학교

데이빗 오샬롬[David D. Awschalom], NAS[2]/NAE, 시카고 대학교

밥 블레이크리[Bob Blakley], 시티그룹

단 보네[Dan Boneh], NAE, 스탠포드 대학교

수잔 코퍼스미스[Susan N. Coppersmith], NAS, 위스콘신 대학교, 매디슨

김정상, 듀크 대학교

존 마르티니스[John M. Martinis], 구글

마가렛 마르토노시[Margaret Martonosi], 프린스턴 대학교

미쉘 모스카[Michele Mosca], 워털루 대학교

윌리엄 올리버[William D. Oliver], 매사추세츠 공과대학

크리스타 스보레[Krysta Svore], 마이크로소프트 리서치

우메쉬 바지라니[Umesh V. Vazirani], NAS, UC 버클리

스태프

에밀리 그럼블링[Emily Grumbling], 연구 책임자, 컴퓨터 과학 및 통신위원회[CSTB]

샤나 브래들리[Shenae Bradley], 행정 어시스턴트, CSTB

존 아이젠버그[Jon Eisenberg], 선임 이사, CSTB

카티리아 오티즈[Katiria Ortiz], 어소시에이트 프로그램 책임자, CSTB

얀키 파텔[Janki Patel], 선임 프로그램 어시스턴트, CSTB

---

1. 전미 공학한림원 회원

2. 전미 과학한림원 회원

스태프

존 아이젠버그^{Jon Eisenberg}, 수석 이사

라이넷 밀렛^{Lynette I. Millett}, 준회원

샤나 브래들리^{Shenae Bradley}, 행정 어시스턴트

에밀리 그럼블링^{Emily Grumbling}, 프로그램 책임자

르네 호킨스^{Renee Hawkins}, 재정 및 행정 관리자

카티리아 오티즈^{Katiria Ortiz}, 어소시에이트 프로그램 책임자

얀키 파텔^{Janki Patel}, 선임 프로그램 어시스턴트

CSTB에 관한 더 자세한 정보는 http://www.cstb.org의 웹 사이트를 참조한다. 우편물은 'CSTB, National Academies of Sciences, Engineering, and Medicine, 500 Fifth Street, NW, Washington, DC 20001'로 보내고, 전화는 (202) 334-2605를 이용하면 된다. CSTB에 대한 이메일은 cstb@nas.edu로 보내면 된다.

| 지능 커뮤니티 연구 위원회 |

프레데릭 장[Frederick Chang], NAE[5], 공동 의장, 남부 감리교 대학교

로버트 다이네스[Robert C. Dynes], NAS[6], 공동 의장, 캘리포니아 대학교, 샌디에이고

줄리 브릴[Julie Brill], 마이크로소프트

토마스 디아즈 드 라 루비아[Tomás Díaz De La Rubia], 퍼듀 대학교 디스커버리 파크

로버트 파인[Robert Fein], 맥린 병원/하버드 의과 대학

미리암 존[Miriam John], 독립 컨설턴트

아니타 존스[Anita Jones], NAE, 버지니아 대학교

도날드 켈[DONALD M. KERR], 독립 컨설턴트

로버트 라티프[Robert H. Latiff], R. 라티프 어소시에이트

마크 로웬탈[Mark Lowenthal], 정보 및 보안 아카데미, LLC

마이클 말레타[Michael Marletta], NAS/NAM[7], 버클리 캘리포니아 대학교

로제르 메이슨[L. Roger Mason], JR., 페라톤

엘리자베스 린스콥프 파커[Elizabeth Rindskopf Parker], 캘리포니아 주립 변호사

윌리엄 프레스[William H. Press], NAS, 텍사스 대학교, 오스틴

데이비드 릴만[David A. Relman], NAM, 스탠포드 대학교

사무엘 비스너[Samuel Visner], 마이터 코퍼레이션

---

5. 전미 공학한림원 회원

6. 전미 과학한림원 회원

7. 전미 의학한림원 회원

스태프

앨런 쇼^{Alan Shaw}, 국장

캐린 레슬리^{Caryn Leslie}, 선임 프로그램 담당자

크리스 존스^{Chris Jones}, 재무 관리자

마거릿 슈미이너^{Marguerite Schneider}, 행정 코디네이터

디오나 알리^{Dionna Ali}, 리서치 어소시에이트

아드리안나 하그로브^{Adrianna Hargrove}, 재정 어시스턴트

나다니엘 데비보이스^{Nathaniel Debevoise}, 선임 프로그램 어시스턴트

| 검토자의 검토 내용 |

이 공동 연구 보고서는 다양한 관점과 기술적 전문성으로 선택된 개인에 의해 초안 형태로 검토됐다. 이번 검토의 목적은 전미 과학·공학·의학한림원이 출판된 각 보고서를 품질, 객관성, 증거에 대한 기관 표준을 충족하는지 확인하는 데 도움이 되도록 솔직하고 비판적인 의견을 제공하는 것이다. 그리고 연구 책임에 대한 응답 사항, 검토 의견 및 원고 초안 내용은 심의 과정의 완전성을 보호하고자 기밀로 유지된다.

이 보고서를 검토해주신 많은 분께 감사드린다.

스콧 아론손^{Scott Aaronson}, 텍사스 오스틴^{Austin}
케네스 브라운^{Kenneth R. Brown}, 듀크 대학교
제리 초우^{Jerry M. Chow}, IBM 토마스 J. 왓슨 리서치 센터
윌리엄 댈리^{William J. Dally}, NAE[8], NVIDIA
숀 할그렌^{Sean Hallgren}, 펜실베니아 주립 대학교
존 헤이즈^{John P. Hayes}, 미시건 대학교
다니엘 라이다르^{Daniel Lidar}, 남 캘리포니아 대학교
존 맨페델리^{John Manferdelli}, 노스이스턴 대학교
안 마쓰우라^{Anne Matsuura}, 인텔 랩스
윌리엄 프레스^{William H. Press}, NAS[9], 오스틴의 택사스 대학교
스티븐 월락^{Steven J. Wallach}, NAE, 마이크론 테크놀로지

---

8. 전미 공학한림원 회원
9. 전미 과학한림원 회원

앞에 열거된 검토자들이 건설적인 의견과 제안을 상당히 많이 했지만, 그들은 이 보고서의 결론이나 권고 사항들에는 책임이 없으며, 릴리스 이전의 최종 초안을 확인하지 않았다. 이 보고서는 사무엘 풀러[Samuel H. Fuller](NAE, 아날로그 디바이스)에 의해 검토됐다.

풀러는 이 보고서의 독립적인 검토가 전미 한림원의 기준에 따라 수행됐으며 모든 검토 의견을 신중하게 고려했는지 확인하는 데 대한 책임을 지고 있다. 최종 콘텐츠에 대한 책임은 전적으로 저작위원회와 전미 한림원에 있다.

| 감사의 말 |

위원회와 전미 한림원이 진심으로 감사드리는 수많은 분들의 공헌 없이는 이 작업이 불가능했을 것이다. 미국 해군 수상전 연구 센터^{Naval Surface Warfare Research Center} 달그렌^{Dahlgren} 사단의 제이크 페린홀트^{Jake Farinholt}는 양자 컴퓨팅 및 관련 분야 연구에 서지 분석을 제공해 이 분야에서의 글로벌 참여 사례를 제공했다. 유럽 집행위원회^{European Commission}의 미국 대표단인 메리 카바나^{Mary Kavanagh} 박사와 워싱턴 주재 호주 대사관의 앤서니 머펫^{Anthony Murfett} 보좌역은 양자 과학 및 기술 분야의 EU 및 호주 연구 활동 정보를 제공해 많은 도움이 됐다.

위원회는 위원회 회의에서 기술적인 의견을 제시한 모든 관계자와 더불어 개별 위원회 멤버들과 많은 의견을 나누고 답변을 주고받은 마크 사프만, 조나단 더링, 피트 샤드볼트, 엘레나 배코비치, 헬무트 카츠그레버, 로버트 콜웰, 에디 파리에게 감사의 말을 전하고자 한다. 이 보고서 관련 기술 문제를 명확히 하는 데 많은 도움이 됐다.

이 연구의 후원자며 연구의 재정적 지원을 해준 미국 국가 정보국장실^{Office of the Director of National Intelligence of the United States of America}과 컴퓨터 과학 및 통신 이사회^{Computer Science and Telecommunications Board}의 수석 이사인 존 아이젠버그^{Jon Eisenberg}에게 감사드린다.

그리고 이 보고서를 작성하고 양자 컴퓨팅의 전문가가 아닌 위원장을 교육시키는 데 소중한 시간을 아끼지 않았던 위원회 구성원들에게 깊은 감사를 드린다. 특히 보고서를 작성하고자 오랜 시간을 투자한 연구 책임자 에밀리 그럼블링^{Emily Grumbling}에게 감사를 드린다. 그녀의 도움 없이는 이 책이 존재하지 않았을 것이다. 위원회 위원장이 연구 그룹의 의장으로 나서는 것이 드문 일은 아니지만 의장을 맡아줬다. 이번 기회에 양자 컴퓨팅의 힘, 발전 사항 및 문제점에 대해 배우는 멋진 시간을 가졌다.

이 보고서가 여러분의 주제 탐구에도 도움이 되기를 바란다.

마크 호로비츠

양자 컴퓨팅의 실현 가능성 및 시사점에 대한 기술 평가 위원장Committee on Technical Assessment of the Feasibility and Implications of Quantum Computing

| 옮긴이 소개 |

테크 트랜스 그룹 T4(greg_kim1002@naver.com)

최신 IT 테크놀로지에 대한 리서치를 목적으로 하는 스터디 그룹이다. 엔터프라이즈 환경에서 오픈소스를 활용한 프레임워크 구축에 관심이 많으며, React.js, Node.js, OpenCV, 머신러닝/딥러닝 등의 기술에 주목 하고 있다. 또한 다양한 오픈소스 기반의 플랫폼 개발 활용에 많은 관심 이 있다. 번역서로는 『OpenCV를 위한 머신 러닝』(에이콘, 2017), 『컴퓨 터 비전과 딥러닝』(에이콘, 2018) 등이 있다.

미래 사회의 근간이 될 양자 컴퓨팅 기술은 기존 슈퍼컴퓨터보다 우월한 정보 처리 속도로 문제를 해결할 수 있다. 기존 컴퓨터와 전혀 다른 새로운 개념의 컴퓨터이므로 금융, 의료, 교통 등의 다양한 분야에 혁신을 가져올 것이다.

2018년 초 구글, IBM, 인텔 등이 각각 수십 큐비트의 양자 프로세서를 공개하면서 양자 컴퓨터 구현의 기대감이 높아졌으며, 이후 2019년 구글이 양자 프로세서 칩 '시카모어'를 공개하며 53개의 큐비트를 이용해 현존하는 최고 성능의 슈퍼컴퓨터를 압도하는 연산 속도를 달성했다. 이와 같이 양자 컴퓨팅 기술은 지속적으로 발전하고 있고 게임 체인저 역할을 할 준비가 돼 있다. 그러나 양자 컴퓨터를 실제로 구현하는 데는 양자 게이트를 제어하고 동작 과정에서 오류를 정정하는 것이 중요하며, 이를 위해 초전도체, 이온트랩과 같은 기존 큐비트 구현 방식을 비롯한 관련 기술이 발전해야 한다. 이 책에서는 양자 컴퓨팅과 관련된 기본 요소와 고급 기술을 모두 다루므로 양자 컴퓨팅 기술에 필요한 핵심 내용을 신속히 알 수 있다.

핵심 내용은 2장부터 6장까지로, 2장에서는 양자 역학의 원리를 다루며, 아날로그 양자, 디지털 노이즈가 있는 중간 규모 양자(디지털 NISQ) 및 완전 오류 정정된 양자 컴퓨터의 3가지 양자 컴퓨팅 유형을 소개한다. 3장에서는 양자 알고리즘을 좀 더 세부적으로 살펴본다. 4장에서는 현재 사용되는 고전적인 암호 및 암호화 시스템을 대형 양자 컴퓨터가 어떻게 깨뜨릴 수 있는지, 이런 취약성을 해결하려면 지금 해야 할 일과 지금까지 진행한 작업을 설명한다. 5장과 6장에서는 양자 컴퓨팅의 하드웨어와 소프트웨어 구성 요소를 만드는 데 필요한 전반적인 아키텍처와 진전 내용을 설명한다. 7장에서는 양자 컴퓨팅의 기술적 진보와 기타 요소, 사용 가능한 기간을 평가/재평가하는 도구, 개발 의미, 미래의 평가 결과를 제공한다.

이 책은 다양한 관점과 기술적 전문성으로 선택된 개별 전문가가 검토한 각 보고서를 종합한 결과물이다. 수많은 전문가의 지식과 의견이 녹아 들어가 있어서 이 책을 통해 얻을 수 있는 지식의 깊이는 매우 깊다. 양자 컴퓨팅은 기존 고전 컴퓨터와 비교해 많은 기술이 다르기 때문에 단번에 모든 것을 이해하기는 어렵다. 하지만 한 장씩 순차적으로 진행해 나가면 기본적인 요소들을 이해함으로써 시작해서 앞으로의 발전 방향까지 습득하게 될 것이다.

진심으로 모든 독자가 양자 컴퓨팅의 다양한 지식을 이해하고 실제로 활용하는 데 이 책이 많은 도움이 되길 바란다.

이 책이 나오기까지 주변에서 묵묵히 많은 도움을 준 가족들과 진행하는 데 있어 든든한 버팀목이 되어주신 에이콘출판의 권성준 사장님, 박창기 이사님, 조유나 님께 감사의 말씀을 드리고 싶다. 이 책을 감수해주신 이승준 님, 이정문 님, 장기식 님, 남기혁 님, 김주현 님께 매우 많은 감사를 드리고 싶다. 처음부터 끝까지 봐주시느라고 엄청나게 많은 도움을 주셨다. 함께 고민해주고 처음부터 끝까지 살펴봐준 멤버들에게도 고마운 마음을 전하고 싶다.

| 차례 |

| 들어가며 |

10년 전에는 대부분의 사람에게 알려지지 않았던 양자 컴퓨팅^{Quantum Computing}
은 지난 몇 년간 대중의 상상력을 자극했다. 이러한 관심 중 일부는 무어
의 법칙으로 알려진 기술 스케일링 둔화에 대한 염려 때문에 생겨난 것
일 수도 있다. 무어의 법칙이 반세기 이상 컴퓨팅 성능을 주도해왔고 대
체 컴퓨팅 기술에 대한 관심은 늘고 있다. 그러나 관심은 대부분 양자 컴
퓨터의 독보적인 연산 능력과 근본적인 하드웨어, 소프트웨어와 알고리
즘을 동작시키는 데 필요한 최근 기술 진보에서 기인한다.

양자 컴퓨터가 나오기 전의 모든 사실적인 컴퓨팅 디바이스는 확장된
'처치-튜링 명제^{Church-Turing Thesis}'를 만족시킨다.[1,2] 모든 컴퓨팅 디바이스
의 성능은 일반적인 '보편적^{universal}' 컴퓨터보다 다항식 크기만큼 빠를 수
있다. 상대적 속도 향상은 성능 법칙만큼 올라갈 수 있다. '클래식'[3,4] 컴
퓨팅 디바이스의 설계자는 동작 속도를 높이고(클록 주기를 늘림), 각 클
록 주기 동안 완료할 수 있는 작업 수를 늘림으로써 컴퓨팅 성능은 여러
단계 향상됐다.

---

1. M.A. Nielsen and I. Chuang, 2016, Quantum Computation and Quantum Information, Cambridge University Press, U.K.

2. P. Kaye, R. Laflamme, and M. Mosca, 2007, An Introduction to Quantum Computing, Oxford University Press, Oxford, UK..

3. 양자 컴퓨터 분야와 이 보고서에서 '양자 컴퓨터'와 구별하고자 물리학의 고전 법칙에 따라 정보를 처리하는 컴퓨터는 '고전 컴퓨터'라고 부르며, '양자 컴퓨터'는 양자 효과가 정보 처리 방식에 적용된 컴퓨터를 의미한다.

4. 'Classical computer'는 기존의 컴퓨터를 의미한다. 원문의 해석은 여기서는 고전 컴퓨터로 통틀어 진행했으며, https://developer.ibm.com/kr/cloud/whats-new/2017/12/05/ibm-q-experience/에서 사용된 단어를 참조했다. — 옮긴이

이러한 변화로 인해 컴퓨팅 성능이 크게 향상됐지만 결과는 보편적인 컴퓨팅 디바이스보다 약간 더 빠른 정도일 뿐이다. 1993년에 나온 번스타인[Bernstein]의 논문[5]은 양자 컴퓨터가 확장된 처치-튜링 명제를 넘어설 수 있다는 것을 보여줬고, 1994년의 피터 쇼어[Peter Shor]는 양자 컴퓨팅의 실용적인 예를 보여줬다. 양자 컴퓨터는 이 문제를 고전 컴퓨터보다 기하급수적으로 빠르게 해결할 수 있다. 이 결과는 흥미롭지만 그 당시에는 양자 컴퓨터, 양자 비트 또는 '큐비트[qubit]'의 가장 기본적인 요소를 만드는 방법조차 알지 못했다. 그렇지만 최근에는 많은 상황이 바뀌었다.

트랩된 이온 원자(트랩된 이온)를 사용하는 기술과 소형 초전도 회로를 사용하는 기술은 연구 그룹이 작은 데모 양자 컴퓨팅 시스템을 구축할 수 있는 정도까지 발전했으며, 일부 그룹은 연구 커뮤니티에 이러한 기술을 이미 제공하고 있다. 이러한 최근의 진보로 인해 전 세계적으로 양자 컴퓨팅에 대한 관심이 폭발적으로 증가했다. 그러나 이 관심과 함께 과대한 선전, 양자 컴퓨팅의 잠재력과 현재 상태 간의 혼란이 동시에 존재한다. 이제는 양자 컴퓨팅이 컴퓨터 성능의 지속적인 스케일링을 가능하게 만들거나(예를 들어 단기적 영향은 적지만, 장기적 효과는 아직 알려지지 않음) 컴퓨터 산업을 어떻게 변화시킬지에 관한 기사를 자주 접할 수 있게 됐다.

양자 컴퓨팅의 실현 가능성 및 시사점에 대한 기술 평가위원회[Committee on Technical Assessment of the Feasibility and Implications of Quantum Computing]는 이 분야를 탐구해 현재의 첨단 기술, 범용 양자 컴퓨터의 가능성 및 파급 효과에 대한 명확성을 확보하는 데 도움을 주고자 모였다. 이와 같은 작업을 하면서 위원회는 양자 컴퓨팅의 이론적 특성과 한계를 분명히 하고 그 분야에 대한 대

5. E. Bernstein, U. Vazirani, 1993, "Quantum Complexity Theory", Proceedings of the Twenty-Fifth Annual ACM Symposium on Theory of Computing (STOC '93), ACM, New York, 11-20, http://dx.doi.org.stanford.idm.oclc.org/10.1145/167088.167097.

중의 일반적인 오해를 바로 잡을 수 있는 기회를 가질 수 있다.

위원회는 직접적인 회의를 진행했고 일부 전화 회의와 원격 협업으로 작업을 수행했다. 그리고 위원회는 책임을 다하고자 양자 컴퓨터 하드웨어, 소프트웨어 및 알고리즘의 현재 상태를 이해하고 쇼어의 알고리즘을 적용할 수 있는 스케일링 가능한 게이트 기반 양자 컴퓨터를 만들기 위해 무엇이 필요한지 파악하는 데 집중했다. 이 과정의 초기 단계에서 현재의 공학적 접근법은 스케일링 가능하고 오류가 완전히 수정된 양자 컴퓨터를 만드는 데 필요한 크기로 직접 스케일링할 수 없다는 것을 분명히 확인했다. 결과적으로 이 그룹은 이 목표를 향한 발전 상황을 추적하기 위한 중간 지표를 찾는 데 중점을 뒀다. 이 작업 전반에 걸쳐 위원회는 여러 분야의 관점을 통합하고 단일 구성 요소나 단일 분야의 측면보다는 시스템 관점에서 실용적인 양자 컴퓨터 구축을 생각해보려고 노력했다.

이 작업은 전체적으로 분류되지 않은 상황에서 수행됐다. 결과적으로 양자 컴퓨팅의 발전 방향, 가능성, 영향에 대한 위원회의 평가는 위원회의 전문성과 경험, 공개 회의에서 수집된 데이터, 외부 전문가와 일대일 대화 및 정보만을 통해 이뤄졌으며, 국가에서 수행된 분류 활동에 관한 어떠한 정보도 위원회에 제공되지 않았다. 결과적으로 위원회는 평가가 정확하다고 믿지만, 평가는 필연적으로 불완전한 정보를 바탕으로 이뤄짐을 인정하고 개방된 과학 분야 외부 연구(비공개 또는 분류)가 필요할 수 있는 가능성을 배제하지 않는다.

이 책을 읽는 방법

이 책은 위원회의 그동안의 연구 결과를 보여준다. 이 책의 주요 결과를 빨리 이해할 수 있도록 '요약' 부분부터 살펴보는 것이 좋다. 요약은 독자가 관심 있는 특정 주제에 대한 세부 정보로 들어가고자 책의 각 주제를 자세히 설명하는 각 장의 핵심 내용을 먼저 제공한다.

각 장의 간략한 설명은 다음과 같다.

- **1장, 양자 컴퓨터의 발전과 전망**에서는 양자 컴퓨터의 계산상 장점을 소개하면서 컴퓨팅 분야의 배경과 콘텍스트를 제공한다. 반세기가 넘는 동안 고전적인 컴퓨팅 기술의 성능이 왜 그리고 어떻게 향상됐는지 주의 깊게 살펴본다. 이러한 성능상의 향상(스케일링)은 주로 신기술을 사용하는 제품이 업계에서 더 많은 돈을 벌어 새로운 기술을 창출하는 데 사용된 선순환 결과였다. 양자 컴퓨터가 비슷하게 성공하려면 점점 더 유용해지는 양자 컴퓨터의 개발에 자금을 지원하는 선순환 구조(이 단계에 도달하기까지는 이 노력을 지원하는 데 필요한 정부 기금이 필요함)를 만들거나 필요성을 제공하기로 약속한 조직이 중간 수익률이나 유용성이 없는 상황에서도 실제적으로 유용한 양자 컴퓨터를 얻기 위한 투자(아마도 총 투자액은 엄청나게 클 것이다)를 진행해야 한다.

- **2장, 양자 컴퓨팅: 새로운 패러다임**에서는 흥미롭고 도전적인 양자역학의 원리를 소개하고, 양자 컴퓨팅 커뮤니티에서 '고전 컴퓨터'라고 부르는 물리학의 고전적인 법칙에 따라 정보를 처리도록 구현된 오늘날의 컴퓨터 동작과 비교한다. 그리고 양자 컴퓨터에 큐비트를 하나 더 추가해 양자 컴퓨터가 두 배로 문제를 해결할 수 있는 이유를 설명한다. 이러한 증가된 연산 능력은 노이즈를 갖는 게이트의 한계(큐비트 게이트 동작은 심각한 오류율을 가진다)를 대응할 수 있고, 데이터를 효율적으로 읽지 못하는 한계점과 시스템을 측정하는 데 갖는 제한된 능력 등에도 대응할 수 있다. 이러한 한계점으로 인해 효과적인 양자 알고리즘을 만드는 것이 어렵다. 이 책에서는 아날로그 양자, 디지털 노이즈가 있는 중간 규모 양자(디지털 NISQ) 및 완전 오

류 정정된 양자 컴퓨터의 3가지 양자 컴퓨팅 유형을 소개한다.

- **3장, 양자 알고리즘과 애플리케이션**에서는 양자 컴퓨터가 가진 힘을 이용하는 것이 어려운 것임을 알려주고 양자 알고리즘을 좀 더 심층적으로 살펴본다. 이 장에서는 완전히 오류가 정정된 머신에 대해 이미 알려진 기본 알고리즘을 사용해본다. 오류 정정을 위한 오버헤드가 상당히 크다는 것을 알 수 있다. 즉, 복잡한 알고리즘에서 사용되는 오류가 없는 논리 큐비트를 에뮬레이트하려면 많은 물리적 큐비트와 물리적 게이트 연산이 필요하다. 따라서 이러한 머신은 수년 동안은 실제로 존재하지 않을 것이다. 그런 다음에 실용적인 유틸리티를 사용할 수 있는 아날로그 및 디지털 NISQ 컴퓨터의 잠재적인 알고리즘을 조사하고 이 분야에서는 더 많은 작업이 필요하다는 것을 알려준다.

- **4장, 양자 컴퓨팅이 암호화에 미치는 영향**에서는 현재 전자 데이터 및 통신을 보호할 때 사용되는 고전적인 암호 시스템을 살펴본다. 그다음 대형 양자 컴퓨터가 기존 시스템을 어떻게 깨뜨릴 수 있는지, 그리고 이 취약성을 해결하고자 암호화 커뮤니티가 지금 해야 할 일(그리고 현재 진행한 작업)을 설명한다. 쇼어 알고리즘은 현재 배포된 비대칭 암호를 깨뜨릴 수 있다. 따라서 암호 키의 사전 지식 없이도 해독이 가능하다.

- **5장, 양자 컴퓨터의 필수 하드웨어 구성 요소**와 **6장, 스케일링 가능한 양자 컴퓨터의 필수 구성 요소**에서는 양자 컴퓨팅의 하드웨어와 소프트웨어 구성 요소를 만드는 데 필요한 전반적인 아키텍처와 발전 상황을 설명한다.

- **7장, 양자 컴퓨팅의 타당성과 시간 프레임**에서는 양자 컴퓨팅에서 상당한 발전을 이루기 위해 필요한 기술적 진보 및 기타 요소, 가능한 기간을 평가/재평가할 수 있는 도구와 개발의 의미, 분야의 미래에 대한 위원회의 평가를 제공한다.

위원회가 이 책을 비전문가들도 볼 수 있게 하려고 서술했지만, 일부 장은 좀 더 정확하게 기술된 문제를 설명하고자 약간(또는 그 이상)의 기술적인 내용을 포함한다. 이러한 기술적인 내용들을 보고자 한다면 지금 단계를 건너뛰어도 좋다. 각 장의 핵심 사항은 중요한 결과로 강조 표시되거나 절 또는 장의 끝에 요약돼 제공된다.

요약

매우 작은 입자의 동작을 설명하는 물리학의 하위 분야인 양자역학은 새로운 패러다임 컴퓨팅의 기반을 제공한다. 양자 컴퓨팅^{QC}은 매우 작은('양자') 물리적 시스템 동작의 전산 모델링을 향상시키는 방법으로 1980년대에 처음 제안됐다. 이 분야의 관심은 1990년대에 쇼어^{Shor}의 알고리즘이 도입됨으로써 양자 컴퓨터에서 구현되는 암호 해독 레벨을 기하급수적으로 높였고, 정부 및 민간 통신을 보호하고 저장하는 데 사용되는 일부 암호화 기술을 잠재적으로 위협하게 됐다. 실제로 양자 컴퓨터는 오늘날의 컴퓨터에 비해 기하급수적인 속도 향상을 제공할 수 있는 유일한 컴퓨팅 모델이다.[6]

1990년대에는 양자 컴퓨팅의 결과가 매우 흥미로웠지만 이론적인 관심만 있었다. 컴퓨터를 구축할 방법을 아는 사람은 아무도 없었다. 이제 거의 25년이 지난 지금, 양자 정보 또는 '큐비트^{qubits}'의 비트를 생성하고 제어하는 과정이 상당히 발전돼 많은 연구 단체가 이론을 증명할 수 있는

---

6. 이러한 양자 컴퓨터의 초기 이론 결과는 양자 컴퓨터의 독창적인 잠재력을 입증했다. 다른 모든 알려진 컴퓨팅 디바이스의 성능은 확장된 처치-튜링 명제(Church-Turing Thesis)에 따라 매우 단순한 '보편적(universal)' 컴퓨터인 확률론적 튜링 머신보다 다항식 레벨로 더 빨리 연산할 수 있다. 양자 컴퓨터는 다음의 논문 내용을 더 넘어설 수 있는 유일한 컴퓨팅 기술이다. Nielsen, Michael A., and Isaac Chuang. "Quantum computation and quantum information." (2002): 558-559. Kaye, Phillip, Raymond Laflamme, and Michele Mosca. An introduction to quantum computing. Oxford University Press, 2007.

양자 컴퓨터를 시연할 수 있게 됐다. 이러한 연구를 통해 양자 컴퓨터 분야를 활성화시켰으며 민간 부문의 막대한 투자를 이끌어냈다.

왜 양자 컴퓨터를 만들고 사용하는 것이 도전적인 것일까?

고전 컴퓨터는 비트를 사용해 작업 중인 값을 나타낸다. 양자 컴퓨터는 양자 비트나 큐비트를 사용한다. 비트는 0 또는 1이 될 수 있지만 큐비트는 0 또는 1을 나타낼 수 있거나 동시에 둘의 조합('중첩superposition'이라고도 함)을 나타낼 수 있다. 고전 컴퓨터의 상태는 비트 모음의 이진 값에 의해 결정된다. 하지만 임의의 단일 시점에서 동일한 양의 양자 비트를 갖는 양자 컴퓨터의 상태는 이와 대응되는 고전 컴퓨터의 모든 가능한 상태에 걸쳐 있을 수 있으며, 매우 큰 문제 공간에서 동작할 수 있다. 그러나 이 공간을 잘 활용하려면 모든 큐비트가 본질적으로 상호 연결되거나(얽혀entangled), 외부 환경으로부터 잘 격리되고 매우 정확하게 제어돼야 한다.

지난 25년 동안 많은 혁신으로 인해 연구자는 양자 컴퓨팅에 필요한 격리 및 제어 기능을 제공할 수 있는 물리적 시스템을 구축할 수 있었다. 2018년에는 두 가지 기술이 대부분의 양자 컴퓨터(초전도 회로에 의해 생성 포획된 이온 및 인공 '원자')에 사용됐지만 큐비트 또는 '물리적 큐비트'의 기본적인 물리적 구현을 위해 현재 다양한 기술이 연구되고 있다. 양자 컴퓨팅 분야의 급속한 진전과 커다란 개선이 여전히 필요하며, 양자 컴퓨팅을 위한 하나의 기술에만 '배팅'하는 것은 너무 이를 수 있다(5장).

사람이 매우 고품질의 큐비트를 만들 수 있더라도 양자 컴퓨터^{QC}를 만들고 사용하는 것은 또 다른 새로운 과제일 수 있다. 새로운 알고리즘, 소프트웨어, 제어 기술 및 하드웨어 추상화가 필요한 고전 컴퓨터와 다른 작업 세트를 사용해야 하기 때문이다.

기술적 위험

큐비트는 본질적으로 노이즈를 가질 수밖에 없다.

고전 컴퓨터와 양자 컴퓨터의 주요 차이점 중 하나는 시스템에서 작은 불필요한 변화나 노이즈를 처리하는 방법에 있다. 고전 비트가 1 또는 0이기 때문에 값이 꺼져 있어도(시스템의 일부 노이즈로 인해) 신호에서 해당 노이즈를 제거하기 쉽다. 사실, 비트를 조작하고 컴퓨터를 만드는 데 사용되는 오늘날의 고전 게이트는 매우 큰 노이즈 마진을 갖고 있다. 입력의 많은 변화를 제거하고 깨끗이 노이즈 없는 출력을 생성할 수 있다. 큐비트는 1과 0의 조합일 수 있기 때문에 큐비트와 양자 게이트는 물리적 회로에서 발생하는 작은 오류(노이즈)를 쉽게 제거할 수 없다. 결과적으로 원하는 양자 연산을 생성할 때 작은 오류 또는 물리적 시스템에 결합되는 임의의 표류stray 신호가 결국 계산에 나타나서 잘못된 출력으로 이어질 수 있다. 따라서 물리적 큐비트에서 동작하는 시스템에서 가장 중요한 설계 매개변수 중 하나는 오류율이며, 낮은 오류율을 달성하긴 매우 어렵다. 2018년 중반에도 5 큐비트 이상의 시스템에서 2 큐비트 연산의 오류율은 몇 % 이상이 된다.

더 작은 시스템에서는 더 작은 오류율을 가진다는 것이 입증됐기 때문에 양자 컴퓨팅이 성공하려면 향상된 동작 충실도가 더 큰 큐비트 시스템에 적용돼야 한다(2.3절).

오차 없는 QC는 양자 오류 정정 필요

물리적 큐비트 동작은 노이즈에 민감하지만 물리적 양자 컴퓨터에서 양자 오류 정정QEC 알고리즘을 실행해 노이즈가 없는 또는 '완전히 오류가 정정된' 양자 컴퓨터를 에뮬레이션할 수 있다. QEC가 없다면 쇼어의 알고리즘을 구현한 복잡한 양자 프로그램이 양자 컴퓨터에서 올바르게 동작하지 않는다. 그러나 QEC는 '논리적 큐비트logical qubit'라고 불리는 더 견고하고 안정적인 큐비트를 에뮬레이션할 때 필요한 물리적 큐비트 수에서 오버헤드를 갖고, 논리적 큐비트의 양자 연산을 에뮬레이션하고자 물리적 큐비트의 원시 큐비트 연산의 수를 처리할 때도 상당한 오버헤드를 가진다. QEC는 미래에 오류 없는 양자 컴퓨터를 만드는 데 필수적이지만, 단기간에 사용하기에는 많은 자원을 필요로 한다. 즉, 당분간 양자 컴퓨터에는 오류가 발생할 수 있다. 현재 클래스의 머신은 노이즈가 있는 중간 크기 양자$^{NISQ, Noisy Intermediate-Scale Quantum}$ 컴퓨터라고 한다(3.2절).

대형 데이터 입력을 QC으로 효율적으로 가져올 수 없음

양자 컴퓨터는 기하급수적으로 더 많은 양의 데이터를 표현하고자 적은 수의 큐비트를 사용할 수 있지만 현재 대량의 일반적인 데이터를 양자 상태[7]로 신속하게 변환하는 방법은 없다(데이터가 알고리즘적으로 생성될 수 있는 경우에는 적용되지 않는다). 큰 입력을 필요로 하는 문제의 경우 입력 양자 상태를 생성하는 데 필요한 시간이 일반적으로 계산 시간을 좌우하고 양자 컴퓨팅의 장점을 크게 감소시킨다.

양자 알고리즘 설계가 어려움

양자 컴퓨터의 상태를 측정할 때 거대한 양자 상태를 그대로 얻지 못하고 하나의 고전적인 결과 형태로 얻는다. 이는 양자 컴퓨터에서 같은 크기의 고전 컴퓨터에서 추출한 것과 동일한 양의 데이터만 추출할 수 있음을 의미한다. 양자 컴퓨터의 장점을 얻으려면 양자 알고리즘은 최종 고전적인 결과에 도달하고자 간섭 및 얽힘과 같은 고유한 양자 기능을 활용해야 한다. 따라서 양자 속도를 향상시키려면 완전히 새로운 종류의 알고리즘 설계 원리와 매우 좋은 알고리즘 설계가 필요하다. 양자 알고리즘 개발은 양자 컴퓨팅 분야의 중요한 부분이다(3장).

---

7. 이 기능을 수행할 수 있는 QRAM(Quantum Random Access Memory)의 제안이 있지만 이 보고서 작성 시점에서는 실용적인 구현 기술이 없었다.

양자 컴퓨터는 새로운 소프트웨어 스택 필요함

다른 컴퓨터와 마찬가지로 실제 유용한 디바이스를 만드는 것은 QC 전용 소프트웨어를 만들고 디버깅하는 데 필요한 하드웨어를 만드는 것보다 훨씬 복잡하다. 양자 프로그램은 고전 컴퓨터용 프로그램과 다르므로 소프트웨어 도구 스택을 추가로 개발하려면 연구 개발이 필요하다. 이러한 소프트웨어 도구가 하드웨어를 구동하므로 하드웨어 및 소프트웨어 툴체인의 동시 개발은 유용한 양자 컴퓨터의 개발 시간을 단축시킨다. 사실, 종단 간 설계(최종 결과로 애플리케이션 설계를 수행)를 완료하고자 처음부터 도구를 사용하는 것은 숨겨진 문제를 명확히 파악하고 전반적인 성공 가능성을 극대화해 고전 컴퓨터 설계와 동일한 접근 방식으로 진행할 수 있다(6.1절).

양자 컴퓨터의 중간 상태를 직접 측정할 수 없음

양자 하드웨어 및 소프트웨어를 디버깅하는 방법은 매우 중요하다. 고전 컴퓨터의 현재 디버깅 방법은 메모리와 중간 머신 상태의 판독 동작을 사용한다. 그렇지만 이 방법은 양자 컴퓨터에서는 가능하지 않다. 양자 상태는 추후 검토용으로 간단히 복사할 수 없고(양자 복제 정리라고 부름), 양자 상태 측정은 고전적인 비트 집합으로 축소된다. 새로운 디버깅 접근법은 큰 양자 컴퓨터의 개발에 필수적이다(6.4절).

양자 컴퓨팅을 위한 시간 프레임

미래를 예측하는 것은 항상 위험하지만 관심 제품이 현재 디바이스에서 너무 큰 범위를 벗어나지 않을 때에는 예측할 수 있다. 그러나 1024비트 RSA 암호화된 메시지에서 개인 키를 찾고자 쇼어의 알고리즘을 실행할 수 있는 양자 컴퓨터를 만들려면 크기가 5배 이상 크고 오류율이 약 2배 이상 더 나은 시스템을 구축해야 한다. 또한 이 머신을 지원하는 소프트웨어 개발 환경을 개발해야 한다.

이러한 격차를 줄이려는 노력이 진행되지만 오류 정정된 양자 컴퓨터가 언제 나올지 계획하는 것은 불가능하고 양자 컴퓨터 분야에서 지속해서 상당한 발전이 계속돼도 이러한 모든 도전을 통해 극복될 것이라는 보장을 하긴 어렵다. 이러한 격차를 해소하는 과정은 예기치 않은 문제에 맞닥뜨릴 수 있고, 아직 개발되지 않은 기술을 요구하거나, 양자 세계의 이해를 변화시키는 근본적인 과학 연구의 새로운 결과로 인해 변경될 수 있다. 양자 컴퓨터 기술의 특정 시간 프레임을 예상하기보다는 위원회는 기술 혁신 비율에 영향을 미치는 요인을 밝히고 앞으로 나아갈 분야에서 발전 상황을 모니터링하기 위한 두 가지 지표 및 몇 가지 마일스톤을 제안한다(7.2절).

양자 컴퓨터의 독특한 특성과 과제를 감안할 때 고전 컴퓨터를 직접 대체하는 데 유용하지는 않을 수 있다. 실제로 양자 컴퓨터에서 작업을 제어하고 양자 오류 정정을 구현하는 데 필요한 계산을 수행할 때 다수의 고전 컴퓨터가 필요하다. 따라서 현재 코프로세서나 액셀러레이터(5.1절)와 유사하게 고전적인 프로세서와 보완적인 방식으로 동작하는 특수 디바이스로 설계되고 있다.

많은 미지의 문제, 어려운 문제가 급속히 발전하는 분야에서 전체 개발속도는 커뮤니티 전체가 새로운 접근 방식과 통찰력을 활용할 수 있는 능력에 의해 결정된다. 양자 컴퓨팅은 연구 결과가 비밀로 유지되거나 특정 분야의 발전이 훨씬 느린 분야다. 다행히 많은 양자 컴퓨팅 연구자는 현재까지 발전 내용을 공유하는 것에 대해 개방적이고, 이 분야에서 개방 철학을 계속 유지하면 큰 이익을 얻게 될 것이다(7.4.3절).

핵심 사항 9: 여러 그룹에서 아이디어를 상호 교환하는 개방 생태계는 기술 발전을 더욱 더 가속화할 수 있다(7장).

또한 기술 진보가 인간과 자본의 자원 상황에 달려 있음은 분명한 사실이다. 많은 사람이 시스템의 큐비트 수에 대해 무어의 법칙에 따라 스케일링이 된다고 생각하지만, 무어의 법칙은 개선된 기술을 사용해 수익을 기하급수적으로 창출하고 연구 및 재투자할 수 있는 선순환의 결과라는 것을 기억해야 한다. 기술의 진보는 기술 개발을 촉진하고 새로운 인재 및 산업을 유치해 기술 레벨을 한 단계 높일 수 있도록 지원하고 있다. 실리콘 기술과 마찬가지로 큐비트에 대한 지속적인 지수 성장을 돕는 무어 법칙에는 기하급수적으로 증가하는 투자가 필요한데, 이 투자에는 양자 컴퓨터의 선순환 과정이 필요하며 소형 양자 컴퓨터가 상업적으로 성공하면 전체 지역에서 투자를 늘릴 수 있게 된다. 상업적 수익을 창출할 중간적인 성공이 없다면 투자 자금을 계속 증가시키는 작업은 정부 기관의 노력에 달려있다. 이러한 시나리오에서도 중간 마일스톤은 꼭 성공적으로 완료해야 한다(1.3절).

QEC의 오버 헤드를 감안할 때 단기적으로 얻을 수 있는 머신은 디지털 노이즈가 있는 중간 크기 양자^{NISQ, Noisy Intermediate Scale Quantum} 컴퓨터가 될 것이다. 대형 오류 정정 양자 컴퓨터를 갖고 많은 흥미로운 응용을 할 수 있지만 사실 NISQ 컴퓨터의 실제 애플리케이션은 현재 존재하지 않는다. NISQ 컴퓨터의 실제 애플리케이션을 만드는 것은 상대적으로 새로운 연구 분야이며, 새로운 유형의 양자 알고리즘 작업이 필요하다. 이처럼 선순환적인 투자 사이클을 시작하려면 2020년대 초까지 상용 NISQ 컴퓨터 애플리케이션을 개발하는 것이 필수적이다(3.4.1절).

핵심 사항 3: NISQ^{Noisy Intermediate-Scale Quantum, 노이즈가 있는 중간 크기 양자} 컴퓨터의 실제 상용 애플리케이션의 연구 및 개발은 양자 컴퓨팅 분야에서 시급하다. 애플리케이션의 연구 개발 결과는 대규모 양자 컴퓨터의 개발 속도와 양자 컴퓨터의 상용 시장 규모 및 견고성에 큰 영향을 미친다(7장).

양자 컴퓨터는 세 가지 일반적인 범주나 유형으로 나눌 수 있다. '아날로그 양자 컴퓨터'는 프리미티브(기본) 게이트 동작을 깨지 않고 큐비트 간의 상호 작용을 직접 조작한다. 아날로그 머신의 예로는 양자 어닐러, 단열 양자 컴퓨터 및 직접 양자 시뮬레이터가 있다. '디지털 NISQ 컴퓨터'는 물리적 큐비트의 프리미티브 게이트 연산을 사용해 관심 있는 알고리즘을 수행함으로써 동작한다. 이러한 유형의 머신들은 모두 노이즈를 갖고 있다. 즉, 오류율과 큐비트 결맞음 시간으로 측정한 품질로 인해 이러한 머신이 해결 가능한 문제의 복잡성이 제한된다. '완전히 오류 정정된 양자 컴퓨터fully error-corrected quantum computers'는 노이즈가 있는 물리적 큐비트를 사용해도 안정적인 논리적 큐비트 에뮬레이션을 수행할 수 있으며 컴퓨터가 모든 계산에 대해 안정적으로 동작할 수 있게 해주는 QECQuantum Error Correction를 통해 더욱 강력해진 게이트 기반 QC 버전이 나올 수 있다(2,6절).

마일스톤

QC의 첫 번째 발전 마일스톤은 단순한 원리 증명을 위한 아날로그 및 디지털 시스템을 사용한 데모 시연이다. 작은 디지털 NISQ 컴퓨터는 2017년에 이미 사용 가능했으며, 수십 큐비트의 오류가 수정될 수 있었다. 제작된 큐비트를 사용해 약 10년 전 양자 어닐링 작업을 시작해 짧은 결맞음 시간을 갖지만, 더 빠르게 스케일링을 조정할 수 있게 됐다. 따라서 2017년까지 실험용 양자 어닐러는 약 2,000 큐비트의 머신으로 성장했다. 이 출발점으로부터 몇 가지 달성 가능한 마일스톤 중 하나를 얻음을 발전 상황에서 확인할 수 있었다. '양자 우월성quantum supremacy'의 데모 시연은 실용적인 유틸리티가 있는지 여부에 관계없이 고전 컴퓨터에서 다루기 어려운 작업을 완료하는 것이다. 여러 팀이 이 목표를 달성하려고 중점을 두고 진행했지만 아직도(2018년 중반) 데모 시연이 되지 않았다. 또 다른 주요한 마일스톤은 상업적으로 유용한 양자 컴퓨터를 만드는 것인

데, 이는 어떤 고전 컴퓨터보다 적어도 하나의 실제적인 작업을 좀 더 효율적으로 수행할 수 있는 QC가 필요하다. 이 마일스톤은 양자 우월성을 달성하는 것보다 이론상으로 어렵다. 문제의 애플리케이션이 기존의 고전 접근 방식보다 더 낫고 유용해야 하기 때문에 양자 우월성을 향상시키는 것은 어려울 수 있다. 특히 아날로그 QC의 경우 더욱 그렇다. 따라서 양자 우월성이 입증되기 전에 먼저 유용한 응용 사례를 가질 수 있다. 오류율이 현저하게 감소된 논리적 큐비트^{qubit}를 만들고자 QC에 QEC를 배치하는 것은 또 다른 주요한 단계며, 오류를 완전히 정정한 시스템을 만들기 위한 첫 번째 단계다(7.3절).

측정 항목

게이트 기반 양자 컴퓨팅의 발전은 양자 프로세서의 품질을 정의하는 주요 속성^{properties}을 추적해 모니터링할 수 있다. 즉, 단일 큐비트와 큐비트 2개의 연산 유효 오류율, 비트 간^{interbit} 연결성 및 단일 하드웨어 모듈에 포함된 큐비트 수를 추적해 모니터링할 수 있다.

핵심 사항 4: 위원회가 이용할 수 있는 정보를 감안할 때 스케일링 가능한 양자 컴퓨터가 언제 나올 수 있는지를 예측하는 것은 아직 이르다. 대신 무작위 벤치마킹을 사용해 평가할 때 평균 게이트 오류율이 일정한 상태에서 물리적 큐비트의 비율을 모니터링하고 장기적으로 시스템이 나타내는 논리적(오류 수정된) 큐비트의 오류 수를 모니터링해 발전 상황을 추적할 수 있다(7장).

논리적 큐비트의 크기와 스케일링율^{scaling rate}을 추적하면 미래의 마일스톤의 타이밍을 더 정확하게 예측할 수 있다.

핵심 사항 5: 연구 커뮤니티가 디바이스를 비교하고 이 책에서 제안된 측정 항목들로 그 결과를 변환하고자 명확한 보고 규약을 만들면 각 항목의 내용을 훨씬 쉽게 모니터링할 수 있다. 여러 머신을 비교할 수 있는 벤치마킹 애플리케이션 세트는 양자 소프트웨어의 효율성과 기본 양자 하드웨어의 아키텍처를 향상시키는 데 도움이 된다(7장).

사용자의 양자 컴퓨터 구축과 사용 작업

양자 컴퓨터 및 기타 양자 기술을 개발하려는 노력은 전 세계적으로 진행되고 있다. 새로운 전통적 과학 기술과 공학 분야의 새로운 전략을 수반하는 대규모의 공동 연구 노력을 통해 성공적인 QC를 구축할 수 있다.

핵심 사항 8: 미국은 역사적으로 양자 기술 개발에서 주도적 역할을 해왔지만 양자 정보 과학과 기술은 이제 세계적으로 진행되고 있는 분야다. 최근 미국 외의 일부 국가들이 했던 대규모 자원 공약을 감안할 때 미국이 지도자의 지위를 유지하려면 미국의 지속적인 지원이 중요하다(7장).

또한 민간 부문은 현재 미국의 양자 컴퓨팅 연구 개발 생태계에서 큰 역할을 담당하고 있다.

핵심 사항 2: 가까운 장래에 양자 컴퓨터가 상업적으로 성공하지 못하더라도 정부의 자금 지원은 양자 컴퓨팅 연구 및 개발이 현저히 감소되는 것을 막는 데 필수적이다(7장).

양자 컴퓨팅과 암호화

양자 컴퓨팅은 데이터를 보호하고자 계산하기 어려운 문제를 사용하는 암호화에 큰 영향을 미친다. 대규모 양자 컴퓨터에서 실행되는 쇼어의 알고리즘은 거의 모든 인터넷 트래픽을 보호하고 저장된 암호화된 데이터를 보호하는 데 사용되는 비대칭 암호에서 개인 키를 추출하는 데 필요한 계산(워크팩터)을 크게 줄일 수 있다. 양자 컴퓨터가 만들어지기 훨씬 전에 포스트 양자 암호를 배포하는 것이 상업적으로 이득이다. 기업과 정부는 앞으로 30년 후에도 지금의 개별 통신을 해독하기는 어렵다. 따라서 가능한 한 빨리 포스트 양자 암호^{post-quantum cryptography}로의 전환을 시작할 필요가 있다. 기존 웹 표준이 쓸모없게 되는데도 10년 이상이 소요됐기 때문이다(4.4절).

핵심 사항 1: 양자 컴퓨팅의 최근 상태와 최근 진행률을 감안할 때 RSA 2048 또는 이와 유사한 이산 로그 기반 공개 키 암호 시스템을 손상시킬 수 있는 양자 컴퓨터가 향후 10년 내에 구축될 것으로는 예상하기 어렵다(7장).

핵심 사항 10: 현재의 암호를 해독할 수 있는 양자 컴퓨터가 나오려면 10년 이상 걸리더라도 양자 컴퓨터가 가진 위험은 충분히 높기 때문에(더군다나 새로운 보안 프로토콜로 전환하기 위한 기간은 꽤 길고 불확실함) 잠재적인 보안 및 개인 정보 보호 재난의 가능성을 최소화하려면 포스트 양자 암호화(양자 내성 암호화)의 개발, 표준화, 적용의 우선순위를 중요하게 고려해야 한다(7장).

양자 컴퓨터가 현재 프로토콜의 큰 위험이 될 수 있음을 감안해 양자 컴퓨터가 쉽게 해결할 수 없는 비대칭 암호^{cryptography}를 개발하려는 적극적인 노력이 있다. 이러한 노력들은 2020년에는 표준화될 것으로 보인다. 배포된 암호 해독을 위한 쇼어 알고리즘이 가진 잠재적인 유용성은 양자 컴퓨팅 연구에서 초기 열정의 주요 드라이빙 포인트였지만, 양자 내성^{quantum-resistant}이라는 암호 알고리즘의 존재는 암호 해독을 위한 양자 컴퓨터의 유용성을 감소시키고, 암호 해독이 장기적으로 양자 컴퓨팅 연구 개발을 주도하는 것을 낮출 수 있다(4.3절).

양자 컴퓨터 사용의 위험과 장점

실질적인 QC가 달성되기 전에 상당한 기술적 장벽이 남아 있으며, 이를 극복할 것이라는 보장은 없다. QC를 구축하고 사용하는 것은 디바이스 공학뿐만 아니라 컴퓨터 과학 및 수학에서 물리학, 화학, 재료 과학에 이르기까지 다양한 과학 분야의 수렴 과정에서 근본적인 진보를 필요로 한다. 그러나 이러한 노력 또한 잠재적인 장점을 제공한다. 예를 들어 QC 연구 개발을 통해 이미 물리학의 진보가 이뤄졌다. 예를 들어 양자 중력 quantum gravity 영역에서 이뤄졌으며, 클래식 알고리즘의 개선에 동기를 부여하거나 알리는 과정을 통해 고전 컴퓨터 과학에서도 진보가 이뤄졌다.

핵심 사항 6: 양자 컴퓨팅은 우주를 이해하려는 인류의 노력을 향상시키는 데 도움이 되는 기초 연구에서 중요하다. 모든 기초 과학 연구와 마찬가지로 이 분야의 발견은 혁신적인 새로운 지식과 응용 분야로 이어질 수 있다(7장).

오류 정정이 가능한 대규모의 양자 컴퓨터를 만드는 건 중요한 일이다. 성공적인 양자 연산 방법을 사용하려면 기존 도구와 기법을 수정해 가능한 경계를 넓히고 양자 결맞음 quantum coherence을 제어할 수 있어야 한다. 물론 새로운 것을 개발할 수도 있다. 양자 결맞음 제어에 의존하는 양자 센싱 및 양자 통신과 같은 관련 기술도 양자 컴퓨터의 진보를 활용할 수 있다(2.2절).

핵심 사항 7: 대규모 양자 컴퓨터의 실현 가능성은 아직 확실하지 않지만 실용적인 QC를 개발하려는 노력이 갖는 장점은 크다. 큐비트 기반 센싱과 같은 양자 정보 기술을 여러 가지 가까운 시일 안에 사용 가능한 응용 분야에 계속 적용해 나갈 수 있다(7장).

이 분야는 양자 컴퓨팅이 지적, 잠재적인 사회적 장점을 갖는 것 이외에 국가 안보에도 영향을 미친다. 대규모의 실용적인 양자 컴퓨터로 오늘날의 비대칭 암호화 시스템을 깨뜨릴 수 있기 때문에 지능적 동작이 제공하는 장점을 보여주는 중요한 신호이기도 하다. 이러한 암호가 깨질 수 있다는 위험을 인식해 양자 암호 해독에 대응하려는 견고한 암호화 시스템을 만들고 배포하는 노력이 시작됐으며, 양자 암호 해독에 대해 현재 양자 안전성^{quantum safe}을 지원하는 여러 후보를 가질 수 있다. 그러나 정부 및 민간 시스템에 포스트 양자 암호를 배포하면 앞으로의 통신을 보호할 수는 있지만 공격자가 이미 공격한 암호화 데이터의 보안 위험은 제거되지 않는다. 단, 쇼어의 알고리즘을 적용할 수 있는 QC 적용가능 시점이 멀어지고 데이터 관련성이 낮아지면 보안 위험의 크기는 감소한다. 그리고 새로운 양자 알고리즘이나 구현은 새로운 양자 암호 해독 기술로 이어진다. 일반적으로 사이버 보안과 마찬가지로 포스트 양자 복원력에 대해서도 지속적인 보안 연구가 필요하다.

하지만 국가 안보 문제는 암호를 다루는 수준을 벗어난다. 좀 더 큰 전략적 질문은 미래의 경제 및 기술 리더십과 관련된다. 역사적으로 고전적인 컴퓨팅은 사회 전반의 변화에 영향을 미쳤다. 산업 및 연구 응용에 양자 알고리즘을 적용할 수 있는 잠재력이 탐구되기 시작했지만 양자 컴퓨팅이 현재의 계산 경계를 초월할 가능성이 있다는 것은 분명하다. 많은 연산 영역에서 효율성을 향상시킬 수 있는 잠재적 포인트이기 때문에 미국에서 강력한 QC 연구 커뮤니티를 지원하는 것이 전략적 가치가 있다.

결론

양자 컴퓨팅 분야에서 현재까지 진전을 이룬 공개 정보들을 평가한 결과 위원회는 원칙적으로 대형 결함 허용 양자 컴퓨터를 구축할 수 없는 근본적인 이유를 발견하지 못했다. 그렇지만 양자 컴퓨터 시스템을 구축하는 과정과 중요한 작업을 수행하는 데 필요한 실질적인 장점을 제공하려면 기술적 과제들을 해결해 나가야 한다. 나아가 단기간에 이뤄야 할 성공, 상업적 애플리케이션에 의존해야 할 펀딩^{funding} 레벨을 결정해야 한다. 그 외에도 미국/해외의 연구 커뮤니티의 영향력과 개방성은 대중이 실제 양자 컴퓨터를 만날 수 있는 타임 라인에 영향을 미치게 될 것이다. 실제 필드에서의 발전 상황은 핵심 사항 3에서 제안한 측정 항목을 사용해 추적할 수 있다. 언제 어느 것이든 오류 정정된 대규모 양자 컴퓨터가 구축되면 양자 컴퓨터와 양자 기술의 지속적인 연구 개발을 통해 인류 과학 지식의 경계를 확장시킬 수 있게 되고, 아직은 수집되지 않았지만 연구 결과를 통해 우주에 대한 이해를 변화시킬 수 있다.

01

양자 컴퓨팅의 발전과 전망

최근 소규모 양자 컴퓨터 개발과 잠재 능력에 대한 이야기는 대중 매체를 통해 지속적으로 볼 수 있고, 대중적 연구와 기업 투자가 시작돼 급속도로 발전 중이지만, 전통적인 컴퓨터의 경우 앞으로의 성능 확장에 대한 우려가 있다[1]. 양자 컴퓨팅 분야에서의 발전은 인상적이지만, 이러한 시스템의 잠재적인 응용 분야, 이런 유형의 컴퓨터를 언제 구축할 수 있는지, 그리고 언제 이러한 기술이 오늘날의 컴퓨팅 패러다임을 혼란시킬 것인지에 대해 미해결 의문점이 많다.

이 책의 목적은 타당성, 시간 프레임과 범용 양자 컴퓨터 구축의 의미를 평가하는 것이다. 이 신기술의 기능을 검토하기 전에 현재의 상용 컴퓨팅 기술의 기원과 기능, 개발을 주도한 경제 세력과 한계를 검토하는 것이 좋다. 이 정보는 새로운 양자 컴퓨팅 기술 개발의 잠재적 도전과 함께 양자 컴퓨팅의 고유 잠재력을 이해할 수 있는 내용을 제공할 것이며, 실제 양자 컴퓨터의 발전을 이해할 수 있는 비교 프레임워크로 사용할 것이다.

1.1 현대 컴퓨팅의 기원

과학과 공학 분야의 진보는 다른 과학 분야의 발견을 촉진시키거나 가속화시켜 새로운 과학과 기술의 설계, 배치의 새로운 통로를 만든다. 이러한 상호 연결은 컴퓨팅 기술의 발전과 더불어 특히 눈에 띄는데, 수천 년의 수학과 물리학의 발전으로 인해 20세기 중반에는 변화된 산업이 나타나기 시작했다. 그리고 100년이 채 안 돼서 실제 컴퓨팅 기술의 연구, 개발과 배치는 과학, 공학과 사회 전반을 변화시켰다.

20세기 중반 이전에 '컴퓨터'는 기계가 아니라 주판이나 계산자와 같은 도구를 사용해 수학 계산을 하는 '사람'이었다. 오늘날 컴퓨터는 일반적으로 잘 정의된 규칙 집합을 사용해 일부 물리적 시스템 내에서 구현된 데이터의 추상 표현을 조작함으로써 많은 문제를 사람보다 더 빠르고 정확하게 해결할 수 있는 복잡한 머신으로 정의한다. 적합한 입력과 적절한 명령어 세트가 주어지면 컴퓨터는 여러 가지 문제의 해답을 출력할 수 있다. 1800년대 초, 찰스 배비지^{Charles Babbage}는 천문 테이블을 인쇄하기 위한 기계식 컴퓨터인 '차분 엔진^{difference engine}'을 설계하고 나중에 더 복잡한 기계식 컴퓨팅 기계인 '분석 엔진^{analytical engine}'을 제안했다. 실용적인 제조 기술이 없었기 때문에 그 당시에는 만들지 못했지만, 이 엔진은 범용 프로그래머블 컴퓨터의 첫 번째 개념이었다. 컴퓨터의 현대적인 개념은 1930년대에 앨런 튜링^{Alan Turing}의 연구와 합쳐져서 나오게 됐다. 다른 컴퓨팅 디바이스를 시뮬레이션할 수 있는 간단한 컴퓨터의 추상적 수학적 모델인 '튜링 머신^{Turing machine}'은 모든 디지털 컴퓨터의 기본 기능을 설명할 수 있었다.

컴퓨팅은 수천 년에 걸친 수학적 원리의 탐구에 근거를 두고 있지만, 실용 디바이스에서는 추상적이고 이론적인 아이디어를 구체적이고 물리적으로 구현해야만 한다. 이러한 디바이스의 첫 번째 성공적인 실현은 2차 세계대전 중에 나타났다. 앨런 튜링은 '봄베^{Bombe}'라는 암호 해독용 특수 목적의 전기 기계식 컴퓨터를 제작했으며, 실제 범용 프로그램인 '자동 컴퓨팅 엔진'의 세부 스펙을 개발했다. 독일에서는 별도의 개발 과정에서 콘라트 추제^{Konrad Zuse}가 전기 기계식 릴레이를 사용해 프로그 래밍이 가능한 최초의 컴퓨터인 Z1을 만들었다. 전쟁이 끝난 후 폰 노이 만 아키텍처[1]는 보편적인 튜링 머신을 컴퓨터의 저장된 프로그램 모델 의 관점에서 재구성한 것이며, 대부분의 컴퓨터 시스템에 적용된 지배 적인 아키텍처로 사용됐다.

그 후 수십 년 동안 군사 기금을 바탕으로 컴퓨터의 성능과 기능이 지속 적으로 향상됐다. 컴퓨터를 만드는 데 사용된 물리적 구성 요소도 시간 이 갈수록 향상됐다. 초기 컴퓨터 산업 규모가 너무 작아 기술 개발을 주 도하지 못했기 때문에 설계자는 라디오, TV, 전화 통신용으로 개발된 기 술(진공관, 트랜지스터, 최종적으로 집적회로)을 활용했다. 시간이 지나면 서 컴퓨팅 업계는 군사 분야보다 훨씬 커졌으며, 맞춤형 기술 개발을 지 원할 만큼 충분히 커졌다. 오늘날 컴퓨팅은 집적회로 개발을 상업적으 로 잘 적용한 분야이고, 다른 많은 분야는 컴퓨팅 산업용으로 설계된 집 적회로를 필요에 따라 활용한다. 결과적으로 모바일 디바이스와 노트북 에서 슈퍼컴퓨터에 이르기까지 오늘날의 전자 컴퓨터는 인간이 물리적 재료와 시스템을 이해하고 제어하는 방법으로 이뤄낸 엄청나게 큰 결실 이다.

1.2 양자 컴퓨팅

오늘날의 컴퓨팅 머신은 정교한 제어로 엄청나게 복잡한 설계를 할 수 있지만, 이러한 머신에서 정보의 표현과 논리적 처리는 고전물리학의

---

1. 존 폰 노이만(John von Neumann)은 처음으로 저장된 프로그램 모델을 제안했다.

법칙[2]을 사용해 설명할 수 있다. 전자기학과 뉴턴 물리학의 고전적 기술은 직관적이고 결정론적인 물리 우주를 설명할 수 있지만, 모든 관측 가능한 현상을 예측할 순 없다. 20세기 초반에 만들어진 이러한 내용은 물리학에서 가장 중요한 변화, 즉 양자역학의 발견을 이끌어냈다. 양자역학(또는 양자물리학)은 결정론적이 아니라 확률론적인 고유 불확실성을 가진 물리 세계의 이론이다. 작은 규모로 나타낼 수 있는 동력학은 이국적이고 반직관적이지만 고전물리학에서는 관측할 수 없었던 다양한 관측 가능한 현상을 정확하게 예측하고, 대형 시스템에서 올바른 고전적 결과를 보여줄 수 있다. 이 분야의 발전은 과학자가 자연을 이해하는 방식을 변화시켰다. 고전물리학의 방정식으로 그 행동을 적절히 근사할 수 없는 아주 작은 시스템을 흔히 '양자계'라고 한다.

고전물리학은 관측 가능한 현상의 좋은 근사 방법으로 사용할 수 있지만, 모든 문제는 근본적으론 양자역학적이다. 고전물리학은 오늘날의 컴퓨터를 구성하는 내용을 모두 포함한다. 하드웨어 구성 요소 설계에 점점 더 많이 물질의 양자 특성을 사용해 정보를 얻고 있으며, 지속적인 구성 요소의 크기 감소는 양자 현상이 양자 컴퓨터에서 구현된 설계, 원리, 동작에 많은 제약을 가하고, 양자 컴퓨터는 고전적인 모습을 지닌다.

오늘날의 컴퓨터가 엄청난 계산 능력을 갖고 있더라도 계산이 어려운 응용 분야가 있지만, 양자계의 특성과 동작을 평가하는 양자 세계에서는 쉽게 계산 가능한 애플리케이션이 존재한다. 오늘날의 고전 컴퓨터는 단순한 양자계를 시뮬레이션할 수 있고 더 복잡한 시스템의 유용한 근사 솔루션을 찾을 수 있지만, 시뮬레이션에 필요한 메모리양은 시뮬레이션하려는 시스템의 크기에 따라 기하급수적으로 커진다.

---

2. 현재 널리 보급된 기존 컴퓨터의 논리 게이트 구현을 가능케 하는 띠틈(band gap)을 가진 반도체 물질의 조작을 설계하거나 설명하고자 양자역학의 법칙을 적용해야 하지만, 논리 정보 처리 자체의 본질은 대전 입자(charged particle)의 고전 모델의 흐름에 기반을 두고 있다.

1982년, 물리학자 리처드 파인만^{Richard Feynman}은 양자역학 현상이 고전 컴퓨터에서의 순수 시뮬레이션보다 더 효율적으로 양자계를 시뮬레이션하는 데 사용될 수 있다고 제안했다[2, 3]. 1993년, 번스타인^{Bernstein}과 바지라니^{Vazirani}는 양자 컴퓨터가 확장된 처치-튜링 명제^{Church-Turing Thesis}를 무효화할 수 있음을 보였다[4]. 모든 컴퓨터 성능은 확률론적 튜링 머신보다 다항식만큼 빠르다는 것이 컴퓨터 과학에서의 기본 원리다[5, 6]. 양자 알고리즘은 재귀 푸리에 샘플링^{recursive Fourier sampling}이라고 하는 특정 계산 작업의 모든 고전 알고리즘에 비해 기하급수적으로 빠른 속도 향상을 제공했다. 다른 계산 문제에서 지수 함수 속도 향상을 보여준 양자 알고리즘의 또 다른 예제는 댄 사이먼^{Dan Simon}이 1994년에 제공했다[7]. 양자 계산은 확장된 처치-튜링 명제를 무효화하는 유일한 계산 모델이므로 고전 컴퓨터보다 양자 컴퓨터의 계산 능력을 지수적으로 향상시킬 수 있다.

1994년, 피터 쇼어^{Peter Shor}는 이론적으로 양자 컴퓨터를 사용해 몇 가지 중요한 계산 문제를 훨씬 더 효율적으로 해결할 수 있음을 보여줬다. 특히 쇼어는 큰 정수를 인수분해하고 이산 로그를 신속하게 해결하는 알고리즘을 도출했다. 오늘날의 가장 큰 컴퓨터조차도 이 문제를 해결하려면 수천 년이나 수백만 년이 걸리며, 과장하면 우주의 존재 시간만큼 오랜 시간동안 계산해야 한다. 하지만 실제 양자 컴퓨터를 가진 사람이라면 누구나 이 방법을 이용해 암호화된 통신과 암호화돼 저장된 데이터의 보안을 손상시키고 잠재적으로 비밀 정보나 개인 정보를 보호하는 암호 코드를 깨뜨릴 수 있기 때문에 이는 놀라운 발견이었다. 이러한 결과는 고전 알고리즘보다 기하급수적으로 향상된 성능을 가진 다른 양자 알고리즘을 개발하고 양자 컴퓨터가 구축될 수 있는 기본 양자 구성 요소^{building block}를 만들려는 연구원들의 관심을 촉발시켰다.

지난 수십 년 동안 양자 컴퓨팅의 연구는 단순한 양자 컴퓨터를 만들 정도까지 진행돼 왔으며, 머신의 복잡도는 시간이 지남에 따라 기하급수적으로 증가할 것이며, 고전 컴퓨터의 성능을 달성할 만큼의 성장세를 가졌다. 앞으로 양자 컴퓨팅이 더욱더 확장될 수 있다는 가정이 중요하기 때문에 확장 가능 요소를 이해해야 한다.

1.3 컴퓨팅의 역사적 진보: 무어의 법칙

초기 컴퓨터는 정부가 자금을 지원하는 거대하고 값 비싸고 매우 많은 전력을 소모하는 장비였지만 오늘날의 컴퓨터는 하드웨어, 소프트웨어, 아키텍처의 향상으로 인해 작고 저렴하고 효율적이며 강력한 성능을 가진다. 주머니 속에 들어갈 수 있는 오늘날의 스마트폰은 20년 전 가장 빠른 슈퍼컴퓨터만큼 많은 계산 능력을 갖추고 있다. 저렴한 컴퓨터 하드웨어 비용으로 인해 다양한 환경 전반에 걸쳐 컴퓨터가 퍼졌고, 많은 사람이 사용하는 웹 컴퓨팅 서비스를 제공하고자 수만에서 수십만 대의 컴퓨터가 통합됐다. 컴퓨터는 이제 세탁기에서부터 노래가 나오는 인사 카드에 이르기까지 점점 더 많은 제품에 내장되고 있다. 이번 절에서는 새로운 컴퓨팅 기술의 여러 가지 교훈과 과제를 보여주며, 어떻게 이러한 상황이 벌어지는지 설명한다.

오늘날 컴퓨터의 핵심 구성 요소인 집적회로를 만드는 데 사용된 프로세스는 1960년대의 트랜지스터 제조 프로세스를 개선하려는 계획에서 예기치 않게 나타났다. 트랜지스터는 전자 스위치나 증폭기로 사용할 수 있는 소형 전기 디바이스로, 당시에 라디오, TV, 오디오 증폭기, 초기 컴퓨터를 비롯한 다양한 전자 디바이스에 사용됐다. 트랜지스터 신생업체인 페어차일드 반도체^Fairchild Semiconductor^는 트랜지스터 품질과 제조 수율(비용 절감)을 높이려는 노력으로 몇 가지 발명품을 만들었다. 첫 번째는 '평면 공정^planar process^'이라 불리는 트랜지스터 제조 방법으로, 평탄한 실리콘 표면에 트랜지스터를 가공한 후 동작할 수 있게 했다. 이전에는 트랜지스터 외부의 물질을 에칭해 실리콘 트랜지스터 '메사^{mesa}'를 만들었다. 평면 공정을 통해 주어진 실리콘에서 많은 트랜지스터를 제조할 수 있었고, 이를 분리해 절단할 수 있었다. 두 번째는 회로 전체를 만들고자 실리콘 표면의 메탈 레이어를 통해 트랜지스터 중 몇 개를 함께 연결하는 방법이다. 여러 트랜지스터 회로가 하나의 실리콘에 통합됐기 때문에 그 결과를 '집적회로' 또는 IC라고 부른다. 하나의 기판에 여러 소자를 연결하는 이러한 개념은 텍사스 인스트루먼트의 잭 킬비$^{Jack\ Kilby}$가 개발한 게르마늄 프로토타입^{prototype}에서 시연됐으며, 트랜지스터 회로의 비용을 낮추고 신뢰성을 향상시키는 목적으로 사용됐다.

시간이 지남에 따라 점차 복잡해지는 집적회로를 제작하는 제조 공정은 일종의 레이어로 구성된 인쇄 공정으로 볼 수 있다. 일련의 여러 레이어에서 서로 다른 모양을 연속적으로 '인쇄'해 트랜지스터를 만들 수 있다. 집적회로의 경우 회로의 모든 트랜지스터 모양이 한 번에 하나의 실리콘 위에 '레이어 단위로 인쇄'된다. 이 공정은 회로의 트랜지스터 수에 관계없이 동일한 시간이 소요된다. 웨이퍼라는 큰 실리콘 조각에 회로의 여러 복사본을 동시에 만들어 비용을 추가로 줄일 수 있다. 결과적으로, IC의 생산 비용은 회로에 있는 트랜지스터의 수보다는 점유하는 실리콘의 크기(단일 웨이퍼에서 제조할 수 있는 회로 개수를 결정함)에 의해 결정된다.

페어차일드의 고든 무어$^{Gordon\ Moore}$는 1964년에 집적회로 제작비용을 조사했다. 그는 설계와 공정 개선의 결과로 각 회로에 경제적으로 인쇄할 수 있는 트랜지스터의 수가 기하급수적으로 증가(매년 두 배)하고 있음을 확인했다. 무어는 IC 제조 기술의 발전으로 집적회로당 트랜지스터 수가 기하급수적으로 증가할 것이라고 예상했으며, 1964년 논문에서는 세계가 IC 디바이스를 모두 어떻게 사용할 것인지 다뤘다. 수십 년 동안 집적회로의 기하급수적 성장은 정확한 것으로 판명돼 지금은 일반적으로 '무어의 법칙Moore's law'이라고 불린다.

무어의 법칙은 물리 법칙이 아니다. 비즈니스 주기의 결과로서 집적회로 산업의 경험적 생산 추세일 뿐이다. 집적회로 집적도의 기하급수적인 증가가 일반적으로 인정되는 반면 이러한 성장을 지원하는 비용은 종종 간과된다. 지난 50년 동안 컴퓨터 하드웨어 산업의 매출도 기하급수적으로 증가해 오늘날에는 연간 1조 달러 미만으로 1000배 이상 증가했다. 이 기간 동안 수익은 업계의 연구 개발R&D 운영에 재투자돼 거의 일정했으며, 무어의 법칙에 기반을 둔 기술 개선의 재정적 비용은 기하급수적으로 증가했다. 흥미롭게도 이러한 기하급수적인 성장 외에도 IC 제조 공장 건설비용과 제조할 설계 생성 비용도 지수적인 성장을 했다.

무어의 법칙은 집적회로 제조의 개선으로 제조업체가 제품 가격을 낮춰서 더 많은 제품을 판매하고 매출과 이익을 증가시키는 선순환의 결과다. 이렇게 수익이 증가하면 제조 공정을 다시 개선할 수 있는데, 이미 더 쉬운 변경은 이뤄졌기 때문에 이번에는 더 어려워진다.[3] 무어의 법칙 사이클의 핵심은 제품의 성장 시장을 창출하는 것이다. 새로운 일반적인 제품의 설계자는 IC를 사용하는 것이 기능상 더 좋아지거나 가격이 더 저렴해지기 때문에 기존 메커니즘을 IC로 대체하게 되고(예, 키를 사용하는 자물쇠를 전자자물쇠로 변경), 수익이 증가되기 때문에 IC의 복잡도가 다시 커질 수 있다.

이러한 선순환 없이 무어의 법칙의 지수 확장을 달성하기 어렵다. 이는 트랜지스터를 실리콘 이외의 재료로 만들려고 했던 노력의 역사적 사례에서 명백히 알 수 있다. GaAs갈륨 비소로 만든 트랜지스터는 실리콘 트랜지스터보다 높은 성능을 발휘할 수 있기 때문에 GaAs IC로 제작된 컴퓨터

---

3. 이는 새로운 반도체 제조 시설을 구축하는 비용이 매 4년마다 2배가 된다는 이른바 록(Rock) 법칙의 내용 중 하나다.

는 실리콘 IC를 사용해 제작한 컴퓨터보다 높은 성능을 보일 것이라고 연구자들은 믿고 있었다. 1970년대 중반까지 많은 연구 단체와 기업이 GaAs 트랜지스터를 사용해 IC를 제작하고자 노력했지만, 이러한 노력이 시작될 무렵에 실리콘 IC 산업이 이미 커져서 기업들은 이미 실리콘 제조 공정 개선에 수익의 일부를 재투자하게 됐다. GaAs의 제조 공정은 새로운 GaAs 특유의 제조 단계를 개발해야 했기 때문에 실리콘 제조 공정과는 완전히 다르다. 이 개발로 인해 GaAs 제조업체는 진퇴양난(Catch-22)에 빠졌다. 제조 R&D에 자금을 투입하려면 탄탄한 매출이 보장돼야 하며, 탄탄한 매출을 보장하려면 실리콘 대체물과 경쟁할 수 있는 최첨단 제조 기술이 필요했다. 하지만 GaAs 업계는 이 순환을 결코 깨뜨릴 수 없었고, 상업적으로 성공한 GaAs IC를 구축하려는 노력은 결국 실패했다. 결국 범용 디지털 GaAs IC는 경쟁력을 확보하지 못했다.

무어의 법칙을 뒷받침하는 선순환은 재정적인 것만은 아니다. 또한 시장의 성장을 뒷받침하는 활력 있는 생태계의 존재 여부에 달려 있다. 여러 집적회로 산업이 실리콘밸리^{Silicon Valley}를 만들었고, 그 이후에는 실리콘밸리에 의존해 성장했다. 실리콘밸리는 계속 발전해 오늘날 세계화됐다. 컴퓨터 하드웨어의 성장과 시장화를 통해 벤처 자금, 지원 산업, 그리고 가장 중요한 인재를 현장에 끌어들였다. 이렇게 성장한 커뮤니티는 이전에는 해결할 수 없었던 문제를 해결할 수 있게 됐고, 업계의 발전과 성장에 기여해 더욱 많은 사람을 이 지역으로 끌어들였다. 이러한 선순환의 결과는 정말 놀라운 일이다. 오늘날의 기술 중에서 컴퓨터의 단순한 구성 요소인 디지털 게이트는 대략 몇 백만 분의 1페니[4]의 비용(1,000원당 1억 게이트)이며, 각각의 게이트는 휴대폰에서 작동하기에 충분한 전력 수준에서 10조분의 1초 미만으로 결과를 계산할 수 있다.

---

4. 1페니는 1파운드의 1/100 – 옮긴이

결론: 선순환 결과로 이어진 IC에 대한 무어의 법칙은 향상된 기술로 인해 매출이 기하급수적으로 늘어나 R&D에 재투자하고 새로운 인재와 산업을 유치해 기술 수준을 한 차원 높인 혁신적 변화를 가져왔다.

1.4 트랜지스터로 낮은 가격의 컴퓨터 제작

기술 확장에 대한 무어의 법칙은 트랜지스터의 제작비용을 2년마다 거의 절반으로 줄였다. 지난 반세기 동안 3천만 배 이상의 비용 절감으로 전환됐다. 이러한 트랜지스터 비용 감소로 인해 트랜지스터의 복잡도가 증가하면서 IC를 제조하는 것이 비용 면에서 효과적이었지만 복잡한 IC를 설계하는 것은 점차 어려워진다. 8개의 트랜지스터로 회로를 설계하는 것은 어렵지 않다. 그렇지만 1억 개의 트랜지스터로 회로를 설계하는 것은 다른 이야기다. 이러한 복잡도를 해결하고자 컴퓨팅 하드웨어 설계자는 트랜지스터 회로를 새로운 사고방식으로 전환해 좀 더 적은 객체를 사용하는 방법을 만들었다. 처음에는 개별 트랜지스터를 연결한다고 생각했지만, 곧 '논리 게이트logic gate'로 변경됐다. 트랜지스터 집합은 부울 논리Boolean logic(정의된 출력을 내기 위한 연산으로 거짓(false, 0) 또는 참(true, 1)인 신호를 결합)를 사용해 표현하고 모델링할 수 있다. 복잡도가 계속 증가함에 따라 논리 게이트는 가산기나 메모리 블록과 같은 더 큰 회로로 그룹화돼 다시 설계자가 작업해야 하는 복잡도를 줄였다. 사람이 한 번에 모든 세부 사항을 고려하지 않아도 시스템을 구축할 수 있게 하는, 설계의 이러한 다양한 수준의 생각을 '추상화'라고 한다. 추상화를 통해 컴퓨터의 필수 구성 요소를 형태나 기능에 따라 개념적으로 그룹화할 수 있다.

컴퓨터는 또 다른 설계 추상화의 결과다. 컴퓨터는 부착된 메모리에서 명령어를 읽어 들여 판독된 명령어의 세트에 의해 제어되는 트랜지스터 회로다. 복잡한 집적회로를 구축할 수 있게 돼 소형 컴퓨터를 단일 IC에 통합 구현해서 '마이크로컴퓨터'나 '마이크로프로세서'를 만들었다. 이러한 설계 방식으로 값싼 트랜지스터를 사용하는 것이 훨씬 쉬워졌다. 새로운 응용을 만들고자 더 이상 전용 IC를 설계하고 제조하지 않아도 되며, 대신 기존 마이크로프로세서에 제공된 명령어를 변경해 원하는 솔루션을 만들 수 있다. 컴퓨터 기반 솔루션의 개발과 배포의 용이함과 컴퓨팅 비용의 절감은 이러한 유형의 디바이스 수요를 크게 증가시켰다. 따라서 컴퓨팅의 편재성^{ubiquity}은 무어의 법칙(저렴한 컴퓨팅)으로 인해 가능하며, (더 높은 수익을 통해) 무어의 법칙을 가능하게 했다. 컴퓨팅은 점점 더 저렴해진 트랜지스터로 사람들이 사고 싶어 하는 제품을 만드는 한 가지 방법이다.

트랜지스터의 기하급수적인 가격 하락으로 인한 지속적인 혜택은 앞에서 설명한 것과 같은 많은 추상화 레이어와 새로운 소프트웨어(컴퓨터 프로그램) 및 설계 프레임워크를 만들 수 있을 때 얻을 수 있다. 이러한 소프트웨어와 설계 프레임워크는 개발 비용이 비싸지만 이전 제품의 매출 흐름과 향후 출시될 제품의 예상 수익을 고려해 비용을 감당할 수 있다. 하지만 이런 비용을 감당할 수 있더라도 최첨단 칩 설계는 여전히 고비용이며, 1천억 원이 넘는다. 각 디바이스의 비용은 제조비용에 설계비용을 더한 것이기 때문에 IC 기반 컴퓨팅은 충분한 양(일반적으로 1,000만 개 이상)을 팔 수 있으면 비용을 절감할 수 있어 설계비용이 제조비용을 좌지우지하지 않게 된다. 범용 컴퓨팅 디바이스를 특수 컴퓨터보다 훨씬 저렴하게 만들어 설계비용을 최적화할 수 있다.

컴퓨터의 기본 구성 요소를 변경하는 양자 컴퓨팅과 같은 새로운 컴퓨팅 접근 방식은 새로운 유형의 하드웨어 구성 요소뿐만 아니라 새로운 추상화 레이어, 소프트웨어와 설계 프레임워크를 만들어 앞으로 시스템 복잡도가 커질 때 사용 가능하다. 초기 머신의 가격은 일부 비용을 회수할 만큼 충분히 높아야 하기 때문에 새로운 하드웨어와 소프트웨어 도구를 만드는 비용이 새로운 기술에 있어서 중요하다. 이러한 새로운 기술의 프리미엄으로 인해 기존 기술과 경쟁할 때 항상 새로운 접근 방식을 갖는 기술이 불이익을 가진다.

1.5 느린 확장 속도

무어의 법칙은 수십 년 동안 고전 컴퓨팅의 큰 발전을 반영하고 있지만, 물리적 한계와 세계 시장의 규모가 한정돼 있으므로 기하급수적인 추세가 계속해서 유지될 수 없다. 이러한 확장이 정확히 언제 끝날지에 대해 많은 논의가 있었지만, 확장이 끝날 징조는 최근 10년 동안 더 명확해졌다. 무어의 법칙은 트랜지스터 비용에 관한 것이기 때문에 확장에 문제가 있음을 나타내는 한 가지 지표는 가장 진보된 기술을 갖고서도 트랜지스터 비용이 역사적 속도로 떨어지지 않고 있다는 것이다. 또한 무어의 법칙에 따른 기술 확장을 유지하려는 국제 기술 로드맵 보유 국제 반도체 컨소시엄은 확장에 장애물이 있음을 알리고, 2021년경에 5~7나노미터 피처 크기^{feature size}에서 확장 계획을 중단하기로 결정했다.

그림 1.1에서 성장세의 감소는 IC 산업의 순매출 동향에서 확실히 확인할 수 있다. 시간에 따른 수익을 나타내는 반도체 실적 기록 그래프에서 매출 성장이 기하급수적일 때는 직선으로 올라감을 알 수 있었다. 이 데이터는 2000년까지는 급격한 지수 상승이 일어남을 보여주고, 그 이후에는 성장률이 감소함을 나타낸다.

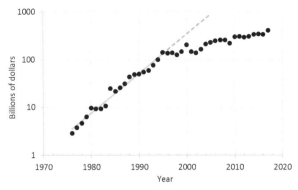

그림 1.1 추세선이 포함된 전 세계 반도체 매출 총액(십억 달러) 반로그(semi-log) 그래프. 이 그래프는 대략 1995년까지 (회색 추세선은 연평균 성장률 21%의 기하급수적 성장을 보여줌) 매출이 거의 기하급수적으로 증가함을 보여주며, 그다음에는 완만한 성장률을 가짐을 보여준다. 출처: 2018년 2월 6일 최종 수정된 반도체 산업 협회의 '산업통계(Industry Statistics)' 데이터 (http://www.semiconductors.org/index.php?src=directory&view=IndustryStatistics& srctype=billing_reports&submenu=Statistics)

이 그래프는 기술 향상이 산업계에 더 많은 돈을 가져다주는 선순환이 이 제는 더뎌졌음을 보여준다. 이러한 매출 성장 둔화는 기술 개발 주기에 도 영향을 미쳐 기술 확장에 영향이 갈 수 있다. 성장의 둔화는 놀랄 만한 일은 아니다. 3,000~4,000억 달러의 매출을 가진 이 산업은 전 세계 GDP 의 제조 부문의 몇 %를 차지하는데, 전 세계 GDP보다 빠른 속도로 영원 히 계속 성장할 수는 없다.

1.6 양자: 새로운 컴퓨팅 접근법

이러한 상황을 배경으로 양자 컴퓨팅 이론과 프로토타입이 등장했다. 1.2절에서 언급했듯이 양자 컴퓨팅은 양자 세계의 특이한 성질 중 일부를 이용함으로써 매우 다른 계산 방식을 사용할 수 있다. 1980년대에 이 아이디어가 공식적으로 제안됐고 1990년대에 새로운 알고리즘이 발견됐지만 실제로 이 유형의 머신을 만드는 방법을 알 수 없었다. 지난 20년 동안 동작하는 양자 컴퓨터를 만들고자 하는 노력은 많이 발전해 왔고, 이 기술의 잠재력에 많은 관심을 갖게 됐다. 실용적인 양자 컴퓨터가 계산 능력에서 무어의 법칙형 성장을 유지할 수 있을지, 아닐지의 여부는 아직 밝혀지지 않았다. 실패한 GaAs IC 실험은 기존의 지배적인 플레이어가 있는 기성 시장에 진입하는 것이 어렵다는 것을 보여준다. 그럼에도 불구하고, 양자 컴퓨팅은 확장된 처치-튜링 명제^{Church-Turing Thesis}에 묶여 있지 않다는 의미에서 제안된 진정한 새로운 컴퓨팅 모델이 됐다. 양자역학은 고전 역학보다 물리학적으로는 좀 더 일반적인 모델이다. 양자 컴퓨팅은 좀 더 일반적인 컴퓨팅 모델로 볼 수 있기 때문에 고전 컴퓨터가 현실적으로 공격할 수 없는 몇 가지 문제를 해결할 이론적 잠재력을 가질 수 있다. 점진적인 혁신이라기보다는 파괴적인 것으로 나타날 수 있는 '양자의 장점'은 양자 컴퓨팅을 매우 흥미롭게 만드는 요소이며, 양자 컴퓨팅의 상업적 관심과 이 책의 나머지 부분을 살펴보고자 하는 동기를 부여할 수 있다.

2장에서는 양자 연산의 기초가 되는 물리적 현상을 설명하고 관련 동작원리를 기존 컴퓨터의 원리와 비교한다. 2장 이후에는 양자 컴퓨터가 고전 컴퓨터보다 잠재적으로 뛰어난 성능, 암호학의 영향, 양자 컴퓨터를 만드는 데 필요한 하드웨어와 소프트웨어, 양자 컴퓨터 제작을 위한 기본 물리적 기술의 강점과 약점을 설명한다. 실용적인 양자 컴퓨터 구현의 타당성, 필요한 관련 타임라인과 자원, 향후 발전을 추적하는 데 사용할 수 있는 마일스톤과 측정 항목을 평가함으로써 마무리한다.

1.7 참고 문헌

[1] J. Dongarra, 2018, "The U.S. Once Again Has the World's Fastest Supercomputer. Keep Up the Hustle," *The Washington Post*, June 25, https://www.washingtonpost.com/opinions/united-states-wins-top-h onors-in-supercomputerrace/2018/06/25/82798c2c-78b1-11e8-aeee-4d04c8ac6158_story.html;

J. Nicas, 2017, "How Google's Quantum Computer Could Change the World," *Wall Street Journal*, October 16, https://www.wsj.com/articles/ how-googles-quantum-computer-could-change-the-world-1508158847;

J. Asmundsson, 2017, "Quantum Computing Might Be Here Sooner than You Think," *Bloomberg*, June 14, https://www.bloomberg.com/news/ features/2017-06-14/themachine-of-tomorrow-today-quantum-computing-on-the-verge;

D. Castevecchi, 2017, Quantum computers ready to leap out of the lab in 2017, *Nature* 541(7635):9-10.

[2] R.P. Feynman, 1982, Simulating physics with computers, *International Journal of Theoretical Physics* 21(6-7):467-488.

[3] S. Lloyd, 1996, Universal quantum simulators, *Science* 273(5278): 1073-1078.

[4] E. Bernstein and U. Vazirani, 1993, "Quantum Complexity Theory," pp. 11-20 *in Proceedings of the Twenty-Fifth Annual ACM Symposium on Theory of Computing (STOC'93)*, Association of Computing Machinery, New York, https://dl.acm.org/citation.cfm?id=167097.

[5] P. Kaye, R. Laflamme, and M. Mosca, 2007, *An Introduction to Quantum Computing*, Oxford University Press, Oxford, U.K.

[6] M.A. Nielsen and I. Chuang, 2002, *Quantum Computation and Quantum Information*, Cambridge University Press, Cambridge, U.K.

[7] D. Simon, 1997, On the power of quantum computation, *SIAM Journal on Computing* 26(5):1474-1483.

02

양자 컴퓨팅: 새로운 패러다임

오늘날 컴퓨터는 정보를 일련의 2진 숫자나 비트로 변환하고 수십억 개의 트랜지스터를 포함하는 집적회로[IC]를 사용해 비트를 처리한다. 각 비트는 가능한 두 개의 값을 가진다(0이나 1). 이러한 이진 표현 값을 사용해 컴퓨터는 텍스트 문서와 스프레드시트를 처리하고, 게임과 영화에서 놀라운 시각적 세계를 만들고 많은 사람이 의존하는 웹 기반 서비스를 제공한다.

양자 컴퓨터는 양자 비트[quantum bit]나 큐비트[qubit]라고 불리는 일련의 비트로 정보를 표현한다. 정상 비트처럼 큐비트는 0이나 1일 수 있지만, 0이나 1의 값을 갖는 일반 비트와 달리 큐비트는 동시에 둘 다 있는 상태도 가진다. 많은 큐비트를 사용하는 시스템으로 확장될 때 동시에 가능한 모든 이진 상태에 있을 수 있는 능력은 양자 컴퓨팅의 잠재적 연산 능력을 향상시킨다. 그러나 양자계를 지배하는 규칙 때문에 이 힘을 이용하는 것이 어려울 수도 있다. 양자 특성을 가장 잘 활용하는 방법과 이러한 특성을 통해 가능한 개선은 사소하거나 명백하지 않다.

2장에서는 양자 세계의 고유한 특성 중 일부를 소개하는데, 일부는 어떻게 계산상의 이점을 제공하는지, 다른 부분은 이러한 장점을 사용하는 능력을 어떻게 제한하는지 보여준다. 고전적인 메커니즘과 양자 비트를 조작하는 메커니즘을 비교해 양자 컴퓨팅의 고유한 특성과 장점을 설명한다. 2장에서는 연구자가 현재 추구하는 양자 컴퓨터의 유형을 마지막으로 살펴보고, 그 이후에 다룰 발전 상황을 먼저 살펴본다.

2.1 양자 세계에서의 비논리적인 물리학 관련 내용

원래 20세기 초에 도입된 양자역학은 물리적 세계를 설명하는 가장 잘 검증된 모델 중 하나다. 이론, 즉 기본 추상 규칙과 수학적 표현은 매우 작은 거리와 에너지 범위에서 입자의 동작을 설명한다. 이러한 속성은 모든 물질의 물리적 특성과 화학적 특성을 이해하는 기초다. 양자역학은 큰 객체의 경우 사람이 기대하듯이 똑같이 관측할 수 있고 직관적인 결과를 제공하지만 원자 입자와 같은 소규모 움직임의 설명은 정확하지만 이해하기 힘들고 비직관적이다.[1]

이론적으로 양자 객체는 일반적으로 완전히 결정되고 이미 알고 있을 만한 상태로 존재하지 않는다. 사실 양자 객체를 관측할 때마다 입자particle처럼 보이지만, 관측되지 않을 때는 파동처럼 작용한다. 즉, 파동 입자 이중성 wave-particle duality을 가지며, 많은 흥미로운 물리적 현상을 일으킬 수 있다.

예를 들어 양자 객체는 한 번에 여러 상태로 존재할 수 있다. 각 상태는 서로 더해지며 파동처럼 간섭해 전체 양자 상태를 정의한다. 일반적으로 모든 양자계의 상태는 '파동 함수wave function'로 표현된다. 대부분의 경우 양자계의 상태는 가능한 기여 상태contributing state[2]와 상태의 상대적인

---

1. 양자 현상의 개요를 간단히 설명한 것은 양자 컴퓨팅의 논의 내용을 제공하기 위해서다. 이 분야의 기초 이론과 과학적 역사는 매혹적이고 광범위하며, 이 책의 범위를 완전히 넘어선다. 위원회는 관심 있는 독자에게 양자 머신 현상의 추가 설명과 토론을 위해 "N.D. Mermin, 1981, "Quantum Mysteries for Anyone," Journal of Philosophy 78(7):397-408."를 참고할 것을 권유한다.
2. 엄밀히 말하면 기여하는 각 상태를 '파동 함수(wave function)'라고도 부른다. 임의의 일관된 양자계의 상태는 파동 함수에 의해 정의된다.

가중치를 반영하는 복소수$^{complex\ number3}$ 계수^{coefficient}로 스케일링한 값을 모두 수학적으로 합한 결과로 표현될 수 있다. 해당 상태는 '결맞음^{coherent}' 상태라고 할 수 있다. 기여 상태가 파도와 마찬가지로 상호적으로 건설적이거나 파괴적으로 간섭을 할 수 있기 때문이다.[4]

그러나 양자계를 관측하려고 할 때 구성 요소 중 하나만이 관측되며, 계수의 절댓값의 제곱에 비례한다. 측정 시 시스템은 관측자에게 항상 고전적인 동작을 가질 것으로 본다. 형식적으로 '측정^{measurement}'이라고 불리는 양자 객체(또는 양자계, 즉 양자 객체 시스템)의 관측은 객체가 정보를 추출하는 더 큰 물리적 시스템과 상호작용할 때 발생한다. 측정은 근본적으로 양자 상태를 방해한다. 단일 관측 가능한 상태로 측정된 파동 함수의 특성이 '붕괴'해 정보가 손실된다. 측정 이후에 양자 객체의 파동 함수는 측정 전 상태가 아니라 검출된 상태의 파동 함수다.

이를 시각화하려면 일반적인 테이블 위의 동전을 고려해보자. 일상적으로 경험하는 고전적인 세계에서 동전의 상태는 윗면(U)이나 아랫면(D) 중 하나를 가진다. 동전의 양자 버전은 두 상태의 조합이나 '중첩^{superposition}'으로 동시에 존재할 수 있다. 양자 동전의 파동 함수는 두 상태의 가중 합으로 계수 C_U와 C_D로 확장해서 쓸 수 있다. 그러나 양자 동전의 상태를 관측하려고 시도하면 동전의 윗면이나 아랫면만을 발견하게 된다. 두 가지 상태 중 하나에만 해당되며, 해당 계수의 제곱에 비례하는 확률을 가진다.

---

3. 파동 함수에서 파동 같은 특성은 계수가 이 상대의 진폭과 위상을 모두 나타낼 수 있음을 의미한다. 사용법에서 '복소수'는 진폭을 정의하는 두 개의 실수와 다른 하나의 위상으로 표현되는 숫자를 의미한다. 이는 $Ae^{i\theta}$으로 표현되는데, A는 진폭, θ는 위상 변화다. $\pi/2$나 90도의 위상 변이를 'i'로 표현하고, π나 180도의 위상 변이는 '-1'이 된다.

4. 완전한 결맞음(coherent)을 갖지 않는 양자계는 시스템이 특정 양자 상태에 있는 고전적인 확률을 정의한 '밀도 행렬(density matrix)'를 사용해 표현돼야 한다. 이 경우에 가능한 기여 상태는 서로 간섭하지 않는다.

전통적인 동전의 한 쌍은 4가지 가능한 상태(UU, UD, DU, DD)를 갖기 때문에 한 쌍의 양자 동전은 각각 4가지 기존 상태의 중첩으로 존재할 수 있으며 각각의 고유한 계수 C_{UU}, C_{UD}, C_{DU}, C_{DD}를 사용해 가중치를 가진다. 더 많은 양자 동전의 경우에는 더 많은 값을 가진다.

측정할 때 한 쌍의 양자 동전은 고전적 동전의 한 쌍처럼 보일 것이다. 테이블 위에 4가지 가능한 구성 중 하나만 볼 수 있다. 이와 유사하게 n개의 양자 동전 시스템은 오직 2^n개의 가능한 상태 중 하나를 갖는 것으로 관측된다.

특정 환경에서는 시스템에서 두 개 이상의 양자 객체가 본질적으로 연결될 수 있으므로 두 객체가 얼마나 멀리 떨어져 있는지에 관계없이 다른 객체의 측정 결과를 알 수 있다. '얽힘entanglement'이라고 알려진 이 현상의 근본적인 속성은 양자 컴퓨팅 잠재력의 핵심이다.

모든 양자계의 진화는 슈뢰딩거 방정식Schrödinger equation에 의해 지배되며, 슈뢰딩거 방정식은 시스템의 파동 함수가 이미 경험한 에너지 환경을 어떻게 변화시키는지 설명한다. 이 환경은 시스템의 해밀토니안Hamiltonian에 의해 정의되며, 시스템의 모든 요소에 의해 느껴지는 모든 힘으로 인한 에너지의 수학적 표현이다.[5] 따라서 양자계를 제어하려면 에너지 환경을 신중하게 제어해야 한다. 전체 환경 중 나머지 부분에서 (쉽게 통제되지 않는 힘을 포함하는) 시스템을 고립시키고, 고립된 영역 내에서 의도적으로 에너지 필드를 적용해 원하는 행동을 유도한다. 그렇지만 환경의 상호작용이 최소화되더라도 완전한 격리는 불가능하다. 양자계는 시간이 지남에 따라 궁극적으로 에너지와 정보를 좀 더 넓은 환경에서 교환하게 될 것이며, 이러한 과정을 '결어긋남decoherence'이라고 한다. 이는 지속적으로 시스템에서 작은 크기로 무작위 측정을 하는 환

---

5. 엄밀히 말하자면 해밀토니안은 환경의 수학적 기술이며, 양자 머신 시스템의 경우 연산자 형태를 가진다. 그러나 이 용어는 환경 자체를 지칭하고자 사용되기도 한다. 이 사용 규칙은 이 책에서도 적용될 수 있다.

경으로 생각할 수 있다. 각 측정 과정은 파동 함수의 부분적 붕괴를 유발한다.

앞에 설명된 고유 특성과 '박스 2.1'에 요약된 내용은 기초과학의 연구 과정을 통해 밝혀졌다. 신중하게 제어한 물질의 본질적 특성은 특히 정보의 인코딩^{encoding}, 조작과 전달의 새로운 공학적 패러다임을 제시한다.

박스 2.1: 양자 세계의 독특한 속성

양자역학 이론은 아주 작은 세상의 수학적 기술이며, 물리적 세계의 특성을 이해하고 예측하는 가장 정확한 이론이다. 양자 상호작용은 사람이 매일 경험하는 것과는 완전히 다르다. 양자역학의 정의 원칙 중 일부를 아래에 설명했다

- **파동 입자 이중성(wave particle duality):** 양자 객체는 일반적으로 파동과 입자 같은 속성들을 갖는다. 시스템의 진화가 파동 방정식을 따르는 동안 시스템의 모든 측정은 입자와 일치하는 값을 반환한다.
- **중첩(superposition):** 양자계는 상태의 '중첩'이나 '중첩 상태'라고 하는 두 개 이상의 상태로 동시에 존재할 수 있다. 이러한 중첩 상태의 파동 함수는 복소수 계수를 갖는 기여 상태(contribution state)의 선형 조합으로 설명될 수 있다. 이 계수는 기여하는 상태 간의 크기와 상대 위상을 나타낸다.
- **결맞음(coherence):** 양자계의 상태가 시스템의 각 기저상태에서 하나의 복소수 세트로 설명될 수 있는 경우 시스템 상태는 '결맞음'이 있는 것으로 표현된다. 결맞음은 양자 간섭, 중첩과 얽힘 같은 양자 현상에 필요하다. 환경과의 작은 상호작용으로 인해 양자계는 천천히 해체된다. 환경적 상호작용은 각 상태의 복잡한 계수를 확률론적으로 만든다.
- **얽힘(entanglement):** 얽힘은 입자가 멀리 떨어져있어 상호작용할 수 있는 방법이 없더라도 한 입자의 상태를 측정하면 다른 입자의 상태가 붕괴되는 일부 다중 입자 중첩 상태(일부는 아님)의 특수한 특성이다. 이는 다른 입자의 파동 함수가 분리되지 않은 경우에도 발생한다(수학적 용어로는 전체 시스템의 파동 함수를 각 입자의 파동 함수 곱으로 쓸 수 없는 경우다). 이 현상에서 고전적인 유사점은 없다.
- **측정(Measurement):** 양자계의 측정 결과는 기본적으로 변경될 수 있다. 측정을 통해 잘 정의된 값을 얻는 경우에 시스템은 측정값에 해당하는 상태로 유지된다.

2.2 양자 기술의 조형

지난 수십 년 동안 양자계의 힘을 제어하고 활용하는 연구 개발 부문에서 상당한 진보가 이뤄지면서 변형 양자 기술의 잠재력이 드러났다. 양자 컴퓨팅 분야가 대중의 시선에 가장 잘 드러났지만, 양자 현상의 응용 범위가 양자 컴퓨팅보다 광범위하다는 것을 인식하는 것이 중요하다. 양자 정보 과학이라는 일반적인 제목 아래에서 양자 통신과 네트워킹 분야, 양자 센싱과 계측 분야 같은 뚜렷한 기술적 목적을 가진 기초과학 연구 분야도 번성하고 있다. 이 분야는 기술적 성숙도가 다르지만, 모든 분야는 동일한 기본 현상을 기반으로 하고 동일한 도전 과제를 많이 갖고 있기 때문에 이들 분야 간 경계를 정하는 것은 항상 쉽지 않다[1]. 각 분야는 모두 양자계의 고유한 특성을 이용하고, 동일한 기본 물리 이론을 기반으로 하며, 많은 일반적인 하드웨어와 실험 기술을 공유한다. 결과적으로 각 분야의 발전 과정은 상호 의존적이다. 각 영역에서의 연구 결과물을 대략적으로 살펴보고자 많은 시간 동안 출판된 연구 논문의 수를 조사할 수 있다. 양자 컴퓨팅과 알고리즘, 양자 통신과 양자 센싱 및 계측의 연구 동향은 그림 2.1에 나와 있다.[7]

---

6. 'collapsing the wave function'은 파동 함수가 무너진다는 의미로 사용될 수 있으며, 여기서는 붕괴라는 의미를 나타내고자 사용했다. https://orbi.kr/00023820043를 통해 '무너진다' 또는 '붕괴된다'의 의미를 가짐을 알 수 있다. 붕괴는 https://landenim. tistory.com/125 자료를 참고하라. – 옮긴이

7. 각 국가별 연구 노력의 논의 내용은 부록 E를 참조한다.

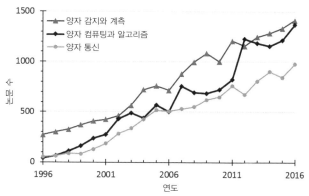

그림 2.1 양자 컴퓨팅과 알고리즘, 양자 통신과 양자 센싱 및 계측 각각에 대해 매년 발표된 연구 논문 수를 나타낸다. 다른 국가에서의 연구 활동은 부록 E를 참조한다. 데이터는 해군 수상전 연구센터 달그렌 사단(Dahlgren Division)의 팀이 수행한 참고 문헌 분석의 결과다. 자료 제공: 제이콥 파린로트(Jacob Farinholt)의 데이터

양자 정보 과학 분야에서는 일반적으로 관련 통계, 한계 사항, 양자역학의 고유 자산을 포함하고 정보가 양자계에서 어떻게 인코딩될 수 있는지 탐구한다.

양자 정보 과학 분야는 양자 컴퓨팅, 통신과 감지의 토대를 제공한다.

양자 통신의 R&D는 인코딩한 정보를 양자계로 전송하거나 교환하는 데 중점을 둔다. 양자 통신 프로토콜은 양자 컴퓨팅에 필요하며, 양자 컴퓨터 하드웨어의 한 부분에서 다른 부분으로 정보를 전송할지, 아니면 양자 컴퓨터 간의 통신을 가능하게 할지를 결정한다. 양자 통신의 하위 분야는 양자 암호quantum cryptography이며, 양자 속성은 관측자가 도청할 수 없는 통신 시스템을 설계하는 데 사용된다.[8]

---

8 가장 대표적인 예는 고전적인 통신 채널을 통해 전송된 데이터의 표준(클래식) 암호화에 사용하고자 암호 키를 분배하는 양자 측정 기반의 방법인 양자 키 분배(QKD)다. 가장 잘 알려진 BB84 프로토콜은 1984년 찰리 베넷(Charlie Bennett)과 질 브라사드(Gilles Brassard)에 의해 개발됐다. 이 프로토콜은 모두 광섬유 케이블과 위성으로 실험적 배포됐다. 더 나아가 여러 회사와 상업 제품으로도 이어졌다. QKD와 양자 암호법은 일반적으로 측면 채널(side channel) 공격의 위험을 제거하지 못하며, 현재는 고전적인 방법보다는 배포 비용이 더 비싸지만 이론과 실험 연구는 계속 발전하고 있다.

양자 센싱 및 계량학은 환경 교란에 대한 극도의 민감도를 이용해 중요한 물리적 특성(자기장, 전기장, 중력, 온도 등)을 사용할 수 있는 고전적 기술보다 더 정밀하게 측정할 수 있는 양자계 연구와 개발을 포함한다. 양자 센서는 일반적으로 큐비트를 기반으로 하며, 실험용 양자 컴퓨터에 사용되는 것과 동일한 많은 물리적 시스템[9]을 사용한다.

이 보고서의 주요 논점인 **양자 컴퓨팅**은 고전 컴퓨터의 동작과 거의 비슷하게(하지만 고전 컴퓨터와 동작은 다름) 계산을 하기 위한 간섭^{interference}, 중첩^{superposition}, 얽힘^{entanglement}의 양자역학 속성을 활용한다. 일반적으로 양자 컴퓨터는 시스템의 최종 상태를 측정해 관심 있는 문제의 응답을 높은 확률로 얻을 수 있는 알고리즘을 구현하기 위해 제어 조작 가능한 결합된 큐비트 세트를 포함한 물리적 시스템이다. 양자 컴퓨터의 큐비트 자체는 양자 상태가 계산하는 기간 동안에는 결맞음을 유지할 수 있도록 환경과 충분히 격리돼야 한다.

결론: 양자역학의 연구는 이미 양자물리학의 근본적인 진보를 가져온 유망한 신기술(예, 양자 센싱)로 이어졌다. 이러한 진보와 응용은 양자 현상에 대한 인간의 지식을 심화시키고 양자 공학을 향상시키는 데 도움이 될 추가 작업을 할 수 있다.

2장의 나머지 부분에서는 기존 구성 요소 간의 근본적인 차이점을 설명하고 양자 계산의 기본 속성을 제공하고자 고전적인 컴퓨팅 기술과 양자 컴퓨팅 기술을 비교한다.

---

9. 예를 들어 트랩된(trapped) 이온, 초전도 회로, 중성 원자, 다이아몬드의 질소 결손을 들 수 있다. 이 기술은 2장의 뒷부분과 5장에서 자세히 설명한다.

2.3 비트와 큐비트

양자 속성이 새로운 컴퓨팅 패러다임을 어떻게 가능하게 하는지, 다음 과제를 해결하는 방법을 알고자 이번 절에서는 비트로 표시되는 정보 처리 방법을 포함해 고전 컴퓨팅 기초의 간략한 개요를 제공한다. 그리고 유사한 양자계를 보여주고 속성들을 비교, 대조한다.

2.3.1 고전적인 컴퓨팅: 아날로그 신호에서 비트와 디지털 게이트까지

오늘날의 강력한 고전적인 컴퓨팅 시스템은 신뢰할 수 있는 물리적 구성 요소를 이용해 견고한 기반을 가졌다. 고전 컴퓨터에서 집적회로[IC]의 기본 구성 요소인 트랜지스터는 전기적 '신호'를 사용해 서로 통신한다. 이 신호는 본질적으로 '아날로그'이며, 값이 온도나 속도처럼 매끄럽게 변할 수 있음을 의미한다.[10] 회로에서 트랜지스터는 한 디바이스에서 다른 디바이스로 전기 신호를 전달하는 와이어로 연결된다. 불행히도 이러한 전기 신호는 주위 환경과 상호작용하며, 이러한 상호작용을 통해 트랜지스터의 값이 변경될 수 있다. 이때의 간섭을 '노이즈[noise]'라 하며, 두 가지 구성 요소로 나눌 수 있다.

첫 번째 '기본 노이즈'는 절대 온도가 0보다 높은 모든 객체에서 자연적으로 발생하는 에너지 변동의 결과다. 두 번째 '시스템적 노이즈'는 이론상 모델링되고 정정될 수 있지만 실제로는 전혀 모델링되지 않았거나 올바르게 모델링되지 않았거나 하드웨어 레벨에서 고의적으로 정정되지 않은 신호의 상호작용 결과다. 이 시스템적 노이즈는 많은 원인으로 발생한다. 예를 들어 추상화는 복잡한 시스템을 만들 때 필수적인 설계 복잡도를 줄이고자 사용된다. 그러나 이러한 추상화는 시스템적인 노이즈

---

10. 예를 들어 자동차가 멈췄다가 시간당 60마일을 주행하려면 차량의 속도가 시속 0마일에서 60마일로 지속적으로 증가하고 한계 구간 내에서 전체 속도에 도달해야 한다.

를 유발한다. 구현 세부 사항이 숨겨져 있기 때문에 설계자는 사용 중인 구현의 정확한 세부 사항을 알지 못하기 때문이다. 정보 은닉이 문제가 되지 않는 경우에도 제조상의 변화로 인해 시스템적인 노이즈는 여전히 발생한다. 설계자는 명목상의 신호 상호작용을 고려할 수 있지만, 실제로는 제조 공정의 변화 값을 완벽하게 정확히 알 수는 없다. 따라서 설계된 시스템과는 약간 다른 시스템이 생성될 수 있다. 이러한 작은 차이점으로 인해 시스템적인 노이즈가 발생한다. 제대로 동작하려면 회로가 이러한 변동으로 인해 발생하는 노이즈에 견고해야 한다.

아날로그 회로인 경우(즉, 입력이나 매개변수의 작은 변화로 인해 출력도 약간 변경되는 경우) 노이즈의 영향은 일반적으로 가산되며, 신호가 각 연속 회로를 통과할 때 누적된다. 각 단계에서 추가되는 노이즈는 주어진 프로세스의 동작을 방해하지 않을 만큼 작을 수도 있지만 누적 노이즈는 궁극적으로 결과의 정확도(또는 충실도)에 영향을 줄 만큼 커질 수 있다. 결과적으로 아날로그 전자 컴퓨터는 인기도 없었고 매우 복잡하지도 않았으며, 1950년대와 1960년대 이후에는 사용이 중단됐다.

아날로그 회로의 노이즈 문제를 해결하고자 대부분의 IC는 트랜지스터를 사용해 아날로그 신호보다는 디지털 이진 신호('비트'라고 함)로 동작하는 회로를 만들었다.

'디지털 게이트'나 단순히 '게이트'라고 불리는 이 회로는 전기 신호를 0에서 1로 매끄럽게 변경되는 실수 값으로 보지 않고, 0이나 1의 이진 값으로 본다. '레지스터'나 '메모리'라고 하는 일부 게이트는 비트 값을 저장하는 반면 다른 게이트는 여러 입력 비트 값을 사용해서 새로운 출력값을 생성한다. 신호가 전달할 수 있는 값 집합을 제한해 게이트는 신호에 추가된 노이즈를 제거해 '노이즈 내성noise immunity'을 제공할 수 있다. 노이즈 내성은 레벨 0에 가까운 전기적 값을 가진 모든 신호를 0으로 처리하고 레벨 1 주위의 신호를 1로 처리해 출력값은 입력 전압이 정확하지 않아도 된다. 그림 2.2는 아날로그 증폭기와 디지털 논리 게이트(인버터)의 입/출력 관계를 보여주며, 인버터가 출력 스윙의 1/3 크기인 노이즈를 어떻게 제거할 수 있는지 보여준다.

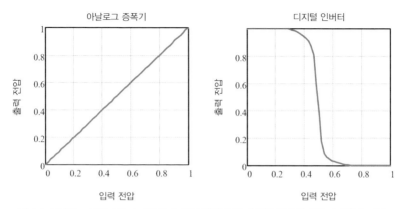

그림 2.2 아날로그 증폭기와 디지털 인버터를 사용한 입력과 출력 관계의 예를 나타냈다. 아날로그 회로의 경우 입력 전압의 작은 변화로 인해 출력 전압도 약간 변경된다. 디지털 인버터의 경우 입력이 0V나 1V에 가까울 때 입력 전압에 약간의 변동이 있더라도 출력 전압에 변동은 없다. 디지털 인버터의 두 가지 불리언 상태(0V과 1V) 주변의 입력 노이즈 감쇠를 노이즈 내성(noise immunity)이라고 한다. 자료 제공: 애리조나 주립대학교의 예측 기술 모델링 작업에서 45nm 트랜지스터 모델을 사용한 HSPICE 생성 데이터. NIMO(Nanoscale Integration and Modeling) 그룹의 "예측 기술 모델 소개(Introduction: Predictive Technology Model)"(http://ptm.asu.edu/)

IC를 디지털 게이트로 완전히 구성하면 대부분의 제조와 설계 변동에 영향을 받지 않는 견고한 회로 프레임워크를 만들어 디지털 시스템의 설계 프로세스를 간소화할 수 있다. 따라서 설계자는 모든 회로의 문제를 무시하고 단순히 게이트를 입력 이진수 값과 출력 이진수 값을 사용하는 함수(부울 함수라고 한다)로 생각할 수 있다. 이런 방식의 함수는 부울 대수의 규칙에 의해 기술될 수 있다.

부울 대수 기반 규칙은 복잡한 부울 함수를 표 2.1에 나열된 것처럼 일련의 간단한 작업으로 분해될 수 있는 방법을 설명한다. 이 변환을 통해 오늘날의 하드웨어 설계자는 상대적으로 높은 추상화 레벨에서 설계를 기술하고 자동화된 설계 도구를 사용해 '논리 합성'이라는 프로세스를 통해 필요한 논리 게이트에 매핑할 수 있다. 기본 구성 요소의 수는 제한돼 있기 때문에 모든 IC 제조업체는 제조 기술을 사용해 미리 설계되고 테스트된 '표준 셀 라이브러리'를 제공하고 칩 설계에 통합해 제조 기술을 통해 실리콘으로 만든다.

표 2.1 기본 부울 연산

부울 연산	입력		출력	기호 표기법
	x	y		
AND	0	0	0	$x \wedge y$
	0	1	0	
	1	0	0	
	1	1	1	
OR	0	0	0	$x \vee y$
	0	1	1	
	1	0	1	
	1	1	1	
XOR	0	0	0	$x \oplus y$
	0	1	1	
	1	0	1	
	1	1	0	
NOT	0		1	$\sim x$
	1		0	

참고: 디지털 논리 게이트를 통해 구현된 기본 부울 연산은 계산을 위한 블록을 구성한다. 보편적인 기초 연산 집합은 NOT 연산과 AND 연산 또는 OR 연산 중 하나만을 사용한다.

이러한 논리 게이트로 디지털 논리와 표준 라이브러리를 모두 사용하면 설계가 더욱더 견고해진다. 즉, 오류율이 무시할 수 있을 정도가 된다. IC 제조업체는 시스템 노이즈를 게이트의 노이즈 마진보다 작게 하고자 설계를 분석하는 검사 도구를 제공해 논리적 추상화가 기본 구성 요소에 의해 구현될 수 있도록 보장한다.

디지털 게이트에서 큰 노이즈 마진을 갖더라도 노이즈는 때때로 메모리 내의 부울 값이 원치 않게 변경되도록 커질 수 있다. 고밀도와 고성능을 얻으려는 구조는 디바이스 변동 항목은 더 커지고 노이즈 마진은 작게 돼 때때로는 노이즈가 디지털 출력을 손상시킬 만큼 커지는 경우가 발생한다. 이 문제를 해결하고자 오류 보호 레이어가 추가된다. ECC^{Error Correction Code}를 사용해 데이터가 '인코딩'되고 메모리에 저장된 값에 중복적으로 비트가 추가된다. 이 코드는 각 읽기 동작에서 검사돼 메모리 오류를 감지할 수 있다. 작은 오버헤드(64비트 값에 8비트를 더함, 15% 미만의 오버헤드)를 갖고 메모리 연산에서 단일 비트 오류를 감지하고 정정할 수 있으며, 이중 비트 오류를 감지하는 효율적인 ECC가 개발됐다. 효율적인 오류 정정 체계는 오늘날의 고전적인 컴퓨팅 시스템의 성공과 신뢰성에 매우 중요하다. 이러한 유형의 알고리즘 오류 정정은 다음 절에서 볼 수 있으며, 양자 게이트는 내부의 노이즈 내성을 거의 갖지 않기 때문에 양자 컴퓨팅에서 더욱 중요하다.

디지털 설계 과정은 설계 단계뿐만 아니라 오류를 테스트하고 제거하는 것과 같은 도움이 되는 설계 외의 다른 과정도 가진다. 일반적으로 '디버깅'이라고 하는 프로세스다. IC에는 설계 오류와 제조 결함이라는 두 가지 유형의 오류가 있다. 현대 시스템의 복잡도를 감안할 때 필연적으로 오류(버그)가 설계에서 발생하므로 이러한 오류를 찾아 정정하는 방법은 모든 설계 전략의 핵심 요소다. 회로가 실리콘의 작은 부분에 집적된 경우 내부 신호를 보고 오류를 추적하려고 시도하는 것은 어렵거나 불가능하다. 이를 줄이고자 하이레벨 설계를 게이트로 매핑하는 합성 도구는 추가 하드웨어를 설계에 추가해 설계 디버깅이 가능한 내부 테스트 포인트를 제공한다. 또한 이러한 내부 테스트 포인트는 도구가 자동으로 테스트를 생성해 제조된 칩이 설계 지정 내용과 동일한 부울 기능을 수행하는지 확인할 수 있어서 제조 테스트를 크게 단순화할 수 있다.

다음 절에서 볼 수 있듯이 양자 컴퓨터는 비트형 구조('큐비트'라고 함)와 게이트를 갖고 있지만 고전적인 비트나 디지털 게이트와는 매우 다르게 동작한다. 큐비트는 잠재적 계산 능력을 제공하는 디지털과 아날로그 특성을 모두 갖고 있다. 아날로그 특성은 고전적인 게이트와 달리 양자 게이트가 노이즈 마진을 갖지 않음을 의미하지만(입력 오류가 게이트의 출력으로 직접 전달됨), 디지털 특성은 이러한 단점을 복구할 수 있는 수단을 제공한다. 따라서 고전적 컴퓨팅용으로 개발된 디지털 설계 접근법과 추상화는 양자 컴퓨팅에 직접적으로 사용될 수 없다. 양자 컴퓨팅은 전통적인 컴퓨팅에서 아이디어를 빌렸지만 궁극적으로 공정상의 변동과 노이즈의 영향을 완화하기 위한 자체적인 방법이 필요하며, 설계 오류와 제조 결함을 디버깅하는 방법을 개발해야 한다.

2.3.2 양자 비트나 큐비트

전통적인(기존) IC를 만들 때 설계자는 특히 장치가 점점 작아질 경우 트랜지스터 성능에 영향을 미치는 노이즈나 기타 오류로 나타나는 양자 현상의 영향을 최소화하고자 많은 노력을 기울였다. 모든 형태의 양자 컴퓨팅은 고전적인 비트가 아닌 양자를 사용해 양자 현상을 최소화하려고 시도하기보다는 오히려 수용해 매우 다른 접근 방식을 취한다.

양자 비트나 큐비트는 고전 바이너리 상태와 유사한 두 개의 양자 상태를 갖는다. 큐비트는 어느 한 상태에 있을 수 있지만 두 양자가 '중첩'돼

존재할 수도 있다(앞에서 양자 동전의 예에서 설명한 것처럼). 이러한 상태는 디랙^{Dirac} 표기법으로 표현되며, 여기서 상태 레이블은 |와 〉을 사용한다. 따라서 큐비트의 두 가지 구성 요소나 '기저^{basis}' 상태는 일반적으로 |0〉과 |1〉로 표기된다. 임의의 주어진 큐비트 파동$^{qubit\ wave}$ 함수는 2가지 상태의 선형 조합으로 기록될 수 있으며, 각각은 자체의 복소 계수 a_i를 갖는다. $|\psi\rangle = a_0|0\rangle + a_1|1\rangle$로 표기된다.

상태를 읽을 확률은 |0〉 상태를 검출할 확률인 계수 크기의 제곱 $|a_0|^2$에 비례하고, |1〉 상태를 검출할 확률인 $|a_1|^2$에 비례한다. 각 출력 상태 확률의 합은 100%이어야 하며, 이 경우 수학적으로 $|a_0|^2 + |a_1|^2 = 1$로 표기된다.

고전 비트는 1이나 0으로 지정되지만 큐비트는 a_0과 a_1의 연속 값으로 지정되며, 실제로 아날로그 값을 가진다. 즉, 가능한 각 상태의 상대 기여도는 0과 1 사이의 값이 될 수 있으며, 총 확률은 1을 가진다. 물론 이 값은 큐비트 상태가 측정되거나 '읽기' 동작 이전에 존재한다. 각 비트가 해당 상태 계수의 절댓값 제곱인 $|a_0|^2$이나 $|a_1|^2$에 비례하는 연관 확률 값을 사용해 측정 결과는 고전 비트인 0이나 1처럼 보인다. 또한 측정 시 큐비트의 계수(또는 진폭)는 읽기 상태에서는 1이 되고 다른 상태에서는 0이 된다. 진폭^{amplitude}에 관한 모든 정보는 측정할 때 사용이 어렵다(파괴된다).[11] 단일 큐비트의 측정 결과는 표 2.2에 나열돼 있으며, 박스 2.2에서 좀 더 자세히 설명한다.

---

11. 그러나 특정 상태의 큐비트를 임의의 횟수만큼 초기화하고 매번 측정하는 경우에 측정값으로 각 출력의 산출 횟수 히스토그램을 작성할 수 있으므로 각 상태와 관련된 상대적 확률을 통계적으로 근사하고 계수의 절댓값(계산된 확률의 제곱근에 해당)을 추정할 수 있다.

표 2.2 다양한 예제의 초기 상태에서 단일 큐비트(Qubit)의 측정 결과와 확률 값

큐비트의 사전 측정 상태 (파동 함수)	측정 결과	결과 확률	큐비트의 사후 측정 상태
$\lvert\psi\rangle = \lvert 0\rangle$	0	100%	$\lvert\psi\rangle = \lvert 0\rangle$
$\lvert\psi\rangle = \lvert 1\rangle$	1	100%	$\lvert\psi\rangle = \lvert 1\rangle$
$\lvert\psi\rangle = \dfrac{1}{\sqrt{2}}\lvert 0\rangle + \dfrac{1}{\sqrt{2}}\lvert 1\rangle$	0	50%	$\lvert\psi\rangle = \lvert 0\rangle$
	1	50%	$\lvert\psi\rangle = \lvert 1\rangle$
$\lvert\psi\rangle = \dfrac{1}{2}\lvert 0\rangle + \dfrac{\sqrt{3}}{2}\lvert 1\rangle$	0	25%	$\lvert\psi\rangle = \lvert 0\rangle$
	1	75%	$\lvert\psi\rangle = \lvert 1\rangle$
$\lvert\psi\rangle = \dfrac{1}{2}\lvert 0\rangle + \dfrac{\sqrt{3}e^{-i\pi/4}}{2}\lvert 1\rangle$	0	25%	$\lvert\psi\rangle = \lvert 0\rangle$
	1	75%	$\lvert\psi\rangle = \lvert 1\rangle$

박스 2.2: 단일 큐비트 측정

큐비트가 $\lvert\psi\rangle = \lvert 0\rangle$ 상태에 있을 때 측정 결과는 100% 확률로 0이 되며, 이는 고전적인 비트와 다르지 않다. 이와 유사하게 상태 $\lvert\psi\rangle = \lvert 1\rangle$는 100% 확률로 1을 가진다.

중첩 상태에 있는 큐비트의 경우 결과는 좀 복잡하다. 알려진 상태의 측정 결과도 확실히 예측할 수 없다. 예를 들어 중첩 상태 $\lvert\psi\rangle = \dfrac{1}{\sqrt{2}}\lvert 0\rangle + \dfrac{1}{\sqrt{2}}\lvert 1\rangle$은 확률이 진폭의 제곱이나 $\dfrac{1}{2}$을 갖는 경우가 동일 확률(50%)로 존재한다. 이 상태를 반복적으로 준비하고 측정하면 고전 동전 던지기처럼 시험 횟수가 늘어남에 따라 각각의 동일한 발생률에 근접하는 임의의 결과 시퀀스가 생성된다. 따라서 이 상태는 '양자 동전'으로 생각할 수 있다.

특정 값을 측정한 후에 큐비트는 해당 값에 해당하는 상태가 된다. 예를 들어 측정 결과가 1이면 측정 후 큐비트는 측정 전 상태에 관계없이 상태 $\lvert\psi\rangle = \lvert 1\rangle$로 남는다.

2.3.3 다중 큐비트 시스템

2비트 시스템을 생각해보자. 고전적으로 2비트는 00, 01, 10, 11의 네 가지 가능한 구성으로 존재할 수 있다. 고전 회로를 사용해 사용 가능한 각 입력의 2비트 불리언 함수의 출력을 계산하려면 각 해당 신호 쌍을 생성하고 각각을 해당 함수에 해당하는 게이트에 차례로 보내야 한다. 각 신호를 필요한 해당 함수의 동일한 게이트 4개로 복사한다.

다른 한편으로 양자 컴퓨터를 사용한다면 4개 구성의 존재 가능성이 4개의 양자 기저상태 $|00\rangle$, $|01\rangle$, $|10\rangle$, $|11\rangle$의 중첩을 통해 두 큐비트의 상태로 인코딩될 수 있다. 계산은 모든 상태에서 동시에 동작하는 단일 양자 게이트를 사용해 병렬로 실행될 수 있다. 다중 큐비트 시스템이 왜 강력한지를 쉽게 알 수 있다. 다음 두 절에서는 이전에 언급한 바와 같이 양자계에서 해당 값을 추출하는 것이 어려운 과정임을 보여줄 것이다.

큐비트 컬렉션의 잠재력은 큐비트 시스템의 상태를 완전히 지정하는 데 필요한 정보량을 살펴보면 알 수 있다. 종래의 디지털 2비트 시스템은 상태를 나타내려면 2비트의 정보를 필요로 했다. 반대로 4개의 상태($|00\rangle$, $|01\rangle$, $|10\rangle$, $|11\rangle$)가 겹쳐진 2 큐비트 시스템은 양자 상태를 나타내려면 2비트가 아닌 4개의 복잡한 상수(a_{00}, a_{01}, a_{10}, a_{11})를 완전히 기술해야 한다. 4개 계수의 서로 다른 값은 2 큐비트에 수행된 모든 이전 유형의 결과뿐만 아니라 시스템 측정 시 각각의 상태로 끝날 확률을 인코딩한다. 3 큐비트 시스템의 경우 기저상태($|000\rangle$, $|100\rangle$, $|010\rangle$, $|001\rangle$, $|110\rangle$, $|101\rangle$, $|011\rangle$, $|111\rangle$)를 갖고 3 큐비트 파동 함수에 적용하려면 8개의 계수가 필요하다. 이런 방식으로 n 큐비트 시스템은 고전 컴퓨디에시의 n비트가 아닌 2^n개의 계수 a_i가 필요하다. 이 양자 상태의 지수 확장$^{exponential\ scaling}$은 32 큐비트가 32비트 함수의 2^{32}가지 가능한 출력을 모두 나타낼 수 있게 해주며, 양자 컴퓨터의 매우 풍부한 성능과 크기가 커지면서 이 컴퓨터를 고전적으로 모델링하는 데 따른 어려움을 모두 보여준다.

지금까지의 내용으로 볼 때 큐비트는 이름에 '비트'를 갖고 있지만 디지털이나 기존 바이너리의 개념은 아니다. 큐비트 시스템의 상태는 a_i 계수 값, 즉 노이즈에 강하지 않은 아날로그 신호 세트(실제로는 복소수)로 인코딩된다. 사용 가능한 레벨이 2개(예, 0과 1)인 디지털 시스템에서 모든 값은 작은 편차는 있겠지만 0이나 1에 가깝기 때문에 시스템 노이즈를 제거하는 것은 쉽다. 예를 들어 0.9의 입력 신호 값은 거의 확실하게 1이므로 게이트는 출력을 계산하기 전에 입력값을 1로 처리해 노이즈를 '제거'할 수 있다. 0과 1 사이의 값이 의미가 있고 허용되는 아날로그 신호에서는 신호가 올바른지 또는 노이즈로 손상됐는지를 알 수 있는 방법은 없다. 예를 들어 0.9는 오류가 있는 1을 의미할 수도 있고, 오류가 없는 0.9를 의미 할 수도 있다. 이 상황에서 가장 작은 순오류를 갖는 최선의 추측 방법은 항상 오류가 0이라고 가정하고 실제 신호로 노이즈 값을 처리하는 것이다. 이는 큐비트 시스템의 물리적 구현 노이즈가 실제 a_i 값을 교란하고 결과 양자 계산의 '충실도'에 영향을 미친다는 것을 의미한다. 양자 게이트는 입력(초기 a_i 값)과 출력(최종 a_i 값)이 아날로그 값이기 때문에 노이즈 마진이 없다. 아날로그 게이트는 원하는 스펙^{specification}에 완벽하게 일치하지 않기 때문에(완벽히 정확한 것을 사용하는 것은 불가능하다) 각 게이트 동작은 게이트 동작의 정밀도에 따라 달라지는 양을 사용해 전체 시스템에 노이즈를 추가한다.

일반적으로 노이즈 내성의 부재는 아날로그 컴퓨터와 마찬가지로 양자 컴퓨터의 정확하게 수행할 수 있는 순차적 연산의 개수, 즉 '계산 깊이'를 제한한다는 의미다. 그러나 양자 게이트는 완전히 아날로그는 아니다. 큐비트의 측정에서는 항상 이진 값을 반환한다. 입력과 출력 간의 이러한 디지털 관계는 논리적 오류 정정이 양자 게이트를 기본 동작으로 사용하는 양자 머신에 적용될 수 있음을 의미한다. 이러한 알고리즘을 QEC^{Quantum Error Correction}라고 하며, 노이즈를 줄이고 노이즈가 없는 시스템을 에뮬레이션하고자 노이즈가 많은 게이트 기반의 양자 컴퓨터에서 사용할 수 있다. 2.3.1절에서 언급된 고전적인 오류 정정 코드에서와 같이 QEC는 중복성을 추가해야 하며, 양자 오류의 경우 복구하려면 중복성이 나머지 시스템 상태와 얽혀 있어야 한다. 오버헤드가 적은 고전 코드와 달리 QEC 코드는 매우 높은 오버헤드를 갖는 경향이 있으며, 오류가 없는 계산을 실행하는 데 필요한 큐비트의 수를 몇 배 증가시킬 수 있다. QEC 알고리즘은 3.2절에서 자세히 설명한다.

2.4 큐비트로 계산

큐비트 상태와 양자 게이트의 아날로그 특성은 양자 컴퓨터의 필요한 설계 접근법과 회로 아키텍처에 많은 영향을 미쳤다(그림 2.3 참고). 기존 컴퓨터 설계에서 디지털 신호와 게이트에서 노이즈 처리의 견고성을 확보하면 설계 최적화가 용이하고 높은 동작 성능을 가질 수 있다. 즉, 병렬로(동시에) 수행할 수 있는 작업의 수를 최대화할 수 있다. 일반적으로 단일 IC는 여러 위치에 배치된 수억 개의 게이트를 가진다. 각 와이어는 게이트의 출력(1 또는 0)을 해당 전기 신호를 입력으로 사용하는 게이트에 연결한다. 제조상의 변화 차이로 인해 각 게이트는 조금씩 다르고 와이어링상의 전기 신호가 서로 상호작용해 시스템 노이즈를 발생시킬 수 있지만 사용된 디지털 게이트의 노이즈 내성은 이러한 모든 노이즈 소스의 영향을 무시하기에 충분하다. 따라서 수백만 개의 게이트가 병렬로 동작하더라도 결과 시스템은 의도한 대로 동작하므로 설계의 불리언 모델과 동일한 출력을 얻는다.

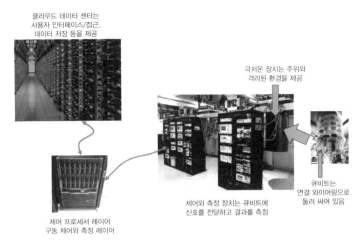

클라우드 데이터 센터는
사용자 인터페이스/접근,
데이터 저장 등을 제공

극저온 장치는 주위와
격리된 환경을 제공

큐비트는
연결 와이어링으로
둘러 싸여 있음

제어와 측정 장치는 큐비트에
신호를 전달하고 결과를 측정

제어 프로세서 레이어
구동 제어와 측정 레이어

그림 2.3 현대의 초전도 큐비트 시스템의 일부를 예로 들어 양자 컴퓨터를 만들고 동작시키는 데 필요한 기본 부품을 살펴본다. 큐비트 칩은 제어 와이어링이 필요하며 20mK까지 냉각될 수 있는 큰 구조로 배치된다(이미지는 구글에서 가져옴). 큐비트 칩을 냉각시키는 데 큰 구조의 극저온[12] 장치(cryostat)를 사용한다. 제어 와이어는 큐비트를 구동하는 일련의 테스트 및 측정 장비(장비는 윌 올리버(Will Oliver) 연구소에서 제공)에 연결된다. 이 테스트 장비는 대형 양자 컴퓨터의 경우 다중 프로세서로 구성되는 제어 프로세서 레이어에서 구동된다. 제어 프로세서는 양자 컴퓨터의 사용자 액세스와 필요한 소프트웨어 지원 서비스를 제공하는 대형 컴퓨터 서버(그림은 구글 데이터 센터의 일부)에 연결돼 있다.

양자 신호는 아날로그이며 노이즈에 민감하기 때문에 양자계의 설계에는 완전히 다른 접근 방식이 사용된다. 여기에서 중요한 설계 목표는 큐비트에 노이즈가 추가되는 것을 최소화하는 것으로, 롱 와이어와 같은 노이즈가 많은 채널을 통해 큐비트 상태를 전송하는 것을 방지한다.[13] 따라서 이러한 시스템은 일반적으로 큐비트 또는 큐비트 컨테이너를 만드는 데 중점을 두며, 큐비트 상태의 다양한 연산을 수행하고자 필요한 관련 지원 회로와 함께 근방의 다른 큐비트와 얽힌entangling 큐비트를 포

---

12. 극저온은 일반적으로 −150°C(절대온도 123K) 이하의 낮은 온도를 의미한다. 여기서 절대온도의 단위는 K이며, 섭씨 0도는 273.15K에 해당한다. − 옮긴이

13. 또한 큐비트는 복제 불가(no-cloning) 정리를 따라야 하며, 동시에 하나의 큐비트 상태를 두 개의 다른 게이트로 보내는 동작은 배제된다. 이와 관련된 내용은 2.5절에서 더 자세히 다룬다.

함한다. 고전 머신에서는 비트 값들이 게이트로 전달되지만 양자계에서는 큐비트에서 게이트 동작이 이뤄진다.

양자 컴퓨터는 고전 컴퓨터와 구조상 차이점이 있고 게다가 다른 유형의 값을 사용해 동작하므로 고전적인 비트를 사용하고자 개발된 동일한 논리 게이트 추상화를 사용할 수 없다. 큐비트를 사용하는 계산을 위해서는 새로운 추상화가 필요하므로 양자 상태에서 특정한 변경을 위한 구현 방법을 제공한다. 모든 양자계에서와 마찬가지로 해밀토니안의 물리적 표현인 에너지 환경을 바꿈으로써 큐비트 상태를 바꿀 수 있다.

양자 컴퓨팅은 두 가지 주요 접근법을 가진다. 첫 번째 접근법은 양자계의 상태를 초기화한 다음 관심 질문의 대답 확률이 높은 방식으로 양자 상태를 전개하고자 직접 해밀토니안을 하고 원하는 결과를 얻는다. 이러한 시스템에서 해밀토니안은 종종 변경되기 때문에 양자 연산은 완전히 아날로그적인 특성을 갖고 오류를 완전히 정정할 수 없으며[14] '아날로그 양자 컴퓨팅'이라고도 부른다. 이 접근법은 단열 양자 컴퓨팅[AQC, Adiabatic Quantum Computing], 양자 어닐링[QA, Quantum Annealing], 직접 양자 시뮬레이션을 포함한다. 두 번째 접근법은 '게이트 기반 양자 컴퓨팅[gate-based quantum computing]'으로, 오늘날의 고전적인 접근 방식과 유사하다. 즉, 문제는 특정 입력 상태에 대해 잘 정의된 '디지털' 측정 결과를 갖는 매우 기본적인 '프리미티브 연산[primitive operations]' 또는 게이트들로 나눌 수 있다. 이 디지털 속성은 이러한 유형의 설계가 기본적으로 시스템 레벨의 오류 정정을 사용해 결함 허용 능력[fault tolerance]을 가질 수 있음을 의미한다. 그러나 앞에서 언급한 바와 같이 프리미티브 양자 연산의 집합은 고전적인 프리미티브와 구별된다.

---

14. 아날로그 QC를 위해 노이즈 영향을 줄이는 방법이 개발되고 배포됐지만 아날로그 QC QEC 이론은 AQC에만 적용됐다. 이 방법으로는 쉽게 목표를 달성하기 어려우며, 완전한 오류 정정을 하려면 무한한 자원이 요구된다. 따라서 아날로그 QC용 오류 없는 머신을 구현할 수 있는 실용적인 방법은 아직 마련되지 않았다. 이 이슈와 관련된 내용은 3.2절에서 더 자세히 다룬다.

2.4.1 양자 시뮬레이션, 양자 어닐링, 단열 양자 계산

아날로그 양자 컴퓨팅은 초기 양자 상태의 큐비트 시스템을 포함하고, 문제는 해밀토니안으로 변경해 최종 해밀토니안에서 인코딩되고 최종 상태가 해답으로 사용될 수 있다.[15] 변화하고 있는 해밀토니안의 바닥상태에 시스템이 존재한다면 이 접근법을 단열 양자 컴퓨팅[AQC]이라고 한다. 예를 들어 양자 컴퓨터가 열 환경thermal environment과 상호작용할 수 있고 기술적인 진화가 매우 급속하게 이뤄진 경우에 요구 사항은 완화되고 이때 사용되는 프로토콜을 '양자 어닐링quantum annealing'이라고 한다. 충분히 복잡한 해밀토니안을 사용할 때 AQC는 공식적으로 게이트 기반 양자 컴퓨팅 모델과 계산 능력이 동등하다. 기존의 양자 어닐링 디바이스의 경우 해밀토니안의 선택은 제한적이며, 양자 어닐링 디바이스는 보편적인 양자 컴퓨터와는 공식적으로 다르다. 직접 양자 시뮬레이션은 큐비트들 사이의 해밀토니안이 관심 있는 양자계를 모델링하고자 사용되며, 기술적 진화를 통해 시스템을 시뮬레이션할 수 있다.

앞에서 언급했듯이 이러한 아날로그 양자 컴퓨팅 접근법에서는 큐비트 아날로그 값뿐만 아니라 양자 연산을 통해서도 해밀토니안의 값을 완만히 변경할 수 있다. 비이산non-discrete 양자 연산자 집합으로 인해 시스템 레벨의 오류 정정에 관한 기존 접근법을 이해하기 어렵다. 특히 QEC를 위한 모델이 AQC에 대해 제안됐지만[2], 모든 오류를 제거하려면 무한한 자원이 필요하기 때문에 실제로 구현하기는 어렵다. 따라서 양자 오류와 노이즈 억제를 통해 큐비트 시스템에서 노이즈의 영향을 최소화해야 한다[3].

결어긋남decoherence은 디지털 양자 컴퓨터와 아날로그 양자 컴퓨터에서 매우 다른 역할을 한다. 디지털 양자 컴퓨터에서 결어긋남은 중요하지

---

15. 해밀토니안(H)은 양자역학계를 규정하는 기본 연산자로, 모든 전자 궤도와 원자핵 간의 상호작용을 나타낸다(출처: http://dongascience.donga.com/news.php?idx=19773). – 옮긴이

않다.[16] 아날로그 양자 컴퓨터의 경우, 특히 양자 어닐러$^{quantum\ annealer}$에서는 역할이 미묘하게 다르다. 한편으로는 정확한 출력을 낼 수 있는 방법이 필요할 때 시스템은 바닥상태$^{ground\ state}$를 찾을 수 있어야 하므로 에너지 완화^{relaxation}(손실^{dissipation})가 필요하다. 해밀토니안을 너무 빨리 변경해서 생긴 결과와 환경에서의 열 자극 때문에 어닐러는 대규모 문제점을 해결하고자 어닐링 프로토콜이 수행하는 동안에는 바닥상태를 가진다. 이러한 경우 환경에서의 열 손실은 분명한 장점을 갖게 되고, 어닐러를 바닥상태로 되돌린다. 그러나 에너지 손실이 너무 많아지면 시스템은 더이상 양자역학적으로 행동하지 않기 때문에 양자 컴퓨터가 아니게 된다. 또한 '결맞음 공동 터널링$^{coherent\ co\text{-}tunneling}$', 즉 큐비트의 좌표 반전$^{coordinated\ flipping}$을 통해 바닥상태로 효율적인 이완을 가능하게 하는 양자 프로세스에서 위상 결맞음이 필요하다. 실제로 어닐러가 효과적이려면 균형적이어야 한다. 아날로그 양자 컴퓨팅는 3장과 5장에서 좀 더 자세히 다룬다.

2.4.2 게이트 기반 양자 컴퓨팅

양자 컴퓨팅의 게이트 기반 접근법에서 각 프리미티브 동작(게이트)은 원하는 변환을 하려면 필요한 특정 시간 동안에 하나 이상 큐비트의 해밀토니안을 정확하게 변경해야 한다. 이는 큐비트가 만들어진 방식에 따라 레이저 펄스나 다른 전자기장의 응용을 통해 물리적 환경을 변경하면 가능하다.[17] 이러한 프리미티브 연산은 고전적인 컴퓨팅의 논리 게이트와 유사하기 때문에 시스템 접근 방식을 사용해 구축되며, 이를 '디지털 양자 컴퓨터'라고 한다.

양자역학의 규칙에서는 몇 가지 흥미로운 방법을 사용해 양자 게이트 동

---

16. 상태 준비와 사영 측정(projective measurement) 중에는 제외한다.

17. 큐비트의 물리적인 구현에 따른 현재 접근법에 대한 더 많은 내용은 5장에서 다룬다.

작 세트를 제한한다. 첫째, 동작은 '무손실'이어야 한다. 즉, 에너지 손실 energy dissipation은 열이 흘러 나갈 수 있는 환경에 시스템이 연결돼 있음을 의미하기 때문에 허용할 수 없는 결어긋남decoherence이 발생할 에너지 손실이 없도록 해야 한다. 손실 정보로 인해 에너지가 낭비될 수 있기 때문에[4] 양자 게이트는 가역적이어야 한다. 즉, 입력에서 게이트의 출력을 계산할 수 있을 뿐만 아니라 출력에서 게이트의 입력을 계산할 수도 있다(게이트의 계산을 반대 방향으로도 실행할 수 있음). 반대로 뒤집어 계산할 수 있으려면 함수는 항상 가진 입력만큼의 출력을 가져야 한다.

둘째, 연산을 사용해 여러 상태의 계수 또는 '진폭 분포amplitude distribution'를 변경할 수 있지만, 절댓값의 제곱 합(전체 확률의 합)은 항상 1로 유지된다. 양자 게이트의 동작을 시각화하는 한 가지 수학적 방법은 'n' 큐비트의 상태를 고차원 공간(2^n 복소 차원)의 벡터로 표현하는 것이다. 여기서 각 차원의 벡터 값은 복소 계수 a_i를 가진다. 확률을 일정하게 유지하는 경우에 벡터의 길이도 일정해지고 값이 1과 같아지므로 시스템의 상태는 단위 초구unit hypersphere(구의 차원을 더 높은 차원으로 스케일링) 내의 모든 위치가 될 수 있다. 모든 양자 게이트는 상태 벡터를 단순히 초구의 새로운 위치로 회전한다. 큐비트의 수가 증가함에 따라 공간의 차원은 기하급수적으로 커지지만 상태 벡터는 단위 길이unit length로 유지되며, 연산은 초구에서 가능한 다른 회전을 가진다(모두 되돌릴 수 있음).

벡터 길이를 보존하는 연산은 '유니타리unitary'라고 한다. 박스 2.3에서는 단일 큐비트에 의해 생성된 구를 보여준다.

고전 논리 회로classical logic에서와 마찬가지로 많은 입력을 갖는 게이트는 만들기 어렵지만 일련의 더 간단한 게이트를 사용해 구성하거나 '합성'할 수 있고, 각 게이트는 더 적은 개수의 입력을 사용한다. 실제로 양자 게이트는 일반적으로 1, 2, 3 큐비트 입력을 사용해 동작하도록 설계돼 있다. 고전 논리 회로에서처럼 가능한 모든 양자 게이트 기능을 생성하고자 소수의 기본 양자 게이트를 사용할 수 있다. 일반 양자 게이트와 대표적인 집합은 그림 2.4에서 볼 수 있다.

특히 중첩을 위해 사용되는 아다마르[Hadamard18] 게이트가 중요한 의미를 갖는데, $|0\rangle$ 상태의 큐비트는 $|0\rangle$와 $|1\rangle$과 중첩 관계를 가진다. 여기서 둘 다 동일한 상대 위상($\frac{1}{\sqrt{2}}|0\rangle + \frac{1}{\sqrt{2}}|1\rangle$)을 갖는다. $|1\rangle$ 상태의 큐비트는 $|0\rangle$와 $|1\rangle$과 중첩되지만, 반대 위상($\frac{1}{\sqrt{2}}|0\rangle - \frac{1}{\sqrt{2}}|1\rangle$)을 갖는다. 2 큐비트 CNOT 게이트는 XOR 논리 동작을 수행하지만, 입력 중 하나가 출력으로 전달되며, 역방향으로도 계산된다.

양자 게이트는 일련의 입력 큐비트의 초기 집합 a_i를 새로운 집합의 a_i로 매핑하기 때문에 게이트는 수학 행렬 형태로 작성된다. 이 표현에서 각 입력 상태의 a_i는 서로 위로 쌓여[stacked] 벡터를 형성하고, 행렬 벡터 곱셈 결과는 출력 상태의 a_i를 나타내는 벡터가 된다. 그리고 n 입력 논리 연산이나 '게이트'는 n개의 입력 큐비트(초기 2^n개의 a_i를 인코딩)에서 n개의 출력 큐비트(새로운 2^n개의 a_i를 인코딩)를 생성하는 $2^n \times 2^n$ 유니타리 행렬을 사용해 수학적으로 설명할 수 있다.

T가 $\pi/4$(90도)만큼 회전할 수 있을 때 게이트 T, 아다마르[Hadamard] 및 CNOT은 유니버설 게이트 집합[5]을 형성한다(즉, 임의의 유니타리 함수는 유니버설 게이트 집합의 게이트들로 만들어진 컴퓨터를 사용해 임의의 정밀도로 근사화된다)[6].[19]

---

18. 아다마르는 Hadamard를 대한수학회(http://www.kms.or.kr/mathdict/list.html?alpa=H) 용어를 기준으로 표기했으며, 다른 학회 논문지에서는 하다마드로도 표기된다.

19. 일반적인 각도 θ 회전에 대해 단일 큐비트 회전은 이 게이트 집합에서 정확히 표현될 수 없다. 따라서 원하는 작업을 일련의 작업으로 분해해야 한다. 주어진 연산을 단순한 게이트 시퀀스로 '분해'함으로써 일반적인 회로를 하드웨어로 쉽게 구현할 수 있는 더 단순한 프리미티브 게이트 시퀀스로 컴파일할 수 있다. 전산 화학과 같은 일부 응용 분야의 알려진 알고리즘은 일반적인 각도 회전에 많이 의존한다는 점은 주목할 가치가 있다. 특히 이러한 경우에 소수의 프리미티브 게이트 연산을 사용해 연산을 생성하거나 합성할 수 있는 방법을 갖는 것이 매우 중요하다. 더 나은 합성 알고리즘은 더 적은 프리미티브 게이트로 대상 게이트(target gate)를 생성한다.

박스 2.3: 큐비트 상태의 시각화

단일 큐비트의 상태는 $|\psi\rangle = a_0|0\rangle + a_1|1\rangle$로 표시된다. 확률 조건 $|a_0|^2 + |a_1|^2 = 1$은 a_0 및 a_1이 취할 수 있는 값을 제한한다. $(\sin\frac{\theta}{2})^2 + (\cos\frac{\theta}{2})^2 = 1$이기 때문에 a_0의 크기를 $\cos\frac{\theta}{2}$로 설정하고, a_1의 크기를 $\sin\frac{\theta}{2}$로 설정한다. 복소수의 위상 요소를 살펴보면 a_0는 $e^{ia} \times \cos\frac{\theta}{2}$ 이고, a_1는 $e^{i(a+\varphi)} \times \sin\frac{\theta}{2}$를 의미한다. 결론적으로 큐비트의 상태는 3개의 독립적인 실수 a, θ 및 φ: $|\psi\rangle = e^{ia} \times (\cos\frac{\theta}{2}|0\rangle + e^{i\varphi} \times \sin\frac{\theta}{2}|1\rangle)$를 사용해 나타낸다. 전역 위상 a는 물리적 중요성을 갖지 않으며, 단일 큐비트 상태는 $0 \leq \theta < \pi$와 $0 \leq \varphi < 2\pi$의 범위를 갖는 2개의 실수로 표시될 수 있다. 임의의 단일 큐비트 상태는 단위 구(unit sphere)의 표면 내 한 점으로 매핑될 수 있다(이를 블로흐 구(Bloch sphere)라고 한다). 북극점과 남극점은 $|0\rangle$와 $|1\rangle$에 해당되며, θ는 위도, φ는 경도를 나타낸다. 그림 2.3.1에서처럼 블로흐 구에서 양자 상태 양수 값을 가진다.

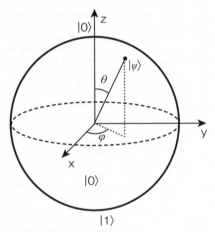

그림 2.3.1 단일 큐비트의 모든 가능한 상태 집합을 나타내는 블로흐 구의 그림. 큐비트 각도 θ와 φ는 그림에 나와 있다. 단일 큐비트 게이트는 큐비트 상태를 이 구체의 다른 지점으로 회전시킨다.

출처: Smite–Meister, https://commons.wikimedia.org/w/index.php?curid=5829358

게이트명	큐비트 개수	회로 심볼	유니타리 행렬	설명
아다마르	1	-[H]-	$\frac{1}{\sqrt{2}}\begin{bmatrix} 1 & 1 \\ 1 & -1 \end{bmatrix}$	기저상태를 2개의 기저상태의 균등 중첩으로 변환한다.
T	1	-[T]-	$\begin{bmatrix} 1 & 0 \\ 0 & e^{i\pi/4} \end{bmatrix}$	기여 기저상태(contributing basis state) 간에 상대 위상 이동을 $\pi/4$ 만큼 추가한다. 대각선 요소가 (diagonal element) $e^{-i\pi/8}$과 $e^{i\pi/8}$ 형태로 사용되기 때문에 $\pi/8$ 게이트라고 부른다.
CNOT	2		$\begin{bmatrix} 1 & 0 & 0 & 0 \\ 0 & 1 & 0 & 0 \\ 0 & 0 & 0 & 1 \\ 0 & 0 & 1 & 0 \end{bmatrix}$	제어형(Controlled) NOT이다. 고전 XOR 게이트와 유사하며, 가역 가능하다. 굵은 점에 연결된 입력이 전달되며, 가역 가능한 연산을 가진다.
토폴리 (Toffoli, CCNOT)	3		$\begin{bmatrix} 1 & 0 & 0 & 0 & 0 & 0 & 0 & 0 \\ 0 & 1 & 0 & 0 & 0 & 0 & 0 & 0 \\ 0 & 0 & 1 & 0 & 0 & 0 & 0 & 0 \\ 0 & 0 & 0 & 1 & 0 & 0 & 0 & 0 \\ 0 & 0 & 0 & 0 & 1 & 0 & 0 & 0 \\ 0 & 0 & 0 & 0 & 0 & 1 & 0 & 0 \\ 0 & 0 & 0 & 0 & 0 & 0 & 0 & 1 \\ 0 & 0 & 0 & 0 & 0 & 0 & 1 & 0 \end{bmatrix}$	제어 제어형(Controlled-Controlled) NOT이다. 첫 번째 2개 비트는 1이고, 상태를 나타내는 세 번째 비트는 스위칭 가능한 3 큐비트 게이트다(즉, $|110\rangle$이 $|111\rangle$로 스위칭되며, 반대도 가능하다).
파울리-Z	1	-[Z]-	$\begin{bmatrix} 1 & 0 \\ 0 & -1 \end{bmatrix}$	기여 기저상태 간에 상대 위상 이동이 π만큼 이뤄진다. $|0\rangle$은 자신에게로, $|1\rangle$은 $-|1\rangle$로 매핑된다. 위상 반전이라고 부를 수 있다.
Z-회전	1	-[R$_z(\theta)$]-	$\begin{bmatrix} e^{-i\theta/2} & 0 \\ 0 & e^{i\theta/2} \end{bmatrix}$	θ만큼 상대 위상 이동이 수행된다(상태 벡터를 z축 기준으로 회전).
NOT	1		$\begin{bmatrix} 0 & 1 \\ 1 & 0 \end{bmatrix}$	고전 NOT 게이트와 유사하다. $|0\rangle$이 $|1\rangle$로 스위칭되며, 반대도 가능하다.

그림 2.4 일반적으로 사용되는 1, 2, 3 큐비트 양자 게이트와 해당 유니타리 행렬 모양, 회로 심볼과 효과를 설명한다. T, 아다마르 및 CNOT 게이트는 보편적인 양자 게이트 세트를 형성할 수 있다. 출처: M. Roetteler, KM Svore, 2018, Quantum computing: Codebreaking and beyond, IEEE Security & Privacy 16(5):22-36

양자 알고리즘을 구현하는 데 기본이 되는 유니타리 동작과 달리 측정 연산은 양자 상태가 측정 디바이스와 밀접하게 연결된다. 측정 디바이스는 이진 출력을 생성하며 가역적이지 않다. 측정은 양자 컴퓨터에서 정보를 추출하는 데 필요하다. 그러나 측정은 시스템 파동 함수를 축소하며 n 큐비트 양자 레지스터에서 n 비트의 정보만 반환한다. 즉, 하나의 고전적인 결과를 반환한다. 정보는 측정이 완료될 때까지 레지스터가 인코딩된 2^n개 상태 중 a_i에 저장된다. 2 큐비트 시스템의 측정 결과는 표 2.3과 박스 2.4에서 다룬다[7].

표 2.3 시스템 초기 상태에서 2 큐비트 시스템이 갖는 일부 가능 상태(possible state)의 측정 결과와 확률

시스템의 측정 전 상태(파동 함수)	측정 결과	결과의 확률	시스템의 측정 후 상태
$\lvert\varphi\rangle = \lvert00\rangle$	00	100%	$\lvert\psi\rangle = \lvert00\rangle$
$\lvert\varphi\rangle = \lvert01\rangle$	01	100%	$\lvert\psi\rangle = \lvert01\rangle$
$\lvert\psi\rangle = \frac{1}{\sqrt{2}}\lvert00\rangle + \frac{1}{\sqrt{2}}\lvert11\rangle$	00	50%	$\lvert\psi\rangle = \lvert00\rangle$
	11	50%	$\lvert\psi\rangle = \lvert11\rangle$
$\lvert\psi\rangle = \frac{1}{2}\lvert00\rangle + \frac{1}{2}\lvert10\rangle + \frac{1}{2}\lvert01\rangle + \frac{1}{2}\lvert11\rangle$	00	25%	$\lvert\psi\rangle = \lvert00\rangle$
	10	25%	$\lvert\psi\rangle = \lvert10\rangle$
	01	25%	$\lvert\psi\rangle = \lvert01\rangle$
	11	25%	$\lvert\psi\rangle = \lvert11\rangle$
$\lvert\psi\rangle = \frac{1}{2}\lvert01\rangle + \frac{\sqrt{3}}{2}\lvert10\rangle$	01	25%	$\lvert\psi\rangle = \lvert01\rangle$
	10	75%	$\lvert\psi\rangle = \lvert10\rangle$

박스 2.4: 2 큐비트 시스템의 측정과 얽힘

다중 큐비트 시스템을 위한 파동 함수는 선형 대수 언어를 사용해 소위 기저상태(base state)[20]에서 가능한 모든 고전적 상태의 선형 조합으로 구성할 수 있다. 2 비트 시스템에는 4가지 가능한 고전적 상태가 있으므로 2 큐비트 시스템의 파동 함수는 다음과 같은 형태를 가진다.

$$|\psi_{ij}\rangle = a_{00}|00\rangle + a_{01}|01\rangle + a_{10}|10\rangle + a_{11}|11\rangle$$

여기서 상태 계수의 자승 크기는 측정 확률에 해당한다.

a_{00}이 0이 아닌 상태 $|\psi\rangle = |00\rangle$를 생각해보자. 첫 번째 입자(particle)를 측정하면 0이 100%의 확률로 나오고 두 번째 입자도 동일하게 계산된다. 이 경우 각 큐비트는 자체 파동 함수 $|\psi_i\rangle = |00\rangle_i$와 $|\psi_j\rangle = |00\rangle_j$로 독립적으로 설명할 수 있다. 전체 시스템은 개별 큐비트의 곱으로 구성될 수 있으며, $|\psi\rangle = |\psi_i\rangle \cdot |\psi_j\rangle = |00\rangle_i \cdot |00\rangle_j$ ($|\psi_{ij}\rangle = |00\rangle$과 동일)로 표현된다.

이제 중첩(superposition) 상태 $|\psi_{ij}\rangle = \frac{1}{\sqrt{2}}|00\rangle + \frac{1}{\sqrt{2}}|11\rangle$을 생각해보자. 첫 번째 큐비트가 측정될 경우에 어떠한 결과 값을 얻을까? 결과가 1이면 파동 함수는 첫 번째 큐비트에 대해 이 값을 갖는 상태들의 조합으로 축소되거나 $|\psi_{ij}\rangle = |11\rangle$이 된다. 결과적으로 두 번째 큐비트는 동일한 상태로 있을 100% 확률을 가진다. 반면에 첫 번째 큐비트가 0으로 측정되면 두 번째 큐비트도 동일한 로직을 가진다. 추가 검사를 통해 큐비트가 처음 측정된 것과 관계없이 두 번째 큐브가 항상 첫 번째 큐브와 동일한 값을 가진다는 것을 알 수 있다. 입자는 한쪽의 상태가 다른 쪽에 종속돼 있으며, 한쪽의 측정은 다른 쪽의 상태를 본질적으로 결정한다는 점에서 두 번째 측정 여부와 상관없이 불가분의 상관관계를 갖는다. 이러한 조건을 갖는 상태를 '얽힘(entanglement)'이라고 부르며, 본질적으로 양자역학적이다. 수학적으로 얽힘은 다중 큐비트 파동 함수를 1 큐비트 파동 함수의 곱으로 표시할 방법이 없을 때 발생한다. 이 특정 상태는 얽힌 상태의 특정 범주인 '벨 상태(Bell state)'의 예다. 얽힘 상태는 본질적으로 양자역학적이며 양자 컴퓨팅 성능의 핵심(key)이다.

---

20. 이 책에서는 원문의 단어를 구분하고자 ground state는 바닥상태, basis state는 기저상태로 구분 표시했다. - 옮긴이

2.5 양자 컴퓨터 설계 제약 사항

앞 절에서 언급했듯이 양자 컴퓨터는 큰 잠재력이 있지만, 네 가지의 주요 제약 사항을 가진다. 첫 번째 주요 제약은 양자 컴퓨터의 상태를 설명하는 데 필요한 계수의 수는 큐비트가 서로 얽힐 때[entangled] 큐비트 개수와 함께 지수 함수적으로 증가한다는 것이다. 시스템에 큐비트를 추가하면 양자 상태의 수는 두 배로 늘어나고, 이 큐비트가 나머지 시스템과 상호작용하지 않는 경우에는 양자 상태 내용을 분해하고 추가된 큐비트 상태의 곱으로 표현할 수 있으며 나머지 시스템 상태를 포함한 결과를 얻는다. 이 인수분해 상태는 원래의 양자계에 비해 단 두 개의 추가 계수(추가된 큐비트의 상태)를 필요로 한다. 양자 컴퓨팅을 잘 사용하려면 큐비트가 얽혀 있어야 한다. 즉, 큐비트의 상태는 다른 큐비트의 상태와 상관돼야 한다. 두 개의 큐비트 사이에 그러한 의존성을 형성하려면 (광자[photon], 포논[phonon] 또는 다른 큐비트이든 간에) 각 큐비트와 서로 간에 작용하는 일정한 포인트에서 얽힌 중간 양자계를 통해 직접적으로 또는 간접적으로 상호작용해야 한다.[21]

복잡한 게이트처럼 양자 프로세서 내부에서 물리적으로 분리된(즉, 인접하지 않은) 큐비트 간의 직접적인 상호작용이 어렵더라도[22] 직접 상호작용은 하드웨어로 직접 지원할 수 있는 단순한 프리미티브 게이트 연산으로 분해할 수 있다. 간접 결합[indirect coupling]은 상호작용을 촉진하고자 중간 큐비트 또는 다른 양자계를 사용하는 연산을 통해 수행할 수 있다. 그러

---

21. 큐비트 A가 큐비트 B와 얽혀 있고 나중에 큐비트 B가 큐비트 C와 얽히면 큐비트 A가 큐비트 C와 얽힐 가능성이 있다. 이를 확인하려면 모든 큐비트가 |0⟩ 상태가 되고, 큐비트 A는 아다마르 게이트에 의해 연산돼야 한다. 이는 큐비트 B의 CNOT 게이트 제어 입력이며, 큐비트 B는 큐비트 C의 제어 터미널이다. A, B, C의 측정 결과로 전체 시간의 50%는 0을, 다른 50%는 1을 가진다. 그러나 큐비트 중 하나가 측정 가능하면 다른 큐비트의 상태는 100% 확률로 알 수 있다.

22. 큐비트 에너지가 환경과 결합하는 것을 방지하고자 큐비트 에너지는 국지화되고 잘 격리된 장소에 보관돼야 한다. 상호작용을 위해 2 큐비트를 위한 넓은 영역으로 에너지를 분배시키면 여러 환경에 큐비트가 노출되고 최근의 기술을 이용해 결맞음 시간(coherence time)을 많이 줄일 수 있다.

나 고전적인 컴퓨팅에서와 같이 간접 결합은 머신에 오버헤드를 발생시킨다. 오버헤드는 첫 번째 주요 설계 제약 항목이다. 통신 비용은 고전적인 컴퓨팅에서도 잘 발생하며, 현재 머신이 매우 많은 게이트 수를 갖는 경우에도 해당된다. 많은 양자 컴퓨팅을 구현할 때 이렇게 상호작용이 길어지면 시스템의 큐비트 중 일부가 소비되고 유용한 큐비트의 수는 시스템의 물리적 큐비트 수보다 적게 된다. 보편적인 게이트universal gate 세트에서 가져온 2 큐비트 작업 중 일부에서 여러 프리미티브 게이트 작업을 수행한다. 이러한 오버헤드는 큐비트 및 게이트 동작이 제한적인 기술 개발의 초기 단계에서 가장 중요하다.

두 번째 제약은 소위 복제 불가no-cloning 정리[8, 9] 때문에 양자계의 복제본을 만들 수 없다는 사실에서 비롯된다. 큐비트 세트의 상태가 다른 큐비트 세트로 이동할 수 있지만, 이는 원래의 큐비트에서 해당 정보를 삭제한다. 임의의 양자 정보는 이동을 할 수는 있지만 복사는 불가능하다. 중간 상태 또는 부분 결과의 복사본을 메모리에 저장하는 것이 고전 컴퓨팅의 필수 부분이지만 프로그래밍에 있어서 양자 컴퓨터는 알고리즘 설계에 있어 다른 접근 방식을 요구한다. 또한 컴퓨팅 작업에는 저장된 데이터를 액세스하는 기능이 필요한 경우가 많으며 많은 양자 알고리즘에서는 저장된 비트를 액세스해서 양자 메모리에 쿼리하고 로드하는 방법이 필요하다.

세 번째 제약은 양자 동작의 노이즈 내성 부족에서 발생한다. 입력 신호 또는 게이트 동작의 작은 불완전성은 기본 게이트 동작에 의해 제거되지 않고, 고전적인 논리 게이트는 불완전성을 갖고 있기 때문에 이러한 작은 오류는 시간이 지남에 따라 누적돼 시스템의 상태를 교란시킨다. 이러한 오류는 계산 정확성에 영향을 미치며, 충분히 커지면 측정 오류 또는 심지어 양자 결맞음의 손실을 가져올 수 있다(따라서 이러한 현상으로 인해 양자가 갖는 장점이 손상된다). 이 노이즈는 환경에서의 불완전한 격리, 큐비트 자체의 물리적 준비, 제조상의 정정되지 않은 변화, 큐비트 자체(또는 포함하거나 유지하는 디바이스)의 제조 및 원하는 큐비트 동작을 수행하는 데 사용되는 신호의 불완전성으로 인해 발생한다. 이러한 내용들을 종합하면 불완전성은 일반적으로 큐비트 동작의 품질을 저하시킨다. 이러한 효과는 오류를 유발하는 노이즈를 최소화하고 회피하는 방법을 사용하는 경우에도 여전히 중요하다.

게이트 동작의 품질은 게이트 동작이 오류율을 갖고 부정확한 결과 incorrect outcome를 산출할 확률 또는 충실도 fidelity를 갖고 동작이 올바른 결과를 산출할 확률로 측정된다(박스 2.5 참고). 2018년 최첨단 시스템의 경우 최상의 오류율은 초전도 및 트랩된 이온 큐비트에서 단일 큐비트 게이트 [10-13]의 $10^{-3} \sim 10^{-6}$과 2 큐비트(얽힘) 게이트 [14-17]의 $10^{-2} \sim 10^{-3}$ 범위를 갖는 것으로 발견됐다. 현재의 머신에서는 머신의 큐비트 수가 증가할수록 이러한 품질은 저하된다. 최근의 시스템이 갖는 성능은 5장에서 자세히 설명한다.

마지막 제약은 작업이 완료된 후에 실제로 머신의 전체 상태를 관측할 수 없다는 점이다. 예를 들어 양자 컴퓨터가 모든 큐비트-상태 조합의 중첩으로 큐비트 세트를 초기화한 후 함수를 입력 상태에 적용하면 결과 양자 상태는 가능한 각 입력값의 함수 값 정보를 가진다. 그러나 이 양자 계를 직접 측정해도 모든 상태 정보를 얻을 수 없다. 대신 모든 입력 케이스는 동일하기 때문에 2^n개의 가능한 출력 중 하나만 반환한다. 성공적인 양자 알고리즘은 시스템을 조작해 탐색된 솔루션의 상태가 다른 가능한 출력보다 측정 가능성이 훨씬 높아야 한다. 이 조건은 양자 푸리에 변환 및 진폭 증폭과 같은 양자 알고리즘 기본 요소에 해당되고, 3장에서 자세히 설명한다. 이러한 연산은 요구된 응답을 나타내는 인덱스의 상태 계수를 높여서 판독 측정 시 의미 있는 응답이 관측될 가능성이 높다. 그러나 시간이 더 필요할 수 있기 때문에 양자 알고리즘의 전반적인 속도는 감소될 수 있다.

양자 현상의 특성을 사용해 QC에서 계산 능력을 제공할 수 있고, QC가 어떻게 사용될지를 제약할 수 있다.

박스 2.5 큐비트 충실도와 오류율의 정의 및 정량화

양자 컴퓨터는 성공적으로 운영하려면 높은 큐비트와 게이트 충실도(fidelity)가 필요하다. 이 책은 컴퓨터의 큐비트 충실도를 측정하고자 게이트 오류율을 사용한다. 게이트 오류율은 광범위한 오류 소스 세트가 적용되는 게이트 동작의 견고성을 특징으로 하는 측정 항목이다. 본질적으로 게이트 오류율은 실제 게이트 동작이 얼마나 이상적인 동작에 가깝게 일치하는지를 평균적으로 측정한 척도다. 게이트 오류율 1%는 주어진 유형의 게이트 동작이 평균 100회 시도 중 정확한 결과를 99회 산출할 수 있음을 나타낸다.

이러한 오류는 여러 가지 메커니즘이 큐비트에 '노이즈'를 추가하기 때문에 발생한다. 노이즈의 한 가지 원인은 큐비트 결맞음 손실이며, 큐비트 상태는 크기와 위상으로 구성되므로 '노이즈'는 큐비트 상태의 양 측면에서 영향을 미칠 수 있다. 어떤 환경에서 시스템을 완전히 분리하는 것은 불가능하므로 시간이 지남에 따라 큐비트 에너지는 환경과 평형을 이루게 된다. 환경이 차가워지면 큐비트는 에너지를 잃어 바닥상태가 된다. 이는 들뜬상태(excited state)의 확률(들뜬상태의 진폭 크기 제곱)이 시간이 지남에 따라 감소함을 의미한다. 물리적 프로세스에서는 양자 상태에 무작위 위상 천이를 추가하고, 큐비트 상태의 위상 결맞음이 감소된다. 양자 연산은 적절하게 동작하려면 위상 정렬이 필요하기 때문에 위상 결어긋남(decoherence)은 시간이 지남에 따라 큐비트 오류를 발생시킨다. 단순한 노이즈의 경우 에너지 완화 및 위상 결어긋남은 각각 T_1 및 T_2로 지칭되는 시간 상수와 함께 지수 붕괴를 통해 진행된다. 에너지 완화(relaxation)는 또한 위상 분리 과정이기 때문에 결어긋남 시간 T_2만큼 에너지 완화 및 영위상화(dephasing) 처리가 이뤄지며, T_2는 유용한 양자 컴퓨터를 만드는 데 필요한 수의 양자 게이트를 구현하는 필요 시간보다 훨씬 길어야 한다.

기본적인 큐비트 결맞음 오류 외에도 큐비트 게이트 동작을 수행하는 데 사용되는 아날로그 제어 신호가 주어질 때 각 게이트는 완벽하게 동작하지 않을 수 있고, 큐비트 게이트 동작을 수행하면 시스템의 다른 큐비트 상태에 영향을 줄 수 있다(이 간섭을 '누화(crosstalk)'라고 함). 이는 일련의 게이트 동작에서 생성된 출력이 부정확하고, 이러한 동작이 이후 동작 오류율을 증가시킨다는 것을 의미한다. 정확한 결과를 생성

할 확률(결과를 생성하는 모든 게이트 연산을 올바르게 수행함)은 게이트 연산의 수에 따라 지수 함수적으로 다시 감소한다. 따라서 측정된 시스템 오류율에서 게이트당 평균 오류율을 얻을 수 있다. 2 입력 큐비트 게이트는 단일 큐비트 연산보다 복잡하다. 2 입력 큐비트의 상태는 큐비트 연산에서 상호작용하기 때문에 더 높은 오류율을 가진다. 좀 더 완전하게 동작하고자 1, 2 큐비트 게이트의 오류율이 자주 제공된다. 오류율이 게이트 충실도 측정 항목으로 사용될 때 오류율은 게이트 시간 동안의 결어긋남과 게이트 동작에 의해 야기된 다른 오류를 설명할 수 있다.

양자 컴퓨터의 사용자가 결과의 충실도를 평가하고자 한다면 RBM(randomized benchmarking) 프로세스를 사용해 효과적인 게이트 오류율을 추출해야 한다. 일반적으로 RBM은 무작위로 구성된 게이트를 구현하고 결과 상태를 해당 시퀀스의 예측 상태와 비교한다. 시퀀스의 길이가 증가함에 따라 최종 상태의 오류는 증가하고 게이트당 오류 증가율은 선택된 게이트 그룹의 오류율 척도를 제공한다. 인터리빙된 RBM은 이 게이트를 사용해 무작위 분류에서 게이트 오류율을 특성화하고, 동일한 구성(assortment)에서 특정 게이트를 뺀 결과의 오류율을 비교한다. RBM과 변형은 특정 디바이스의 평균 게이트 오류율을 추정할 수 있는 효율적인 수단을 제공한다. 오류율 추정치는 초기화 및 측정 오류가 존재하더라도 왜곡되지 않으며, 7장의 제안된 측정 기준 1을 구성하는 데 필요한 기본값이 된다. RBM은 디바이스의 특정 오류 채널을 제외한 순오류율(net error rate) 값을 제공한다.

2.6 기능적 양자 컴퓨터의 잠재력

앞에서 언급했듯이 고전적 상호작용이 아닌 양자에 기반을 둔 계산을 하고자 새로운 유형의 컴퓨팅 머신이 제공된다. 오늘날의 가장 강력한 슈퍼컴퓨터와 미래의 모든 고전 컴퓨터도 현재 매우 어려운 계산 문제를 해결할 잠재력이 있다. 예를 들어 잠재적인 암호 해독 애플리케이션, 화학, 재료 과학 및 생물학과 관련된 양자계의 시뮬레이션과 관련된 애플리케이션, 특히 새로운 재료 개발과 같은 잠재적인 애플리케이션에 고전 컴퓨터를 적용하는 경우에도 많은 관심을 갖고 있다.

전 세계의 실험가들은 다양한 기본 큐비트 기술을 사용해 유용한 계산을 수행할 수 있는 게이트 기반 및 아날로그 컴퓨터를 개발하고자 노력하고 있다. 이 책의 남은 장에서는 이러한 컴퓨터에 유용한 애플리케이션을 개발하고 양자 컴퓨터를 만드는 데 필요한 하드웨어와 소프트웨어 플랫폼을 만드는 과정도 설명한다. 양자 컴퓨팅 디바이스는 일반적으로 개발 초기 단계에 있기 때문에 디바이스의 기능은 유형과 성숙도에 따라 달라지므로 아래에서 설명하는 것처럼 쉽게 참고하고 비교할 수 있는 몇 가지 종류의 양자 컴퓨터를 정의할 필요가 있다.

- **아날로그 양자 컴퓨터(양자 어닐러, 단열 QC, 직접 양자 시뮬레이션):** 이러한 시스템은 양자 게이트를 사용하지 않고 시스템의 해밀토니안 아날로그 값을 변경해 큐비트 결맞음 조작으로 동작한다. 예를 들어 '양자 어닐러quantum annealer'의 계산은 어떤 초기 상태에서 큐비트 세트를 준비하고 해밀토니안이 주어진 문제의 매개변수를 정의 할 때까지 천천히 에너지를 변화시켜 최종 큐비트 상태에서 주어진 문제의 답을 높은 확률로 구할 수 있다. '단열 양자 컴퓨터AQC, Adiabatic Quantum Computer'는 큐비트를 해밀토니안의 시작할 때 바닥상태로 초기화한 다음 해밀토니안을 천천히 변경해 시스템이 프로세스 전체에서 가장 낮은 에너지나 바닥상태로 유지한다. AQC는 게이트 기반이 아니지만 게이트 기반 양자 컴퓨터와 이론적으로 동일한 처리 능력을 가지며, 완전한 오류 정정을 위한 실질적인 방법은 아니다.

- **노이즈가 있는 중간 규모 양자NISQ 게이트 기반 컴퓨터[18]:** 시스템은 모든 오류를 억제하는 데 필요한 완전한 양자 오류 정정을 하지 않는 큐비트 결맞음을 가진 게이트 기반 동작을 사용한다. 약간의 노이즈를 갖는 양자계에서 계산이 가능하도록 설계해야 하고, 큐비트의 게이트 오류와 결어긋남이 결과를 왜곡시키지 않도록 충분한 단계(충분히 얕은 논리적 깊이를 갖는)로 완료돼야 한다. 이 책에서는 이런

시스템을 '디지털 NISQ' 컴퓨터라고 부른다.

- **완전히 오류 정정된 게이트 기반 양자 컴퓨터:** 양자계는 큐비트의 게이트 기반 연산을 통해 동작하며, 연산 시간 프레임에서 발생하는 시스템 노이즈(불완전한 제어 신호 또는 디바이스 제조에 의해 발생하는 오류, 큐비트 간 또는 환경에 대한 큐비트의 의도하지 않은 결합을 포함하는)를 정정하는 양자 오류 정정을 구현한다. 양자계에서 오류 확률은 매우 감소돼 머신의 모든 계산 결과 신뢰도가 높아진다. 이렇게 설계된 머신을 사용해 수천 개의 오류를 정정하거나 논리적 큐비트를 저장할 수 있다.

게이트 기반 양자 컴퓨터는 물리적으로 다양하게 구현할 수 있다. 그러나 모든 구현 결과는 다음과 같은 디빈센조^{DiVincenzo} 기준을 충족시켜야 한다[19].

1. 큐비트로 사용할 수 있는 잘 특성화된 양자의 2 레벨 시스템을 지원해야 한다.
2. 큐비트 초기화 기능을 지원해야 한다.
3. 결어긋남 시간은 계산이나 오류 정정을 수행할 수 있을 만큼 충분히 길어야 한다.
4. 보편적 '양자 게이트$^{quantum\ gates}$'로 알려진 양자 계산용 큐비트의 양자 연산 세트를 지원해야 한다.
5. 다른 것들을 방해하지 않고 양자 비트를 하나씩 측정할 수 있어야 한다.

양자 어닐러는 알고리즘을 표현하는 데 게이트를 사용하지 않기 때문에 4번째 항목을 제외한 모두가 필요하다. 그러나 결어긋남(항목 3)은 게이트 모델보다 양자 어닐링에서 매우 다른 역할을 한다. 특히 일부 어긋남은 양자 어닐링에서 허용 가능하며[20, 21], 양자 어닐링이 성공하려면 어느 정도의 에너지 완화가 필요하다[22 .23]. 지금까지 아날로그 양자 및 디지털 NISQ 컴퓨터 시스템의 구축은 많은 발전이 이뤄졌지만 오류를 완전히 정정한 시스템을 만들기는 훨씬 어렵다.

기능적 양자 컴퓨터를 만들려면 큐비트를 인코딩하고, 계산을 수행하는 큐비트를 정확히 제어하고 조작할 수 있는 물리적 시스템을 만들어야 한다. 오늘날 실험 전문가들은 신중하게 통제된 실험실 환경에서 이러한 시스템을 구축하고 운영한다. 양자 컴퓨팅용 두 가지 선도적 기술인 트랩된 이온 및 초전도 큐비트는 큐비트에서 구현되고 동작시키고자 다른 전략을 사용한다. 이온 트랩 시스템은 원자의 두 가지 내부 상태를 기본 양자 요소로 사용한다. 원자atom는 각각 외부 전자outer electron가 제거돼 양전하를 띠게 되므로 '이온 트랩ion traps'이라고 불리는 디바이스에서 전기장으로 위치를 제어할 수 있다. 이온과 트랩은 환경과의 상호작용을 최소화하고자 초고진공 챔버ultra high vacuum chamber에 들어있고 레이저는 매우 낮은 온도(0.1 ~ 1mK)로 이온의 움직임을 냉각시키는 데 사용된다. 이온 트랩은 일반적으로 실온에서 동작하지만 진공 환경을 개선하거나 이온의 움직임에 고유한 전기 노이즈의 영향을 줄이고자 극저온(4 ~ 10K)으로 냉각할 수도 있다. 각 이온의 상태는 정확하게 제어된 레이저 펄스 또는 마이크로웨이브 방사선을 사용해 변경할 수 있다. 이들 펄스는 2개 이상의 이온 상태를 함께 결합시켜 이온들 사이의 얽힘을 형성하도록 배열될 수 있다. 이온 트랩 시스템과 제어 디바이스를 포함하는 실험실 디바이스의 예는 그림 2.5에 나와 있다.

초고진공 챔버

큐비트 게이트용
제어 신호

게이트 빔의 광학적 라우팅

게이트 레이저 소스

그림 2.5 상온(room temperature)에서 동작하는 최신 이온 트랩 시스템을 가진 실험실 모습이다. 트랩된 이온 큐비트는 초고진공 챔버 내부에 존재한다. 큐비트의 양자 논리 게이트는 게이트 레이저 소스의 레이저빔을 사용해 수행되며, 제어 신호(케이블을 통해 전달된 RF 신호)에 의해 변조되고 시스템의 광학 설정을 사용해 이온으로 라우팅된다. 출처: 메릴랜드 대학교의 크리스토퍼 몬로(Christopher Monroe) 교수 제공

초전도 시스템superconducting system은 매우 다른 접근법을 사용해 만들어진다. 이 접근법은 자연natural 양자계를 사용하는 대신 인공 원자로 작용하는 회로를 만들고자 초전도 물질의 고유한 특성을 사용한다.[23] 이 회로는 집적회로처럼 리소그래피적으로lithographically 정의될 수 있기 때문에 인공 원자 배열arrays of artificial atoms을 구축할 수 있다. IC 제조에 사용되는 공정과 유사한 공정을 사용해 마이크로웨이브 방사선은 '원자' 상태를 조작하고자 사용되고, 인접한adjacent '원자'는 전자적으로 결합돼 얽힌 상태를 만들 수 있다. 불행하게도 이 회로의 에너지 레벨은 여전히 매우 작

---

23. 이 회로는 근본적으로 비선형 발진기다. 즉, 원자처럼 서로 다른 에너지 상태를 지원하고 에너지 레벨 (energy level)에 따라 에너지 상태(energy state)가 서로 다르다. 따라서 관심 상태(state of interest) 간의 갭은 고유(unique)하고 관심 상태는 개별적으로 확인할 수 있다.

으며 회로는 항상 내장된 재료와 접촉돼 있다. 따라서 회로를 절연하려
면 약 10mK로 냉각해야 한다. 그림 2.6은 큐비트 환경의 온도를 유지하
고 양자계를 제어하는 데 필요한 일부 디바이스를 포함하는 실험실의 실
험용 초전도 양자 컴퓨터의 스냅샷을 보여준다.

그림 2.6 현대적인 초전도 큐비트 시스템을 위한 실험실. 출처: 링컨 연구소(Lincoln Laboratory)
의 윌리엄 올리버(William Oliver) 제공

양자 컴퓨팅에 대한 관심은 양자계의 결맞음 시간과 충실도가 향상되면
서 증가했다. 3장과 4장에서는 양자 컴퓨터의 잠재적 기능을 설명한다.
5장과 6장에서는 지금까지 달성된 결맞음 및 충실도와 함께 양자 컴퓨터
를 구축하는 데 필요한 하드웨어와 소프트웨어 기술을 심층적으로 탐구
한다.

2.7 참고 문헌

[1]   J. Preskill, 2018, "Quantum Computing in the NISQ Era and Beyond,"
       arXiv:1801.00862.

[2]   K.C. Young, M. Sarovar, and R. Blume-Kohout, 2013, Error suppression
       and error correction in adiabatic quantum computation: Techniques and
       challenges, *Physical Review* X 3:041013;

A. Mizel, 2014, "Fault-Tolerant, Universal Adiabatic Quantum Computation," https://arxiv.org/abs/1403.7694; S.P. Jordan, E. Farhi, and P.W. Shor, 2006, Error-correcting codes for adiabatic quantum computation, Physical Review A 74:052322; K.L. Pudenz, T. Albash and D.A. Lidar, 2014, Error-corrected quantum annealing with hundreds of qubits, *Nature Communications* 5:324; W. Vinci, T. Albash and D.A. Lidar, Nested quantum annealing correction, 2016, *npj Quantum Information* 2:16017.

[3]   다음 논문을 참고한다. A.D. Bookatz, E. Farhi, and L. Zhou, 2015, Error suppression in Hamiltonian-based quantum computation using energy penalties, *Physical Review A* 92:022317;
      M. Marvian and D.A. Lidar, 2017, Error suppression for Hamiltonian-based quantum computation using subsystem codes, *Physical Review Letters* 118:030504.

[4]   R. Landauer, 1961, Irreversibility and heat generation in the computing process, *IBM Journal of Research and Development* 5(3):183-191.

[5]   M. Nielsen and I. Chuang, 2016, *Quantum Computation and Quantum Information*, Cambridge University Press, p. 189.

[6]   M. Roetteler and K.M. Svore, 2018, Quantum computing: Codebreaking and beyond, *IEEE Security and Privacy* 16(5):22-36.

[7]   바로 앞에서 언급한 같은 책

[8]   W.K. Wootters and W.H. Zurek, 1982, A single quantum cannot be cloned, *Nature* 299(5886):802-803.

[9]   D. Dieks, 1982, Communication by EPR devices, *Physics Letters* 92A(6):271-272.

[10] T.P. Harty, D.T.C. Allcock, C.J. Ballance, L. Guidoni, H.A. Janacek, N.M. Linke, D.N. Stacey, and D.M. Lucas, 2014, High-fidelity preparation, gates, memory, and readout of a trapped-ion quantum bit, *Physical Review Letters* 113:220501.

[11] R. Blume-Kohout, J.K. Gamble, E. Nielsen, K. Rudinger, J. Mizrahi, K. Fortier, and P. Maunz, 2017, Demonstration of qubit operations below a rigorous fault tolerance threshold with gate set tomography, *Nature Communications* 8:4485.

[12] E. Mount, C. Kabytayev, S. Crain, R. Harper, S.-Y. Baek, G. Vrijsen, S.T. Flammia, K.R. Brown, P. Maunz, and J. Kim, 2015, Error compensation of

single-qubit gates in a surface-electrode ion trap using composite pulses, *Physical Review A* 92:060301.

[13]   S. Gustavsson, O. Zwier, J. Bylander, F. Yan, F. Yoshihara, Y. Nakamura, T.P. Orlando, and W.D. Oliver, 2013, Improving quantum gate fidelities by using a qubit to measure microwave pulse distortions, *Physical Review Letters* 110:0405012.

[14]   J.P. Gaebler, T.R. Tan, Y. Lin, Y. Wan, R. Bowler, A.C. Keith, S. Glancy, K. Coakley, E. Knill, D. Leibfried, and D.J. Wineland, 2016, High-fidelity universal gate set for 9Be+ ion qubits, *Physical Review Letters* 117:060505.

[15]   C.J. Ballance, T.P. Harty, N.M. Linke, M.A. Sepiol, and D.M. Lucas, 2016, High-fidelity quantum logic gates using trapped-ion hyperfine qubits, *Physical Review Letters* 117:060504.

[16]   R. Barends, J. Kelly, A. Megrant, A. Veitia, D. Sank, E. Jeffrey, T.C. White, et al., 2014, Logic gates at the surface code threshold: Supercomputing qubits poised for faulttolerant quantum computing, *Nature* 508:500-503.

[17]   S. Sheldon, E. Magesan, J. Chow, and J.M. Gambetta, 2016, Procedures for systematically turning up cross-talk in the cross-resonance gate, *Physical Review A* 93:060302.

[18]   J. Preskill, 2018, "Quantum Computing in the NISQ Era and Beyond," arXiv:1801.00862.

[19]   D.P. DiVincenzo, 2000, The physical implementation of quantum computation, *Fortschritte der Physik* 48:771-783.

[20]   M.H.S. Amin, D.V. Averin, and J.A. Nesteroff, 2009, Decoherence in adiabatic quantum computation, *Physical Review A* 79(2):022107.

[21]   A.M. Childs, E. Farhi, and J. Preskill, 2001, Robustness of adiabatic quantum computation, *Physical Review A* 65(1):012322.

[22]   M.H.S. Amin, P.J. Love, and C.J.S. Truncik, 2008, Thermally assisted adiabatic quantum computation, *Physical Review Letters* 100(6):060503.

[23]   N.G. Dickson, M.W. Johnson, M.H. Amin, R. Harris, F. Altomare, A.J. Berkley, P. Bunyk, et al., 2013, Thermally assisted quantum annealing of a 16-qubit problem, *Nature Communications* 4:1903.

03
양자 알고리즘과 애플리케이션

문제를 푸는 데 필요한 총 계산 단계는 컴퓨터의 기본 설계와 독립적이라는 것이 알고리즘 분야의 기본적인 원칙이다. 특히 계산의 기본 단계인 제1 근사first approximation는 사용하기 편리하며, 총 해결 시간은 변경되지 않는다. 확장된 처치-튜링 명제Church-Turing Thesis라는 기본 원리는 계산 문제를 더 빨리 해결하고자 (1) 한 단계의 구현 시간을 줄이거나, (2) 많은 단계를 병행해 수행하거나, (3) 똑똑한 알고리즘 설계를 통해 총 완료 단계 수를 줄일 수 있다.

양자 컴퓨터는 확장된 처치-튜링 명제[1, 2]를 무효화하고 동일한 작업을 하는 데 사용할 수 있는 최고의 고전 알고리즘보다 기하급수적으로 적은 계산 작업으로 문제를 해결할 수 있다. 양자 컴퓨터는 컴퓨터 과학의 기초를 뒤흔들고 전산 문제를 신속하게 해결할 수 있는 완전히 새로운 방법의 가능성을 열었다.[1] 피터 쇼어Peter Shor가 고전 컴퓨터용 알고리즘 [3-4]보다 훨씬 더 빠른(그리고 많은 수의) 인수분해와 이산 로그 연산을

---

1. 양자 컴퓨터는 (계산을 수행하는 데 필요한 시간과는 별도로) 계산 가능 한계를 정의하는 원래의 처치-튜링 명제를 무효화하지 않는다는 점을 유의해야 한다. 이와 관련해서는 논문(D. Deutsch, 1985, Quantum theory, the Church-Turing Principle and the universal quantum computer, Proceedings of the Royal Society of London A 400(1818):97-117)을 참조한다. 확장된 처치-튜링 명제는 때때로 '타당성 명제' 또는 '계산 복잡도/이론적 처치-튜링 명제'라고도 불린다.

위한 양자 알고리즘을 만들었을 때 양자 컴퓨터의 실질적인 잠재력을 볼 수 있었다.[2] 하지만 이러한 양자 알고리즘은 보안 커뮤니티에 심각한 우려를 안겨줬다. 이러한 문제점에 고전적 처리 방식이 갖는 어려움은 대다수 사회에서 디지털 데이터를 보호하는 공개 키 '암호 시스템crypto systems'의 핵심 부분에 있다.

실제로 수많은 인수분해 알고리즘은 수세기에 걸쳐 수학자들에 의해 연구됐으며, 지난 수십 년 동안 컴퓨터 과학자들에 의해서도 연구됐다. 이와 관련된 대부분의 주요 컴퓨터 문제는 조합 확산combinatorial explosion(또는 조합적 폭발)과 관련돼 있다. 즉, 알고리즘이 선택할 수 있는 잠재적 해결책이 기하급수적으로 많음을 의미한다. n 비트를 갖는 수 N을 인수분해하는 경우에 N의 가능한 제수는 N보다 작은 모든 소수를 포함하고 $exp(n)$개의 소수를 가진다. 쇼어의 양자 알고리즘은 $O(n^3)$ 단계를 사용하지만 나중에는 $O(n^2 \log(n))$으로 개선되며, 실제로 N의 소수를 구하는 가장 빠른 클래식 알고리즘은 $exp(O(n^{1/3}))$ 단계를 사용한다.

알고리즘 분야의 매우 일반적인 목표는 입력 크기 n에서 다항식으로 확대되는 여러 단계를 갖고('동작 시간'이라고도 함) 조합 확산을 우회하는 알고리즘으로 계산 작업을 해결하는 것이다. 이러한 다항 시간(고전적) 알고리즘을 사용하는 계산 작업은 복잡도 클래스complexity class P에 속한다. 상응하는 복잡도 클래스인 BQPBounded-error Quantum Polynomial time는 양자 컴퓨터가 다항 시간 내에 풀 수 있는 모든 계산 작업을 포함한다. 대조적으로 실행 시간이 입력 크기에서부터 기하급수적으로 커지는 알고리즘은 입력 크기가 확장되면 고비용으로 처리된다.

양자 컴퓨터가 모든 계산 문제를 균일하게 가속화할 수 없다는 점을 깨달아야 한다. 가장 중요한 계산 문제의 하나인 NP 완전 문제complete

---

2. 쇼어의 인수분해 알고리즘은 $O(n^3)$에 비례하며, 가장 고전적인 방법인 일반 수 범위 체(general number field sieve) 알고리즘의 $O(exp(n^{1/3}))$과 비교될 수 있다.

problems[5]는 매우 큰 건초 더미에서 바늘을 찾는 것으로 기술돼 왔다. 쇼어의 발표와 같은 시기에 베넷Bennett[6]은 양자 알고리즘이 블랙박스 모델에서 NP 완전 문제를 해결하고자 할 때 지수적 시간을 필요로 한다는 것을 증명했다. 즉, 알고리즘이 문제의 상세 구조를 무시할 수 있는 경우 이 문제에 대해 기하급수적인 속도 향상을 제공하지는 않는다. 좀 더 정확하게 설명하면 N이 건초더미의 크기를 나타내는 경우 베넷은 바늘을 찾는 모든 양자 알고리즘이 최소한 $N^{1/2}$ 단계를 가짐을 보여준다. 몇 년 후 그로버Grover는 $O(N^{1/2})$ 단계에서 바늘을 찾을 수 있는 양자 알고리즘이 있음을 보여줬다[7]. NP 클래스는 고전 컴퓨터가 다항 시간에 솔루션의 정확성을 확인할 수 있어야 한다는 요구 사항을 특징으로 가진다(실제로 솔루션을 찾는 것이 아무리 어렵더라도). NP 완전 문제는 NP의 가장 어려운 문제며, 유명한 여행 판매원 문제뿐만 아니라 모든 과학 분야의 수천 가지 문제를 포함한다. P ≠ NP(이것은 유명한 7가지 점토 밀레니엄Clay Millennium 문제 중 하나임)와 모든 고전 알고리즘은 NP 완전 문제를 해결하고자 $exp(n)$ 단계를 필요로 한다는 것이 널리 알려져 있다[8].

양자 알고리즘의 설계는 고전 알고리즘과 완전히 다른 원칙을 따른다. 우선 고전적인 알고리즘조차도 양자 컴퓨터에서 실행되기 전에 가역적인 알고리즘reversible algorithms 같은 특수한 형태로 만들어야 한다. 양자 속도 향상을 달성하는 알고리즘은 특정 양자 알고리즘 패러다임이나 고전적인 대응물을 갖지 않는 구성 요소를 사용한다.

앞에서 설명한 첫 번째 알고리즘 이후로 25년 동안 많은 양자 알고리즘 관련 내용이 개발됐다. 이러한 모든 알고리즘 내용은 다음 절에서 설명하며 이상적인 양자 컴퓨터에서 실행되도록 설계된 소수 구성 요소에 의존성을 가진다. 실제 양자 디바이스는 노이즈를 갖기 때문에 양자 오류 정정 코드 및 결함 허용 양자 컴퓨팅의 정교한 이론이 개발돼야 노이즈를 가진 양자 컴퓨터를 이상적인 양자 컴퓨터로 변환할 수 있다. 그러나 이 변환 과정은 큐비트 개수와 실행 시간 모두에서 오버헤드를 발생시킨다.

이러한 변환을 위해 매우 큰(수십 ~ 수백 또는 수천 큐비트) 양자 컴퓨터가 필요하기 때문에 NISQ^Noisy Intermediate-Scale Quantum (노이즈가 있는 중간 규모 양자) 디바이스가 필요하지만, 현재 고전 컴퓨터로는 효율적인 시뮬레이션을 할 수 없고 결함 허용 능력을 갖지 않기 때문에 이상적인 양자 컴퓨터용으로 개발된 알고리즘을 직접 구현할 순 없다. NISQ 컴퓨터를 구축하기 위한 엄청난 관심과 펀딩이 확장 가능하고 결함 허용 능력을 가진 양자 컴퓨터에 이뤄졌고 각 마일스톤의 주요 작업들은 아직 수행해야 한다.

지금은 알고리즘이 가장 큰 과제다. 가까운 시일 내에는 컴퓨터가 계산 작업 속도를 올릴 수 있는 방법을 찾아야 한다. NISQ 컴퓨터에서 실행될 수 있는 알고리즘을 개발하는 것은 물리적 디바이스를 만드는 것만큼 중요하며, 두 가지 모두 없이는 머신이 유용하지 않기 때문이다. 장기적으로는 이상적인(확장성, 결함 허용 능력을 모두 포함하는) 양자 컴퓨터에서 사용할 수 있는 양자 알고리즘 분야의 많은 연구가 이뤄져야 한다. 다음 절에서는 양자 알고리즘의 주요 구성 요소와 동일한 컴퓨터 작업을 하고자 최고의 고전 알고리즘에 비해 속도를 향상시킬 수 있는 이상적인 양자 컴퓨터 알고리즘을 설명한다. 그다음 절에서는 노이즈가 있는 양자 컴퓨터를 이상적인 양자 컴퓨터로 변환하기 위한 양자 오류 정정 및 결함 허용 기술을 설명한다. 3장에서는 NISQ 컴퓨터가 제시하는 주요 알고리즘 과제와 이러한 알고리즘을 검색할 때 가장 필요한 내용들을 설명한다.

핵심 사항: 양자 알고리즘의 발전은 양자 컴퓨팅 성공에 필수적이다. 가까운 시일 안에 NISQ 시스템에서 동작하는 알고리즘을 개발하는 것이 중요하다.

3.1 이상적인 게이트 기반 양자 컴퓨터용 양자 알고리즘

양자 알고리즘의 힘은 궁극적으로 양자계의 기하급수적인 복잡도에서 나온다. 얽힌 큐비트 시스템의 상태는 2장에서 설명한 것처럼 $N = 2^n$ 복소 계수로 파악할 수 있다(따라서 인코딩할 수도 있음). 게다가 2 큐비트에 각 기본 게이트를 적용하면 상태를 설명하는 2^n 복소수가 업데이트되므로 하나의 단계에서 2^n회 계산을 수행한다. 반면 계산이 거의 다 이뤄진 n 큐비트가 측정될 때 결과는 n개의 고전 비트들을 가진다. 유용한 많은 장점을 갖는 양자 알고리즘을 설계할 때 앞의 두 계산 동작에 많은 고민을 해야 한다. 연산 솔루션은 병렬 처리를 사용하고 측정할 때 귀중한 정보를 반환할 가능성이 높은 최종 양자 상태 생성 작업을 찾아야 한다. 유효한 결과를 얻고자 할 때 양자 간섭 현상을 이용할 수 있다. 다음 절에서는 양자 알고리즘의 주요 구성 요소 중 일부와 몇 가지 기본 양자 알고리즘, 다양한 종류의 추상 문제를 해결하는 알고리즘을 사용하는 방법을 설명한다.

3.1.1 양자 푸리에 변환과 양자 푸리에 샘플링

양자 알고리즘의 가장 기본적인 구성 요소 중 하나는 양자 푸리에 변환 QFT, Quantum Fourier Transform 알고리즘이다. 많은 고전적 계산과 연산에서 중요한 단계인 푸리에 변환은 관심 있는 신호의 한 표현을 다른 표현의 형식으로 변환하는 작업이다. 고전적인 푸리에 변환은 시간 함수로 표현된 신호를 주파수의 함수로 표현된 대응 신호로 바꾼다. 예를 들어 이것은 시간 함수로서 기입의 측면에서 음악적 화음에 대한 수학적 설명으로, 화음을 형성하고자 결합되는 음악적 음조(또는 음) 집합의 진폭으로 변환하는 것을 의미할 수 있다. 이 변환은 역푸리에 변환을 통해 되돌릴 수 있으므로 정보 손실이 없다. 무손실은 양자 컴퓨터에서 모든 연산의 핵심 요구 사항이다. 구체적으로 입력은 복소 엔트리 $(a_1, a_2, \ldots, a_N)$을 갖는 N차원 벡터며, 출력은 복소 엔트리 $(b_1, b_2, \ldots, b_N)$을 갖는 N차원 벡터이고 $N \times N$ 푸리에 변환 행렬을 입력 벡터에 곱해 얻는다.

푸리에 변환의 유용성을 감안할 때 고전 컴퓨터에서 푸리에 변환을 구현하는 많은 알고리즘이 개발됐다. FFT^Fast Fourier Transform는 입력 데이터 $O(N)$을 읽는 데 소요되는 시간보다 약간 긴 $O(N \log N)$ 시간이 소요된다. 고전 FFT는 매우 효율적이지만 QFT는 기하급수적으로 빠르기 때문에 원래의 소요 시간 공식에서 $O(\log^2 N) = O(n^2)$ 시간(단, $N = 2^n$)만 필요하고 나중에 $O(n \log n)$으로 향상된다[10].

QFT를 설명하기 전에 입력 및 출력이 양자 상태로 표현되는 방식을 이해하는 것이 중요하다. 입력 (a_1, a_2, a_N)은 양자 상태 $\Sigma_i a_i|i\rangle$로 표현되고 출력 (b_1, b_2, b_N)은 양자 상태 $\Sigma_i b_i|i\rangle$로 표현된다. 입력과 출력은 n 큐비트의 상태로만 표현된다(단, 여기서 $n = \log N$이다). 이러한 내용은 그림 3.1을 통해 이해할 수 있다. 지수적 속도 향상은 입력 데이터가 이미 소형 양자 상태로 인코딩됐거나 $O(\log N)$ 단계에서 이 상태로 인코딩될 수 있는 경우에만 가능하다. 이런 변환을 수행하는 양자 회로는 $O(n \log n)$만큼 확장되는 총 게이트 수를 갖는다. 또 다른 주의 사항은 측정으로 진폭에 액세스하기 어렵다는 점이다. 실제로 QFT 출력이 측정될 때 확률 $|b_i|^2$을 갖는 인덱스 i를 가질 수 있다. 따라서 이 알고리즘의 출력을 측정하면 QFS^Quantum Fourier Sampling라고 하는 예상 출력 인덱스가 생성된다. QFS는 양자 알고리즘에서 중요한 기본 요소며, QFT를 적용하고 출력 상태를 측정해 특정 확률 분포를 갖는 인덱스 i를 샘플링한다.

첫째, $O(N)$ 시간이 입력 데이터를 읽는 데 필요하기 때문에 양자 알고리즘은 $O(\log^2 N)$ 시간 내에 완료될 수 있다. 즉, 입력 데이터가 $\log N$의 큐비트로 사전 인코딩되고 데이터 파일에서 직접 읽지 않는 경우에는 고전적인 아날로그와 비교해 속도가 향상된다. 이러한 $\log N$ 큐비트는 N개의 양자 상태 중첩을 갖고 각 상태의 계수는 변환될 데이터 시퀀스를 나타낸다. 이 내용은 그림 3.1에 나와 있다. 이 입력에 QFT 알고리즘을 적용하면 입력 계수의 푸리에 변환을 통해 새로운 계수를 얻은 N 큐비트의 상태가 변경된다. 물론 출력은 양자 상태이기 때문에 이러한 값을 직접 읽을 수 있는 방법은 없다. 출력을 측정할 때 N개의 가능한 고전 출력 상태 중 하나만 관측된다. N개의 상태 중 어느 하나가 관측될 확률은 해당 상태 계수의 절댓값의 제곱이며, 이는 푸리에 변환 값의 제곱이다. 큐비트 세트에 대해 QFT를 수행한 다음 최종 상태를 측정하면 푸리에 샘플링과 같은 작업이 수행된다.

푸리에 변환의 샘플링은 그림 3.1에서와 같이 일련의 숫자로 구성된 구조를 찾는 데 유용하다. 입력 데이터 계수는 주기적이며, 이 시퀀스에서는 네 개의 주기적인 특성을 가진다. 이 주기성periodicity으로 인해 상태 $|100\rangle$의 진폭이 다른 상태보다 훨씬 더 큰 확률로 큰 값을 갖게 되고, 최종 시스템 상태를 측정하면 100(4를 이진수로 표현)이 반환되고, 입력 시퀀스가 4번 반복되거나 거리 2가 반복된다. 이 예제는 양자 컴퓨팅의 장단점을 보여준다. 초기 입력 중첩input superposition이 이미 존재한다면 푸리에 변환은 가능한 고전 방식보다 지수 함수적 특징을 갖는 중첩 계수를 사용한다. 그러나 이 연산이 끝날 때 전체 출력 계수 집합이 아닌 N 상태 중 하나만 샘플링한다. 또한 $O(N)$ 시간을 들이지 않고서 입력 중첩을 만드는 방법은 일반적으로 확실한 방법은 아니다. 하지만 QFT가 더 긴 알고리즘 내의 한 단계로서 사전 로드된 입력 양자 상태로 수행된다면 이것은 문제가 덜 된다.

잉사 계산의 특성을 제대로 활용할 수 있는 QFT는 여러 가지 양자 알고리즘을 구성하는 데 유용하다. 여기에는 양자 인수분해, 숨겨진 구조 발견, 양자 위상 추정 등이 포함된다.

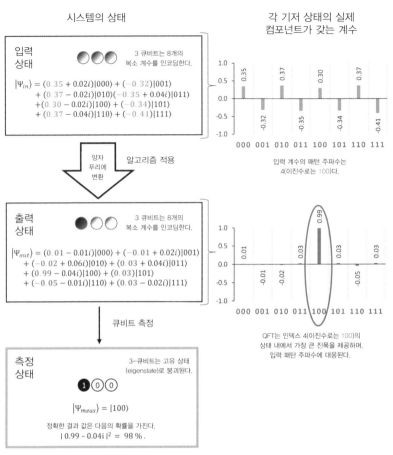

그림 3.1 3 큐비트 시스템에 적용된 양자 푸리에 변환(QFT)의 실제 예다. 3개의 큐비트는 처음에 8개($2^3 = 8$)의 복소 계수가 변환된 값의 시퀀스에 대응하는 시스템 상태를 인코딩하도록 준비된다. 계수 개수 N은 2^n이며, 여기서 n은 큐비트 수이고, $\log(N)$ 비트만 필요하다. 3 큐비트는 표시된 8개의 복소수 값을 나타낼 수 있다. QFT는 입력 시퀀스의 패턴을 효과적으로 찾고 반복 빈도를 식별한다. 이번 예에서 모든 입력 상태의 확률은 유사하며, 계수의 실수 성분은 네 번 번갈아 표시된다. 출력 상태의 계수(오른쪽에 표시)는 다음과 같은 패턴을 가진다. i번째 상태의 계수 a_i는 입력 시퀀스에서 i 사이클이 있는 경우에 큰 값을 가진다(사실 시퀀스 N에 대해 가능한 가장 높은 반복 횟수는 $N/2$ 또는 예제에서 4가 된다. 5, 6, 7개의 별칭(alias) 값은 각각 3, 2, 1번 반복돼 돌아가기 때문에 이러한 형태는 어느 위치에서나 나타날 수 있다). 따라서 이 예에서 모든 출력은 입력 패턴 주파수에 해당하는 하나의 상태(100)를 제외하고 모두 작은 값을 가진다. 그러므로 이 출력을 측정하면 입력 시퀀스에서 강력한 패턴을 갖는 인덱스가 제공된다.

3.1.2 양자 인수분해와 숨겨진 구조 찾기

이산 로그를 소인수분해하고 계산하는 쇼어^{Shor}의 다항 시간 알고리즘은 고전 알고리즘 대비 명백한 속도 향상을 지원하고, 알려진 애플리케이션 속도를 향상시키기 때문에 양자 알고리즘 분야에서 획기적인 돌파구가 됐다. 다항 시간 알고리즘은 푸리에 샘플링의 입력과 출력 제한을 고려해도 QFT에서 속도를 기하급수적으로 향상시킬 수 있는 독창적인 방법이다.

쇼어는 QFT가 갖는 장점을 이용하고자 먼저 인수분해 문제를 반복 패턴을 찾는 문제로 변환한다(정확히는 FT로 센싱 가능한 문제). 쇼어는 인수분해 문제가 인수로 나열되는 해당 숫자의 비트 수보다 지수적으로 긴 숫자의 순서임에도 불구하고 일련의 숫자로 기간을 찾는 문제와 동일하다는 것을 보여줬다. 따라서 이 동등성^{equivalency}은 고전 컴퓨터에서는 문제 해결에 도움이 되지 않았지만(n비트 수에 대해 2^n개의 시퀀스를 생성해야 하므로 지수적인 시간이 걸린다), 양자 컴퓨터에서는 문제를 푸는 데 완벽한 역할을 할 수 있다. 양자 컴퓨터에서 기하급수적으로 긴 시퀀스는 n 큐비트로 인코딩될 수 있으며 n 다항식인 시간 내에 생성될 수 있다. 해당 시퀀스가 생성되면 QFT를 사용해 어느 정도의 시간이 걸릴지를 찾을 수 있다. 원하는 정보를 측정할 때 샘플링해야 하므로 반환된 결과는 출력 FT 진폭의 샘플이며 값의 제한은 없다.

쇼어의 알고리즘이 완벽한 양자 컴퓨터에 적용되면 가장 널리 사용되는 공개 키 암호인 RSA의 비밀 키 계산이 가능하다. 또한 디피-헬만$^{Diffie-Hellman}$과 타원 곡선 암호화처럼 널리 사용되는 다른 공개 키 암호 시스템의 비밀 키를 계산할 수 있다. 암호학을 위한 양자 계산 내용은 4장에서 더 자세히 다룬다. 인수분해와 이산 로그의 쇼어 양자 알고리즘은 '숨겨진 하위 그룹 문제[12, 13]'라고 하는 잘 알려진 수학적 문제와 관련된 숨겨진 대수 구조를 찾기 위한 사례다. 현재 이 문제의 일부 사례를 효율적으로 해결하기 위한 양자 접근법, 특히 소위 아벨^{Abelian}과 밀접하게 관련된 그룹(대칭 속성을 가짐)에 대해 효율적으로 해결할 수 있는 방법이 있다. 이 수학적 문제는 이른바 2면체 대칭 그룹에는 적용하기 어려울 것으로 예상된다. 이렇게 적용하기 어려운 문제는 가장 짧은 벡터 문제^{the shortest vector problem}라고 할 수 있는 또 다른 문제와 밀접한 관련을 가진다. 4장에서 나타낸 포스트 양자(즉, 양자 내성) 암호 중 하나인 오류에 의한 학습 LWE, Learning With Errors 암호 시스템의 기초적 내용과 관련이 있다.

3.1.3 그로버 알고리즘과 양자 무작위 걸음

QFT가 많은 양자 알고리즘의 기초로 사용되지만, 다른 클래스의 알고리즘은 '양자 무작위 걸음^{quantum random walk3}'이라고 하는 다른 방법을 이용한다. 양자 무작위 걸음은 고전적인 무작위 걸음 방법과 유사하며 일부 지형 횡단 과정 진행을 모의 실험할 수 있다.

그로버^{Grover} 알고리즘을 사용하면 특정한 결과를 만드는 데 특정 함수의 고유 입력을 찾는 문제를 해결할 수 있다[14].[4] 이는 고전적으로 NP-hard 검색 문제에 해당한다. 즉, 알려진 다항 시간 솔루션이 없다. 함수 자체에 관한 정보가 없는 경우에 이 문제를 풀기 위한 가장 빠른 고전 알고리즘은 철저한 탐색과 모든 가능한 입력 탐색을 사용하는 것이고, 이를 통해 답을 찾을 수 있다. $O(N) = O(2^n)$의 복잡도를 가지며, 여기서 n은 입력

---

3. 양자 무작위 걸음이란 기준이나 원칙 없는 양자(양성자)의 움직임(걸음)을 모형화한 것이다. 액체나 기체 속 분자가 일정한 기준 없이 움직이는 것을 모형화한 '무작위 걸음(random walk)'과 짝을 이루는 양자역학 현상이다. 물리학·화학·생물학 같은 기초과학 분야의 양자역학 연구뿐만 아니라 인터넷 정보 검색 알고리즘을 짤 때 쓰인다. 양자 컴퓨터를 실현하고 주식 시장 변화를 예측할 때에도 적용할 수 있다. 양이 많은 정보(데이터) 가운데 원하는 것을 찾아낼 때 유용하다(출처: http://word.tta.or.kr/dictionary/ dictionaryView. do?listPage=1&firstWord=N&word_seq=061317-1&item=). - 옮긴이

4. 특정 함수의 고유 입력을 찾는 문제는 공식적으로 다음과 같이 표현할 수 있다. f가 길이 n의 문자열에서 동작하는 효율적으로 계산할 수 있는 2진 함수인 경우에 $f(x) = 1$인 x를 찾는 공식으로 나타낸다.

을 나타내는 데 필요한 비트 수다. 그로버 알고리즘은 O($\sqrt{N}$) 단계에서 문제를 해결할 수 있다. 그렇지만 이는 최상의 고전 접근법에 비해 다항식 크기만큼 속도를 향상시킬 수 있기 때문에 실제로 중요하다. 4장에서 설명하겠지만 그로버 알고리즘은 추가 암호화 작업을 하기에 충분한 알고리즘이다. 또한 그로버 알고리즘은 베넷^{Bennett}의 결과를 봤을 때 NP-hard 검색 문제에는 최적의 양자 알고리즘을 제공한다[15]. 베넷의 결과는 어떤 양자 알고리즘이 블랙박스 모델에서 이 문제를 해결하고자 할 때에는 적어도 $\sqrt{N}$ 단계를 취해야 한다는 것을 보여준다.

기존의 고전 검색 접근 방식의 문제점은 각각의 가능한 답변의 체계적인 테스트가 '눈 가리고 맞추기$^{blind\ guess\ and\ check}$ 식'이라는 점이다. 각 쿼리는 실제 정답을 찾기 전까지 정답과 관련된 정보를 제공하지 않는다. 이 문제를 해결하고자 그로버 알고리즘은 큐비트의 두 연산 집합을 반복해서 사용한다. 첫 번째 단계에서는 해당 계수의 코드를 변경해 정답에 해당하는 상태에 플래그를 지정한다. 두 번째로는 그로버 확산 연산자$^{grover\ diffusion\ operator}$로 이 계수의 크기를 약간 증가시킬 수 있다. 이러한 두 단계를 통해 그로버 반복$^{Grover\ iteration}$을 구성한다. 그로버 반복에서 각 애플리케이션을 사용해 측정할 때 정답을 읽을 확률을 높인다. 정답을 포함하는 상태의 진폭을 증가시키는 이 절차는 진폭 증폭$^{amplitude\ amplification}$[16]이라고 하는 일반적인 알고리즘 접근법의 예며, 이는 여러 가지 양자 알고리즘에서 유용하게 사용된다.

진폭 증폭 동작의 시퀀스는 일종의 양자 무작위 걸음으로 볼 수 있다. 그러나 그로버 알고리즘은 분산된 상태(주어진 출발점에서부터 임의의 걷기의 모든 가능한 끝점^{endpoint}까지와 유사)에서 하나의 올바른 구성 요소 상태로 다시 되돌아가는 '걷기'를 수행한다(걷기 시작 지점으로 돌아가는 것과 유사). 고전 무작위 걸음 접근 방식은 단계 수의 제곱근에 비례하는 영역을 탐색할 수 있다. 양자 무작위 걸음은 계단 수에 비례해 영역을 탐색할 수 있다. 따라서 양자 알고리즘은 2차 속도 향상을 제공한다.

이 기술을 통해 매우 다목적이며 특정한 계산 작업을 위한 다항식 속도 향상을 제공할 수 있는 수많은 양자 알고리즘이 나올 수 있었다. 예를 들어 체스와 같은 조합 게임에서 첫 이동을 하려는 플레이어가 승리 전략을 갖고 있는지 여부를 결정하는 것과 같은 기본 문제를 해결하기 위한 양자 걷기 기반 알고리즘이 있다. 이전의 고전 알고리즘은 '게임 트리'라고 불리는 가능한 이동 결과를 지수 검색하지만, 양자 알고리즘을 사용하면 앞에서 설명한 2차 속도 향상을 제공한다. 일반적으로 양자 알고리즘은 AND-OR 공식을 사용할 때 2차 속도 향상된다[17, 18].

그로버 알고리즘은 양자 '검색'이라고도 불리지만 실제로는 이 기술의 유효한 응용은 아니다. 진정한 양자 탐색을 수행하려면 검색될 데이터의 세트는 우선 양자 상태의 중첩으로 표현돼야 하고, 양자화 알고리즘이 임의의 가속도를 제공하려면 이 표현은 $O(1)$에서 $O(\log N)$ 사이의 데이터 포인트 수인 N보다 훨씬 적은 시간에 생성돼야 한다. 고전적인 경우 이 데이터는 단순히 RAM^Random Access Memory에 저장돼 필요할 때 호출된다. 그러나 이러한 RAM은 고전 컴퓨팅의 핵심 요소이고 현재 양자 컴퓨터에 필요한 양자 중첩 상태를 제공하는 실용 가능한 RAM은 아직 없다.

실제적으로 입증되지는 않았지만 RAM 또는 QRAM의 양자 버전이 $O(\log N)$ 시간 내에 데이터를 생성하고자 제안됐다[19]. 이렇게 제안된 사항을 사용하려면 고전 데이터 저장 유닛은 메모리 셀 주위에 양자 논리 회로를 보충해야 한다. CAM^Content Addressable Memory 구조를 갖는 고전적인 아날로그 회로가 존재하고 $O(\log N)$ 시간 내에 데이터 처리 문제를 해결할 수 있다. 그러나 CAM과 QRAM을 사용하면 처음에는 디바이스에 데이터를 가져오는 데 $O(N)$ 시간이 걸리므로 두 방법 모두 동일한 데이터 집합에서 여러 쿼리를 수행할 때만 유용하다. 즉, CAM과 QRAM은 구축이 가능하다면 입력을 재사용할 수 있는 횟수에 정비례해 활용도는 커진다.

3.1.4 해밀토니안 시뮬레이션 알고리즘

양자계 동력학 시뮬레이션은 양자 컴퓨터의 가장 적합한 애플리케이션 이며, 리처드 파인만Richard Feynman의 양자 컴퓨팅에 대한 선구적 탐구 동기 였다[20]. 양자 알고리즘은 화학, 재료 과학, 응축 물질, 핵물리학, 고에너 지 물리학 등의 문제를 비롯해 많은 양자 자유도를 가진 시스템을 시뮬레 이션할 때 지수적으로 뛰어난 성능을 발휘할 수 있다.

양자계를 시뮬레이션할 때 구성 요소와 존재를 위한 환경 관련 지식을 고려해 구조와 동작을 결정하는 것이 일반적인 목표다. 예를 들어 시뮬 레이션은 물질의 구조나 상호작용하는 입자 집합의 시간에 따른 거동을 규명하고자 사용할 수 있다. 이러한 문제는 새로운 산업에서 사용할 자재 개발의 중요 물리 문제 해결을 비롯한 다양한 응용 분야에서 적용될 수 있 다. 일반적으로 이러한 시뮬레이션은 시스템의 모든 요소와 상호작용을 기술하는 해밀토니안(에너지 연산자) 지식이 필요하다. 거기에서 해당 시 스템의 바닥상태 파동 함수(시간에 독립적)를 풀거나, 시간 t_0에서 시스템 의 초기 상태가 주어지면 미래의 시간 t에서 양자 상태에 가까운 근삿값을 계산할 수 있다. 과학자들은 수십 년 동안 양자계에 대한 고전적 시뮬레이 션을 수행했고 작은 시스템에 대해서는 관심을 덜 갖고 계산 효율성을 위 해 정확도를 조절할 수 있는 근사적인 방법을 사용했다. 정확한 모델은 계 산 집약적이기 때문에 작은 시스템을 제외한 다른 시스템에서는 부적절 하다(양자계의 본질적인 고차원성을 감안할 때).

양자 시뮬레이션은 자연적으로 고전 시스템보다 양자계의 상태 공간을 탐색하는 데 더 적합하다. 원칙적으로 양자 시뮬레이션은 적어도 세 가지 일반적인 접근법을 통해 진행될 수 있으며, 각각은 특정 시나리오의 효율적인 솔루션이다. 첫 번째 접근법은 일반적으로 '해밀토니안 시뮬레이션Hamiltonian Simulation'이라고 하는 게이트 기반 양자 컴퓨터에서 시간 진화 알고리즘time-evolution algorithm을 구현하는 것이다. 두 번째 접근법은 양자 컴퓨터를 사용해 양자 상태의 근사를 얻는 변분 접근법이며, 3장의 뒷부분에서 설명한다. 마지막으로 아날로그 양자 시뮬레이션 분야에서 전용 양자계는 본격적인 양자 컴퓨터는 아니지만 특정 해밀토니안 알고리즘을 모방한다. 이 하드웨어는 동일한 문제를 해결하는 게이트 기반 머신보다 훨씬 간단하지만 아날로그 시뮬레이션 접근법의 단점은 하드웨어가 생성할 수 있는 해밀토니안에 제한이 있기 때문에 결과 시스템이 특수 용도로 사용돼야 하며, 애플리케이션 시뮬레이터는 공동 설계가 필요하다. 또한 결함 허용 프로토콜을 사용해 보호 가능한 디지털 양자 계산과 달리 현실적이고 노이즈가 많은 환경에서 아날로그 양자 시뮬레이션의 수행 가능 정도는 잘 알려져 있지 않다.

시간 진화time-evolution 해밀토니안 시뮬레이션 알고리즘은 해밀토니안의 형태, 시간 의존성 및 시스템의 초기 상태가 입력으로 제공돼야 한다. 알고리즘은 큐비트를 초기 시스템 상태 또는 근삿값으로 초기화함으로써 시작된다. 그러면 시스템은 시간에 따라 전진하거나 해밀토니안에 따라 이산 간격 Δt와 관심 시간에 도착하는 데 필요한 반복 횟수 t_f로 '전파'된다. 실제로 전체 해밀토니안은 일반적으로 더 작은 시스템의 구성 요소에만 작용하는 더 작은 로컬 해밀토니안Local Hamiltonians의 합으로 표현되며, 유용한 분해 방법decomposition을 제공한다(좀 더 일반적으로 해밀토니안은 희소 특성을 갖고 효율적으로 시뮬레이션될 수 있다. 모든 주어진 행에서 0이 아닌 항목을 효율적으로 위치시키고 계산할 수 있다). 프로세스가 효율적으로 진행되려면 큐비트 초기 상태를 인코딩하고 게이트 시퀀스로 시간 전파를 나타내는 방법을 해당 시스템에 맞도록 신중하게 선택해야 한다. 게이트 기반의 해밀토니안 시뮬레이션을 위한 최초의 구체적 양자 알고리즘은 1990년대 중반에 개발됐으며, 상당한 시간을 줄일 수 있는 알고리즘적 통찰력과 함께 다른 종류의 추가적 양자계 방법이 계속 개발됐다[22-28].[5]

효율적인 해밀토니안 시뮬레이션은 양자 컴퓨터에서 양자 화학 및 재료 시뮬레이션 문제의 속도 향상을 가능케 한다[29, 30]. 특히 전자 상관 문제 electron correlation problem는 고전적인 방법으로 해결하고자 할 때 가장 어려운 문제 중 하나다[31]. 예를 들어 전이 금속이 촉매화된 화학 변환과 관련된 복잡한 반응 메커니즘을 이해하고 예측하려면 매우 정확한 전자 구조 접근법이 필요하다. 고전적으로 전자가 100개 미만이고 상관관계가 강한 분자에서 화학적 정확도를 얻고자 할 땐 고전적인 제1원리ab initio 계산법[6]을 적용하기 어렵다. 양자 컴퓨터는 전자 구조 문제의 시뮬레이션에서 기하급수적 속도 향상을 제공하고 화학 반응 메커니즘의 효율적 증명을 할 수 있다[32]. 여기서 양자 컴퓨터는 화학 중간체와 전이 상태의 에너지를 계산하거나 확인하는 것이 가능하고, 화학 반응의 동력학을 이해하는 데 중요한 화학 공정의 정확한 활성화 에너지를 결정하는 데 도움이 된다[33]. 고전적 접근법을 사용했을 때 광화학 과정, 질소 고정, CH 결합 파괴, 이산화탄소 고정과 변형, 수소와 산소 생산, 기타 전이 금속 촉매 문제를 처리하기 어려우며, 이와 같은 경우에 강하게 연관돼 있는 항목들은 화학적 반응을 가진다. 이러한 응용 분야는 비료 생산, 중합 촉매 및 청정에너지 공정을 포함한 중요한 산업 응용 분야까지 확장될 수 있다[34]. 또한 해밀토니안 시뮬레이션은 복잡한 상관 물질 문제를 해결하고자 양자

---

5. 특히 이산 시간 무작위 걸음에 대해서는 다음 문헌을 참고한다.
   A.M. Childs, 2010, On the relationship between continuous- and discrete-time quantum walk, Communications in Mathematical Physics 294(2):581-603..

6. 제1원리 계산법(Ab initio quantum chemistry methods)은 양자 화학에 기본 바탕을 둔 계산 화학 방법이다. 제1원리(Ab initio)라는 말은 계산이 다른 경험적 수량을 전혀 사용하지 않고 계산했다는 것을 뜻한다(출처: https://ko.wikipedia.org/wiki/%EC%A0%9C1%EC%9B%90%EB%A6%AC_%EA%B3%84%EC%82%B0). - 옮긴이

알고리즘을 사용하며[35], 고온 초전도체 검색과 같은 예제에 적용할 수 있다. 양자 컴퓨터는 양자계의 시간 진화에 고전적 접근 방식보다 기하급수적인 속도 향상을 제공한다. 따라서 양자 컴퓨터는 양자 화학 문제의 응용에서 가장 큰 영향을 미칠 수 있다. 예를 들면 제약 및 재료 과학에 적용할 수 있다[36].

그러나 양자 컴퓨터에서 효율적으로 해결하고자 할 경우에 새로운 방법을 사용하기 위한 여러 가지 해밀토니안 알고리즘을 사용할 수 있다. 예를 들어 양자 화학에서 응용을 위한 전자 구조를 모델링하고자, n 오비탈 orbital, 전자 궤도 시스템의 해밀토니안은 $O(n^4)$ 항을 포함하는데, 이는 낮은 오차를 갖는 양자 컴퓨터가 계산에 필요하다는 것을 의미한다. 이러한 문제를 해결하기 위한 고전적인 접근법에서는 시스템의 물리적 구조의 이해를 바탕으로 하는 맞춤형 기술을 만들었다[38]. 연구자들은 최근의 이러한 기술들을 양자 해밀토니안 시뮬레이션용 기존 프레임워크와 결합해 문제를 해결할 수 있는 양자 알고리즘을 급속히 발전시키고 있다[39-47].

해밀토니안 시뮬레이션은 양자역학에 직접적으로 연결되지 않은 문제들을 해결할 수 있는 강력한 양자 알고리즘 개발 도구임이 입증됐다. 이와 관련된 가장 중요한 예로 양자 상태에서 선형 대수를 직접 수행할 수 있는 새로운 클래스의 양자 알고리즘 개발이 있다. 이는 다음 절에서 살펴본다.

3.1.5 선형 대수학을 위한 양자 알고리즘

수학의 기본 영역인 선형 대수학은 양자역학에서 컴퓨터 그래픽 설계, 머신러닝에 이르는 다양한 방법에서 이용될 수 있다. 선형 대수학의 일반적인 선형 방정식 작업은 선형 방정식 시스템의 답을 찾는 것이다. 즉, 선형 방정식은 독립 변수 집합의 합이 상수 값과 동일하며 변수는 계수 값을 사용해 크기가 조정된다. 수학적으로는 이러한 문제를 행렬 형태로 $\mathbf{A}x = b$와 같이 쓸 수 있다. 여기서 $\mathbf{A}$는 방정식에서 변수의 계수를 요소로 갖는 $N \times N$ 행렬이고, x는 각 요소가 변수인 열벡터다. b는 상수의 열벡터다.

개발자 해로우[Harrow], 하시딤[Hassidim], 로이드[Lloyd]의 이름을 딴 HHL이라는 애플리케이션을 위한 양자 알고리즘은 해밀토니안 시뮬레이션[48]을 사용한다. HHL은 입력 벡터 b가 $\log N$ 큐비트의 양자 상태 $|b\rangle = \Sigma_i b_i |i\rangle$ 로 주어진다고 가정한다. 또한 행렬 $\mathbf{A}$는 희소하고 그 항목들은 계산하기 쉬운 함수를 통해 액세스할 수 있다고 가정한다. 또한 출력 벡터 x를 $\log N$ 큐비트 양자 상태의 $|x\rangle = \Sigma_i x_i |i\rangle$ 형태로 계산한다. HHL에서 사용하는 알고리즘의 핵심은 기본 양자 알고리즘 구성 요소 중 하나인 키타예프[Kitaev]의 양자 위상 추정 알고리즘이다. 이는 단일 연산자에서 고유 벡터의 고윳값(또는 위상)을 기하급수적으로 빠르게 추정할 수 있다. 행렬 $\mathbf{A}$의 역행렬은 고윳값을 알고 있으면 얻기 쉽기 때문에 양자 위상 추정 알고리즘은 선형 대수학과 밀접한 관련을 가진다. HHL 알고리즘의 실행 시간은 다항식 $\log N$과 조건 값 $\mathbf{A}$에 비례한다. 물론 솔루션 x에 액세스하더라도 양자 상태 $|x\rangle$에서 액세스할 수 있는 정보에는 제한된다. 주어진 $\mathbf{A}$와 b에 대해 HHL 알고리즘은 N개 계수 값을 사용해 솔루션 x의 N개 요소에 비례하는 양자 상태를 출력한다. 솔루션이 양자 컴퓨터에 존재하더라도 양자역학 규칙은 직접 얻기는 어렵다. 그러나 솔루션의 특정 기댓값을 찾고자 한다면 시간 복잡도 $\mathrm{poly}(\log N)$의 비용을 갖는 게이트들을 사용해서 결과를 얻을 수 있다[49].

선형 대수 문제는 고전 컴퓨터에서는 메모리와 $\mathrm{poly}(N)$의 실행 시간을 사용해 해결할 수 있지만, 양자 컴퓨터는 매우 적은 자원과 시간을 사용해 제한된 문제를 해결할 수 있다. 최근의 관련 연구에서 알고리즘 실행 시간은 각 행마다 0이 아닌 요소 값을 가질 때 다항식 레벨의 시간이 걸리기 때문에 입력 행렬 $\mathbf{A}$의 계수 대부분이 0인 경우를 가정해 선형 미분

^{linear differential} 방정식[50]을 풀고 볼록^{convex} 최적화 처리 결과를 얻는다.

이전의 알고리즘과 마찬가지로 기하급수적인 속도 향상을 얻더라도 몇 가지 중요한 주의 사항을 고려해야 한다. 앞서 언급했듯이 출력을 읽을 때 $|x_i|^2$에 비례하는 확률을 갖는 인덱스 i가 제공된다. 따라서 이 알고리즘을 사용할 때의 한 가지 중요한 문제는 이 제한된 정보가 유용하게 사용될 수 있는 설정을 찾는 것이다. 이러한 설정의 예로 추천 시스템을 들수 있다. 추천 시스템에서는 사용자 그룹별 여러 제품의 과거 등급(행렬로 지정)을 사용해 개별 사용자에게 개인화된 추천 사항을 제공한다. 추천 사항은 인덱스에 의해 지정된 결과다. 이 문제를 처리하는 양자 알고리즘은 기존의 고전 알고리즘에 비해 기하급수적인 속도 증가를 제공한다[52]. 최근의 이 양자 알고리즘으로 인해 새로운 고전 알고리즘이 나올수 있었으며, 물론 이 고전 알고리즘은 양자 알고리즘보다는 다항식 레벨로 더 느리다[53].[7]

또 다른 문제에서 처리 시간이 지수적으로 증가한다는 것은 입력 b와 행렬 A가 이미 $\log N$ 큐비트에 인코딩돼 있거나 $\mathrm{poly}(\log N)$ 시간에 큐비트로 인코딩될 수 있는 경우에만 해당된다. 이 과정에서 데이터를 읽는 동작은 뺀다. 단순히 이런 상태를 만들고자 데이터를 읽는 것은 최소한 $O(N)$만큼의 시간이 걸리기 때문이다. 이런 지수 증가는 알고리즘 시작 전에 데이터가 이미 양자 상태로 준비됐거나 효율적으로 준비할 수 있는 방법이 있는 경우에만 가능하다.

앞서 언급했듯이 지수적 속도 향상을 위해 양자 프로세서가 대용량 데이터를 효율적으로 판독할 수 있는 능력을 얻는 것은 양자 알고리즘 개발에 있어 공통된 과제다. 실제로 많은 알고리즘에서 유용하게 사용할 수 있으므로 이런 문제의 효율적인 해결책이 필요하다. 물론 문제가 해결

---

7. 일반적으로 양자 알고리즘의 진보는 이러한 방식을 사용해 새로운 고전 알고리즘의 진보를 촉진시킨다. 이는 7장에서 더 자세히 설명한다.

되지 않더라도 양자 컴퓨터는 $O(N)$으로 데이터를 읽을 수 있기 때문에 고전 알고리즘은 입력을 처리하고자 더 높은 단계를 갖거나 $O(N^2)$가 필요해 다항식 속도 향상을 제공할 수 있다.

3.1.6 필요한 머신 품질

이번 절에서 설명된 알고리즘은 양자 컴퓨터에서 실행될 때 엄청난 계산상 장점을 얻을 수 있다. 양자 컴퓨터는 해결하려는 문제 크기를 고려할 때 대부분 현재 컴퓨터보다 몇 배 더 큰 큐비트가 필요하다. 불행히도 선형 대수학을 위한 양자 알고리즘은 매우 많은 큐비트 게이트 연산이 필요하고 10^{12}개 또는 많게는 10^{18}개의 연산이 필요하다.[8] 연산의 결과가 정확하려면 결국 게이트 오류율이 매우 낮아야 한다(10^{-12}에서 10^{-18} 정도의 오류율). 2장에서 이미 설명했듯이 오늘날의 고전 컴퓨터는 노이즈를 직접적으로 차단하고 출력값은 입력에 포함된 것보다 적은 노이즈를 생성함으로써 낮은 오류율을 가질 수 있지만, 양자 게이트는 훨씬 높은 오류율을 가진다. 5장에서 볼 수 있듯이 현재의 양자 컴퓨터는 $10^{-2} \sim 10^{-3}$ 범위의 오류율을 갖고 있지만, 기본적으로 양자 알고리즘을 실행하는 데 필요한 오류 수준까지는 도달하지 않았다. 양자 오류 정정은 이 한계를 극복하기 위한 방법 중 한 가지며, 이는 다음 절에서 설명한다.

3.2 양자 오류 정정과 완화

양자계의 오류를 줄이는 일반적인 접근법은 두 가지로, 정정과 완화가 있다. 두 방법 중에서 양자 오류 정정$^{\text{QEC, Quantum Error Correction}}$만이 효과적인 오류율을 극적으로 낮추는 유일한 방법이다. 이 접근법은 많은 중복 큐

---

8. 예를 들어 화학 및 암호 해독과 관련된 예시 문제의 예상 실행 시간은 그림 3.2와 표 4.1을 참조한다.

비트를 사용해 양자 상태를 인코딩하고, '결함 허용 능력$^{fault-tolerant}$' 또는 '논리적' 큐비트라고 하는 매우 낮은 오류율로 안정적인 큐비트를 에뮬레이션하고자 정보 중복성을 갖는 QEC 코드^{QECC}를 사용한다. 추가 큐비트의 상태는 주기적으로 측정되며, 기존 컴퓨팅 디바이스는 이 큐비트에 오류가 있는지를 결정하고자 정보를 '디코딩'한다. 이렇게 주어진 정보를 활용해 오류는 정정된다. 각각의 논리적 큐비트는 해당 상태를 유지하고자 다수의 물리적 큐비트와 많은 양자 게이트 연산(및 고전 계산 동작)이 필요하다. 추상화 형태로만 존재하는 견고한 논리적 큐비트의 게이트 연산은 기본 물리 큐비트의 연산으로 변환돼야 한다. 따라서 QEC에는 각 논리적 큐비트용 추가 큐비트와 각 논리 연산용 추가 양자 게이트 비용 또는 '자원 오버헤드'가 발생하게 된다.

양자 오류 정정은 완전히 오류 없는 작업을 갖고자 큐비트의 오버헤드와 시간을 대폭 낮추는 것을 목표로 하는 양자 알고리즘 연구에서 활성화된 영역이다. 이 연구의 대부분은 표면 코드와 그들이 포함된 더 큰 위상 코드의 연구에 초점을 두고 있다. 오류율이 0.1%인 게이트의 현재 코드는 논리적 큐비트를 생성하는 데 여전히 높은 오버헤드(15,000배)를 가진다. 게이트 오류율 또는 QEC 코드 오버헤드가 획기적으로 개선될 때까지는 가까운 미래의 양자 머신은 아직은 논리적 큐비트를 갖기 어렵기 때문에 머신은 노이즈와 오류를 (NISQ 컴퓨터처럼) 처리해야 할 수 있어야 한다. 단기적으로 연구원들은 양자 오류 완화$^{QEM, Quantum Error Mitigation}$ 접근 방식을 사용했으며, QEC를 사용해 오류를 낮추지만 오류율이 감소하고 완전히 제거되진 않는다.

3.2.1 양자 오류 완화 전략

QEC와 비교할 때 QEM은 간단한 계산을 지원하고자 양자 계산의 유효 오류율을 줄이려는 일반적인 목표를 가진다. 그리고 게이트 기반이 아닌 양자 접근법[54, 55]을 사용하며, 짧은 알고리즘의 동작을 완료하기에 충분히 긴 시간만큼 불완전한 큐비트의 결맞음을 연장한다. 오류율이 낮으면 QEC를 사용할 때 오버헤드가 낮아지기 때문에 이러한 완화 전략 중 대부분은 오류 정정과 함께 사용된다.

오늘날 널리 사용되는 두 가지 유용한 오류 완화 접근법에는 복합 펄스 composite pulse 적용과 동적 디커플링 dynamical decoupling 방법이 있다. 이러한 기술이 모든 유형의 오류를 억제하지는 않지만 알려진 체계적 오류(복합 펄스) 또는 일관된 디페이징 dephasing 오류(동적 디커플링)는 완화할 수 있다.

아날로그 및 디지털 양자 컴퓨터 모두에서 특정 유형의 오류를 억제하는 '에너지 페널티'를 기반으로 하는 오류 억제 error suppression 기술이 개발되고 있다. 이러한 접근법은 오류가 덜 우월하고 덜 가능성 있는 방식으로 생기도록 큐비트를 전략적으로 인코딩한다. 또한 두 종류의 컴퓨터 모두 '결어긋남이 없는 하위 공간 decoherence-free subspace'을 이용할 수 있다. 여기서 멀티큐비트 아키텍처는 큐비트 시스템을 특정 노이즈 채널에 무감각하게 만드는 방식으로 설계된다. 이러한 기술은 특정 유형의 오류만 억제하기 때문에 오류율 개선은 시스템에 따라 달라질 수 있으며, 적절한 레벨을 가진다.

QEM은 아날로그 QC에서 특히 중요할 것으로 예상되지만 현재 시스템에서는 실제 사용하기에는 어렵다. QEC는 정정할 수 있기 때문에 오류를 측정하고 나서 개선할 수 있다. QEM 방법은 예방적이고 노이즈의 악영향과 오류 가능성을 줄이고자 하는 시도로 볼 수 있다.

3.2.2 양자 오류 정정 코드

첫 번째 양자 오류 정정 코드는 1990년대 중반에 개발됐지만[56, 57], 추가 연구를 통해 오류 임곗값(실제 디바이스의 각 물리 게이트의 최대 허용 오류율)에 대한 실용적인 내용을 얻을 수 있다. QEC는 생각보다 더 많은 오류를 정정할 수 있다[58, 59]. 그러나 QEC를 성공적으로 구현하고 결함 허용 컴퓨팅을 활성화하는 데 필요한 큐비트 수와 충실도를 모두 달성하는 것은 어려운 일이라는 것이 입증됐다.

고전 컴퓨팅에서 가장 간단한 유형의 오류 정정 코드 중 하나인 '반복 코드repetition code'는 중복을 통해 정보를 보존하고자 정보 비트를 여러 비트로 복사한다. 모든 게이트 동작은 중복성을 유지하고자 복제된다. 오류가 발생하지 않는 한 비트들은 모두 동일한 값을 가질 수 있고 비트 중 하나가 잘못된 값으로 설정될 수도 있다. 이러한 방법에서 오류가 발생할 가능성은 낮기 때문에 정확한 값은 대다수의 복제본에 의해 유지돼 식별될 수 있다. 오류 정정 코드의 '거리distance'는 하나의 유효한 데이터 표현을 다른 유효한 데이터 표현으로 변환하는 데 필요한 최소 오류 수다. 하나의 유효 표현 (111)에서 다른 유효 표현 (000)으로 이동할 때 3비트를 모두 변경해야 하기 때문에 3 코드(각 비트는 000 또는 111임)에 의한 반복은 거리 3 코드를 가진다. 일반적으로 거리 D 코드는 $(D-1)/2$ 오류를 정정할 수 있으므로 복제replication 3 코드는 오류 하나를 정정할 수 있다. 오류가 하나만 발생하는 경우에는 대부분의 비트가 올바른 값을 가진다고 볼 수 있기 때문에 의미가 있다고 볼 수 있다.

QEC의 접근법은 고전 컴퓨터의 접근법과 유사하다. 그러나 QEC의 정밀한 구현에는 복제 불가 정리no-cloning theorem[60]에서 설명한 것처럼 양자 정보를 직접 복사할 수 없고, 양자 게이트에서 발생할 수 있는 추가 유형의 오류 때문에 고전 반복 코드와 크게 다른 기법이 요구된다. 그럼에도 불구하고 물리적 큐비트의 분산 패브릭distributed fabric에 논리적 큐비트 인코딩을 가능케 하는 QEC 프로토콜이 개발됐다. 이 큐비트들은 양자 상태를 유지하기 때문에 어느 것도 직접 측정될 수는 없다. 임의의 측정을 할 때에는 양자 상태가 붕괴돼 계산을 할 수 없다. 대신 같은 값을 가져야 하는 두 개의 큐비트가 서로 비교되며, 두 큐비트가 일치하는지/일치하지 않는지를 모두 판독할 수 있다. 이런 측정 시에는 큐비트의 값을 나타내지 않으므로 양자 상태가 붕괴되지 않는다. 측정된 큐비트는 '신드롬' 또는 '보조ancilla' 큐비트라고 불린다(박스 3.1). 이러한 모든 비교 측정과 사용된 QECC의 내용을 통해 고전 컴퓨터는 어떤 큐비트에 오류가 있는지, 큐비트에 어떤 유형의 오류가 있는지 계산할 수 있다. 따라서 양자 상태에서 오류를 제거할 때 필요한 양자 연산을 제공할 수 있다. 이러한 연산은 물리적 큐비트에 직접 적용할 수 있지만, 소프트웨어에서 이러한 수정 사항을 '실제로' 적용해 오류를 해결하고자 별도의 단계를 추가하는 것보다 향후의 연산을 수정하는 것이 더 효율적이다. 디코딩 알고리즘이나 디코더라고도 하는 고전 알고리즘은 입력으로 신드롬 측정값을 가져오고 큐비트에 오류가 있는지 계산한다. 큐비트는 오류 발생률이 높고 거리가 멀수록 복잡한 오류를 가진다. 오류율이 오류 임곗값에 근접하면 오버헤드가 매우 높을 뿐만 아니라 디코딩 알고리즘도 복잡해진다. 오류율이 낮거나 알고리즘을 실행하는 데 필요한 논리적 큐비트가 매우 적으면 작은 룩업(조회) 테이블을 디코더로 사용할 수 있다.

박스 3.1: 양자 오류 정정용 보조 큐비트의 사용

오류 정정을 위해 큐비트의 상태를 다수의 큐비트에 복제할 필요가 있다. 복제 불가(no cloning) 정리는 큐비트의 상태를 다른 큐브의 상태로 직접 복사하지 못하게 하지만, 많은 큐비트의 중복된 얽힌 큐비트 상태를 만들 수 있다. 얽힌 큐비트는 알려진 상태에서 시작해야 한다는 것이 핵심이다. '보조 큐비트(ancilla qubit)'라고 알려진 상태($|0\rangle$)를 가진 큐비트는 이런 목적을 위해 계산할 때 추가된다. 보조 큐비트의 상태는 알려져 있기 때문에 이러한 모든 보조 큐비트의 출력 상태를 보호된 큐비트와 일치하는 간단

한 회로를 만드는 것이 가능하다. 각 보조 큐비트는 제어형 NOT 게이트로 실행된다. 여기서 제어는 복제돼야 할 큐비트를 사용해 구동한다. 사용자가 보호하고자 하는 상태 ψ의 큐비트가 있다고 가정한다. 여기서 $|\psi\rangle$는 임의의 중첩 상태 $|\psi\rangle = a_0|0\rangle + a_0|1\rangle$을 나타낸다. CNOT 게이트에서 보조 $|0\rangle$ 상태는 $|\psi\rangle$의 구성 요소 $|0\rangle$을 통해 $|0\rangle$을 갖게 되고 $|\psi\rangle$의 구성 요소 $|1\rangle$을 통해 $|1\rangle$로 변환된다. 이 연산의 결과는 새로 얽힌 2 큐비트 상태 $a_0|00\rangle + a_1|11\rangle$이 되며, 보조 큐비트가 이제 첫 번째 큐비트와 완벽하게 얽혀있는 시스템을 얻는다. 더 많은 보조 큐비트를 추가하면 반복 코드의 거리는 증가된다.

QEC를 실행하면 양자 컴퓨터의 큐비트와 오류를 디코딩하고, 수행할 다음 양자 게이트 연산을 선택할 고전 제어 프로세서가 밀접하게 결합되므로 오류 디코더의 계산 복잡도가 문제될 수 있다. 따라서 높은 수준에서는 다음과 같은 작업이 필요하다. 첫째, 제어 프로세서는 큐비트에 양자 연산을 보내고 연산을 수행하는 데 약간의 시간이 필요하다. 둘째, 신드롬 큐비트를 측정해 제어 프로세서로 다시 보내야 한다. 셋째, 제어 프로세서는 이러한 측정을 사용해 어떤 오류가 존재하는지를 디코딩하고, 넷째, 이러한 오류를 설명하려면 앞으로의 작업을 업데이트해야 한다. 다음 양자 동작을 고전 컴퓨터가 늦추지 않고 오류 상태를 디코딩할 수 있으면 양자 컴퓨터에서는 간단히 처리할 수 있다. 초전도^{superconducting} QC의 경우 고전 컴퓨터^{classical computer}는 오류를 해독할 때 수백 나노초(현재의 프로세서에서는 수천 개의 명령어 실행)만 필요하다. 이러한 동작이 가능하지 않다면 계산 속도를 높이고자 맞춤 하드웨어를 사용하거나 오류 정보가 디코딩되기 전에 추가적인 양자 연산이 가능하도록 QEC 알고리즘을 변경해 이런 문제를 해결할 수 있다. 이러한 기술들을 사용하지 않으면 추가된 시간에 양자 컴퓨터의 유효 속도가 느려지고 게이트 간 지연으로 인해 결어긋남^{decoherence}이 증가하고 오류율이 높아진다.

3.2.3 양자 오류 정정의 오버헤드

결함 허용 능력fault-tolerant을 갖는 논리적 큐비트를 인코딩하는 데 필요한 물리적 큐비트 수는 선택한 양자 양자화 코드의 물리적 양자 디바이스 오류율과 필요한 거리 또는 보호 용량에 따라 달라진다. 간단한 예로 스틴Steane 양자 오류 정정 코드를 생각해보자. 이 코드의 접근법은 단일 논리적 큐비트를 7개의 물리적 큐비트로 인코딩하고 거리가 3이므로[9] 단일 오류를 정정할 수 있다. 스틴 코드를 사용해 더 먼 거리의 프로토콜 (추가 오류를 정정할 수 있는 프로토콜)을 얻고자 '연결concatenation'이라는 재귀적 접근 방식을 사용할 수 있다. 이는 기본적으로 일련의 물리적 큐비트에 스틴 코드를 적용한 다음에 수정된 큐비트에 다시 적용해 첫 번째 수정 레벨의 출력을 후속 레벨에서 사용할 수 있는 더 나은 큐비트로 사용할 수 있다. 원하는 레벨의 오류 보호가 달성될 때까지 여러 레벨을 스택에 넣을 수 있다. 일반적으로 k개의 큐비트를 n개의 물리적인 큐비트로 인코딩하고 $[[n, k, d]]$로 쓰여진 거리 d를 갖는 QECC를 r 레벨의 연결을 위한 $[[n^r, k, d^*]]$ 코드로 확장할 수 있다 여기서 $d^* \geq d^r$의 관계를 가진다. 즉, 논리적 큐비트당 물리적 큐비트가 필요하다. 예를 들어 스틴 코드의 3가지 연결 레벨은 단일 논리적 큐비트를 인코딩하고 적어도 27의 거리를 달성하려면 343개의 물리적 큐비트를 필요로 한다. 이 큐비트 오버헤드는 다른 많은 QEC 접근법보다 작다. 그러나 스틴 코드는 10^{-5}보다 낮은 오류율을 요구하고 현재 시스템보다 훨씬 낮다. 다른 연결 코드는 큐비트 오버헤드가 높고 오류율은 더 높다. 지금은 더 나은 코드를 찾는 연구가 활발히 진행되고 있다.

QECC의 또 다른 접근법인 표면 코드surface code는 물리적 큐비트 오류율에 덜 민감하기 때문에 양자 디바이스 오류율이 10^{-2}(1%)에 이르기까지

---

9. 신드롬 측정에서는 실제 양자 상태(붕괴가 발생) 정보를 나타낼 수 없으므로, 거리 3 코드의 경우 3 큐비트 이상이 필요하다.

오류를 방지할 수 있으므로 모든 게이트 측정 시 평균 100회에서 1회 이상 발생하는 오류를 정정할 수 있다. 표면 코드의 오류 임곗값 1%는 각 물리적 큐비트가 네 개의 가장 인접한 큐비트와 상호작용하는 디바이스 아키텍처에 적용되며, 현재 일부 양자 컴퓨터 설계에서는 일반적으로 사용된다. 이와 관련된 내용은 5장에서 살펴본다.

그렇지만 높은 오류 임곗값은 높은 오버헤드를 가져온다. 거리 d의 표면 코드는 단일 논리적 큐비트를 인코딩하는 데 $(2d-1) \times (2d-1)$개의 물리적 큐비트의 격자를 필요로 한다. 공식에서 분명히 알 수 있듯이 가능한 가장 작은 코드인 거리 3의 표면 코드는 논리적 큐비트를 인코딩하는 데 25개의 물리적 큐비트를 필요로 한다.[10] 거리 3인 코드가 모든 오류를 완전히 정정할 수는 없지만 두 개의 오류가 잘못된 출력을 만들기 때문에 이 코드를 사용하면 유효 오류율을 감소시킬 수 있다. QC의 크기가 증가하고 오류율이 감소함에 따라 이러한 작은 코드를 사용해 머신의 유효 오류율을 향상시킬 수 있지만 유효 큐비트의 수는 많이 감소한다.

물론 오류를 완전히 제거하고자 대부분의 양자 알고리즘은 3보다 큰 거리를 필요로 한다. 예를 들어 양자 화학chemistry에서 쇼어 알고리즘이나 해밀토니안 시뮬레이션을 결함 허용 오차로 수행하려면 필요한 거리가 35에 가까워야 한다. 즉, 10^{-3}의 오류율로 시작함을 가정하면 약 15,000개의 물리적 큐비트가 논리적 큐비트를 인코딩하는 데 필요하다[61, 62]. 따라서 스틴과 지표 코드 외에도 자원 효율적인 다른 QECC가 개발됐다. 그러나 2018년에 스틴과 지표 코드는 효율적인 디코딩 알고리즘이 없었고 NISQ 컴퓨터Noisy Intermediate-Scale Quantum Computer(노이즈가 있는 중간 규모 양자 컴퓨터)에서는 너무 낮은 오류율을 요구했다. 이 영역에서의 작업은 완

---

10. 인코딩 비용에 있어서는 약간의 향상이 있다. 그러나 그 정도는 작으며, 거리 3인 표면 코드는 13 또는 17 큐비트만을 사용할 수 있다. 이와 관련해서는 다음의 논문을 참고한다.

Y. Tomita and K.M. Svore, 2014, Low-distance surface codes under realistic quantum noise, *Physical Review A* 90:062320.

전히 오류 정정된 양자 컴퓨터를 만드는 목표에 도달할 때 필수적이다.

결함 허용 동작을 위해 논리적 큐비트에서 동작하려면 QEC의 물리적 큐비트 오버헤드 외에도 사용하려는 논리적 큐비트 게이트를 인코딩하고 실제 물리적 큐비트의 게이트로 변환하기 위한 컴파일 시간 지원 소프트웨어가 있어야 한다. 이 변환은 QECC와 거리 특정 결함 허용 능력 대체 규칙distance-specific fault-tolerant replacement rule에 따라 각 논리적 큐비트와 각 논리 연산이 대체돼 양자 알고리즘을 컴파일하는 과정에서 직접 발생한다. 대체 규칙은 신드롬 측정 및 해당하는 전형적인 디코딩 알고리즘을 포함해 논리적 게이트와 오류 정정 알고리즘이 어떻게 구현되는지를 나타낸다. 각 논리 게이트를 구현하는 데 필요한 게이트 및 타임스텝 수는 논리 게이트 및 QEC 알고리즘에 따라 다르다. 이러한 계산의 세부 사항은 참고 논문[63]에서 확인할 수 있다.

핵심 사항: QECQuantum Error Correction 알고리즘을 사용하면 실제 알고리즘을 적용할 때 노이즈가 있는 물리적 큐비트를 사용하는 완벽한 양자 컴퓨터 에뮬레이션이 가능하다. 그러나 QEC는 논리적 큐비트를 에뮬레이션하는 데 필요한 물리적 큐비트 수와 논리적 양자 연산을 에뮬레이션하는 데 필요한 원시 큐비트 연산 개수 측면에서 상당한 오버헤드를 제공한다.

양자 오류 정정에 있어 결함 허용 능력을 갖는 '보편적인' 동작 집합을 사용할 때 가장 까다롭고 비용이 많이 든다. 기존 QEC 체계는 매우 비용 효율적인 교체 규칙을 개발했으며, 클리포드Clifford 그룹(폴리Pauli 작업, 제어형 NOTCNOT, 아다마르[H], 위상 게이트 S로 구성됨)에서 결함 허용 논리 게이트 작업뿐만 아니라 김퓨팅 기반 측정을 수행할 수 있는 다른 방법들을 개발하고 있다. 그러나 보편성을 달성하려면 비클리포드 게이트(예, 토폴리Toffoli 게이트 또는 T라고도 하는 π/8 게이트)의 결함 허용 능력 구현이 필요하다. 이러한 동작을 하는 다양한 기법을 사용할 수 있다. 예를 들어

소위 매직 상태 증류^{magic state distillation}는 논리적 T 게이트와 같은 논리적 비클리포드 동작의 오류율을 향상시킬 수 있다. 새롭게 개발된 또 다른 기술인 '코드 전환^{code switching}'은 보편성을 달성하고자 클리포드 게이트에 효율적인 코드와 비클리포드 게이트에 최적화된 코드 사이를 전환한다. 양자 접근법은 부가적인 물리적 큐비트, 양자 게이트, 고전 디코딩의 복잡도로 인해 오버헤드를 가진다. 결함 허용 클리포드 게이트가 갖는 보편적인 결함 허용 게이트 경로의 상당한 오버헤드가 양자 오류 정정 코드 및 결함 허용 스키마의 주요 연구 대상이다.

매직 상태 증류 방법에서 오버헤드 비용을 낮추기 위한 몇 가지 방법이 개발됐다[64]. 가장 간단한 형태로 (자원 오버헤드 측면에서 최적의 형태는 아니지만) T 게이트의 매직 상태 증류 방법은 물리적 T 게이트를 대략 $35p^3$의 오류율을 갖는 논리적 T 게이트로 변환할 수 있다. 관심 알고리즘을 구현하기에 오류율이 아직 너무 높으면 과정을 반복해 $35(35p^3)^3$을 얻고 r번 반복해 $35^r p^{3r}$이 나오면 된다. 차례대로 하나의 개선된 T게이트를 수행할 때는 각 라운드마다 15 큐비트가 필요하다. 따라서 r 라운드는 15^r 큐비트가 필요하다(T 게이트상의 원하는 출력 오류율에 따라 물리적 또는 논리적 큐비트가 사용될 수 있다). 따라서 QEC 프로토콜은 클리포드 연산과 논리적 큐비트 인코딩에 비용이 많이 들고, 가장 비용이 많이 드는 곳은 보편성을 위해 요구되는 비클리포드 게이트의 결함 허용 능력 구현이다[65]. 클리포드와 비클리포드 게이트의 자원 요구 사항을 전달하고자 표 3.1에서는 분자 시스템 FeMoco의 오류 정정용 양자 시뮬레이션 수행 시의 요구 사항 추정치를 볼 수 있다. 이 예제는 2017년에 사용한 기능의 결과 스냅샷이다. 양자 화학 및 시뮬레이션 알고리즘의 연구는 계속 진행 중이며, 이 값은 개선될 것이다.[11]

---

11. 이 분야에서 최근 어느 정도 발전됐는지 파악하려면 다음 논문의 내용을 참조한다.
   S. McArdle, S. Endo, A. Aspuru-Guzik, S. Benjamin, and X. Yuan, 2018, "Quantum Computational Chemistry," preprint arXiv:1808.10402

표 3.1 해밀토니안 시뮬레이션의 연속 알고리즘 접근법(Serial Algorithmic Approach)과 오류 정정을 위한 표면 코드를 사용해 화학 구조(질소 고성 효소(Nitrogenase) 내의 FeMoco)의 오류 정정 시뮬레이션 수행을 위한 자원 요구 사항의 예측 값

물리적 큐비트 오류율	10^{-3}	10^{-6}	10^{-9}
논리적 큐비트당 물리적 큐비트	15,313	1,103	313
프로세서의 총 물리적 큐비트	1.7×10^6	1.1×10^5	3.5×10^4
T 상태 팩토리의 수	202	68	38
팩토리당 물리적 큐비트 수	8.7×10^5	1.7×10^4	5.0×10^3
T 상태 팩토리를 포함하는 물리적 큐비트의 총 수	1.8×10^8	1.3×10^6	2.3×10^5

참고: 이 표는 알고리즘의 결함 허용 능력 구현을 수행하는 데 필요한 물리적 큐비트 수와 품질 간 3가지 특정 물리적 큐비트 오류율의 절충 포인트를 보여준다. 추정치는 요구 사항으로 알고리즘 인스턴스를 위한 논리적 큐비트 111개와 물리적 게이트 주파수 100MHz을 가진다. 증류(T 팩토리) 요구 사항은 나머지 오류 정정 사항보다 훨씬 많다. 오류가 없고 비클리포드 게이트를 얻는 데 드는 비용은 큐비트 및 다른 클리포드 작업을 특정 QECC(표면 코드 및 매직 상태 증류)로 인코딩할 때의 비용보다 훨씬 더 높다(출처: M. Reiher, N. Wiebe, K.M. Svore, D. Wecker, and M. Troyer, 2017, Elucidating reaction mechanisms on quantum computers, Proceedings of the National Academy of Sciences of the U.S.A. 114:7555–7560).

핵심 사항: 오류 정정 양자 알고리즘의 성능은 구현해야 할 오류 정정 비용이 가장 많이 드는 작업 수에 의해 제한된다. 예를 들어 표면 코드 QECC의 경우 '비클리포드 그룹' 연산은 알고리즘이 필요로 하는 전체 시간(동작 개수)을 수정하고 지배하는 데 많은 원시 게이트 연산이 필요하다.

결함 허용 양자 계산을 달성하는 데 필요한 자원 오버헤드를 극적으로 낮추고자 새로운 양자 오류 정정 코드와 새로운 양자 결함 허용 구조에 대한 연구가 계속되고 있다. 표면 코드와 파생 코드를 연구하고지 토폴로지 코드topological codes12라는 코드 클래스를 연구하는 데 많은 집중을 하

---

12. 토폴로지 코드는 노이즈 내성 및 큐비트 오버헤드 면에서 상대적으로 우수한 성능을 발휘하며 2차원상에서 기하학적으로 로컬 위치를 갖는 장점이 있으므로 물리적 구현을 할 때 코드의 클래스로 사용된다. 코드의 중요 변형 버전 중 일부는 3 이상의 차원을 가져야 한다.

고 있다[66]. 그리고 표면 코드에 관해 해결되지 않은 많은 질문 때문에 연구원들은 이 코드를 더 잘 사용하는 방법[67]과 이러한 코드를 평가하고 해독하기 위한 더 나은 방법을 찾고 있다[68]. 실험 시스템이 재미있는 결함 허용 실험을 실행할 수 있는 크기에 도달하고 이러한 머신이 양자 동작 및 측정을 인터리빙할 수 있을 때 이론 및 분석을 검증하고자 QEC 체계를 테스트할 수 있다. 이 실험의 진정한 장점은 QEC에 종사하는 연구원들이 이론적인 노이즈 모델을 사용하는 것보다 '실제' 시스템 오류의 영향과 원인을 볼 수 있다는 것이다. 실제 오류가 어떤 것인지 파악해 머신의 오류 통계에 적합한 좀 더 효율적인 QEC 코드를 개발할 수 있다. 다시 말하지만 오버헤드를 최소화하는 것이 결함 허용 계획과 특히 한정된 개수의 고품질 큐비트를 갖는 초기 양자 디바이스를 배포하는 데 중요하다.

디바이스의 제한된 QEC 동작의 초기 시연은 2005년으로 거슬러 올라가며, 이러한 프로토콜의 기본 기능은 초전도 큐비트 및 트랩된 이온 큐비트 디바이스 모두에서 구현됐다. 이러한 실험에서 물리적 큐비트 연산의 게이트 충실도가 일반적으로 낮으면 결함 허용 논리적 큐비트를 가질 수 없다[69-71]. 최근 양자 오류 검출 코드는 QEC보다 작은 전구체precursor 이며, 이용 가능한 양자 프로세서에서 성공적으로 구현됐다 [72, 73]. 7장에서 다루겠지만 QEC의 실용적이고 결함 허용 능력이 있는 논리적 큐비트를 에뮬레이션하는 작업의 성공 시연은 아직 해당 마일스톤에 도달하지 못했다.

3.3 양자 근사 알고리즘

오류 정정이 갖는 높은 비용 때문에 초기 양자 컴퓨터에서 오류 정정이 사용 배제되는 것을 감안해서 연구자들은 초기 양자 컴퓨터를 이용할 때 다른 접근법을 모색했다. 좋은 접근 방법은 계산 문제의 정확한 해답은 아니지만 근사approximation 또는 휴리스틱 접근법을 사용해 문제를 해결하는 것이다. 이 접근법을 통해 분자 및 물질[74-82]과 같은 다체 시스템의 시뮬레이션에서부터 최적화[83] 및 머신러닝 애플리케이션[84-86]에 이르는 다양한 양자 및 하이브리드 양자 고전 알고리즘을 얻게 됐다. 이러한 방법의 목표는 다른 솔루션보다 자원 요구 사항이 낮으면서 현재 접근하고자 하는 문제에 근사적이지만 유용한 솔루션을 제공하는 것이다.

3.3.1 양자 변분 알고리즘

관심을 갖는 많은 문제 중에서 특히 양자 화학의 문제는 고윳값 문제로 구성된다. 양자역학의 변분variational 원리에 따르면 양자 화학 시스템의 바닥상태(가장 낮은 에너지)의 계산 에너지는 솔루션 근사가 향상되면 감소하고, 점차 위above 상태부터 실제 값에 가까워진다. 양자역학의 변분 원리는 이러한 문제를 해결하고자 반복적인 고전 알고리즘을 사용하는데, 여기서 솔루션의 추측 값이 입력으로 사용되고 다소 개선된 근삿값이 출력된다. 이 출력은 다음 반복 시의 추측 값으로 사용되며, 매사이클의 출력값이 실제 솔루션에 더 가깝게 접근하지만 오버슈팅overshooting되진 않는다.

변분 원리 접근법은 양자 프로세서가 수행하는 최적화 단계를 사용해 고전 알고리즘과 양자 알고리즘으로 나눠질 수 있으며, 이어서 다른 반복을 수행할지 여부를 결정하는 고전적인 제어 유닛을 사용해 순차적으로 판독할 수 있다. 작고 많은 독립적인 단계 사이에서(단일 단계에서 필요한 결맞음 사용) 양자 프로세싱을 분리할 수 있는 능력을 통해 큐비트 충실도 요건qubit fidelity requirement을 최소화하고 유용한 결과를 얻을 수 있다. 이러한 이유로 양자 변분 알고리즘quantum variational algorithm이 디지털 NISQ 컴퓨터의 애플리케이션으로 사용된다. 물론 이러한 알고리즘은 완전히 오류가 정정된 양자 컴퓨터를 사용해 쉽게 수행된다.

접근법의 특정 예는 VQE$^{Variational Quantum EigenSolver}$[87-95]를 들 수 있다. 이 문제는 근사 해에 상응하는 모든 출력의 합과 각각 독립적으로 근사화될 수 있는 작은 문제 집합의 합계^{sum}로 분해된다. 휴리스틱 정지 기준에 도달할 때까지 프로세스가 반복되며, 일반적으로 에너지 임곗값을 달성할 때까지 동작한다. VQE의 계산 능력은 가정된 양자 상태 또는 가설 풀이 ^{ansatz} 형태에 의존한다. 일부 가설 풀이는 하드웨어로 구현된 회로 형태로 정의되며, 다른 유형은 특정 유형의 양자 상관관계를 파악하도록 설계된다. VQE 알고리즘은 양자 레지스터의 큐비트 수와 사용되는 양자 회로 깊이가 고전 컴퓨터에서는 준비가 어려울 때 많은 시스템의 파동 함수 및 특성을 근사화하는 유사 작업에서 고전 컴퓨터와 경쟁할 수 있다. 특정 게이트 및 큐비트의 수는 알고리즘 유형에 따라 많이 의존하지만, 양자 시뮬레이션 애플리케이션의 대략적인 추정을 위해서는 수백 개의 큐비트와 수만 개의 양자 게이트를 사용한다[96].

관련 접근법은 양자 근사 최적화 알고리즘$^{QAOA, Quantum Approximate Optimization}$ ^{Algorithm}[97]이며, 충족 가능성 문제$^{satisfiability problem}$처럼 최적화 문제에서 사용할 수 있는 파동 함수의 변화를 추측할 수 있다. 이 알고리즘은 VQE 알고리즘과 유사한 동작(고전 컴퓨터에 의한 최적화와 준비 및 측정 실험)을 가진다. 결과 양자 상태는 표본 추출했을 때 계산 문제의 대략적이거나 정확한 해결책을 제공한다.

3.3.2 아날로그 양자 알고리즘

게이트 기반 양자 컴퓨터를 필요로 하는 알고리즘 외에도 해밀토니안의 용어로 태스크를 직접 표현, 동작하는 접근 방식이 있다(시간에 따라 변경된다). 원하는 결과는 시뮬레이션 실행이 끝나면 시스템 상태로 인코딩된다. 해밀턴이 만든 '직접 양자 시뮬레이션$^{direct quantum simulation}$'은 양자계의 시뮬레이션과 유사하고 아날로그 양자 연산의 일종이며 양자계 접근 방식의 한 예다. 직접 양자 시뮬레이션의 예로는 스핀 해밀토니안spin Hamiltonians 구현[98] 또는 양자 위상 전이 연구[99-101]가 있다.

양자 어닐링, 더 구체적으로 단열 양자 최적화는 '아날로그' 접근법을 채택하고 논리 연산이나 게이트의 추상화 레이어가 아닌 양자 알고리즘 설계를 위한 범용 스키마를 제공한다. 이 두 가지 접근법은 밀접한 관련성을 가진다. 단열 양자 최적화는 단순히 0도에서 양자 어닐링을 하는 것을 의미한다. 단열 양자 계산은 원칙적으로 게이트 기반 양자 계산을 등가 단열 양자 계산으로 변환 할 수 있기 때문에 흥미로운 작업이다(효율적인 해법은 아닐지라도)[102]. 이러한 방법들은 해밀토니안 H_f에 최적화 문제를 매핑할 때 해밀토니안에 의해 정의된 시스템의 가장 낮은 에너지, 즉 바닥상태를 찾음으로써 문제를 해결할 수 있다.

양자 단열 최적화quantum adiabatic optimization 알고리즘은 다음과 같이 구현된다. 큐비트 세트는 바닥상태ground state를 알고 있는 해밀토니안 H_i로 시작하고, 다음에 H_i를 서서히 H_f로 변환한다. 해밀토니안이 충분히 천천히(단열적으로) 변화한다면 양자계는 바닥상태로 남을 것이므로 이 과정은 시스템을 바닥상태의 H_i에서 바닥상태의 H_f로 끌어낸다. 최종 상태를 측정하고 나면 해답을 높은 확률로 얻을 수 있다[103, 104].

많은 사용자가 파히Farhi의 연구와 더불어 양자 단열 최적화 알고리즘의 전망에 많은 관심을 갖게 됐다[105]. 양자 단열 최적화 알고리즘은 다른 많은 문제와 마찬가지인 어려운 논리 만족 가능성 문제, '3SAT의 무작위 인스턴스 문제'를 빠르게 처리할 수 있다. 이 알고리즘의 이론적인 분석은 상당히 어렵다. 실행 시간이 해밀토니안 처리 시간의 스펙트럼 긴격(바닥상대에 가까운 상태의 에너지 차이)에 의해 좌우되기 때문이다. 일련의 논문에서는 여러 가지 경우의 차이를 분석해 단열 알고리즘의 스펙트럼 간격이 기하급수적으로 작은 3SAT 공식, 다른 NP 완전 문제가 있음을 확인했다. 이러한 문제를 해결하기 위한 접근법에서는 문제 크기에 대해 지수만큼의 해결 시간이 걸린다[106, 107]. 결과적으로 이러한 유형을 갖는 컴퓨팅의 공식적인 성능은 아직까진 알려지지 않았다. 따라서 양자 어닐링 알고리즘의 속도를 높이는 접근 방식에는 많은 경험적인 방식을 사용해야 한다. 연구원들은 고전 컴퓨터 시스템의 최적 시간과 양자 어닐러annealer에서 주어진 작업을 완료하고 동일한 결과를 얻는 데 필요 시간을 비교한다.

모든 실제 양자 컴퓨터는 유한한 온도에서 동작한다. 온도가 스펙트럼 간격보다 큰 에너지일 때 아날로그 양자 컴퓨터는 양자 단열 계산보다는 양자 어닐링 작업만 구현할 수 있다. 양자 어닐링은 실험적 실현 관점에서 특히 매력적이지만, 이러한 알고리즘은 이론적 분석이 어렵다는 점과 이 모델의 결함 허용 능력 이론이 명확하지 않다는 점에서 많은 관심을 받는다. 단열 최적화 디바이스, 특히 D-Wave 머신은 중요한 공학적 문제점을 극복하고 큐비트 충실도의 일부를 절충해 수천 개의 큐비트로 빠르게 확장했다. 처음에는 이러한 디바이스가 일부 애플리케이션에서 매우 빠른 속도 향상을 보인 것처럼 보였지만, 실제로는 특정 문제에 대해 새로운 고전 알고리즘이 추가돼 속도가 향상된 것이다[108]. 최근의 연구에서는 D-Wave 프로세서가 동작하는 상대적으로 높은 온도[109]와 이들 디바이스의 특정 아날로그 오류 존재를 반영한다[110]. 따라서 양자 어닐러에서 다른 근본적인 한계가 있을 수 있음을 배제할 수 없다.

3.4 양자 컴퓨터의 애플리케이션

앞에서 다룬 바와 같이 게이트 기반의 양자 컴퓨터, 양자 어닐링 디바이스용 양자 알고리즘이 많이 개발됐다. 미국 표준기술연구소NIST, National Institute of Standards and Technology는 양자 알고리즘의 포괄적인 온라인 카탈로그를 유지 관리하고 있다[111]. 이 컬렉션에는 이론적으로 양자 속도 향상을 제공하는 많은 알고리즘이 포함돼 있으며, 속도 향상의 핵심인 양자 푸리에 변환, 양자 무작위 걸음, 해밀토니안 시뮬레이션과 같은 기본 기술의 결과도 포함하고 있다. 또한 대부분의 알고리즘은 유용한 결과를 얻고자 양자 오류 정정 기능이 필요하고 많은 양의 고품질 큐비트를 필요로 하며, 이는 알려진 프로토타입 디바이스에서 사용할 수 있는 양자 자원을 훨씬 초과한다. 또한 많은 양의 입력 데이터를 효율적으로 불러오기 어려우므로 실제 구현은 어려울 수 있다.

게다가 일반적으로 알고리즘은 자체로는 애플리케이션이 아니다. 오히려 유용한 작업을 수행하고자 결합돼야 하는 구성 요소다. 양자 컴퓨터 실현의 실험적 노력이 가속화되면서 단기간에 해결해야 할 과제로 양자 애플리케이션과 필요한 알고리즘을 식별하거나 생성하는 것이 있으며, 양자 애플리케이션과 알고리즘은 고전적인 접근 방식보다 훨씬 빠른 속도를 갖고 비오류 정정 디바이스에 적용될 수 있다.

3.4.1 양자 컴퓨터의 단기간 애플리케이션

양자 컴퓨터의 단기간near-term 내 잠재적 유용성을 찾는 것은 현재 양자 컴퓨터의 활발한 연구 영역이다. 이러한 애플리케이션은 거의 큐비트를 필요로 하지 않으며 상대적으로 간단한 코드로 구현할 수 있고(즉, 비교적 짧은 시퀀스의 게이트를 필요로 함) NISQ 컴퓨터에서 동작할 수 있다. 3.3절에서 다룬 근사 알고리즘은 단기간 내 아날로그 또는 디지털 NISQ 머신에서의 구현용으로 사용될 수 있다. 이 책의 발행 시점(2018년)에는 머신 클래스의 상용 가능성이 있는 애플리케이션이 많이 있었지만[13], NISQ 컴퓨터에서 실행될 때 고전적인 접근 방법 대비 장점을 제공할 수

---

13. 상업용 애플리케이션은 제공되는 해결책에 대가를 기꺼이 지불할 수 있는 애플리케이션이다. 이 애플리케이션은 양자 컴퓨팅에 수익을 가져다 줄 수 있다.

있는 프로그램은 찾기 어려웠다. 스타트업 연구원들을 포함해 위원회에 참석한 모든 연구원은 이러한 내용들이 연구의 중요한 영역이라고 생각하고 있다.

핵심 사항: 최신 아날로그와 디지털 NISQ 컴퓨터에서 고전적인 접근 방식 대비 장점을 제공할 수 있는 실행 가능한 양자 알고리즘 기반의 공개 상용 애플리케이션은 없다.

3.4.2 양자 우월성

유용한 양자 컴퓨터가 되려면 양자 우월성[quantum supremacy]이 필요하다. 계산 동작이 유용하더라도 고전 컴퓨터에 비해 모든 양자 계산 시연은 아직 어렵다. 본질적으로 양자 우월성을 통해 양자 컴퓨터가 '확장된 처치-튜링 명제'를 무효화하는 것을 실험적으로 볼 수 있다. 양자 우월성은 양자 컴퓨터의 생존 가능성에 회의론을 제기할 수 있지만 높은 복잡도 영역에서 양자 이론을 시험할 수 있다. 양자 우월성을 달성하려면 우월성을 입증할 만큼 충분히 큰 양자 컴퓨터를 만들고 고전 머신이 계산하기 어려우면서 양자 컴퓨터가 수행 가능한 간단한 문제를 찾아야 한다. 이러한 문제의 공통 유형은 얽힌 양자 상태를 만들고자 큐비트에서 연산을 수행하고 그 상태를 샘플링해 확률 분포를 추정해야 한다[112].

2010년, 아론손[Aaronson]과 아르키포프[Arkhipov]의 보손 샘플링[boson sampling] 제안에서[113] 첫 번째 테스트 문제에 대한 제안은 샘플링 문제가 갖는 고전적 복잡도에 대한 초기 연구에 관한 것이다[114, 115].[14] 그들은 다음과 같은 사실을 입증했다. 비상호작용을 하는 보손의 무작위 시스템 출력 확률 계산에서는 고전 컴퓨터에서 동작하기 어려울 것으로 생각되는 복잡도 등급(#P-hard)을 사용해 계산한다. #P-hard의 확률은 근삿값으로 있을

---

14. 양자 우월성 (quantum supremacy)이라는 용어는 2012년 존 프레스킬(John Preskill)에 의해 만들어졌다.

것으로 예상할 수 있고 고전 컴퓨터에서는 전형적인 선형 광 네트워크 linear optical network의 무작위 출력을 샘플링할 수 없다. 양자 컴퓨터의 경우에 무작위 출력 샘플을 사용할 경우('큐비트 샘플링'이라고 함)에는 양자우월성이 입증될 수 있다. 보손 샘플링은 실험자들에게 인기가 있고 소규모 구현은 이미 6 광자photon를 사용하는 실험[116]을 포함해 여러 실험실에서 이뤄졌다. 그렇지만 양자 우월성을 확인하고자 이 실험에 필요한약 50 광자를 사용하는 것은 여전히 어렵다[117].

초전도 큐비트superconducting qubit에서 양자 우월성을 증명하기 위한 다른 접근법은 2016년에 구글 이론 그룹google theory group에 의해 제안됐다[118]. 초전도성 NISQ 컴퓨터를 구축하는 과정에서 양자 우월성에 대한 실험은중요 마일스톤 중 하나가 됐다. 구체적으로 무작위 회로 샘플링RCS, Random Circuit Sampling에 대한 제안은 무작위 양자 회로를 구현하고 회로 출력을 측정하기 위한 것이다. 이러한 무작위 회로의 출력 분포에서 샘플링을 하는 것은 고전적으로 어려운 문제다. 최근 보손Boson 샘플링과 비슷한 레벨을 갖는 RCS의 고전적 경도hardess에 대한 복잡도 이론 근거는 보울랜드Bouland에 의해 제공됐다[119].

양자 우월성을 입증하기 위한 다음과 같은 두 가지 제안이 있다. 첫 번째로 계산 작업computational task은 가까운 시일 내에 실험적으로 실현될 수 있지만 고전 컴퓨터에서 실행되는 알고리즘을 처리하기에는 어렵다. 두번째로 양자 디바이스가 실제로 계산 작업을 수행했는지 확인하는 것이효율적인 방법이 될 수 있다. 이 방법은 제안된 알고리즘이 특정 확률 분포(즉, 선택된 양자 회로의 출력 분포)에서 표본을 계산하기 때문에 복잡해질 수 있다. 이런 검증 문제를 해결하기 위한 첫 번째 단순화에서는 고전슈퍼컴퓨터가 선택된 양자 회로의 출력 분포를 실제로 계산할 수 있도록 n(큐비트 수)을 충분히 작게($n \approx 50$) 선택해야 한다. 하지만 여전히 양자디바이스의 출력이 실제로 이 (또는 근접한) 분포에서 추출됐는지를 확인하는 과제를 남긴다. 이 역시 증명하기가 어려울 수 있다.

따라서 이를 위해 RCS 우월성 모델[120]은 디바이스에서 샘플링된 분포와 선택된 양자 회로의 실제 출력 분포 사이의 교차 엔트로피의 형태로 점수를 계산하는 방식을 제안한다. 디바이스에서 샘플링된 분포의 엔트로피가 적어도 선택된 양자 회로의 실제 출력 분포 엔트로피와 같다는 간단한 조건이 충족된다면 교차 엔트로피 점수를 통해 두 분포는 가깝다는 것을 증명할 수 있다[121]. 불행히도 적정한 개수의 샘플을 갖는 엔트로피 조건을 검증하는 것은 불가능하며 로컬 소거 노이즈와 같은 많은 노이즈 모델의 샘플을 사용하더라도 힘들다.

검증을 위한 또 다른 제안은 무거운 출력 생성^{HOG, Heavy Output Generation}[122]의 개념을 사용하며(비표준) 복잡도 가정하에서 우월성 입증을 증명한다. 마지막으로 세 번째 검증 제안인 비닝 출력 생성^{BOG, Binned Output Generation}은 HOG와 교차 엔트로피를 동시에 검증하며 일부 공식 모델[123]에서 이론적으로는 최적화된 정보를 제공한다.

이 양자 우월성 알고리즘의 개념증명 테스트^{proof-of-concept test}는 2017년에 9 큐비트 디바이스를 사용해 수행됐다[124]. 오류율은 연산수에 큐비트 수를 곱한 값에 비례해 2 큐비트 게이트당 평균 오차가 약 0.3%였다. 약 50 큐비트를 갖는 큐비트 디바이스에서 간단한 외삽법^{extrapolation}을 적용할 경우에는 이 아키텍처를 사용할 때 양자 우월성 결과를 가질 수 있고, 구글 하드웨어 팀(및 다른 회사)에서는 이 목표를 달성하고자 많은 노력을 하고 있다.

이러한 접근 방식에 대해 두 가지 질문이 있다. 첫 번째는 엔트로피 가정(또는 비표준 복잡 가정) 없이 어떻게 검증을 수행할 수 있을까다. 두 번째는 고전적인 슈퍼컴퓨터의 컴퓨팅 능력 한계를 넘어 양자 우월성을 확립할 수 있는 가능성이 어느 정도가 될까이며, 현재 약 50 큐비트정도를 사용해야 할 것으로 예상한다.[15] 최근의 제안은 포스트 양자 암호를 기반으로 양자 우월성을 증명할 수 있는 방법을 보여준다. 특히 오류에 의한 학습LWE, Learning With Errors 문제를 기반으로 임의로 많은 큐비트 수를 갖는 양자 컴퓨터의 양자 우월성을 증명할 수 있는 방법을 제시한다[125].

핵심 사항: 여러 팀이 양자 우월성을 입증하고자 노력했지만 마일스톤 내에서는 아직 입증되지 않았다(이 책의 발행 시점 기준). 그 성과는 명확하게 확정하기는 어려울 것이며, 검증 목표는 선택된 벤치마크 문제를 해결하려는 고전적인 접근 방식이 개선됨에 따라 계속 달라질 것이다.

요약하면 양자 우월성은 흥미로운 목표(실험적으로 구현 가능한 특정 양자 문제의 계산 경도를 엄격하게 분석하는 데 유용한 이론적 도구의 개발)로 달성됐다. 그러나 경도 결과hardness result의 불확실성(즉, 비표준 경도 추측의 의존성)과 이러한 결과에 의한 노이즈 모델의 제한적 특성 때문에 수행해야 할 많은 작업이 남아 있다.

3.4.3 이상적 양자 컴퓨터의 애플리케이션

견고하고 대규모로 오류 정정된 양자 컴퓨터가 개발될 경우 이미 어느 정도의 속도 향상이 이뤄질지 알고 있는 기존 알고리즘은 실제 문제 또는 문제 구성 요소들을 해결하는 데 유용하게 사용할 수 있다. 양자 알고리즘에 있어서 가장 적합한 애플리케이션은 수학적 애플리케이션인 암호학 분야(특히 매우 적합)일 것이다. 이러한 애플리케이션은 4장에서 설명한다. 기초과학 및 응용과학 모두를 위한 양자 시뮬레이션은 양자 화

---

15. 정확한 값은 특정 시뮬레이션의 스펙과 근삿값에 따라 다르지만 이 방법은 고전적인 방법이 개선됨에 따라 증가하고 있다. 하지만 상당한 시간 동안 지금과 같은 레벨의 차수를 유지할 것으로 예상된다. 최근에 연구원들은 새로운 큐빅 접근법을 사용해 70 큐비트 양자 디바이스에 의해 달성될 수 있는 양자 우월성에 대한 단일 인스턴스를 수행했다. 그러나 이는 50 큐비트 장치에 대한 10만 인스턴스를 갖는 양자 우월성 실험에는 이르지 못했고 아직 고전 컴퓨터에서는 달성할 수 없는 것으로 입증됐다.

학 분야에서 잠재적인 '킬러 애플리케이션'으로 볼 수 있다[126].

전자 구조 문제는 화학, 재료 과학 분야에서 핵심 사항이기 때문에 매우 중요하다. 보통 원자핵에서 구조 문제가 발생하고 외부 필드 존재와 상호작용하는 전자 파동 함수와 바닥상태 에너지 처리를 필요로 한다. 전자 구조는 화학적 성질, 화학 반응 속도와 생성물로 정의한다. 밀도 함수 이론과 같은 문제의 고전 컴퓨팅 접근법은 많은 상황(예, 분자 기하 예측)에서 매우 효과적이지만 화학 반응 속도를 예측하거나 상관관계의 경쟁 단계를 구별하는 데 필요한 정확도 레벨에 도달하지 못하는 경우가 종종 있다. 시스템이 전이 금속 원소(대부분의 촉매에 존재)를 포함할 때 특히 그렇다. 양자 컴퓨터는 문제를 고전적으로는 다루기 힘든 상황에서 효율적인 문제 해결책을 제공할 수 있다. 실제로 초기 양자 알고리즘은 화학 반응 속도 상수 계산에 고전적인 방법보다 지수적으로 빠른 속도를 제공한다[127]. 이 알고리즘과 다른 알고리즘은 체계적이고 예측 가능한 이론에 의해 오랫동안 기술되지 않은 물질의 화학 반응 단계의 중요 결과를 이끌어낼 수 있다. 이러한 결과는 에너지 저장 디바이스, 디바이스 디스플레이, 산업용 촉매 및 의약품 개발과 같은 분야에서도 상업적으로 응용될 수 있다.

3.5 컴퓨팅 생태계에서 양자 컴퓨터의 잠재적 역할

양자 화학, 최적화(머신러닝 포함), 암호 해독은 이상적인 양자 컴퓨터의 최적화된 잠재적 응용 분야지만, 3장에서 다룬 알고리즘과 디바이스들은 이 분야에서는 아직 초기 단계에 머물러 있다. 이와 관련된 내용은 5장에서 다룬다. 기존 알고리즘은 예상되지 않은 방식으로 수정되거나 구현될 수 있고 연구가 계속됨에 따라 새로운 알고리즘이 도출될 수 있다. 결과적으로 암호학을 제외하고는 다양한 상업 부문에서 양자 컴퓨터의 영향을 예측하긴 어렵다. 이 분야는 아직 오래되지 않아 변화가 많이 발생하진 않는다. 암호학의 경우에 쇼어의 알고리즘을 실행하는 미래 양자 컴퓨터의 잠재성은 오늘날 변화에 영향을 미치기에 충분하다. 이와 관련된 문제는 4장에서 설명한다.

3장에서 다룬 내용에서 분명히 알 수 있듯이 기존의 알려진 양자 알고리즘을 적용할 수 있기 때문에 이전에는 해결하기 어려운 문제를 효율적으로 해결할 수 있다. 그러나 지금은 대규모의 오류 정정된 양자 컴퓨터조차도 일반적인 고전 컴퓨터보다 성능이 우수하지 않다. 실제로 양자 컴퓨터는 많은 종류의 문제 처리를 가속화할 수 없고 고전 컴퓨팅 생태계(하드웨어, 소프트웨어, 알고리즘 포함)는 이미 성숙돼 있어서 이러한 종류의 문제에 대해 아직은 고전 컴퓨팅이 지배적인 컴퓨팅 플랫폼으로 남아 있다. 애플리케이션이 양자 컴퓨터로 가속화되더라도 가속화된 부분은 문제의 광범위한 작업 중 작은 구성 요소에만 해당된다. 가까운 미래에 양자 프로세서는 특정 작업의 특정 부분만을 수행하는 데 유용할 것이며 나머지 작업은 고전 컴퓨터에서 좀 더 효율적으로 수행될 것이다. 따라서 양자 컴퓨터는 고전 컴퓨터 대신 보조 프로세서로 사용될 것으로 예상된다. 게다가 5장에서 다룰 것처럼 양자 계산을 물리적으로 구현하고자 제어 환경의 큐비트에 대해 복잡한 게이팅 연산$^{gating\ operations}$을 수행해야 하며, 연산 작업에는 고전 컴퓨터를 사용해야 한다.

핵심 사항: 양자 컴퓨터는 기존 컴퓨터 또는 모든 애플리케이션의 직접적인 대체품으로 유용하지 않다. 오히려 양자 컴퓨터는 현재 코프로세서$^{co-processor}$나 가속기^{accelerator}와 유사한 기존 프로세서와 보완적인 방식으로 동작하는 특수 목적 디바이스가 될 것으로 기대된다.

3.6 참고 문헌

[1]   E. Bernstein and U. Vazirani, 1997, Quantum complexity theory, *SIAM Journal on Computing* 26(5):1411–1473.

[2]   D. Simon, 1997, On the power of quantum computation, *SIAM Journal on Computing* 26(5):1474–1483.

[3]   P. Shor, 1994, "Algorithms for Quantum Computation: Discrete Logarithms and Factoring," pp. 124–134 in *35th Annual Symposium on Foundations of Computer Science, 1994 Proceedings*, https://ieeexplore.ieee.org.

[4]   R. J. Anderson and H. Wolf, 1997, Algorithms for the certified write-all problem, *SIAM Journal on Computing* 26(5):1277–1283.

[5]   R. M. Karp, 1975, On the computational complexity of combinatorial problems, *Networks* 5(1):45–68.

[6]   C. H. Bennett, E. Bernstein, G. Brassard, and U. Vazirani, 1997, Strengths and weaknesses of quantum computing, *SIAM Journal on Computing* 26(5):1510–1523.

[7]   L. K. Grover, 1996, "A Fast Quantum Mechanical Algorithm for Database Search," pp. 212–219 in *Proceedings of the Twenty-Eighth Annual ACM Symposium on Theory of Computing*, https://dl.acm.org/proceedings.cfm.

[8]   S. Cook, 2006, "The P versus NP problem," pp. 87–104 in *The Millennium Prize Problems*(J. Carlson, A. Jaffe, A. Wiles, eds.), Clay Mathematics Institute/American Mathematial Society, Providence, R.I.

[9]   J. Preskill, 2018, "Quantum Computing in the NISQ Era and Beyond," arXiv:1801.00862.

[10]   L. Hales and S. Hallgren, 2000, "An Improved Quantum Fourier Transform Algorithm and Applications," pp. 515–525 in *41st Annual Symposium on Foundations of Computer Science, 2000 Proceedings*, https://ieeexplore.ieee.org.

[11]   P. W. Shor, 1994, "Algorithms for Quantum Computation: Discrete Logarithms and Factoring," pp. 124–134 in *35th Annual Symposium on Foundations of Computer Science, 1994 Proceedings*, https://ieeexplore.ieee.org.

[12]   R. Jozsa, 2001, Quantum factoring, discrete logarithms, and the hidden subgroup problem, *Computing in Science and Engineering* 3(2):34–43.

[13] A. Y. Kitaev, 1995, "Quantum Measurements and the Abelian Stabilizer Problem," preprint arXiv:quant-ph/9511026.

[14] L. K. Grover, 1996, "A Fast Quantum Mechanical Algorithm for Database Search," pp. 212-219 in *Proceedings of the Twenty-Eighth Annual ACM Symposium on Theory of Computing*, https://dl.acm.org/proceedings.cfm.

[15] C. H. Bennett, E. Bernstein, G. Brassard, and U. Vazirani, 1997, Strengths and weaknesses of quantum computing, *SIAM Journal on Computing* 26(5):1510-1523.

[16] G. Brassard, P. Hoyer, M. Mosca, and A. Tapp, 2002, Quantum amplitude amplification and estimation, *Contemporary Mathematics* 305:53-74.

[17] E. Farhi, J. Goldstone, and S. Gutmann, 2007, "A Quantum Algorithm for the Hamiltonian NAND Tree," preprint arXiv:quant-ph/0702144.

[18] A. Ambainis, A. M. Childs, B. W. Reichardt, R. .palek, and S. Zhang, 2010, Any AND-OR formula of size N can be evaluated in time N1/2+O(1) on a quantum computer, *SIAM Journal on Computing* 39(6):2513-2530.

[19] V. Giovannetti, S. Lloyd, and L. Maccone, 2008, Quantum random access memory, *Physical Review Letters* 100(16):160501.

[20] R. P. Feynman, 1982, Simulating physics with computers, *International Journal of Theoretical Physics* 21(6-7):467-488.

[21] D. S. Abrams and S. Lloyd, 1997, Simulation of many-body Fermi systems on a universal quantum computer, *Physical Review Letters* 79(13):2586.

[22] D. Aharonov and A. Ta-Shma, 2003, "Adiabatic Quantum State Generation and Statistical Zero Knowledge," pp. 20-29 in *Proceedings of the Thirty-Fifth Annual ACM Symposium on Theory of Computing*, https://dl.acm.org/proceedings.cfm.

[23] D. W. Berry, A. M. Childs, R. Cleve, R. Kothari, and R. D. Somma, 2015, Simulating Hamiltonian dynamics with a truncated Taylor series, *Physical Review Letters* 114(9):090502.

[24] R. Babbush, D. W. Berry, I. D. Kivlichan, A. Scherer, A. Y. Wei, P. J. Love, and A. Aspuru-Guzik, 2017, Exponentially more precise quantum simulation of fermions in the configuration interaction representation, *Quantum Science and Technology* 3:015006.

[25] G. H. Low and I. L. Chuang, 2016, "Hamiltonian Simulation by Qubitization," preprint arXiv:1610.06546.

[26] 다음의 논문을 참조한다. G. H. Low and I. L. Chuang, 2017, Optimal Hamiltonian simulation by quantum signal processing, *Physical Review Letters* 118(1):010501.

[27] R. Babbush, D. W. Berry, I. D. Kivlichan, A. Y. Wei, P. J. Love, and A. Aspuru-Guzik, 2016, Exponentially more precise quantum simulation of fermions I: Quantum chemistry in second quantization, *New Journal of Physics* 18:033032.

[28] D. W. Berry, A. M. Childs, and R. Kothari, 2015, "Hamiltonian Simulation with Nearly Optimal Dependence on All Parameters," pp. 792–809 in *Proceedings of the 56th IEEE Symposium on Foundations of Computer Science*, https://ieeexplore.ieee.org.

[29] S. McArdle, S. Endo, A. Aspuru-Guzik, S. Benjamin, and X. Yuan, 2018, "Quantum Computational Chemistry," preprint arXiv:1808.10402.

[30] D. Wecker, M. B. Hastings, N. Wiebe, B. K. Clark, C. Nayak, and M. Troyer, 2015, Solving strongly correlated electron models on a quantum computer, *Physical Review A* 92(6):062318.

[31] C. Dykstra, G. Frenking, K. S. Kim, and G. E. Scuseria, 2005, *Theory and Applications of Computational Chemistry: The First Forty Years*, Elsevier, Amsterdam.

[32] M. Reiher, N. Wiebe, K. M. Svore, D. Wecker, and M. Troyer, 2017, Elucidating reaction echanisms on quantum computers, *Proceedings of the National Academy of the Sciences of the U.S.A.* 114:7555–7560.

[33] G. Wendin, 2017, Quantum information processing with superconducting circuits: A review, *Reports on Progress in Physics* 80(10):106001.

[34] M. Reiher, N. Wiebe, K. M. Svore, D. Wecker, and M. Troyer, 2017, Elucidating reaction mechanisms on quantum computers, *Proceedings of the National Academy of Sciences of the U.S.A.* 114:7555–7560.

[35] B. Bauer, D. Wecker, A. J. Millis, M. B. Hastings, and M. Troyer, 2016, Hybrid quantumclassical approach to correlated materials, *Physical Review X* 6:031045.

[36] 다음의 논문을 참조한다. 전반적으로 잘 정리돼 있다. J. Olson, Y. Cao, J. Romero, P. Johnson, P. -L. Dallaire-Demers, N. Sawaya, P. Narang, I. Kivlichan, M. Wasielewski, and A. Aspuru-Guzik, 2017, "Quantum Information and Computation for Chemistry," preprint arXiv:1706.05413.

[37] R. Babbush, D. W. Berry, I. D. Kivlichan, A. Y. Wei, P. J. Love, and A.

Aspuru-Guzik, 2017, Exponentially more precise quantum simulation of fermions in the configuration interaction representation, *Quantum Science and Technology* 3:015006.

[38]   J. Olson, Y. Cao, J. Romero, P. Johnson, P. -L. Dallaire-Demers, N. Sawaya, P. Narang, I. Kivlichan, M. Wasielewski, and A. Aspuru-Guzik, 2017, "Quantum Information and Computation for Chemistry," preprint arXiv:1706.05413.

[39]   I. D. Kivlichan, J. McClean, N. Wiebe, C. Gidney, A. Aspuru-Guzik, G. Kin-Lic Chan, and R. Babbush, 2018, Quantum simulation of electronic structure with linear depth and connectivity, *Physical Review Letters* 120:11501.

[40]   R. Babbush, C. Gidney, D. W. Berry, N. Wiebe, J. McClean, A. Paler, A. Fowler, and H. Neven, 2018, "Encoding Electronic Spectra in Quantum Circuits with Linear T Complexity," preprint arXiv:1805.03662.

[41]   G. H. Low and N. Wiebe, 2018, "Hamiltonian Simulation in the Interaction Picture," preprint arXiv:1805.00675.

[42]   D. W. Berry, M. Kieferova, A. Scherer, Y. R. Sanders, G. H. Low, N. Wiebe, C. Gidney, and R. Babbush, 2018, Improved techniques for preparing eigenstates of fermionic Hamiltonians, *npj Quantum Information* 4(1):22.

[43]   D. Wecker, M. B. Hastings, N. Wiebe, B. K. Clark, C. Nayak, and M. Troyer, 2015, Solving strongly correlated electron models on a quantum computer, *Physical Review A* 92(6):062318.

[44]   D. Poulin, M. B. Hastings, D. Wecker, N. Wiebe, A. C. Doherty, and M. Troyer, 2014, "The Trotter step size required for accurate quantum simulation of quantum chemistry," *arXiv preprint arXiv:1406.49*.

[45]   M. B. Hastings, D. Wecker, B. Bauer, and M. Troyer, 2014, "Improving Quantum Algorithms for Quantum Chemistry," preprint arXiv:1403.1539.

[46]   D. Poulin, A. Kitaev, D. S. Steiger, M. B. Hastings, and M. Troyer, 2018, Quantum algorithm for spectral measurement with a lower gate count, *Physical Review Letters* 121(1):010501.

[47]   D. Wecker, B. Bauer, B. K. Clark, M. B.. Hastings, and M. Troyer, 2014, Gate-count estimates for performing quantum chemistry on small quantum computers, Physical Review A 90(2):022305.

[48]   A. W. Harrow, A. Hassidim, and S. Lloyd, 2009, Quantum algorithm for

linear systems of equations, *Physical Review Letters* 103(15):150502.

[49] A. M. Childs and W. V. Dam, 2010, Quantum algorithms for algebraic problems, *Reviews of Modern Physics* 82(1):1.

[50] D. W. Berry, A. M. Childs, A. Ostrander, and G. Wang, 2017, Quantum algorithm for linear differential equations with exponentially improved dependence on precision, *Communications in Mathematical Physics* 356(3):1057–1081.

[51] F. G. S. L. Brandao and K. Svore, 2017, "Quantum Speed-Ups for Semidefinite Programming," https://arxiv.org/abs/1609.05537.

[52] I. Kerenidis and A. Prakash, 2016, "Quantum Recommendation Systems," preprint arXiv:1603.08675.

[53] E. Tang, 2018, "A Quantum-Inspired Classical Algorithm for Recommendation Systems," preprint arXiv:1807.04271.

[54] P. D. Johnson, J. Romero, J. Olson, Y. Cao, and A. Aspuru-Guzik, 2017, "QVECTOR: An Algorithm for Device-Tailored Quantum Error Correction," preprint: arXiv:1711.02249.

[55] A. Kandala, K. Temme, A. D. Corcoles, A. Mezzacapo, J. M. Chow, and J. M. Gambetta, 2018, "Extending the Computational Reach of a Noisy Superconducting Quantum Processor," arXiv:1805.04492.

[56] A. R. Calderbank and P. W. Shor, 1997, "Good quantum error-correcting codes exist," *Physical Review A*, 54:1098–1106, arXiv:quant-ph/9512032.

[57] A. Steane, 1996, Simple quantum error correcting codes, *Physical Review A* 54:4741, arXiv:quant-ph/9605021.

[58] 다음 예를 참고한다. E. Knill, 2005, Quantum computing with realistically noisy devices, *Nature* 434:39–44.

[59] P. Aliferis, D. Gottesman, and J. Preskill, 2006, Quantum accuracy threshold for concatenated distance-3 codes, *Quantum Information and Computation* 6:97–165, arXiv:quantph/0504218.

[60] W. K. Wootters and W. H. Zurek, 1982, A single quantum cannot be cloned, *Nature* 299(5886):802–803.

[61] M. Reiher, N. Wiebe, K. M. Svore, D. Wecker, and M. Troyer, 2017, Elucidating reaction mechanisms on quantum computers, *Proceedings of the National Academy of the Sciences of the U.S.A.* 114:7555–7560.

[62] A. G. Fowler, M. Mariantoni, J. M. Martinis, and A. N. Cleland, 2012, Surface codes: Towards practical large-scale quantum computation,

Physical Review A 86:032324.

[63] 단거리 코드(low-distance code)의 상세 내용은 다음을 참조한다. Y. Tomita and K. M. Svore, 2014, "Low-distance Surface Codes under Realistic Quantum Noise," https://arxiv.org/pdf/1404.3747.pdf. 표면 코드의 일반적인 교체 규칙(general replacement rule)에 대해서는 다음 예제를 살펴본다. A. G. Fowler, M. Mariantoni, J. M. Martinis, and A. N. Cleland, 2012, "Surface Codes: Towards Practical Large-Scale Quantum Computation, https://arxiv.org/abs/1208.0928. 연결과 블록 코드는 다음 예를 참고한다. P. Aliferis, D. Gottesman, and J. Preskill, 2005, "Quantum Accuracy Threshold for Concatenated Distance-3 Codes," https://arxiv.org/abs/quant-ph/0504218, and K. M. Svore, D. P. DiVincenzo, and B. M. Terhal, 2006, "Noise Threshold for a Fault-Tolerant Two-Dimensional Lattice Architecture," https://arxiv.org/abs/quant-ph/0604090.

[64] 다음 예를 참고한다. M. B. Hastings, J. Haah, "Distillation with Sublogarithmic Overhead," https://arxiv.org/abs/1709.03543;

J. Haah and M. B. Hastings, 2017, "Codes and Protocols for Distilling T, controlled S, and Toffoli Gates," https://arxiv.org/abs/1709.02832;

J. Haah, M. B. Hastings, D. Poulin, and D. Wecker, 2017, "Magic State Distillation at Intermdediate Size," https://arxiv.org/abs/1709.02789;

J. Haah, M. B. Hastings, D. Poulin. and D. Wecker, 2017, "Magic State Distillation with Low Space Overhead and Optimal Asymptotic Input Count," https://arxiv.org/abs/ 1703.07847.

[65] 다음의 예에서 표 2를 참조한다. in M. Reiher, N. Wiebe, K. M. Svore, D. Wecker, and M. Troyer, 2017, "Elucidating Reaction Mechanisms on Quantum Computers," https://arxiv.org/pdf/1605.03590.pdf, 이 파일은 해밀토니안 시뮬레이션을 사용한 양자 컴퓨터의 반응 메커니즘의 이해를 위한 자세한 T 구현 비용 정보를 제공한다.

[66] H. Bombin and M. A. Martin-Delgado, 2006, Topological quantum distillation, Physical Review Letters 97:180501, arXiv:quant-ph/0605138.

[67] 다음 예를 참고한다. J. E. Moussa, 2016, Transversal Clifford gates on folded surface codes, Physical Review A 94:042316, arXiv:1603.02286;

C. Horsman, A. G. Fowler, S. Devitt, and R. Van Meter, 2012, Surface code quantum computing by lattice surgery, New Journal of Physics 14:123011, arXiv:1111.4022;

S. Bravyi and A. Cross, 2015, "Doubled Color Codes," arXiv:1509.03239;

H. Bombin, 2015, Gauge color codes: Optimal transversal gates and gauge fixing in topological stabilizer codes, *New Journal of Physics* 17:083002, arXiv:1311.0879;

T. J. Yoder and I. H. Kim, 2017, The surface code with a twist, Quantum 1:2, arXiv:1612.04795.

[68] 다음 예를 참고한다. S. Bravyi, M. Suchara, and A. Vargo, 2014, Efficient algorithms for maximum likelihood decoding in the surface code, *Physical Review A* 90:032326, arXiv:1405.4883;

G. Duclos-Cianci and D. Poulin, 2014, Fault-tolerant renormalization group decoder for abelian topological codes, *Quantum Information and Computation* 14:721-740, rXiv:! 304.6100.

[69] J. Chiaverini, Di. Leibfried, T. Schaetz, M. D. Barrett, R. B. Blakestad, J. Britton, W. M. Itano, et al., 2004, Realization of quantum error correction, *Nature* 432(7017):602.

[70] D. Nigg, M. Mueller, E. A. Martinez, P. Schindler, M. Hennrich, T. Monz, M. A. Martin- Delgado, and R. Blatt, 2014, Quantum computations on a topologically encoded qubit, *Science* 1253742.

[71] S. Rosenblum, P. Reinhold, M. Mirrahimi, Liang Jiang, L. Frunzio, and R. J. Schoelkopf, 2018, "Fault-Tolerant Measurement of a Quantum Error Syndrome," preprint arXiv:1803.00102.

[72] N. M. Linke, M. Gutierrez, K. A. Landsman, C. Figgatt, S. Debnath, K. R. Brown, and C. Monroe, 2017, Fault-tolerant quantum error detection, *Science Advances* 3(10):e1701074.

[73] R. Harper and S. Flammia, 2018, "Fault Tolerance in the IBM Q Experience," preprint arXiv:1806.02359.

[74] A. Peruzzo, J.R. McClean, P. Shadbolt, M.-H. Yung, X.-Q. Zhou, P. J. Love, A. Aspuru- Guzik, and J. L. O'Brien, 2013, "A Variational Eigenvalue Solver on a Quantum Processor," arXiv:1304.3061.

[75] D. Wecker, M. B. Hastings, and M. Troyer, 2015, Progress towards practical quantum variational algorithms, *Physical Review A* 92:042303.

[76] J. R. McClean, J. Romero, R. Babbush, and A. Aspuru-Guzik, 2016, The theory of variational hybrid quantum-classical algorithms, *New Journal of Physics* 18:023023.

[77] P. J. J. O'Malley, R. Babbush, I. D. Kivlichan, J. Romero, J. R. McClean, R. Barends, J. Kelly, et al., 2016, Scalable quantum simulation of

molecular energies, *Physical Review X* 6:031007.

[78] R. Santagati, J. Wang, A. A. Gentile, S. Paesani, N. Wiebe, J. R. McClean, S. R. Short, et al., 2016, "Quantum Simulation of Hamiltonian Spectra on a Silicon Chip," arXiv:1611.03511.

[79] G. G. Guerreschi and M. Smelyanskiy, 2017, "Practical Optimization for Hybrid Quantum-Classical Algorithms," arXiv:1701.01450.

[80] J. R. McClean, M. E. Kimchi-Schwartz, J. Carter, and W. A. de Jong, 2017, Hybrid quantum-classical hierarchy for mitigation of decoherence and determination of excited states, *Physical Review* A 95:042308.

[81] J. R. Romero, R. Babbush, J. R. McClean, C. Hempel, P. Love, and A. Aspuru-Guzik, 2017, "Strategies for Quantum Computing Molecular Energies Using the Unitary Coupled Cluster Ansatz," arXiv:1701.02691.

[82] Y. Shen, X. Zhang, S. Zhang, J.-N. Zhang, M.-H. Yung, and K. Kim, 2017, Quantum implementation of the unitary coupled cluster for simulating molecular electronic structure, *Physical Review A* 95:020501.

[83] 다음 예를 참고한다. E. Farhi, J. Goldstone, and S. Gutmann, 2014, "A Quantum Approximate Optimization Algorithm," arXiv:1411.4028;
E. Farhi, J. Goldstone, and S. Gutmann, 2014, "A Quantum Approximate Optimization Algorithm Applied to a Bounded Occurrence Constraint Problem," arXiv:1412.6062;
E. Farhi and A.W. Harrow, 2016, "Quantum Supremacy through the Quantum Approximate Optimization Algorithm," arXiv:1602.07674.

[84] J. Romero, J. Olson, and A. Aspuru-Guzik, 2017, Quantum autoencoders for efficient compression of quantum data, *Quantum Science and Technology* 2:045001.

[85] M. Benedetti, D. Garcia-Pintos, Y. Nam, and A. Perdomo-Ortiz, 2018, "A Generative Modeling Approach for Benchmarking and Training Shallow Quantum Circuits," https://arxiv.org/abs/1801.07686.

[86] G. Verdon, M. Broughton, and J. Biamonte, 2017, "A Quantum Algorithm to Train Neural Networks Using Low-Depth Circuits," arXiv:1712.05304.

[87] A. Peruzzo, J. R McClean, P. Shadbolt, M.-H. Yung, X.-Q. Zhou, P. J. Love, A. Aspuru- Buzik, and J. L. O'Brien, 2013, "A Variational Eigenvalue Solver on a Quantum Processor," arXiv:1304.3061.

[88] D. Wecker, M. B. Hastings, and M. Troyer, 2015, Progress towards practical quantum variational algorithms, *Physical Review A* 92:042303.

[89] J. R. McClean, J. Romero, R. Babbush, and A. Aspuru-Guzik, 2016, The theory of variational hybrid quantum-classical algorithms, *New Journal of Physics* 18:023023.

[90] P. J. J. O'Malley, R. Babbush, I. D. Kivlichan, J. Romero, J. R. McClean, R. Barends, J. Kelly, et al., 2016, Scalable quantum simulation of molecular energies, *Physical Review X* 6:031007.

[91] R. Santagati, J. Wang, A. A. Gentile, S. Paesani, N. Wiebe, J. R. McClean, S. R. Short, et al., 2016, "Quantum Simulation of Hamiltonian Spectra on a Silicon Chip," arXiv:1611.03511.

[92] G. G. Guerreschi and M. Smelyanskiy, 2017, "Practical Optimization for Hybrid Quantum-Classical Algorithms," arXiv:1701.01450.

[93] J. R. McClean, M. E. Kimchi-Schwartz, J. Carter, and W. A. de Jong, 2017, Hybrid quantum-classical hierarchy for mitigation of dechoherence and determination of excited states, *Physical Review A* 95:042308.

[94] J. R. Romero, R. Babbush, J. R. McClean, C. Hempel, P. Love, and A. Aspuru-Guzik, 2017, "Strategies for Quantum Computing Molecular Energies Using the Unitary Coupled Cluster Ansatz," arXiv:1701.02691.

[95] Y. Shen, X. Zhang, S. Zhang, J.-N. Zhang, M.-H. Yung, and K. Kim, 2017, Quantum implementation of the unitary coupled cluster for simulating molecular electronic structure, *Physical Review A* 95:020501.

[96] P. -L. Dallaire-Demers, J. Romero, L. Veis, S. Sim, and A. Aspuru-Guzik, 2018, "Low- Depth Circuit Ansatz for Preparing Correlated Fermionic States on a Quantum Computer," arXiv:1801.01053.

[97] E. Farhi, J. Goldstone, and S. Gutmann, 2014, "A Quantum Approximate Optimization Algorithm," preprint arXiv:1411.4028.

[98] J. Smith, A. Lee, P. Richerme, B. Neyenhuis, P. W. Hess, P. Hauke, M. Heyl, D. A. Huse, and C. Monroe, 2015, "Many-Body Localization in a Quantum Simulator with Programmable Random Disorder," arXiv:1508.07026.

[99] A. Mazurenko, C.S. Chiu, G. Ji, M. F. Parsons, M. Kanasz-Nagy, R. Schmidt, F. Grusdt, E. Demler, D. Greif, and M. Greiner, 2017, A cold-atom Fermi-Hubbard antiferromagnet, *Nature* 545:462-466.

[100] R. Harris, Y. Sato, A. J. Berkley, M. Reis, F. Altomare, M. H. Amin, K. Boothby, et al., 2018, Phase transitions in a programmable quantum spin glass simulator, *Science* 361(6398):162-165.

[101]   A. D. King, J. Carrasquilla, J. Raymond, I. Ozfidan, E. Andriyash, A. Berkley, M. Reis, et al., 2018, Observation of topological phenomena in a programmable lattice of 1,800 qubits, *Nature* 560(7719):456.

[102]   D. Aharonov, W. van Dam, J. Kempe, Z. Landau, S. Lloyd, and O. Regev, 2004, "Adiabatic Quantum Computation is Equivalent to Standard Quantum Computation," arXiv:quant-ph/0405098.

[103]   T. Kadowaki and H. Nishimori, 1998, Quantum annealing in the transverse Ising model, *Physical Review E* 58(5):5355.

[104]   T. Albash and D. A. Lidar, 2016, "Adiabatic Quantum Computing," preprint arXiv:1611.04471.

[105]   E. Farhi, J. Goldstone, S. Gutmann, J. Lapan, A. Lundgren, and D. Preda, 2001, A quantum adiabatic evolution algorithm applied to random instances of an NP-complete problem, *Science* 292(5516):472-475.

[106]   W. Van Dam, M. Mosca, and U. Vazirani, 2001, "How Powerful Is Adiabatic Quantum Computation?," pp. 279-287 in *42nd IEEE Symposium on Foundations of Computer Science, 2001 Proceedings*, https://ieeexplore.ieee.org.

[107]   A. P. Young, S. Knysh, and V. N. Smelyanskiy, 2008, Size dependence of the minimum excitation gap in the quantum adiabatic algorithm, *Physical Review Letters* 101(17):170503.

[108]   다음 예를 참고한다. A. Selby, http://www.archduke.org/stuff/d-wave-comment-oncomparison-with-classical-computers/;

S. Boixo, T.F. Rønnow, S.V. Isakov, Z. Wang, D. Wecker, D.A. Lidar, J.M. Martinis and M. Troyer, 2014, Evidence for quantum annealing with more than one hundred qubits, *Nature Physics* 10:218-224;

T. F. Rønnow, Z. Wang, J. Job, S. Boixo, S. V. Isakov, D. Wecker, J. M. Martinis, D. A. Lidar, M. Troyer, 2014, Defining and detecting quantum speedup, *Science* 345:420;

J. King, S. Yarkoni, M. M. Nevisi, J. P. Hilton, and C. C. McGeoch, "Benchmarking a Quantum Annealing Processor with the Time-to-Target Metric," https://arxiv.org/abs/1508.05087;

I. Hen, J. Job, T. Albash, T. F. Rønnow, M. Troyer, and D. A. Lidar, 2015, Probing for quantum speedup in spin-glass problems with planted solutions, *Physical Review A* 92:042325;

S. Mandra, Z. Zhu, W. Wang, A. Perdomo-Ortiz, and H. G. Katzgraber,

2016, Strengths and weaknesses of weak-strong cluster problems: A detailed overview of state-of-theart classical heuristics versus quantum approaches, *Physical Review A* 94:022337;

V. S. Denchev, S. Boixo, S. V. Isakov, N. Ding, R. Babbush, V. Smelyanskiy, J. Martinis, and H. Neven, 2016, What is the Computational Value of Finite-Range Tunneling?, *Physical Review X* 6:031015;

S. Mandra, H. G. Katzgraber, and C. Thomas, 2017, The pitfalls of planar spin-glass benchmarks: Raising the bar for quantum annealers (again), *Quantum Science and Technology* 2(3);

J. King, S. Yarkoni, J. Raymond, I. Ozfidan, A. D. King, M. M. Nevisi, J. P. Hilton, and C. C. McGeoch, 2017, "Quantum Annealing amid Local Ruggedness and Global Frustration," https://arxiv.org/abs/1701.04579;

S. Mandra and H. G. Katzgraber, 2018, A deceptive step towards quantum speedup detection, *Quantum Science and Technology* 3:04LT01;

T. Albash and D. A. Lidar, 2018, Demonstration of a scaling advantage for a quantum annealer over simulated annealing, *Physical Review X* 8:031016.

[109] T. Albash, V. Martin-Mayor, and I. Hen, 2017, Temperature scaling law for quantum annealing optimizers, *Physical Review Letters* 119(11):110502.

[110] T. Albash, V. Martin-Mayor, and I. Hen, 2018, "Analog Errors in Ising Machines," preprint arXiv:1806.03744.

[111] S. Jordan, 2018, "Algebraic and Number Theoretic Algorithms," National Institute of Standards and Technology, last updated January 18, 2018, http://math.nist.gov/quantum/zoo/.

[112] A. W. Harrow and A. Montanaro, 2017, Quantum computational supremacy, *Nature* 549(7671):203.

[113] S. Aaronson and A. Arkhipov, 2011, "The Computational Complexity of Linear Optics," pp. 333-342 in *Proceedings of the Forty-Third Annual ACM Symposium on Theory of Computing*, https://dl.acm.org/proceedings.cfm.

[114] M. J. Bremner, R. Jozsa, and D. J. Shepherd, 2010, Classical simulation of commuting quantum computations implies collapse of the polynomial hierarchy, *Proceedings of the Royal Society of London A* 467(2126): rspa20100301.

[115] B. M. Terhal and D. P. DiVincenzo, 2001, "Classical Simulation of

Noninteracting-Fermion Quantum Circuits," arXiv:quant-ph/0108010.

[116] J. Carolan, C. Harrold, C. Sparrow, E. Martin-Lopez, N. J. Russell, J. W. Silverstone, P. J. Shadbolt, et al., 2015, Universal linear optics, *Science* 349(6249):711-716.

[117] P. Clifford and R. Clifford, 2018, "The Classical Complexity of Boson Sampling," pp. 146-155 in *Proceedings of the Twenty-Ninth Annual ACM-SIAM Symposium on Discrete Algorithms*, https://www.siam.org/ Conferences/About-SIAM-Conferences/Proceedings.

[118] S. Boixo, S. V. Isakov, V. N. Smelyanskiy, R. Babbush, N. Ding, Z. Jiang, M. J. Bremner, J. M. Martinis, and H. Neven, 2017, "Characterizing Quantum Supremacy in Near- Term Devices," arXiv:1608.00263.

[119] A. Bouland, B. Fefferman, C. Nirkhe, and U. Vazirani, 2018, "Quantum Supremacy and the Complexity of Random Circuit Sampling," arXiv:1803.04402.

[120] S. Boixo, S. V. Isakov, V. N. Smelyanskiy, R. Babbush, N. Ding, Z. Jiang, M. J. Bremner, J. M. Martinis, and H. Neven, 2017, "Characterizing Quantum Supremacy in Near- Term Devices," arXiv:1608.00263.

[121] A. Bouland, B. Fefferman, C. Nirkhe, and U. Vazirani, 2018, "Quantum Supremacy and the Complexity of Random Circuit Sampling," arXiv:1803.04402.

[122] S. Aaronson and L. Chen, 2017, "Complexity-Theoretic Foundations of Quantum Supremacy Experiments," pp. 22:1-22:67 in *32nd Computational Complexity Conference, CCC 2017* (R. O'Donnell, ed.), Volume 79 of LIPIcs, Schloss Dagstuhl.Leibniz- Zentrum fur Informatik.

[123] A. Bouland, B. Fefferman, C. Nirkhe, and U. Vazirani, 2018, "Quantum Supremacy and the Complexity of Random Circuit Sampling," arXiv:1803.04402.

[124] C. Neill, P. Roushan, K. Kechedzhi, S. Boixo, S. V. Isakov, V. Smelyanskiy, R. Barends, et al., 2017, "A Blueprint for Demonstrating Quantum Supremacy with Superconducting Qubits," arXiv:1709.06678.

[125] Z. Brakerski, P. Christiano, U. Mahadev, U. Vazirani, and T. Vidick, 2018, "Certifiable Randomness from a Single Quantum Device," arXiv:1804.00640.

[126] K. Bourzac, 2017, Chemistry is quantum computing's killer app, *Chemical and Engineering News* 95(43):27-31.

[127] D. A. Lidar and H. Wang, 1999, Calculating the thermal rate constant with exponential speedup on a quantum computer, *Physical Review E* 59(2):2429.

04

양자 컴퓨팅이 암호화에 미치는 영향

특정 연산의 계산 복잡도에 의존하는 애플리케이션을 제외하고는 암호 연산 기능 수행 시에 계산 능력 향상이 필요하다. 암호는 컴퓨터 시스템 정보를 보호하는 데 필수적인 도구이며, 인터넷 통신을 보호하고자 널리 사용된다. 실제 양자 컴퓨팅은 현재 널리 사용되는 여러 암호화 알고리즘에 상당한 영향을 미친다. 4장에서는 이러한 알고리즘의 용도와 대형 양자 컴퓨터의 출현에 따른 영향을 설명한다. 암호 연구 커뮤니티는 이러한 양자 컴퓨터가 가질 것으로 예상되는 컴퓨팅 성능을 고려해 계속해서 포스트 양자post-quantum(또는 '안전한 양자quantum-safe') 암호화 알고리즘Cryptographic Algorithm을 개발하고 있다. 이 알고리즘은 고전 컴퓨터에서도 동작하며 확장 가능하고 결함 허용 능력fault-tolerant 있는 양자 컴퓨터에 접근하려는 침입자에게 대항할 수 있는 안전한 암호화 알고리즘이다.

일반 대중에게는 화연하게 보이지 않을 수노 있지만 암호화는 인터넷 세상(월드와이드웹)에서 이뤄지는 많은 상호작용과 거래를 근간으로 한다. 예를 들어 신용카드 정보, 은행 계좌 명세서, 이메일 등의 정보를 암호화하는 웹 프로토콜인 'https'가 웹 사이트의 대부분 연결에 사용된다. 다른 예로 컴퓨터 시스템의 암호 보호 기능을 들 수 있다. 컴퓨터 시스템은 실제 암호를 원본 그대로 저장하지 않고 사용자가 입력한 암호가 올바른지 확인 가능한 별도 양식으로 저장된다. 이러한 방식으로 저장된 암호를 보호하면 보안 침입 시에 암호가 컴퓨터 시스템에서 '도난 당하는' 것을 방지할 수 있다.

오늘날의 웹 기반 환경에서는 구글과 같은 대기업에서 새로운 유형의 암호화를 실험하는 것이 상대적으로 용이하다. 구글 같은 회사는 브라우저와 서버를 변경해 새로운 프로토콜 지원을 쉽게 추가할 수 있다. 구글 브라우저가 구글 서버에 연결되면 새로운 프로토콜을 사용하도록 선택할 수 있다. 그래도 기존 프로토콜을 제거하는 것은 어렵다. 사용자가 이전 프로토콜을 수행할 수 있기 때문에 이전 프로토콜을 사용하는 모든 컴퓨터가 대체 프로토콜을 사용하도록 업데이트돼야 한다. MD5라는 널리 사용된 해시 함수가 공격에 취약한 것으로 판명됐고 대체 솔루션은 모든 사용자에게 바로 적용돼야 했다. 대안이 신속하게 배포됐지만 취약한 해시 기능이 완전히 사용되지 않게 하는 데 10년이라는 시간이 걸렸다.[1]

4장에서는 오늘날의 기존 컴퓨팅 시스템에 배포된 핵심 암호화 도구를 설명한다. 기존 컴퓨팅 시스템은 양자 컴퓨터를 통해 공격하기 쉬울 것으로 알려져 있다. 양자 공격에 탄력성이 있다고 기대되는 고전 암호학에서의 암호 알고리즘, 널리 배포된 암호 체계를 변경하는 데 있어 해결해야 할 과제 및 제약 사항 등이 포함된다.

---

1. MD5의 공격은 2005년 왕(Wang)에 의해 발견됐다. 마이크로소프트는 2014년에 MD5를 사용하지 않게 하는 패치를 릴리스했다. 자세한 내용은 다음의 설명을 참조하자. 마이크로소프트의 "Update for Deprecation of MD5 Hashing Algorithm for Microsoft Root Certificate Program", 자료에 대해선 마이크로소프트의 보안 권고(Security Advisory) 2862973, 2014년 6월 10일 업데이트, 버전 3.0, https://docs.microsoft.com/en-us/security-updates/SecurityAdvisories/2014/2862973을 참조한다.

4.1 현재 사용 중인 암호화 알고리즘

두 사람 사이에 보안 통신 채널을 생성하는 과정은 일반적으로 두 단계 과정으로 이뤄진다. 두 사람이 키 교환이라는 과정에서 공유된 비밀 키가 부여된 다음에 공유된 비밀 키를 사용해 통신을 암호화해 다른 사람들은 이해할 수 없게 한다. 비밀 키가 없는 사람은 암호를 이해(해독)할 수 없다. 메시지 암호화는 양 당사자가 동일한 공유 비밀 키를 사용해 통신 트래픽을 암호화하고 해독하므로 대칭 암호화^{symmetric encryption}라고 한다.

4.1.1 키 교환과 비대칭 암호화

이제 두 사람 사이의 통신을 암호화하기 위한 첫 번째 단계를 나타내고자 한다. 이 예에서 두 사람은 앨리스^{Alice}와 밥^{Bob}이라고 하며, 다른 사람에게는 알 수 없는 공유(대칭) 키를 가진다. 이 공유 키를 설정하고자 두 당사자는 키 교환 프로토콜을 사용한다. 전송 레이어 보안^{TLS, Transport Layer Security} 핸드셰이크라고 하는 가장 널리 사용되는 키 교환 프로토콜은 인터넷 트래픽을 보호하는 데 사용된다. 키 교환 프로토콜을 수행하는 동안 당사자들은 일련의 메시지를 서로 전송한다. 프로토콜이 끝나면 두 사람은 서로 알고 있는 공유 비밀 키를 얻는다. 하지만 상대방이 아닌 다른 사람은 어느 누구도 이 키를 알지 못한다. 이 키는 4.1.2절에서 설명하는 대칭 암호화 알고리즘을 사용해 데이터를 안전하게 교환하는 데 사용할 수 있다.

키 교환 프로토콜^{Key exchange protocols}은 특정 대수 문제^{algebraic problem}가 다루기 어렵다는 가정을 가진다. 실제로 널리 사용되는 이러한 문제 중 하나가 '타원 곡선의 이산 로그 문제^{discrete-log problem}'다. 크기 n 비트를 갖는 문제에서의 인스턴스는 n 값을 사용하는 지수적 시간을 가지며, 좀 더 정확하게는 $2^{n/2}$ 값의 시간을 사용하는 고전적 방식으로 풀 수 있는지 확인해야 한다. 더 나은 고전 알고리즘이 있는지는 알려져 있지 않다(존재하지 않는다는 것이 입증되지는 않았지만). 실제로는 키 크기를 256으로 설정하며, 키 교환 프로토콜의 가장 잘 알려진 고전적 공격은 $2^{256/2} = 2^{128}$ 시간을 가지며 128비트 AES-GCM을 공격하는 데 필요한 시간과 동일하다. 이 방법으로 키 교환 보안과 대칭 암호화 보안을 비교할 수 있다.

양자 컴퓨터의 영향: 키 교환 프로토콜에 사용되는 비대칭 암호화 알고리즘은 알려진 양자 알고리즘, 특히 쇼어[Shor]의 알고리즘에 의해 공격할 수 있으며 가장 취약한 것으로 나타났다. 쇼어의 알고리즘은 큰 정수를 인수분해하는 문제의 경우 이산 로그 문제를 해결할 수 있는 지수적으로 더 빠른 방법을 제공할 수 있기 때문에 공격자들은 양자 컴퓨터에 이러한 방법을 적용해 현재 실제로 사용되는 모든 주요 교환 방법을 깰 수 있다. 특히 디피-헬만[Diffie-Hellman] 및 RSA 프로토콜의 변형에 기반을 둔 주요 교환 프로토콜은 안전하지 않다. RSA 1024를 깨려면 약 2,300개의 논리적 큐비트가 있는 양자 컴퓨터가 필요하며, 논리적 큐비트와 관련된 오버헤드가 있더라도 이 알고리즘은 하루 안에 수행될 수 있다(표 4.1 참조). 이러한 잠재적 문제점의 심각성으로 인해 미국 표준기술연구소[NIST, National Institute of Standard and Technology]는 2016년에 양자 안전성이 있는 대체 가능한 비대칭 암호화 알고리즘을 선택/표준화하고자 6년에서 8년 동안 진행될 개발 프로세스를 시작했다. 현재 배포된 키 교환 시스템의 잠재적인 대체 방법은 4장의 뒷부분에서 설명한다.

표 4.1 오류율과 오류 정정 코드의 다양한 가정하에서 현재 암호 시스템에 대한 양자 탄력성 (quantum resilience)의 추정 정리

암호 시스템	분류	키 크기	보안 매개변수	암호 시스템을 지키는 데 적용 예상되는 양자 알고리즘	필요한 논리적 큐비트 개수	필요한 물리적 큐비트 개수	시스템을 깨는 데 필요 시간	양자 탄력성 교체 전략
AES-GCM[c]	대칭 암호	128 192 256	128 192 256	그로버 알고리즘	2,953 4,449 6,681	4.61×10^6 1.68×10^6 3.36×10^6	2.61×10^{12}년 1.97×10^{22}년 2.29×10^{32}년	
RSAd	비대칭 암호	1024 2048 4096	80 112 128	쇼어 알고리즘	2,050 4,098 8,194	8.05×10^6 8.56×10^6 1.12×10^6	3.58시간 28.63시간 229시간	사용 가능한 NIST-선택된 PQC 알고리즘으로 이동
ECC 이산 로그 문제[e-g]	비대칭 암호	256 384 521	128 192 256	쇼어 알고리즘	2,330 3,484 4,719	8.56×10^6 9.05×10^6 1.13×10^6	10.5시간 37.67시간 55시간	사용 가능한 NIST-선택된 PQC 알고리즘으로 이동
SHA256[h]	암호 해싱	N/A	72	그로버 알고리즘	2,403	2.23×10^6	1.8×10^4년	
PBKDF2 (10,000 반복 포함)[i]	비트코인 마이닝	N/A	66	그로버 알고리즘	2,403	2.23×10^6	2.3×10^7년	암호 기반 인증에서 이동

a. 이들은 대략적인 추정치로, 필요한 물리적 큐비트의 수는 기본 아키텍처 및 오류율을 비롯한 몇 가지 가정에 따라 다를 수 있다. 이 개선을 위한 가정에는 가장 가까운 이웃 상호작용이 있는 큐비트의 2차원(2D) 격자, 오류 정정 큐비트 수를 구현 여부가 포함된다.

b. 2차원(2D) 격자, 오류 오류율 10^{-5}을 표면 코드 구현 추가되는 물리적 큐비트의 수를 가정에 추가하고, 5메가 주파수에서 동작하는 게이트를 가진 양자 컴퓨터를 가정한다.

c. M. Grassl, B. Langenberg, M. Roetteler, and R. Steinwandt, 2015, "Applying Grover's Algorithm to AES: Quantum Resource Estimates," Proceedings of Post-Quantum Cryptography 2016, vol. 9606 of Lecture Notes in Computer Science, pp. 29–43, Springer; M. Mosca and V. Gheorghiu, 2018, "A Resource Estimation Framework for Quantum Attacks Against Cryptographic Functions," Global Risk Institute, http://globalriskinstitute.org/publications/resource-estimation-framework-quantum-attacks-cryptographic-functions/.

d. T. Häner, M. Roetteler, and K.M. Svore, 2017, "Factoring using 2n+2 qubits with Toffoli based modular multiplication," Quantum Information and Computation, 18(7and8):673–684.; M. Mosca and V. Gheorghiu, 2018, "A Resource Estimation Framework for Quantum Attacks Against Cryptographic Functions," Global Risk Institute, http://globalriskinstitute.org/publications/resource-estimation-framework-quantum-attacks-cryptographic-functions/.

e. NIST P-256, NIST P-386, NIST P-521 커브를 통해 값을 얻을 수 있다.

f. M. Roetteler, M. Naehrig, K.V. Svore, and K. Lauter, 2017, "Quantum Resource Estimates for Computing Elliptic Curve Discrete Logarithms," Advances in Cryptology ASIACRYPT 2017, Lecture Notes in Computer Science 10625, Springer-Verlag, pp. 241–272.

g. M. Mosca and V. Gheorghiu, 2018, "A Resource Estimation Framework for Quantum Attacks Against Cryptographic Functions," Global Risk Institute, https://globalriskinstitute.org/publications/resource-estimation-framework-quantum-attacks-cryptographicfunctions-part-2-rsa-ecc/.

h. M. Mosca and V. Gheorghiu, 2018, "A Resource Estimation Framework for Quantum Attacks Against Cryptographic Functions Improvements," Global Risk Institute, https://globalriskinstitute.org/.

i. 암호 해싱 예상 시간은 기본 알고리즘이 PBKDF2에서 반복적으로 사용되는 SHA256의 시간 예상치(초)로 사용한다. 단일 반복당 10,000배가 걸리는 것으로 가정된다. 튼 추가 고정된 검색 공간은 2^{80}이며 그로버의 실행 시간은 2^{80}이고 비트코인에서 SHA256을 깨는 데 필요한 시간은 1, 2이며 암호 값에 10,000을 곱하고 8초 나눔으로써 2.3×10^7년의 현재 추정치를 얻는다.

참고: 이 추정치는 기본 가정에 많이 의존하며 최종 보고서에서 업데이트될 수 있다.

4.1.2 대칭 암호화

앨리스와 밥이 공유 비밀 키를 설정하면 대칭 암호로 사용해 통신을 비공개로 유지할 수 있다. AES-GCM^{Advanced Encryption Standard-Galois Counter Mode}이라는 널리 사용되는 암호화 방법이 NIST에 의해 표준화됐다. 가장 간단한 형태를 갖는 이 암호화 방법은 암호화 알고리즘과 메시지를 인코딩 및 디코딩하는 암호 해독 알고리즘과 같은 한 쌍의 알고리즘을 기반으로 한다.

암호화 알고리즘은 입력으로 키와 메시지를 사용해 매우 정확한 방식으로 메시지 비트를 스크램블^{scramble}하고, 임의의 비트와 비슷한 메시지의 인코딩된 형태의 암호문^{ciphertext}을 출력한다. 암호 해독 알고리즘은 키와 암호문을 입력으로 사용하고 키를 사용해 스크램블을 리버스한 후 메시지를 출력한다. AES-GCM은 암호문을 분석하더라도 메시지 정보를 제공하지 않도록 설계됐다.

AES-GCM은 128비트, 192비트, 256비트의 세 가지 키 크기를 지원한다. 공격자(이브^{Eve})가 암호를 해독하고자 암호문을 가로 채고 있다고 가정한다. 또한 이브는 암호 해독된 메시지의 처음 몇 문자를 알고 있다고 가정한다. 처음 몇 글자는 고정된 메시지 헤더를 갖는 인터넷 프로토콜에서는 일반적이다. AES-GCM에서 128비트 키를 사용할 때 이브는 주어진 암호문의 첫 번째 바이트를 알려진 메시지 접두어에 매핑하는 키를 찾을 때까지 모든 검색을 통해 2^{128}개의 가능한 키를 모두 시도할 수 있다. 이브는 이 키를 사용해 차단된 암호문의 나머지 부분을 해독할 수 있다. 128비트 키의 경우 이 공격은 2^{128}번 이뤄지며 초당 10^{18}회(1 quintillion) 시도되는데 매우 큰 맞춤형 AES 컴퓨터가 실행되는 것보다 빠르기 때문에 10^{13}(10조)년이 걸린다. 이러한 이유로 AES-GCM은 128비트를 갖는 키와 함께 자주 사용된다. 더 긴 키인 192비트와 256비트는 빠른 공격이 가능한 AES-GCM 알고리즘의 잠재적, 미발견 약점이나 사전 처리 공격이 걱정되는 높은 보안 애플리케이션에서 사용된다.

양자 컴퓨터의 영향: AES는 3장에서 설명한 그로버 알고리즘에 가장 적합하다. 그로버 알고리즘은 AES-GCM의 128비트 키 공간 전체에 걸친 비밀 키를 2^{128}의 제곱근에 비례해 식별할 수 있다. 즉, 시간상으로는 2^{64}가 걸린다. 양자 컴퓨터에서 알고리즘을 실행하면 약 3,000개의 논리적 큐비트와 매우 긴 결어긋남 시간이 필요하다.

AES-GCM을 깨고자 그로버 단계$^{grover\ steps}$라 불리는 그로버 알고리즘의 2^{64}단계를 실행하려면 시간이 얼마나 걸릴까? 지금은 답변하기 어려운 질문이다. 양자 컴퓨터의 각 그로버 단계 실행 시간에 달려 있기 때문이다. 각 그로버 단계는 가역적으로 구현할 수 있는 여러 프리미티브 연산으로 분해돼야 한다. 각 그로버 단계를 지원하는 양자 회로의 실제 구성은 물리적 구현에 필요한 큐비트 수와 결맞음 시간을 많이 늘려야 한다. 고전적인 하드웨어를 사용하면 초당 10^9개의 키를 사용하는 특수 목적의 회로를 만들 수 있다. 양자 컴퓨터가 같은 속도로 동작할 수 있다고 가정하면 필요한 2^{64}단계에 대해 그로버 알고리즘을 실행하는 데 약 600년이 걸릴 것이다. 따라서 한 달 안에 128비트 키를 해독하려면 대규모 양자 컴퓨터 클러스터가 필요하다. 하지만 이는 과도하게 낙관적인 추정일 뿐이다. 이러한 유형의 양자 컴퓨터는 논리적 큐비트를 요구하기 때문이다. 이는 필요한 물리적인 큐비트의 수를 많이 증가시킬 뿐만 아니라, 3.2절에서 설명했듯이 논리적 큐비트의 연산은 많은 물리적 큐비트 연산을 완료해야 한다. 오버헤드는 이 알고리즘에서 공통적인 '비클리포드' 양지 게이드의 경우 높은 값을 가진다. 표 4.1에서 보듯이 오류 정정을 위한 200 나노초 게이트 시간 및 현재 알고리즘을 가정하면 단일 양자 컴퓨터는 AES-GCM을 해독하는 데 10^{12}년 이상이 소요된다.

AES-GCM을 공격하는 그로버 알고리즘을 실행할 수 있는 컴퓨터가 있더라도 방어를 위한 해결책은 매우 간단하다. AES-GCM의 키 크기를 128비트에서 256비트 키로 늘리면 된다. 그로버 알고리즘을 이용한 256비트 키 공격은 사실상 불가능하다. 128비트 키의 고전적인 공격만큼 많은 단계가 필요하기 때문이다. 방어를 위해 256비트 키로 전환하는 것은 매우 실용적이며 언제든지 사용할 수 있다. 따라서 AES-GCM은 그로버 알고리즘에 기반을 둔 공격에서 쉽게 보호될 수 있다.

AES-GCM은 선형 및 차등 암호 해독과 같은 정교한 고전 공격을 견딜 수 있도록 설계됐지만 정교한 양자 공격에 견딜 수 있게 설계되지 않았다. 좀 더 정확히 말하자면 그로버 알고리즘보다 훨씬 효율적인 AES-GCM에 기반을 둔 현재 알려지지 않은 영리한 양자 공격이 있을 수 있다. 그러한 공격이 존재하는지 여부는 현재 논의 중인 문제며 이 질문에 대해서는 아직 추가적인 연구가 필요하다. 정교한 양자 공격이 이뤄질 경우에 (그로버 알고리즘을 사용하는 검색 동작보다 빠름) AES-GCM 키 크기를 256비트로 늘리더라도 포스트 양자 보안을 보장하지 못하고 AES-GCM의 대체 알고리즘을 설계해야 한다.

4.1.3 인증서와 디지털 서명

디지털 서명$^{\text{digital signature}}$은 데이터 무결성을 확인하는 데 사용되는 중요한 암호화 메커니즘이다. 디지털 서명 시스템에서 서명자는 비밀 서명 키를 가지며, 서명 검증자는 대응하는 공개 키, 비대칭 암호화의 또 다른 예를 갖는다. 서명자는 비밀 키$^{\text{secret key}}$를 사용해 메시지에 서명한다. 누구나 해당 공개 키를 사용해 서명을 확인할 수 있다. 메시지-서명$^{\text{message-signature}}$ 쌍이 유효한 경우 검증자^{verifier}는 메시지가 서명자^{signer}에 의해 허가됐다는 확신을 가질 수 있다. 디지털 서명은 다음 세 가지 예에서와 같이 널리 사용될 수 있다.

첫 번째로 디지털 인증서digital certificate를 사용해 인터넷에서 신원을 확인하는 데 디지털 서명이 필요하다. 여기서 인증기관CA은 개인이나 조직에 ID 인증서를 발급하고자 자체 서명 키를 사용한다. 인증서는 nas.edu와 같은 ID를 암호화 키에 바인딩하는 명령문이다. 누구나 인증서를 확인할 수 있지만 CA만 인증서를 발급할 수 있으며, 디지털 서명을 사용해 인증서에 서명할 수 있다. CA의 서명을 위조할 수 있는 공격자는 원칙적으로 어떤 개체로든지 변할 수 있다.

두 번째로 신용카드 지불이나 비트코인Bitcoin과 같은 암호 지불 시스템이 디지털 서명 애플리케이션으로 사용될 수 있다. 이러한 시스템에서 지불을 원하는 지불자는 비밀 서명 키를 가진다. 지불할 때 지불하는 사람은 거래 사항에 서명한다. 수취인 및 모든 관련 금융 기관을 포함한 모든 사람이 서명을 확인할 수 있다. 서명을 위조할 수 있는 공격자는 효과적으로 다른 사람의 자금을 훔칠 수 있다.

세 번째 예에서는 소프트웨어 인증의 검증을 고려해야 한다. 여기서 소프트웨어 공급업체는 자체 서명 키를 사용해 소프트웨어와 소프트웨어 업데이트에 서명한다. 모든 클라이언트는 후속 소프트웨어 업데이트와 마찬가지로 소프트웨어를 설치하기 전에 이러한 서명을 확인해야 한다. 이를 통해 클라이언트는 소프트웨어 출처를 알 수 있고 악의적인 행위자가 생성하고 배포한 훼손된 소프트웨어 또는 멀웨어를 설치하지 않는다. 하지만 서명을 위조할 수 있는 공격자는 비신뢰 클라이언트에게 악성 소프트웨어를 배포할 수 있고 클라이언트는 진짜라고 생각하고 설치한다.

RSA와 ECDSA[2]는 가장 널리 사용되는 서명 알고리즘이다. RSA 알고리즘은 큰 정수를 인수분해하는 것은 어렵다는 것에 기반하며, ECDSA 알고

---

2. RSA는 발명가 Rivest, Shamir와 Adelman의 이름을 따서 만들었다. ECDSA는 'Elliptic Curve Digital Signature Algorithm(타원 곡선 디지털 서명 알고리즘)'의 약자다.

리즘은 키 교환에 사용되는 동일한 이산 로그 문제를 기반으로 한다. 이러한 두 시스템의 매개변수를 선택할 경우에는 가장 잘 알려진 고전적인 공격이 있을 때 2^{128}시간이 걸리게 된다.

양자 컴퓨터의 영향: 쇼어 알고리즘을 실행할 수 있는 양자 컴퓨터에 액세스할 수 있는 공격자는 RSA와 ECDSA 서명을 위조할 수 있다. 이 공격자는 위조된 인증서를 발급하고 악성 소프트웨어에 올바르게 서명해 잠재적으로 다른 사람 대신 자금을 사용할 수 있다. 이러한 공격이 이뤄지면 서명을 위조할 때보다 더 나쁜 상황이 된다. 쇼어의 알고리즘을 사용하면 공격자가 개인 키를 변경할 수 있으므로 서명을 쉽게 만들 수 있고 다른 모든 키의 보안도 제거된다. 다행히도 4장의 마지막 부분에서 현재 포스트 양자 보안 방식으로 고려되는 몇 가지 좋은 후보 서명 구성표를 볼 수 있다.

4.1.4 암호학에서의 해시 함수와 암호 해싱

여기에서 다룬 최종 암호 프리미티브에서는 임의의 긴 메시지에서 해시[hash]라는 짧은 메시지 다이제스트를 계산한다. 해시 함수는 기가바이트의 데이터를 입력으로 사용해 짧은 256비트 해시 값을 출력 할 수 있다. 해시 함수를 사용하면 만족할 수 있는 바람직한 특성이 많으며, 그중 가장 단순한 것은 '단방향[one-wayness3]'또는 '충돌 저항[collision-resistance]'이다. 이는 주어진 해시 출력값 T에 대해 해시를 생성하는 입력 메시지를 찾는 것이 어려워야 함을 의미한다.

해시 함수는 여러 상황에서 사용된다. 간단한 예는 암호 관리 시스템에서의 사용이다. 사용자 암호를 인증하는 서버는 일반적으로 데이터베이

---

3. 단방향 함수는 '계산하기는 쉽지만, 역을 구하는 것은 어려운' 함수를 의미한다. 결과 값이 주어지더라도 입력값을 구하기가 어렵다(출처: https://ko.wikipedia.org/wiki/%EC%9D%BC%EB%B0%A9%ED%96%A5%ED%95%A8%EC%88%98). - 옮긴이

스에 해당 사용자 암호의 단방향 해시를 저장한다. 이렇게 하면 공격자가 데이터베이스를 도용하더라도 공격자가 일반 텍스트 암호를 복구하기 어렵다. 현재 가장 많이 사용되는 해시 함수는 SHA256이며, 입력의 크기에 관계없이 256비트 해시 값을 출력한다. 이 해시 함수는 많은 암호 인증 시스템의 기초가 된다. 정확히 말해 해시 암호에 사용되는 실제 해시 함수는 PBKDF2 구조를 통해 SHA256에서 파생된다[2].

양자 컴퓨터의 영향: 256비트 출력을 만드는 해시 함수는 양자 컴퓨팅에 의해 위협받지 않을 것으로 예상된다. 그로버 알고리즘을 사용하더라도 SHA256과 같은 해시 함수를 깨는 것은 현재 불가능하다(2400 논리적 큐비트에서 2^{144} T 게이트 정도의 깊이를 사용할 때). 그러나 사용자 암호 공간이 그다지 크지 않기 때문에 암호 해싱$^{password\ hashing}$이 더 위험할 수 있다. 10자^{character}를 사용하는 모든 암호 세트에서는 약 266개의 암호를 가진다. 고전적인 프로세서 클러스터를 사용할 경우에 이러한 크기의 공간을 철저히 검색할 수는 있지만 비용이 많이 든다. 그로버 알고리즘을 사용하면 실행 시간이 2^{33}(약 100억)단계로 줄어들며 현대의 고전 프로세서를 사용하면 속도는 불과 몇 초밖에 걸리지 않는다. QEC 오버헤드 감소로 시간 프레임을 줄일 수 있지만 그로버 알고리즘을 적용하려고 QEC가 필요하더라도 현재의 오류 정정 알고리즘(오류율 및 아키텍처의 합리적인 가정)을 사용한 공격 필요 시간은 여전히 길어 10^7년이 넘게 된다.

그로버 알고리즘이 암호 시스템에 위협이 될 정도로 QEC가 개선되면 암호 인증 방식에서 벗어날 필요가 있다. 따라서 암호나 해시 형식으로 저장해야 하는 기타 정적 값을 사용하는 비의존 인증 방법이 개발돼 일부 애플리케이션에서 적용되고 있다. 이러한 방법에는 생체 인증, 암호화 일회성 값, 디바이스 식별 등이 포함된다. 양자 컴퓨터의 개발은 이러한 시스템의 배치를 더욱 촉진시킬 수 있다. 또 다른 방어책은 이미 주요 웹 사이트에서 구현한 보안 하드웨어[3]를 사용해 암호 관리 시스템을 강화하는 것이다.

해시 함수의 또 다른 보편적 응용은 비트코인^{Bitcoin}과 이더리움^{Ethereum} 같은 많은 암호 화폐에서의 작업 증명^{proof-of-work}이다. 비트코인 트랜잭션 블록은 '마이너^{miner}'가 특정 계산 과제를 해결하는 프로세스에 의해 10분마다 유효성이 검사된다. 문제를 해결하는 첫 번째 마이너는 암호 해독 시스템을 사용한다. 그로버 알고리즘은 비트코인 문제를 해결하는 데 적합하다. 그러나 표 4.1의 두 번째 행부터 마지막 행까지는 실제 큐비트를 사용해 그로버 알고리즘을 구현해 작업 증명 문제를 해결하는 데 필요한 오버헤드가 10분을 훨씬 넘는 것으로 예상되기 때문에 현재 비트코인 생태계에 대한 공격은 위협이 되지 않는다. 이 구현에 필요한 오버헤드가 많이 줄어들면 결함 허용 양자 컴퓨터를 사용할 때도 위험이 발생할 수 있다. 따라서 비트코인은 비트코인 도용을 방지하고자 포스트 보안 디지털 서명 시스템으로 전환해야 한다.

4.2 크기 추정

암호화 도구의 취약성을 이해하는 데 있어 중요한 질문인 암호를 없애는 데 필요한 규모는 어느 정도가 돼야 할지를 생각해야 한다. 이 질문의 대답은 양자 알고리즘이 어떻게 배치되는지의 세부 사항에 따라 달라질 것이다. 그럼에도 불구하고 주어진 키 크기의 다양한 프로토콜을 무력화시키는 데 필요한 큐비트 수의 대략적인 근삿값은 표 4.1에 나와 있다. 표 4.1은 또한 필요한 실제 큐비트 수(유효 오류율 10^{-5} 가정)와 알고리즘 실행에 필요한 시간을 예측한다. 양자 오류 정정을 위한 표면 코드와 200 나노초의 표면 코드 측정 사이클 시간을 사용한다. 게이트 충실도 및 게이트 속도의 이러한 가정은 2018년 멀티큐비트 시스템의 기능을 훨씬 능가한다.

표 4.1은 정교한 양자 컴퓨터가 만든 주요 위협이 키 교환과 디지털 서명을 깨뜨릴 수 있음을 보여준다. 표 4.1 내의 값들은 현재 알려진 내용들

이 반영돼 있지만 위원회에서는 독자적으로 이 평가 내용이 양자 컴퓨터의 아키텍처와 오류율의 암시적 가정과 더불어 현재 알려진 양자 알고리즘을 기반으로 한다는 점을 알려준다. 이러한 영역이 모두 발전하면 세부 값들의 변경에 의해 내용도 달라질 가능성이 있다.

예를 들어 물리적 게이트 오류율이 10^{-6}(예, 위상 큐비트)으로 달성되고 다른 가정이 동일하게 유지되면 RSA 4096을 차단하는 데 필요한 물리적 큐비트 수는 6.7×10^6으로 감소하기 때문에 시간은 190시간으로 떨어진다. 마찬가지로 이러한 가정이 틀리게 된다면 이러한 알고리즘을 구현하는 것이 불가능하거나 더 많은 비용이 발생할 수 있다. 예를 들어 물리적 게이트 오류율이 10^{-4}에 불과하면 RSA 4096은 1.58×10^8로 증가 할 것이고 필요한 시간이 280시간으로 증가된다[4]. 또한 새로운 알고리즘이 개발돼(또는 이미 공공 영역 밖에서 개발됐을 수도 있음) 다른 공격 경로를 제시할 수도 있다. 이러한 내용들은 잠재적 대안의 고전적 공격에 대해서도 마찬가지로 적용된다.

4.3 포스트 양자 암호

암호 연구 커뮤니티는 대용량 양자 컴퓨터의 접근을 통해 공격에 대해 안전할 것으로 예상되는 대체 알고리즘을 개발하고자 노력해 왔다. 이러한 대체 알고리즘이 표준화되면 기성품의 기존 프로세서에서도 실행이 가능해진다. 그들의 보안은 대규모 양자 컴퓨터조차도 다루기 힘든 수학적 문제에 의존한다. NIST에서 현재 평가 중인 이 알고리즘은 대규모 양자 컴퓨터가 널리 보급된 후에도 안전하게 유지될 것으로 예상된다. 모든 암호화와 마찬가지로 이러한 문제가 얼마나 어려운지는 입증되기 어려우며, 새로운 알고리즘 방식이 암호를 약화시키지 않도록 시간이 지나더라도 계속 평가돼야 한다.

4.3.1 대칭 암호화와 해싱

포스트 양자 보안 대칭 암호화 및 해시 함수는 단순히 암호화 키 크기 또는 해시 출력 크기를 늘림으로써 얻을 수 있다. 적절한 솔루션이 이미 존재하며 가장 중요한 과제는 가능한 양자 공격을 식별하기 위한 추가 연구를 통해 256비트 AES-GCM, SHA256과 같은 표준화된 방식이 실제로 양자 컴퓨터에 액세스 할 수 있는 공격에 대해 안전하다는 것을 확인할 수 있다.

해시된 데이터의 크기 증가가 불가능하거나 해시된 데이터 크기가 커져도 해시된 데이터의 엔트로피가 증가하지 않는 문제는 암호 시스템처럼 빠른 양자 컴퓨터를 사용하는 세계에서는 적합하지 않다. 양자 컴퓨터가 초당 논리 연산이 현대식 고전 프로세서만큼 빠르면 그로버 알고리즘 덕분에 양자 컴퓨터는 10자짜리 암호를 몇 초 안에 식별할 수 있다. 광범위한 오류 정정이 필요하기 때문에 실제로 공격은 훨씬 느려지며, 오버헤드가 낮은 방법을 사용할 경우에는 암호가 위험에 노출될 수도 있다. 이 위협을 방어하려면 앞에서 설명한 대로 암호 인증에서 벗어나거나 하드웨어 기반 암호 강화 체계를 사용해야 한다.

4.3.2 키 교환과 서명

가장 중요한 문제는 포스트 양자 키 교환 및 포스트 양자 디지털 서명이다. 양자 복원력을 위해서는 RSA 및 ECDSA와 같은 기존 계획을 포기해야 하며 새로운 시스템을 설계해야 한다. NIST는 이미 새로운 암호 알고리즘의 제안을 모색하면서 이 과정을 촉진하고자 포스트 양자 암호Post-Quantum Cryptography 프로젝트를 시작했다[5]. 2017년 11월에 끝난 1차 제출에서 NIST는 70건이 넘는 제출물을 받았다. NIST의 이 절차는 2022~2024년까지 마무리될 예정이다. 이 선택을 통해 IETFInternet Engineering Task Force, ISOInternational Organization for Standardization, ITUInternational Telecommunication Union를 통해 좀 더 광범위한 표준화의 선두 주자가 될 것이다. 인터넷 시스템은 일단 NIST 과정이 끝나면 사후 내성 암호화 기술을 통합하기 시작한다. 박스 4.1~4.4는 일부 양자화된 키 교환 및 서명 시스템의 간략한 설명과 이들 시스템 중 일부를 사용한 초기 실험 내용을 다룬다.

박스 4.1: 포스트 양자 후보 – 래티스 시스템

'격자(lattice)'는 격자에 있는 두 점의 합이 격자상에 있다는 특성을 가진 공간 내 이산된(discrete) 점집합이다. 격자는 수학 및 물리학의 여러 분야에서 자연스럽게 나타난다. 격자에서 가장 잘 알려진 계산상의 문제 중 하나는 주어진 격자에서 '짧은(short)' 벡터를 찾는 것이다. 현재 모든 고전 알고리즘이 이런 문제를 해결하고자 격자 차원(dimension of lattice)에서 기하급수적인 시간을 가지며 양자 컴퓨터에서 문제를 해결하더라도 기하급수적인 시간이 소모된다.[4] 지난 20년 동안 암호 작성자(cryptographer)는 보안이 유지되는 많은 암호 시스템을 구축했으며 최단 벡터 문제(SVP)는 풀기 어렵다고 생각했었다. 특히 SVP를 기반으로 하는 키 교환과 서명 알고리즘이 풀기 어렵다. 실제로 SVP가 양자 컴퓨터에서 해결하기 어렵다면 이 시스템은 사후 안전한 것으로 생각될 수 있다.

격자 기반 시스템을 실험하고자 암호 작성자는 New-Hope[5]와 Frodo[6]와 같은 몇 가지 구체적인 계획을 수립했다. 구글은 최근 New-Hope 시스템을 크롬 브라우저에 적용하는 방법을 실험했다.[7] 시스템은 크롬 사용자의 95%를 위한 키 교환 시에 매번 20밀리초 미만의 시간이 소모된다. 이런 추가 지연은 바람직하지 않지만 실험은 격자 시스템을 기반으로 한 포스트 양자 키 교환을 배치하는 데 큰 장애가 없음을 보여준다.

---

4. O. Regev, 2009, "On lattices, learning with errors, random linear codes, and cryptography," Journal of the ACM (JACM) 56(6):34.

5. E. Alkim, T. Pöppelmann, and P. Schwabe, 2016, "Post-Quantum Key Exchange – A New Hope," USENIX Security Symposium on August 10-12, 2016, in Austin, TX.

6. J. Bos, C. Coestello, L. Ducas, I. Mironov, M. Naehrig, V. Nikolaenko, A. Raghunathan, and D. Stebila, 2016, "Frodo: Take Off the Ring! Practical, Quantum-Secure Key Exchange from LWE," Proceedings of the 2016 ACM SIGSAC Conference on Computer and Communications Security, October 24-28, 2016, in Vienna, Austria.

7. M. Braithwaite, 2016, "Experimenting with Post-Quantum Cryptography," Google Security Blog, https://security.googleblog.com/2016/07/experimenting-with-post-quantum.html.

박스 4.2: 포스트 양자 후보 – 코딩 기반 시스템

코딩 이론(coding theory)은 두 당사자 간에 노이즈가 존재하는 채널을 통해서도 통신할 수 있도록 인코딩 스키마를 설계한다. 발신자는 메시지를 인코딩해 경계 노이즈가 채널에 의해 추가되더라도 수신기에서 디코딩할 수 있다. 수년에 걸쳐 특정 인코딩 체계가 효율적으로 해독하기 어렵다는 것을 명백히 알게 됐다. 특정 인코딩 방식의 경우 최상의 디코딩 알고리즘은 고전 컴퓨터에서 기하급수적인 시간을 필요로 하며, 디코딩은 양자 컴퓨터조차도 더욱 더 어렵다. 암호 해독기를 사용하더라도 코드를 해독하는 것이 어렵다고 가정하면 안전한 암호 시스템을 구축하고자 어려운 문제를 사용하면 된다. McEliece 암호 시스템[8]이라고 불리는 가장 잘 연구된 시스템은 포스트 양자 키 교환에 사용될 수 있다. 최근에 이 시스템의 실용적 변종인 CAKE[9]가 등장했다.

박스 4.3: 포스트 양자 후보 – 초특이 아이소제니(supersingular isogeny)

New-Hope 격자 기반 키 교환을 사용한 구글의 실험에 따르면 20밀리 초 지연이 발생한 주요 원인은 키 교환 프로토콜에 의해 생성된 추가 트래픽 때문이다. 이러한 관측을 바탕으로 개선된 최근의 포스트 양자 키 교환 후보[10]는 다른 후보보다 훨씬 적은 트래픽을 생성하지만 양 종단에서는 더 많은 컴퓨팅 시간을 필요로 한다. 추가 트래픽이 지연의 주요 원인이기 때문에 이 후보는 실제 인터넷 설정에서 다른 후보보다 나은 위치에 있다. 이 키 교환 메커니즘은 타원 곡선을 연구하고자 개발된 수학 도구를 기반으로 한다. 시스템에 대해 알려진 양자 공격은 없지만 양자 난이도는 계산 문제를 갖고 최근에야 탐구되기 시작했다. 이 후보의 포스트 양자 보안에 대한 확신을 얻으려면 더 많은 연구가 필요하다.

8. D.J. Bernstein, T. Lange, and C. Peters, 2008, Attacking and defending the McEliece cryptosystem. Post-Quantum Cryptography, vol. 5299:31–46.

9. P.S.L.M. Barreto, S. Gueron, T. Gueneysu, R. Misoczki, E. Persichetti, N. Sendrier, and J.-P. Tillich, 2017, "CAKE: Code-Based Algorithm for Key Encapsulation," in M. O'Neill (eds) Cryptography and Coding: 16th IMA International Conference, IMACC 2017, Oxford, UK, December 12–14, 2017, Proceedings: 207–226.

10. C. Costello, P. Longa, and M. Naehrig, 2016, "Efficient Algorithms for Supersingular Isogeny Diffie–Hellman," in M. Robshaw and J. Katz (eds.), Advances in Cryptology – CRYPTO 2016, CRYPTO 2016, Lecture Notes in Computer Science, vol. 9814, Springer, Berlin, Heidelberg.

박스 4.4: 포스트 양자 후보 – 해시 기반 서명

포스트 양자 보안 디지털 서명은 1980년대 이후로 계속 개발돼 왔다. 이러한 시스템은 표준 해시 함수를 기반으로 하며 안전한 해시 함수를 사용한 포스트 보안은 거의 확실하다. 이러한 구조의 단점은 상대적으로 긴 서명을 만들기 때문에 특정 설정에서만 사용할 수 있다는 것이다. 특정 설정 중 하나는 소프트웨어 패키지와 소프트웨어 업데이트의 서명이다. 소프트웨어 패키지는 큰 경향이 있기 때문에 서명의 추가 길이는 거의 중요하지 않다. 시스템에서 포스트 양자 보안의 높은 신뢰도를 고려할 경우에 소프트웨어 벤더는 RSA 및 타원 곡선 디지털 서명 알고리즘(ECDSA)에서 소프트웨어 서명용 해시 기반 서명으로 전환할 가능성이 높다. LMSS(Leighton-Micali Signature Scheme)와 같은 표준화를 위한 몇 가지 구체적인 제안과 초안이 이미 존재한다.[11]

핵심 사항: 쇼어 알고리즘이 기존 암호화 체계를 무너뜨릴 잠재력을 갖고 있음은 초창기 양자 컴퓨팅 연구에 대한 열정을 불러온 주요 원인이었지만, 양자 저항quantum-resistant이라는 암호 알고리즘의 존재는 암호 해독을 하기 위한 양자 컴퓨터의 유용성을 감소시키고, 따라서 이 애플리케이션이 장기적으로 양자 컴퓨팅 연구 개발을 추진하는 정도를 감소시킬 것이다.

4.4 실제 개발 목표

오늘날의 암호화된 인터넷 트래픽은 양자 오류 정정을 실행할 수 있을 정도로 충분히 큰 양자 컴퓨터를 가진 공격자에게는 취약하다는 사실을 기억해야 한다. 특히 대규모 양자 컴퓨터가 개발되면 오늘날 기록되고 향후 사용을 위해 저장된 모든 암호화된 데이터가 손상될 수 있다.

핵심 사항: 양자 컴퓨터가 구축되기 전에 포스트 양자 암호를 배치하는 것이 상업적으로도 매우 중요하다. 기업과 정부는 향후 30년이 지난 미

---

11. T. Leighton and S. Micali, 1995, "Large Provably Fast and Secure Digital Signature Schemes from Secure Hash Functions," U.S. Patent 5,432,852.

래에도 개인 통신 내용을 해독할 여력이 없을 것이다. 이러한 이유로 인해 가능하면 빨리 포스트 양자 암호로의 전환을 시작할 필요가 있다.

현실적으로 인터넷 전체를 대상으로 포스트 양자 암호로 전환 완료하는 작업은 길고 어렵다. 일부 컴퓨터 시스템은 오랜 기간 동안 동일한 동작을 유지한다. 예를 들어 지금 판매되는 자동차 내의 컴퓨터 시스템은 15년, 심지어 20년 후에도 계속 사용될 것이다. 양자 사용에 취약한 알고리즘은 대다수의 인터넷 시스템이 새로운 알고리즘을 지원하도록 업데이트된 경우에는 폐기될 수 있다. 구글과 같은 주요 사이트가 특정 알고리즘을 적용하지 않을 경우에는 해당 알고리즘만 지원하는 기존 디바이스는 더 이상 구글에 연결할 수 없게 된다. 이러한 타임라인의 좋은 예로 SHA1 해시 함수를 사용하지 않고 SHA256으로 전환하려 했던 과정을 살펴보면 된다. SHA1 기능은 2004년 이후부터 안전하지 않은 것으로 알려졌다. 그렇지만 SHA1을 사용 중지하는 데 오랜 세월이 걸렸으며, 2018년까지도 여전히 보편적으로 사용이 중단되진 않았고 일부 오래된 브라우저와 서버는 여전히 SHA256을 지원하지 않는다.

SHA1에서 SHA256으로의 전환 과정에서 포스트 양자 암호화로 전환하는 데 필요한 단계를 나타낸 맵을 볼 수 있다. 첫 번째 단계에서는 키 교환 및 서명을 위한 포스트 양자화 암호 알고리즘 표준을 개발하고 비준해야 한다. 공식 표준으로 채택된 후 새로운 표준 알고리즘은 다양한 컴퓨터 언어, 인기 있는 프로그래밍 라이브러리 및 하드웨어 암호화 칩/모듈로 구현돼야 한다. 그리고 새로운 표준 알고리즘을 PKCS#1, TLS, IPSEC와 같은 암호화 형식 및 프로토콜 표준에 통합해야 한다. 이러한 개정된 형식과 프로토콜 표준은 해당 표준 위원회에서 검토하고 채택해야 한다. 그런 다음 공급 업체는 하드웨어 및 소프트웨어 제품 업데이트에 새로운 표준을 제공해야 한다. 그 단계에서부터 인터넷 시스템의 대다수가 새로운 표준을 지원하고자 업그레이드될 때까지 수년이 걸릴 것이다. 양자에 취약한 알고리즘이더라도 교체가 광범위하게 전개될 때까지 비활성화할 수 없다. 이 작업이 완료되면 기업 및 정부 기관의 중요한 데이터를 다시 암호화해야 하며 이전 패러다임에서 암호화된 사본을 폐기해야 한다. 특히 일부 조직에서는 단순히 파일을 파괴하는 것 대용으로 암호화 키를 삭제할 수 있다. 이러한 방법은 양자 컴퓨터에 의한 공격에 빌미를 준다. 취약한 공개 키 인증서는 재발급 및 재배포돼야 하며 공식 출처에서 인증 받아야 하는 모든 문서는 다시 서명해야 한다. 마지막으로 모든 소프트웨어 코드의 서명 및 확인 프로세스를 업데이트해야 하며 새 코드를 다시 서명하고 재배포해야 한다. 이 과정은 아마도 20년 이내에는 완료될 수 없을 것이다. 따라서 전환 작업이 빨리 시작될수록 더 빨리 결론을 얻을 수 있다[6].

확장 가능한 범용 양자 컴퓨터의 발명은 오늘날의 모든 공개 키 암호 알고리즘을 총체적이고 동시적이며 즉각적으로 전 세계에서 적용할 수 있기 때문에 첫 번째 양자 컴퓨터가 가동되기 전에 양자 저항 암호 알고리즘을 설계, 표준화, 구현, 배치해야 한다. 첫 번째 양자 컴퓨터가 온라인 상태가 되기 전에 적용돼야 하며, 암호화된(또는 서명된) 데이터를 즉시 보호해야 하기 때문에 양자 컴퓨터가 가동되기 전에 양자 저항 인프라가 이미 구동돼야 한다.

예를 들어 회사의 10Q 보고서[12]를 갖고 생각해보자. 이 분기별 세금 문서에는 게시되기 이전까지의 민감한 정보가 포함돼 있다. 공개 정보가 나오기 전에 10Q의 내용을 알고 있는 사람들은 내부자 거래로 이익을 얻는 데 사용할 수 있는 회사 재무 상태 정보를 알고 있는 것이다(10Q 정보가 공개되면 수식 가치가 변경되고 미리 정보를 알고 있는 사람들은 변화의 규모와 방향을 예측하고 이에 따라 주식을 매매할 수 있다). 10Q 보고서는 3개월 이상 비밀로 유지해야 한다. 분기가 지나면 보고서는 제출, 출판되기

---

12. 10Q 보고서는 미국 증권협회에서 관리되는 기업의 분기별 보고서를 의미한다. - 옮긴이

때문에 정보는 더 이상 보안을 유지하지 않아도 된다. 그래서 비밀로 할 필요가 없다. 따라서 10Q 보고서의 경우 필요한 '보호 기간'은 3개월이다.

이제 정부가 분류한 문서를 생각해보자. 50년 원칙에 따라 내용을 최소 50년 동안 공개해서는 안 된다. 따라서 문서는 최소 50년 동안 보안이 유지될 것으로 예상되는 암호화 체계로 암호화돼야 한다. 필요 '보호 기간'은 50년이다.

양자 저항 암호화 인프라스트럭처quantum-resistant cryptographic infrastructure가 언제 설치돼야 하는지를 결정하려면 다음과 같은 세 가지 정보가 필요하다.

1. 현재의 암호화 인프라스트럭처는 언제 실패하게 될까?(즉, 쇼어와 그로버 알고리즘을 배포할 수 있는 정교함을 가진 양자 컴퓨터는 언제 나올 수 있을까?)
2. 양자 저항 인프라를 설계, 구축, 배치하는 데 얼마나 오래 걸릴까?
3. 관심을 두는 가장 긴 보호 기간은 얼마나 될까?

이 세 가지가 확인되면 필요한 타이밍은 그림 4.1과 4.2에 나와 있는 간단한 수식[13]을 사용해 계산할 수 있다.

- X는 '보안 유효 시간'(데이터가 지금부터 보호된다고 가정할 때 가장 긴 보호 시간)이다.
- Y는 '마이그레이션 시간'(빌드를 설계하고 새로운 인프라를 구축하는 데 걸리는 시간)이다.
- Z는 '붕괴 시간'(충분히 큰 양자 컴퓨터가 지금부터 동작하는 데 걸리는 시간)이다.

---

13. 이 공식은 미쉘 모스카 위원이 발표한 논문 "M. Mosca, 2015, Cybersecurity in an era with quantum computers: Will we be ready? IACR Cryptology ePrint Archive 2015:1075"에서 확인할 수 있다.

그림 4.1 가상의 시간 프레임을 사용한 예로, 포스트 양자 암호로의 안전한 전환을 위한 모스카 모델의 예시 그림을 보여준다.

자료 제공: M. Mosca, 2015, Cybersecurity in an era with quantum computers: Will we be ready? *IACR Cryptology ePrint Archive* 2015:1075

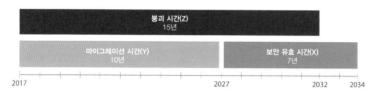

그림 4.2 암호화 전이 타임라인을 갖는 모스카 모델에서 배포된 프로토콜이 원하는 보안 레벨을 보장하기에 너무 긴 시간을 갖는 경우를 보여준다.

자료 제공: M. Mosca, 2015, Cybersecurity in an era with quantum computers: Will we be ready? *IACR Cryptology ePrint Archive* 2015:1075

그림 4.1의 예는 15년 동안 양자 컴퓨터가 존재하지 않는다고 가정하고, 양자 저항 기반 시설은 단지 3년 만에 설계되고, 구축되고, 배치될 수 있으며, 가장 긴 보안 수명은 겨우 5년이라고 가정한다. 이 낙관적인 시나리오에서는 7년의 보안 마진을 제공하므로 공개 키 암호화 인프라를 대체하기 위한 본격적인 작업이 몇 년 동안 지연될 수 있음을 알 수 있다.

좀 덜 낙관적인 시나리오에서는 마이그레이션 시간 10년(NIST의 계획된 표준화 완료 시간인 약 2022~2024년에서 구현과 배포를 위해 최대 3년이 추가)과 보안 유효 시간 7년(일반적인 법으로 요구되는 많은 업무 기록의 보존 시간)을 가진다. 그림 4.2와 같이 우울한 시나리오에서는 안전을 고려할 여유 시간이 없다. 대형 양자 컴퓨터가 오늘부터 15년 동안 온라인 상태를 가지면 민감한 데이터는 위험에 처하게 되고 유효한 공개 키 암호화 인프라를 대체하기 위한 작업이 지금 바로 시작되더라도 3년 동안은 효과적인 보호 기술을 사용할 수 없게 된다.

가장 현실적인 시나리오를 생각해보면 더욱 비관적이다. 앞 절에서 언급했듯이 NIST의 현재 일정을 보면 2022~2024년경에 양자 안전 암호화 알고리즘이 선택된다. 데이터 암호화 표준DES, Data Encryption Standard 대칭 암호화 시스템과 다양한 해시 함수(SHA-1, MD5)를 대체했던 과거 경험은 이미 널리 배포됐던 암호화 알고리즘을 대체하는 데 필요한 최소 시간 (훼손된 알고리즘의 대부분의 후속 구현을 포함해)이 새로운 알고리즘 설계, 표준화가 완료되고 나서 10년 정도 걸린다는 것을 알려준다. 이전 시나리오에서와 같이 보안 유효 시간을 7년으로 가정하면 RSA 2048을 깨뜨릴 수 있는 양자 컴퓨터를 도입하려는 안전한 가장 빠른 날짜는 약 2040년이 된다. 오늘날의 암호화 라이브러리와 암호 종속 애플리케이션을 교체하는 작업은 다음과 같이 시작될 수 있다. NIST가 선택 과정을 끝내고 2,500개의 논리적 큐비트를 가진 결함 허용 능력 양자 컴퓨터가 향후 25년 내에 구축될 수 있다. 그렇지만 암호화 문제가 있는 작업이 지금 시작돼 전체 기간 동안 계속 발생하게 되는 경우에는 일부 데이터가 암호화와 관련돼 손상될 수 있다.

양자 컴퓨터가 언제 현장에 도입될 것인가에 따라 많은 것이 달라진다. 다음 두 개의 장에서는 대규모의 결함 허용 능력 양자 컴퓨터를 만들기 위한 현재 노력이 어떤 상태에 있는지 자세히 살펴본다. 5장에서는 양자 컴퓨팅 하드웨어와 제어 시스템 구축 과정을 설명하고, 6장에서는 어느 정도 개발이 진행된 디바이스에서 알고리즘을 구현하는 데 필요한 소프트웨어와 아키텍처(고전적인 공동 처리 방법을 지원)를 설명한다.

4.5 참고 문헌

[1] National Institute of Standards and Technology, 2018, "Post-Quantum Cryptography: Workshops and Timeline," last updated May 29, 2018, https://csrc.nist.gov/projects/post-quantum-cryptography/workshops-and-timeline.

[2] D. Martin, 2015, "Real World Crypto 2015: Password Hashing According to Facebook," *Bristol Cryptography Blog*, http://bristolcrypto. blogspot.com/2015/01/passwordhashing-according-to-facebook.html.

[3] 앞과 동일

[4] V. Gheorghiu and M. Mosca, in preparation.

[5] National Institute of Standards and Technology, 2018, "Post-Quantum Cryptography," last modified May 29, 2018, http://csrc.nist.gov/groups/ST/post-quantum-crypto/.

[6] 프로세스에 대한 추가 논의 및 암호 시스템 간 전환과 관련된 도전은 다음 논문을 참고한다. National Academies of Sciences, Engineering, and Medicine, 2017, *Cryptographic Agility and Interoperability: Proceedings of a Workshop*, The National Academies Press, Washington, DC, https://doi.org/10.17226/24636.

05

양자 컴퓨터의
필수 하드웨어 구성 요소

4장까지는 양자 컴퓨팅의 잠재력을 보여줬고, 5장에서는 하드웨어에 초점을 맞췄다. 6장에서는 실제로 이러한 계산 프로세스와 기능을 구현하는 데 필요한 소프트웨어를 살펴본다. 양자 하드웨어는 활발한 연구 분야다. 전 세계 100개 이상의 학술 단체와 정부 기관 실험실에서 큐비트 시스템을 설계, 제작, 제어하는 방법을 연구하고 있으며, 수많은 설립 및 창업 기업이 현재 초전도, 트랩된 이온 큐비트로 만든 양자 컴퓨터를 상용화하고자 노력하고 있다.

대중 매체의 보고서에서는 현재 프로토타입 양자 컴퓨팅 칩의 큐비트 개발과 큐비트 수에 초점을 맞추는 경향이 있지만 모든 양자 컴퓨터는 큐비트를 제어, 프로그래밍, 판독할 수 있게 해줄 수 있는 중요 기존 하드웨어를 포함한 통합 하드웨어 접근 방식이 필요하다. 다음 절에서는 하드웨어를 기능별로 나눠 양자 컴퓨터에 포함된 4개의 하드웨어 레이어를 만들고 고전, 양자 컴퓨팅 자원 간의 예상되는 관계를 설명한다.

핵심 사항: 소규모 양자 컴퓨터의 개발에 많은 발전이 있었지만, 현재의 암호화를 깨뜨리는 데 필요한 크기로 확장할 수 있는 양자 컴퓨터 설계

에 대해서는 아직 입증되지 않았고 현재 구현 중이다.

결과적으로 현재의 선도적인 양자 기술이 이러한 종류의 머신을 만드는 데 사용될 수 있는지는 분명하지 않다. 다른 접근 방식의 능력과 도전 감각을 제공하고자 5장에서는 초기 데모 시스템을 만드는 데 사용되는 양자 기술, 즉 포집된 이온과 초전도 큐비트, 확장 가능 문제를 설명하며, 아직 개발이 완료되진 않았지만 다른 유망한 큐비트 기술도 설명한다.

5.1 양자 컴퓨터의 하드웨어 구조

양자 컴퓨터는 궁극적으로 사용자, 데이터 및 네트워크와 인터페이스해야 하기 때문에 기존 컴퓨터가 탁월한 성능을 발휘하면 양자 컴퓨터는 기존 컴퓨터를 활용해 인터페이스 작업을 수행할 수 있다. 또한 큐비트 시스템은 유용한 방식으로 기능을 수행하고자 주의 깊게 조율된 제어가 필요하다. 이 제어는 기존 컴퓨터를 사용해 관리할 수 있다.

아날로그 또는 게이트 기반 양자 컴퓨터에 필요한 하드웨어 구성 요소를 개념화하고자 하드웨어는 4개의 추상 레이어로 모델링할 수 있다. 큐비트가 있는 '양자 데이터 평면', 필요에 따라 큐비트 동작 및 측정을 수행하는 '제어 및 측정 평면', 잠재적으로 측정 결과를 사용해 이후의 양자 연산을 알리는 알고리즘 및 연산 순서를 결정하는 '제어 프로세서 평면', 네트워크, 대용량 스토리지 어레이 및 사용자 인터페이스의 액세스를 처리하는 고전 컴퓨터인 '호스트 프로세서'가 있다. 이 호스트 프로세서는 사용자 상호작용을 용이하게 제공하는 기존 운영체제와 사용자 인터페이스를 가지며, 제어 프로세서에 고대역폭으로 연결할 수 있다.

5.1.1 양자 데이터 평면

양자 데이터 평면은 QC의 '핵심'이다. 평면에는 물리적 큐비트와 이를 유지하는 데 필요한 구조가 포함된다. 또한 큐비트의 상태를 측정하고 게이트 기반 시스템의 물리적 큐비트에서 게이트 연산을 수행하거나 아날로그 컴퓨터의 해밀토니안을 제어하는 데 필요한 지원 회로를 포함한다. 선택한 큐비트로 라우팅된 제어 신호는 디지털 양자 컴퓨터의 게이트 동작을 제어하는 해밀토니안을 설정한다. 게이트 기반 시스템의 경우 일부 큐비트 동작에 2 큐비트가 필요하기 때문에 양자 데이터 평면은 2개 이상의 큐비트가 상호작용할 수 있는 프로그래밍 가능한 와이어링 네트워크$^{wiring network}$를 제공해야 한다. 아날로그 시스템은 이 레이어가 지원해야 하는 큐비트 간의 많은 통신이 필요하다. 2장에서 다뤘듯이 높은 큐비트 충실도는 연결 제한 효과를 갖는 환경에서 강하게 분리돼야 한다. 모든 큐비트가 다른 모든 큐비트와 직접 상호작용하지 않는다. 따라서 계산 동작은 이 레이어의 특정 구조적 제약과 매핑돼 있어야 한다. 이러한 제약으로 동작 충실도/연결성이 양자 데이터 레이어의 중요 측정 기준이라는 것을 알 수 있다.[1]

제어 평면/데이터 평면 구성 요소는 동일 실리콘 기술을 사용하고 동일 디바이스에 통합된 고전 컴퓨터와는 달리 양자 데이터 평면은 큐비트[2] 와 다른 기술을 갖고 별도의 제어 및 측정 레이어를 가지며 평면 외부에

---

1. 어떤 면에서는 양자 데이터 평면은 FPGA(Field Programmable Gate Array)와 유사하다. FPGA는 많은 유연한 논리 블록을 지원하는 고전적인 컴퓨팅 디바이스다. 각 논리 블록은 프로그램 실행 시간에 구성돼 논리적 기능을 수행할 수 있다. 이러한 논리 블록 외에도 집적회로(IC)에는 구성 가능한 와이어 세트가 있으며 논리 블록을 서로 상호 연결하도록 와이어를 구성할 수 있다. 각 논리 블록의 기능과 상호 연결을 프로그래밍할 수 있는 이 기능은 원하는 결과를 계산하는 데 필요한 논리 회로를 구현하도록 FPGA를 '프로그램'할 수 있다. FPGA와 마찬가지로 양자 데이터 평면의 '프로그래밍'은 양자 계산의 기능과 연결을 설정할 수 있다.

2. 잠재력 있는 큐비트 기술인 '전기적으로 게이트될 수 있는 반도체 큐비트(D.3.2절 참고)'는 실리콘으로 만들 수 있지만, 고전적인 논리 처리 방법이 큐비트 제작에 필요한 처리 방법과 호환 가능한지는 불명확하다.

서 수행된다(추후 설명). 사실상 아날로그인 큐비트의 제어 정보는 적합한 큐비트(또는 여러 큐비트)로 전송돼야 한다. 일부 시스템에서는 이 제어 정보가 와이어를 사용해 전기적으로 전송되므로 이러한 와이어는 양자 데이터 평면의 일부가 된다. 다른 시스템에서는 광학 또는 마이크로웨이브 방사로 전송된다. 전송^{transmission}은 특수성이 높은 방식으로 구현돼야 하므로 시스템의 다른 큐비트를 방해하지 않고 원하는 큐비트에만 영향을 주게 된다. 따라서 큐비트 수가 증가함에 따라 원하는 큐비트에만 영향 주는 것은 더 어렵다. 그러므로 단일 모듈의 큐비트 수는 양자 데이터 레이어의 또 다른 중요한 매개변수가 된다.

핵심 사항: 양자 데이터 평면의 품질을 정의하는 핵심 속성으로 단일 큐비트 및 2큐비트 게이트의 오류율, 비트 간 상호 접속성, 큐비트 결맞음 시간 및 단일 모듈에 포함될 수 있는 큐비트 수를 사용한다.

5.1.2 제어와 측정 평면

제어와 측정 평면^{plane}은 수행될 양자 연산을 나타내는 제어 프로세서의 디지털 신호를 양자 데이터 평면의 큐비트 연산을 수행하고자 필요한 아날로그 제어 신호로 변환한다. 또한 데이터 평면에서 큐비트 측정의 아날로그 출력을 제어 프로세서가 처리할 수 있도록 고전 바이너리 데이터로 변환한다. 제어 신호의 생성과 전송은 양자 게이트의 아날로그 특성으로 인해 쉽지 않다. 제어 신호의 작은 오류와 큐비트의 물리적 설계가 갖는 불규칙성은 동작 결과에 영향을 미친다.[3] 각 게이트 동작과 관련된 오류는 머신을 가동할 때마다 누적된다.

---

3. 기본 원자 구조(basic atomic structure)를 활용하는 큐비트는 그 자체로 제조상의 변분이 발생하지 않는다. 대신 이러한 원자를 포함하는 구조의 변형이 이뤄지거나 제어 신호를 생성하는 제조 시스템에서 오류가 발생할 수 있다.

제어 신호를 분리할 때의 불완전성(신호 누화signal crosstalk)은 동작 중에 다른 방법으로 처리해서는 안 되는 작은 제어 신호를 큐비트에 발생시켜 큐비트 상태에 작은 오류가 발생할 수 있다.[4] 제어 신호의 적절한 차폐 방식은 진공이나 냉각 또는 모든 방식으로 양자 데이터 평면을 환경과 격리할 수 있도록 공급해야 하기 때문에 차폐 장치는 복잡한 구조를 가진다. 이러한 요구 사항은 사용 가능한 격리 방법의 유형을 제한한다.

다행히도 큐비트 제조 오류 및 신호 누화 오류는 체계적이며 시스템의 기계적 구성에 따라 천천히 변화한다. 천천히 오류 값이 변경됨으로써 받는 영향은 큐비트의 이러한 요소들의 의존성을 줄일 수 있는 제어 펄스(3.2.1절 참고)와 주기적 시스템 교정[5]을 통해 오류를 최소화할 수 있다는 점이다. 그리고 오류를 최소화하고자 이러한 오류 측정 메커니즘과 오류 제거용 제어 신호(시스템 교정) 조정 소프트웨어가 제공된다. 모든 제어 신호는 다른 제어 신호들과 잠재적으로 상호작용할 수 있기 때문에 시스템의 큐비트 수가 2배가 될 때 교정 수행을 위한 측정과 계산 횟수는 2배 이상이 된다.

QC에서 제어 신호의 특성은 기본 큐비트 기술에 달려 있다. 예를 들어 트랩된 이온 큐비트를 사용하는 시스템은 자유 공간이나 도파관을 통해 전송되고 큐비트의 위치로 전달되는 마이크로웨이브나 광 신호(전자기 복사 형태)에 의존한다. 초전도 큐비트 시스템은 마이크로웨이브 및 저주파 전기 신호를 사용해 제어되며, 둘 다 제어된 환경 내에서 큐비트에 도달하고자 냉각 장치(희석 냉동기dilution refrigerator와 저온 유지 장치cryostat 포함)로 연결된 와이어를 통해 통신할 수 있다.

노이즈 내성과 무시 가능한 오류율을 갖는 고전 게이트와 달리 양자 동작은 제어 신호가 전달되는 정밀도에 의존하고 무시하기 어려운 오류율

---

4. 양자 데이터 평면에서 큐비트 자체 간에 직접 누화가 발생할 수 있다는 점은 주목해야 한다.

5. 교정의 빈도는 양자 데이터 면과 제어 및 측정 레이어의 안정성에 달려 있다.

을 가진다. 이 수준의 정밀도를 얻으려면 현재 고전 기술을 사용하는 정교한 발전기가 필요하다.

양자 게이트는 그것을 구현하는 제어 펄스보다 더 빠를 수 없기 때문에 양자계가 원칙적으로 초고속 동작을 가능하게 하더라도 정교하게 정확한 제어 펄스를 구성하고 전송하는 데 필요한 시간만큼 게이트 속도가 제한된다. 다행히 오늘날 실리콘 기술 속도는 빠르기 때문에 게이트 속도는 제어와 측정 평면이 아닌 양자 데이터 평면에 의해 제한된다. 이 게이트 속도는 현재 초전도 큐비트의 경우 수십에서 수백 나노초이며, 트랩된 이온 큐비트의 경우에는 1~100마이크로초다.

핵심 사항: 양자 컴퓨터의 속도는 양자 동작을 수행하는 데 필요한 제어 신호를 생성하는 필요 시간보다 결코 빠를 수 없다.

5.1.3 제어 프로세서 평면과 호스트 프로세서

제어 프로세서 평면은 적절한 해밀토니안 또는 양자 게이트 연산, 측정 시퀀스를 식별하고 트리거한다(이후에는 양자 데이터 평면의 제어와 측정 평면에 의해 수행된다). 이러한 시퀀스에서 양자 알고리즘을 구현하고자 호스트 프로세서가 제공하는 프로그램을 실행한다. 프로그램은 6장에서 다룬 것처럼 소프트웨어 도구 스택에 의해 양자 레이어의 특정 기능에 맞도록 커스터마이징해야 한다.

제어 프로세서 평면에서 가장 중요하고 도전적인 작업 중 하나는(QC 오류가 정정된 경우) 양자 오류 정정 알고리즘 실행이다. 측정된 신드롬 결과에 기반을 두고 오류를 정정하는 데 필요한 양자 연산을 계산하려면 많은 고전 정보 처리가 필요하며, 이 처리에 필요한 시간으로 인해 양자 컴퓨터 동작이 느려질 수 있다. 오류 정정 동작이 양자 연산 및 측정에 필요한 것과 유사한 시간 내에 계산될 수 있다면 오버헤드는 최소화될 수 있다. 이 계산 작업은 머신의 크기(큐비트 개수만큼의 함수 입력과 출력, 오류 정정 코드의 '거리'로 인한 복잡도 크기)에 따라 커지기 때문에 이 제어 프로세서 평면은 계산 부하를 처리할 여러 개의 상호 연결된 처리 요소로 구성된다.

대형 양자 머신용 제어 프로세서 평면을 구축하는 것은 어려운 일이며, 연구가 필요한 영역이다. 한 가지 방법은 평면을 두 부분으로 나누는 것이다. 그중 첫 번째 부분은 단순히 양자 프로그램을 실행하는 고전적인 프로세서를 의미한다. 두 번째 부분은 제어와 측정 평면과 직접 인터페이스하는 확장 가능한 맞춤형 하드웨어 블록[6]이며, 메인 컨트롤러가 출력한 높은 수준의 '명령'을 신드롬 측정과 결합해 큐비트에서 수행할 다음 작업을 계산한다. 여기서 중요한 점은 충분히 빠르며 머신 크기에 따라 확장할 수 있는 맞춤형(커스텀) 하드웨어를 만들어야 하고, 적절한 높은 수준의 명령어 추상화를 만들 수 있어야 한다.

제어 프로세서 평면은 낮은 추상화 수준에서 동작한다. 컴파일된 코드를 제어 및 측정 레이어의 명령으로 변환한다. 결과적으로 사용자는 제어 프로세서 평면과 직접 상호작용하지 않아도 된다(이해할 필요가 없다). 사용자는 호스트 컴퓨터를 사용하면 된다. 이와 같은 평면은 해당 컴퓨터에 연결돼 일부 애플리케이션의 실행을 가속화한다. 이 유형의 아키텍처는 오늘날의 컴퓨터에서 그래픽부터 머신러닝, 네트워킹에 이르기까지 모든 분야의 '가속기'와 함께 널리 사용된다. 이러한 가속기는 일반적으로 호스트 프로세서와 고대역폭 연결을 갖고 있으며, 일반적으로 호스트 프로세서의 메모리 공유 액세스로 제어 프로세서가 실행해야하는 프로그램과 실행 중에 사용해야 하는 데이터를 모두 전송할 수 있다.

---

6. 이 레이어는 초기에 FPGA를 사용해 구축할 수 있으며, 추가 성능이 필요할 경우 맞춤형 집적회로(integrated circuit)로 사용할 수 있다.

호스트 프로세서는 자체 운영용 표준 지원 라이브러리를 갖는 기존 운영 체제를 실행하는 고전 컴퓨터다. 이 컴퓨팅 시스템은 사용자가 컴퓨터 시스템에서 기대하는 모든 소프트웨어 개발 도구 및 서비스를 제공한다. 현재의 고전 컴퓨터를 제어하는 데 사용되는 것과는 다른 제어 프로세서 실행 애플리케이션을 만드는 데 필요한 소프트웨어 개발 도구를 실행하고, 실행하는 동안 양자 애플리케이션에 필요할 수 있는 저장소 및 네트워킹 서비스를 제공한다. 고전 컴퓨터에 양자 프로세서를 장착하면 처음부터 시작하지 않아도 모든 기능을 활용할 수 있다.

5.1.4 큐비트 기술

1994년 쇼어의 알고리즘이 발견된 후 양자 논리 연산을 구현할 수 있는 적절한 물리적 시스템을 찾기 위한 시도가 시작됐다. 5장의 나머지 부분에서는 양자 컴퓨터를 기반으로 하는 현재의 후보 큐비트 기술 선택을 검토한다. 가장 최근에 개발된 양자 기술, 초전도 및 트랩된 이온 큐비트의 경우 여기서는 이 책 발행 시점(2018)의 프로토타입 컴퓨터에서 사용되는 큐비트, 제어 평면의 세부 사항과 각 큐브에 대해 극복해야 할 현재 과제 기술과 장기간 동안 매우 큰 프로세서 크기로 확장할 수 있는 가능성을 보여준다. 다른 신흥 기술 검토를 통해 현재 상태를 알 수 있고 추가 개발될 경우의 잠재적 장점을 파악할 수 있다.

5.2 트랩된 이온 큐비트

첫 번째 양자 논리 게이트는 1995년에 트랩된 원자 이온을 사용해 시연 됐으며[1], 같은 해 초에 이미 이론적으로도 제안됐다[2]. 최초의 데모 이후 큐비트 제어의 기술적 진보로 인해 소규모로 완벽한 기능의 프로세서를 실험적으로 시연할 수 있었고, 다양한 범위의 간단한 양자 알고리즘을 구현할 수 있게 됐다.

소규모 시연에서 성공했지만 트랩된 이온에서 현재의 컴퓨팅 산업 표준에 의해 실행 가능한 것으로 판단되는 확장 가능한 양자 컴퓨터를 구성하는 작업은 여전히 중요한 과제다. 집적회로[IC]로 구현된 트랜지스터의 초대형 집적[VLSI]과는 달리 트랩된 이온 큐비트를 기반으로 양자 컴퓨터를 구축하려면 진공, 레이저 및 광학 시스템, 무선 주파수[RF] 및 마이크로웨이브 기술, 일관된 전자 컨트롤러가 통합적으로 필요하다[3-5]. 실행 가능한 양자 컴퓨터를 사용하려면 이런 통합 문제를 해결해야 한다.

트랩된 이온 양자 데이터 평면은 큐비트 역할을 하는 이온과 특정 위치에 머무르게 하는 트랩으로 구성된다. 제어와 측정 평면에서는 양자 상태에 영향을 미치고자 특정 이온으로 향하게 할 수 있는 매우 정확한 레이저(또는 마이크로웨이브) 소스, 이온을 '냉각'시켜 이온 측정이 가능하고 다른 레이저나 흩어지는 광자를 검출해 이온 상태를 '측정'할 수 있는 광자 탐지기 세트가 있다. 부록 B는 트랩된 이온 양자 데이터 평면 관련 제어 및 측정 평면을 구성하는 데 필요한 현재 기술 내용들을 제공한다.

5.2.1 현재의 이온 트랩 양자 컴퓨터

지금까지 입증된 고충실도 요소 동작을 바탕으로 5 ~ 20 큐비트 시스템에서 프로그래밍 가능한 방식으로 일련의 양자 논리 연산을 구현할 수 있는 소형 이온 트랩 시스템을 만들고 범용 양자 컴퓨터의 기초를 구성한다[6-9]. 5 ~ 20 큐비트 시스템의 개별 양자 논리 연산 오류율이 2 큐빗 시스템의 최신 데모 범위보다 10^{-2} ~ 10^{-3}만큼 뒤떨어져 시스템의 크기가 커짐에 따라 2 큐비트 게이트들의 2 ~ 5% 정도는 모든 큐비트 전체에 걸처 높은 충실도를 유지해야 한다. 그렇지만 이러한 프로토타입 시스템의 다양성으로 인해 다양한 양자 알고리즘과 태스크가 구현될 수 있다. 그로버의 탐색 알고리즘[12, 13], 쇼어의 인수분해 알고리즘[14], 양자 푸리에 변환[15, 16] 등을 구현하고자 완전히 프로그램 가능한 소규모(3 ~ 7 큐비트) 이온 트랩 시스템이 사용됐다.

지금까지 증명된 모든 프로토타입 범용 '트랩된 이온 양자 컴퓨터 시스템'은 단일 잠재 공간에서 5 ~ 20개의 정적 이온 체인으로 구성된다. 이 머신들에서 각각의 단일 큐비트 게이트 동작에서는 0.1 ~ 5µs를 갖고, 다중 큐비트 게이트 동작은 사용된 게이트의 성질에 따라 50 ~ 3,000µs를 소모한다. 체인 내의 각 이온은 이온들 사이에서 공유되는 운동 자유도를 통해 긴밀한 트랩에서 강한 쿨롱^{Coulomb} 상호작용으로 인해 체인의 모든 다른 이온과 상호작용한다. 이러한 상호작용은 인접하지 않은 이온 사이의 양자 논리 게이트를 구현하는 데 활용될 수 있으며 단일 이온 체인에서 큐비트 간에 밀집된 연결성을 유도한다. 다른 접근법에서 글로벌 얽힘 게이트는 체인의 모든 큐비트에 적용되며, 큐비트의 일부 하위 집합은 내부 상태를 변경함으로써 다른 큐브에 대해 '숨겨지고' 움직임에 민감하지 않게 된다[17,18]. 또 다른 접근법은 원하는 이온만 움직이도록 대상에 집중하고 세밀히 조정된 제어 신호로 특정 이온을 조사함으로써 체인 내에 있는 임의의 한 쌍의 이온 사이에 2 큐비트 게이트를 유도한다. 많은 제어 신호를 사용해 다른 이온들의 동작을 취소할 수 있다[19]. 두 방법 중 하나를 사용하면 완전히 연결된 큐비트[20]를 갖는 범용 양자 프로세서를 구현할 수 있다. 즉, 시스템에서 큐비트의 임의의 쌍 사이에 2 큐비트 게이트가 구현될 수 있다. 이러한 기능은 비교적 직선적인 방식으로 50 큐비트 이상으로 확장될 것으로 예상할 수 있다[22].

5.2.2 확장 가능한 이온 트랩 양자 컴퓨터 생성을 위한 도전과 기회

이온 트랩을 기반으로 하는 일부 초기, 소형 양자 컴퓨터(20~100 큐비트)는 2020년에는 사용 가능할 것으로 보인다. 현재의 머신과 마찬가지로 초기 시연용 시스템은 단일 이온 체인으로 구성되고 체인의 큐비트 간에 고유 연결점 간의 모든all-to-all 연결을 특징으로 하며 임의의 회로 구조를 사용해 모든 양자 회로를 효율적으로 구현한다. 그러나 진정한 확장성을 지원하는 결함 허용 이온 트랩 양자 컴퓨터를 만들려면 많은 개념적이면서 기술적인 도전을 적용해야 한다. 기술적 도전 중에서 체인 길이가 증가함에 따라 개별적인 이온 모션을 격리, 게이트 레이저빔으로 다수 이온의 개별 처리, 개별 큐비트 측정 등이 어려운 점에 해당한다. 유용한 양자 알고리즘의 작은 인스턴스를 구현하고자 양자 우월성을 입증하는 데 필요한 크기를 훨씬 넘어 이온 트랩 양자 컴퓨터 크기를 추가로 확장하려면 단일 이온 체인 접근법 이상의 전략이 필요하다.

단일 체인을 넘어 크기 확장을 위한 첫 번째 전략은 하나의 체인에서 다른 체인으로 이온을 분리, 이동 또는 '셔틀shuttle'시키고 분리해 단일 칩에 여러 이온 체인을 가두는 것이다[23]. 이러한 셔틀 이동은 다수의 제어 가능한 전극electrode을 갖는 복잡한 트랩이 필요하다. 양자 정보는 작은 실험에서 체인 간의 셔틀 이동에 영향을 받지 않는 이온의 내부 상태에 저장되기 때문에 이 접근법은 검출 가능한 결어긋남에 기여하지 못한다[24]. 최근 반도체 미세 가공microfabrication 기술을 채택해 고도로 복잡한 이온 트랩의 설계와 구성이 가능해졌으며, 정교한 셔플 절차에 사용할 수 있다. 이 기술은 잠재적으로 단일 칩에 다중 이온 체인을 연결하는 데 사용할 수 있고 크기를 증가시킬 수 있다. 따라서 큐비트를 조작할 때 필요한 컨트롤러를 단일 칩에 통합할 수 있다. 이온 셔틀링이 단일 칩에서 성공적으로 사용되더라도 결국 시스템은 더 확장돼야 한다. 확장을 위한 두 가지 접근법으로 현재 광자 상호 연결photonic interconnection과 타일링 칩

^{tiling chip}이 연구되고 있다.

여러 개의 큐비트 서브시스템을 훨씬 큰 시스템에 연결하고자 양자 통신 채널을 사용한다. 사용할 수 있는 방법 중 하나는 특정 들뜬상태^{excited state}의 서브시스템에서 이온 중 하나를 준비하고 광자의 양자 상태(예, 편광 또는 주파수)가 이온 큐비트와 얽히는 방식으로 광자를 방출하도록 유도하는 방법이다[25, 26]. 두 개의 서브시스템에서 두 개의 동일한 설정을 사용해 각 이온에서 하나의 광자를 생성하고 두 개의 광자를 50/50 빔 분할기^{beamsplitter}에서 간섭시켜 빔 분할기의 출력 포트에서 감지할 수 있다. 두 개의 출력 포트가 동시에 광자의 검출을 기록하면[27] 광자를 생성한 두 개의 이온이 최대 얽힘 상태^{maximally entangled state}로 준비됐음을 알린다 [28, 29]. 이 프로토콜은 이온 큐비트가 서로 직접 상호작용하지 않고 두 칩을 가로 지르는 한 쌍의 이온 큐비트를 얽히게 한다. 프로토콜은 성공할 때까지 여러 번 시도해야 하고, 시도가 성공하면 명백한 서명(광자를 등록하는 두 탐지기 모두)으로 알 수 있고 계산 작업에 사용될 수 있다. 예를 들면 칩 내에서 2 큐비트 게이트를 실행할 때 사용될 수 있다[30]. 이 프로토콜은 실제로 트랩된 이온들에서 처음 입증됐고[31] 이후에는 다른 물리적 플랫폼[32-34]에서도 입증됐다. 초기 실험에서 칩 내에 얽힌 쌍을 생성하는 성공률은 방출된 광자(1,000초마다 하나의 성공적인 사건)의 수집 및 탐지의 비효율로 인해 매우 낮았지만, 최근 몇 년 동안에 극적인 생성 속도 개선이 이뤄졌다(200밀리초마다 이벤트 발생이 성공적으로 이뤄짐)[35]. 이 기술이 지속적인 향상됨을 고려하면 교차 서브시스템^{cross- subsystem}의 2 큐비트 게이트는 단일 체인에서 로컬 2 큐비트 게이트의 시간 크기에 매칭된다(즉, 하나의 이벤트는 100초마다 발생)[36]. 이는 광자 네트워킹^{photonic networking}을 사용해 많은 이온 트랩 칩들을 연결하는 실질적인 방법이다. 이 접근법은 수백 개의 이온 트랩 서브시스템을 모듈형 병렬 양자 컴퓨터 네트워크에 연결하고자 대형 광학 교차 연결 스위치^{optical cross-connect}

switches[37]와 같은 기존의 광 네트워킹 기술을 사용할 수 있는 가능성을 제공한다[38-40].

단일 이온 트랩 칩 이상으로 크기를 확장하기 위한 또 다른 접근법은 모든 전기 트랩 서브시스템all-electrical trap subsystems을 타일링해 하나의 이온 트랩 칩의 이온을 다른 칩으로 전송할 수 있는 시스템을 만드는 것이다[41]. 서로 다른 집적회로에서의 셔틀은 셔틀 채널의 세심한 정렬과 집적회로 경계의 특별한 준비가 필요하며, 이는 아직 입증되진 않았다. 이 제안에서 모든 큐비트 게이트는 레이저빔의 사용과 관련해 오프 공진 자발적 산란off-resonant spontaneous scattering, 안정성 문제가 없는 마이크로웨이브 필드, 자기장 그라디언트를 사용해 수행할 수 있다[42]. 이 통합 접근법은 현재 완전히 투기적일 수 있지만, 훨씬 더 정밀한 구성 요소가 필요한 레이저 및 광학을 사용하는 대신 기술적으로 성숙한 레벨의 마이크로웨이브 기술과 중요 양자 논리 게이트의 전기 제어에만 의존한다는 장점을 가진다.

트랩된 이온의 경우 확장 가능한 양자 컴퓨터 시스템에 필요한 기술 개발 시에 높은 수준의 기능을 갖는 이온 트랩을 만들고 적절한 제어를 통해 안정화된 레이저 시스템을 조립하며, 목표 큐비트에만 영향을 미칠 수 있는 충분한 정밀도(한 번에 여러 연산을 허용)로 양자 게이트(전자기 또는 광학)를 구동하는 전자기EM 필드를 이온에 전달한다. 그리고 데이터 큐비트의 동작을 방해하지 않고 큐비트 상태를 병렬로 감지하고, 이온 큐비트를 사용하는 제어 EM 필드를 프로그래밍해 전체 시스템에서 실용적인 애플리케이션 요구에 충분한 충실도를 얻어야 한다. 이러한 과제들을 해결할 수 있다면 트랩된 이온의 강점을 활용할 수 있다. 큐비트가 근본적으로 동일하기 때문에 단일 큐비트를 표현하는 모든 물리적 시스템의 최고 성능을 얻을 수 있고(이미 생성된 다른 시스템에서는 반대가 될 수 있음), 작은 실험 규모에서는 높은 큐비트 동작 충실도를 얻을 수 있다.

5.3 초전도 큐비트

현재의 실리콘 집적회로와 마찬가지로 초전도 큐비트$^{superconducting qubits}$는 단어 그대로 전자 회로다. 밀리 켈빈$^{milli-Kelvin}$ 온도로 냉각되면 양자화된 에너지 레벨(예, 전자 전하 또는 자속의 양자화 상태 때문)을 가지므로 '인공 원자'라고도 한다[43]. 마이크로웨이브 제어 전자 디바이스와의 호환성, 나노초 시간 크기에서의 동작 가능성, 결맞음 시간을 지속적으로 개선하고 리소그래피 스케일링을 활용할 수 있는 가능성 등은 양자 컴퓨팅 및 양자 어닐링 모두를 고려하는 큐비트 모달리티에서 초전도 큐비트 배치를 위해 사용된다. 부록 C는 초전도체 양자 데이터 평면 관련 제어 및 측정 평면을 구성하기 위한 현재 전략의 기술적 개요를 제공한다.

5.3.1 현재 초전도 양자 컴퓨터

디지털 양자 계산^{computation}과 양자 시뮬레이션에 관련된 연산 게이트 오류율은 단일 큐비트 게이트[44-46]의 경우 0.1%, 2 큐비트 게이트의 경우에는 1% 정도 더 향상됐으며[47], 오류 탐지 프로토콜(예, 표면 코드)의 오류 임곗값보다 낮다. 이렇게 발전된 내용들을 바탕으로 설계된 약 10 큐비트의 초전도 큐비트 회로를 사용해 프로토타입 양자 알고리즘, 양자 시뮬레이션[50, 51], 프로토타입 양자 오류 검출[52-55], 양자 메모리[56]를 시연할 수 있다. 2018년에는 클라우드 기반의 5, 16, 20 큐비트 회로를 전 세계 사용자가 사용할 수 있었다. 그렇지만 시스템이 클수록 오류율은 더 높아진다는 특성이 있다. 예를 들어 2018년 웹으로 사용할 수 있는 5 큐비트 시스템의 경우 게이트 오류율은 약 5%다[57, 58].

양자 어닐링^{annealing}과 관련한 상업용 시스템은 기존의 초전도 회로를 기반으로 2,000개 이상의 큐비트와 저온 제어 방식이 통합됐다[59, 60]. 현재 사용 가능한 가장 큰 큐비트 기반 시스템으로 현재 게이트 기반 QC보다

2배 큰 큐비트를 사용할 수 있다. 이렇게 큰 크기를 갖는 머신을 가지려면 신중하게 설계해야 하고 상당한 엔지니어링 노력도 필요하다. 제어 전자 디바이스를 큐비트와 통합하면 시스템에서 큐비트의 개수를 빠르게 늘릴 수 있었지만 큐비트는 손실이 큰 재질을 가지는 점을 염두에 둬야 한다. 사용자가 좀 더 쉬운 스케일링 방법을 사용하려면 큐비트 충실도를 교환할 수 있어야 한다. 따라서 게이트 기반 머신보다 양자 어닐러의 제한 사항은 적지만 양자 머신에서 큐비트의 결맞음 시간은 현재 게이트 기반 머신보다 3차 항 이상의 크기로 더 짧다.

게이트 기반 머신의 발전을 살펴보면 수십 큐비트 단위로 제한된 크기에서 큐비트 및 게이트 충실도의 최적화를 강조했다. 1999년에 초전도 큐비트의 첫 번째 시연 이후 게이트 레벨 머신의 큐비트 결맞음 시간 T_2는 오늘날 약 100마이크로초 정도로 5배 이상 개선됐다. 이러한 결맞음의 현저한 향상은 전 세계 그룹 단위의 재료 과학, 제조 엔지니어링 및 큐비트 설계 발전으로 큐비트의 에너지 손실을 줄임으로써 얻을 수 있었다.

5.3.2 스케일링 가능한 양자 컴퓨터를 만들기 위한 도전과 기회

현재의 접근 방식으로는 실내 온도 제어 및 측정 평면을 사용하고 큐비트당 여러 개의 와이어를 사용해 약 1,000개의 물리적 큐비트로 확장해서 사용해야 한다[61]. 이번 절에서는 이러한 확장 제한 요인을 검토한 후 더 큰 시스템 경로에 대해 현재 알려진 내용을 다룬다.

수백 개의 큐비트를 갖기

많은 요소를 사용해 단일 집적회로에 배치된 큐비트의 수를 단순히 확장한 머신 크기를 제한한다. 다음에서 어떠한 내용을 포함하는지 살펴보자.

- **비트 수를 늘리면서 큐비트 품질 유지하기** 초전도 큐비트는 문자 그대로 확장 가능하며 반도체 제조 도구와 호환할 수 있다[62]. 연구실 파운드리 환경에서 200밀리 웨이퍼에서 높은 결맞음 큐비트가 입증됐다. 큰 큐비트 수로 스케일링할 때 큐비트 결맞음을 유지하거나 증가시킬 수 있으며 이상적으로는 큰 시스템을 사용해 추가 시간이 더 필요한 문제를 해결하기 원할 것이고, 더 높은 충실도를 갖고 양자 프로세서의 결맞음 시간 중에 좀 더 많은 작업을 수행할 수 있다. 물론 많은 수의 셀을 사용할 때 더 많은 비적합 변화를 포함하기 때문에 큐비트의 수가 증가함에 따라 많은 큐비트가 확장되는 제조상의 변형은 더 커진다. 높은 충실도의 튜닝 가능한 큐비트와 섀도우 증착을 구현하는 현재의 접근 방식을 사용하면 디바이스 수율 및 유사도가 현재 구현되고 있는 프로세스 모니터링을 기반으로 수천 큐비트 레벨까지 확장될 수 있다(매사추세츠 공과 대학교 링컨 연구소에서 수행). 오늘날의 명목상 동일한 큐비트는 약 150MHz의 주파수를 가진다. 조셉슨 접합 Josephson junction의 임계 전류는 2 ~ 3%의 시그마를 가진다. 조정 가능한 큐비트를 1,000 큐비트 레벨로 스케일링하기에 충분하지만 특정 고정 주파수 큐비트 구조로는 이 큰 변화를 처리할 수 없다.

- **냉동, 와이어링, 패키징하기** 현재의 희석 냉동기 dilution refrigerator 기술은 최대 1,000 큐비트를 지원해야 하는 수천 개의 DC 전선과 동축 케이블을 처리할 수 있다. 이 와이어링 레벨을 달성하려면 열 부하를 줄이기 위한 적절한 재료, 특히 300K에서 3K 스테이지, 소형 동축 케이블과 커넥터가 필요하다. 현재 설계되고 있는 큐비트의 경우 일반적으로 제어에 필요한 대역폭이 약 12GHz로 제한되지만 대역 외 임피던스를 좀 더 높은 주파수로 제어하는 방법은 결어긋남 decoherence을 줄이고자 필요하며 물리적 크기가 커지면 더 어려워진다.

대규모 양자 컴퓨터를 구축하려면 2차원 배열을 갖는 큐비트가 필요하며, 큐비트에서 하우징이나 패키지로, 패키지에서부터 저온 유지 디바이스를 통해 공급되는 와이어로의 영역 연결이 필요하다. 이 영역 연결을 위해 집적도가 높은 큐비트 칩과 다층 상호 연결 라우팅 웨이퍼를 연결하고자 개발 중인 플립 칩 범프 본딩 및 초전도 관통 실리콘 비아를 사용하는 3차원 통합 체계가 필요하다[63, 64].

- **제어 및 측정하기** 앞서 언급했듯이 현재 설계는 큐비트 제어 신호 생성을 필요로 한다. 많은 현재의 머신에서 신호가 표준 실험 장비에 의해 생성되고 이제 수천 큐비트로 확장돼야 하기 때문에 일부 회사는 랙 마운트 카드 설계를 제공한다. 랙 장착형 전자 디바이스를 사용하면 다음 작업이 오류 교정 알고리즘의 일반적인 동작 이전에 측정될 때마다 장비 동작이 지연된다. 신호를 보내고 나서 다시 보내고, 전송할 다음 신호를 추론하고 전송 트리거하는 데는 현재 장비를 사용해 500~1,000ns가 걸리며, 이러한 시간 때문에 양자 컴퓨터의 궁극적인 클록 속도가 제한된다. 이 제한된 속도는 1,000개 큐비트 회로엔 충분하지만, 클록 주기를 줄이면 오류율이 낮아지기 때문에 다른 직접적인 장점이 될 수 있다.

더 큰 크기의 머신으로 확장하기

첫째, 실용적인 양자 오류 정정을 지원하는 데 필요한 낮은 오류율을 제공하려면 큐비트 충실도를 개선해야 한다. $10^{-3} \sim 10^{-4}$ 큐비트 오류율을 달성하려면 재료, 제조, 회로 설계가 중요하다. 또한 컴퓨터의 크기가 수백만 큐비트 이상으로 증가함에 따라 큐비트 수율을 평가하고 향상시키려면 고급 프로세스 모니터링, 통계 프로세스 제어, 고밀도 디바이스와 관련된 결함을 줄이기 위한 새로운 방법이 필요하다. 제조 도구가 특정 첨단 CMOS^{Complementary Metal-Oxide Semiconductor} 공정을 겨냥하게 특수화된 것처럼 특정 큐비트 제조 공정을 겨냥한 특수 도구를 개발해 수율을 향상시키고 걸어긋남을 일으킬 수 있는 제조 결함을 최소화할 필요가 있다.

웨이퍼 공간은 대형 머신의 또 다른 고려 대상이다. 반복 거리 임계 치수가 50마이크론인 큐비트 단위 셀(오늘날의 최첨단 기술을 사용할 경우)[65]을 가정하면 20mm × 20mm의 대형 집적회로에서는 약 1,600 큐비트를 포함할 수 있다. 하나의 프로세서에 대해 300mm 웨이퍼 전체를 사용한다면 웨이퍼는 약 250,000 큐비트를 저장할 수 있다. 가까운 장래에는 충분하겠지만 결맞음 및 제어 가능성을 유지하면서 큐비트 단위 셀 임계 치수를 줄이면 큐비트 밀도가 증가하고 단일 300mm 웨이퍼에서 더 많은 큐비트 수를 가질 수 있다.

웨이퍼 크기의 집적회로를 사용하려면 새로운 패키지를 만들어야 한다. 높은 결맞음을 갖는 큐비트는 깨끗한 마이크로웨이브 환경에서 동작할 수 있다. 큐비트는 일반적으로 약 60mm의 자유 공간 파장에 해당하는 약 5GHz를 사용한다. 파장은 실리콘 웨이퍼와 같은 유전체에서는 더욱 감소된다. '엄지손가락의 규칙'에 따라 깨끗한 마이크로웨이브 환경은 파장의 4분의 1보다 작은 치수를 필요로 하므로 대형 고품질 패키지를 제작하려면 추가 연구가 필요하다.

천 개 이상의 큐비트들을 제어하려면 제어 및 측정 평면의 새로운 전략이 필요하다. 각각의 제어 신호를 외부에서 구동하는 대신 큐비트에 가까운 일부 로직/제어를 사용해 제어 신호를 구동할 수 있고, 더 적은 수의 외부 신호를 사용해 로직을 제어할 수 있다. 이 제어 논리 동작은 큐비트 평면을 로컬 제어 평면과 연결하거나 모놀리식^{monolith} 방법으로 제작하고자 3D 통합을 사용한다(그러나 큐비트 결맞음과 게이트 충실도를 손상시키지 않으면서 수행해야 한다). 물론 이 논리는 수십 밀리 켈빈 또는 4K의 매우 낮은 온도에서 동작해야 함을 의미한다. 열 방출 용량이 더 크기 때문에 4K로 동작하면 훨씬 용이하다. 전선 수$^{wire count}$는 실온에서 4K로 줄일 때 더 최적화할 수 있지만 저온 유지 디바이스의 기본 온도 단계까지 계속하려면 광범위한 제어 와이어링이 필요하다. 저온 CMOS, 단일 플럭스 양자^{SFQ}, 역양자 논리^{RQL}, 단열 양자 플럭스 매개변수를 포함해 이러한 온도에서 사용할 수 있는 다양한 기술이 있지만 이러한 설계를 대규모로 작성하려면 상당한 연구를 해야 하고 필요 접근 방법으로 고충실도 큐비트 동작을 지원하는 로컬 제어 및 측정 레이어를 생성할 수 있는지 고려해야 한다.

300mm 웨이퍼로 확장할 수 있더라도 대형 양자 컴퓨터는 여러 가지 서브시스템을 사용할 필요가 있고 서브시스템의 최적 크기는 모듈보다 작을 확률이 높다. 따라서 양자 연결$^{quantum\ interconnect}$을 통해 이들 서브시스템을 서로 연결할 필요가 있다. 현재 추구되고 있는 두 가지 일반적인 접근법이 있다. 하나는 모듈 간의 상호 연결이 밀리 켈빈 온도라고 가정하므로 마이크로웨이브를 사용해 통신할 수 있다. 광자 가이드 채널을 생성하고 큐비트와 마이크로웨이브 광자 사이의 양자 정보를 상호 변환한 다음에 양자 정보를 다시 광자에서 두 번째로 먼 큐비트로 변환한다. 다른 옵션은 큐비트 상태를 높은 에너지의 광학 광자에 결합시키는 것이며, 이때 높은 충실도의 마이크로웨이브를 광학으로 변환하는 기술이 필요하다. 이 방법이 현재 활발히 연구되고 있다.

5.4 기타 기술

트랩된 이온이나 초전도 양자 컴퓨터를 스케일링하는 데 많은 기술적 문제가 있기 때문에 많은 연구 그룹이 큐비트 및 양자 컴퓨터를 만드는 다른 방법을 계속 연구하고 있다. 이러한 기술은 아직은 더 개발이 필요하며, 여전히 단일 큐비트 및 큐비트 게이트를 만드는 데 중점을 두고 있다. 부록 D에서는 이 절에서 요약한 방법을 다시 소개한다.

광자는 양자 컴퓨터의 매력적인 기술에 여러 가지 특성을 추가 제공한다. 양자 입자는 자신의 환경과는 서로 약하게 상호작용한다. 환경과의 자연스러운 격리는 양자 통신에 있어 매우 필요하다. 이 기본 통신 유틸리티는 고충실도의 우수한 단일 큐비트 게이트와 결합돼 많은 초기 양자 실험이 광자를 사용해 수행됐음을 의미한다. 광양자 컴퓨터의 핵심 과제 중 하나는 강력한 2 큐비트 게이트를 만드는 방법이다. 현재 이 문제에 대한 두 가지 접근 방식을 연구 중이다. 선형 광학 양자 컴퓨팅에서 효과적인 강력한 상호작용은 단일 광자 작업과 측정 동작을 조합해 만들고, 확률적 2 큐비트 게이트를 구현하는 데 사용할 수 있다. 두 번째 접근법은 광자 상호작용을 위해 반도체 결정에서 작은 구조를 사용하며 일종의 반도체 양자 컴퓨터로 간주될 수도 있다. 이러한 구조는 '광학적 결합'이라고 불리는 자연 발생적이거나 인간이 만든 구조일 수 있으며, '양자점quantum dot'이라고 불린다.

소규모 선형 광자 컴퓨터를 성공적으로 만들고, 머신 크기를 확장하려는 많은 그룹이 있었다. 이 머신들의 스케일링에 대한 주요 문제는 광자 큐비트의 '크기'다. 광자 양자 컴퓨팅에 사용되는 광자는 일반적으로 1 마이크론 정도의 파장을 가지며, 광자가 광속에서 이동하고 일반적으로 광학 칩의 한 차원을 따라 이동해 광자 수가 증가하므로 큐비트는 광자 디바이스에서 매우 많은 수를 갖는 것이 우주 공간의 국한된 큐비트를 갖는 시스템보다 훨씬 더 어렵다. 하지만 수천 큐비트의 배열은 가능할 것으로 예상된다[66].

중성 원자는 트랩된 이온과 매우 유사한 큐비트의 또 다른 접근법이지만 이온화된 원자를 사용하고 큐비트를 제 위치에 고정시키는 대신에 중성 원자와 레이저 핀셋이 사용된다. 트랩된 이온 큐비트와 마찬가지로 광학 및 마이크로웨이브 펄스가 큐비트 조작에 사용되며 레이저는 계산 전에 원자를 냉각시키는 데에도 사용된다. 2018년에는 50개의 원자를 가진 시스템이 원자 사이의 비교적 작은 간격을 가지면서 시연됐다[67]. 이 시스템은 큐비트 간의 상호작용이 원자 사이의 간격을 조정해 제어할 수 있는 아날로그 양자 컴퓨터로 사용됐다. 이 기술을 사용해 게이트 기반의 양자 컴퓨터를 구축하려면 고품질의 2 큐비트 연산을 생성하고 이 연산을 다른 인접한 큐비트와 분리해야 한다. 2018년 중반까지 격리된 2 큐비트 시스템에서 3%의 얽힘^{entanglement} 오류율이 달성됐다[68]. 게이트 기반 중성 원자 시스템을 확장하려면 제어 및 측정 레이어가 동일하기 때문에 트랩된 이온 컴퓨터를 스케일링할 때 발생하는 것과 동일한 많은 문제를 해결해야 한다. 트랩된 이온과 비교해 볼 때 중성 원자 시스템의 독특한 특징은 다차원 배열을 만들 가능성이 있다.

반도체 큐비트는 큐비트와 그 상호작용을 제어하고자 광자나 전기 신호의 사용 여부에 따라 두 가지 유형으로 나눌 수 있다. 광학 게이팅 반도체 큐비트는 일반적으로 광학 활성 결함이나 양자 점을 사용해 광자 사이에 강한 효과적인 커플링을 유도하고, 전기적으로 게이트된 반도체 큐비트는 금속 게이트에 적용된 전압을 사용해 큐비트를 형성하는 전자를 가두고 조작한다. 다른 양자 기술보다는 개발이 더 필요하지만, 이 접근법은 현재의 고전 전자 디바이스에 사용되는 것과 유사하다. 잠재적으로 양자 전자 프로세서를 쉽게 확장하고자 대규모 투자를 하면 고전 전자 디바이스가 엄청난 확장성을 가질 수 있게 만들 수 있다. 광학 게이트 큐비트의 스케일링은 향상된 균일성을 필요로 하고 광학적으로 각 큐비트를 개별적으로 처리할 수 있다. 전기적으로 게이트된 큐비트는 잠재적으로 매우 밀도가 높지만 최근 단일 큐비트 게이트의 품질을 제한한다는 점이 매우 중요하다[69]. 높은 밀도로 인해 매우 많은 수의 큐비트가 칩에 통합될 수 있지만, 이러한 큐비트 유형의 제어 및 측정 평면을 구축하는 문제가 악화될 수 있다. 제어 신호 간의 간섭 및 누화를 피하면서 필요한 와이어링을 제공하는 것은 극도로 어렵다. 여기에서 다른 양자 컴퓨팅의 최종 접근법에서는 위상학적 큐비트$^{topological\ qubit}$를 사용한다. 이 시스템에서 물리적 큐비트의 연산은 매우 높은 충실도를 갖는다. 큐비트 연산이 미세 레벨에서 구현된 위상적 대칭에 의해 보호되기 때문이다. 오류 정정은 큐비트 자체에서 수행된다. 이는 명백한 양자 오류 정정을 수행하는 오버헤드를 감소시키고 가능하면 제거한다. 이러한 동작은 놀라운 발전이지만, 위상학적 큐비트는 가장 개발되지 않은 기술 플랫폼이다. 2018년 중반에는 이러한 큐비트의 기초가 되는 기본 구조를 실험 관측하는 것을 비롯해 위상 큐비트의 존재를 입증하고자 중요하진 않지만 여러 단계를 수행했다. 이러한 구조가 실험실에서 구축되고 제어되면 이 접근법의 오차 탄력성 특성을 사용해 다른 접근법보다 빠르게 확장할 수 있다.

5.5 미래 전망

많은 큐비트 기술이 지난 10년간 향상돼 오늘날 사용할 수 있는 소형 게이트 기반의 양자 컴퓨터가 탄생했다. 모든 큐비트 기술에서 가장 중요한 첫 번째 과제는 대형 시스템에서 큐비트 오류율을 낮추는 동시에 큐비트 동작들을 측정할 수 있게 하는 것이다. 3장에서 언급했듯이 표면 코드는 현재 오류율이 높은 시스템에서 오류 정정의 기본 접근 방식이다. 현재의 시스템은 2 큐비트 게이트 오류율에 의해 제한되며, 오늘날 이용 가능한 대형 시스템의 표면 코드 임곗값보다 여전히 높은 오류율을 가진다. 양자 오류 정정이 실용적이라면 적어도 임곗값보다 우수한 크기의 오류율을 가져야만 한다.

데이터 큐비트와 신드롬 측정 큐비트 모두에 사용되는 1,000개까지의 (~1000) 물리 큐비트는 단일 논리적 큐비트에 대한 ~16 양자 오류 정정 코드를 구현할 수 있다. 물리적 큐비트 오류율이 10^{-3}(임의이지만 합리적인 추정치, 10 ~ 20 큐비트 머신에 대해 현재 보고된 것보다 10배 이상)이라고 가정하면 약 10^{-10}의 논리적 오류율을 달성할 수 있다. 물리적 오류율을 10^{-4}으로 향상시키면 논리적 오류율은 10^{-18}으로 감소한다. 이 예는 실제 큐비트 오류율에서 비교적 완만한 개선(10^{-3}에서 10^{-4}로 한 단계만 감소)을 가지므로 전반적인 논리적 오류율(10^{-10}에서 10^{-18}까지 8단계 크기 감소)에서 상당한 우위를 보여준다. 물리적 큐비트 충실도를 향상시키는 것은 제조와 제어 개선을 통해 논리적 큐비트 또는 심지어 물리적 큐비트를 가진 머신이 결맞음을 잃기 전에 큐비트 동작을 캐스케이딩^{cascade}할 수 있다는 것을 보여준다.

이제 다음 과제는 양자 컴퓨터에서 큐비트의 수를 늘리는 것이다. 가까운 미래에 오늘날의 20 큐비트 IC에 사용되는 방법과 유사한 절차를 사용해 수백 개의 초전도체 큐비트가 있는 IC를 만들 수 있을 것이다. 실제로 2018년 중반까지 50 큐비트를 갖는 IC를 발표한 회사가 있지만 이 글을 작업되는 동안에 시스템 기능과 오류율을 벤치마킹한 결과는 아직 공개되지 않았다. 기존의 실리콘 스케일링과 달리 좀 더 복잡한 집적회로의 제조 프로세스를 생성하는 작업은 스케일링 속도를 조절하고 양자 컴퓨팅 스케일링은 IC, 패키지, 제어 및 측정 평면의 공동 최적화와 이미 사용된 교정 방법이 필요한 작업과 큰 큐비트 시스템을 사용할 때 낮은 오류율을 갖기 위한 작업의 난이도에 의해 결정된다.

트랩된 이온 컴퓨팅을 스케일링하려면 새로운 트랩 시스템과 이러한 새로운 트랩용 제어 및 측정 평면의 광학/전자 디바이스 설계가 필요하다. 차세대는 선형 이온 트랩을 사용할 가능성이 있으며, 100 큐비트의 크기로 확장될 것이다. 추가 스케일링은 서로 다른 그룹 사이에서 이온 셔틀링을 가능하게 하고자 트랩 설계를 변경해야 하며, 유연한 큐비트 측정을 지원해야 한다.

양자 프로세서와 칩의 큐비트 수를 늘리고자 할 때 더 큰 칩을 생성하는 대신 다수의 칩을 연결해 더 큰 머신을 만드는 모듈식 접근법을 사용하면 스케일링이 더 쉬워질 것이다. 모듈형 설계는 모듈 간 빠르고 오류가 적은 양자 상호 연결이 필요하다. 광자 연결은 속도와 충실도 측면에서 가장 유망한 방법이다. 이러한 통합 전략을 지원하는 구성 요소 기술 및 기본 프로토콜은 이미 입증됐지만 실제 레벨 성능을 지원하는 시스템 크기의 데모를 할 때는 더욱 더 중요하다.

초전도 및 트랩된 이온 양자 데이터 평면의 기술들이 대형 오류 정정된 양자 컴퓨터에 필요한 레벨까지 확장 가능한지는 아직 명확하지 않다. 따라서 현재로서는 아직 개발 완료되지 않은 다른 양자 데이터 평면 기술이 사용될 가능성을 배제할 수 없으며, 여러 기술을 사용하는 하이브리드 시스템이 우세한 위치를 갖는 것도 아니다.

5.6 참고 문헌

[1] C. Monroe, D.M. Meekhof, B.E. King, W.M. Itano, and D.J. Wineland, 1995, Demonstration of a fundamental quantum logic gate, *Physical Review Letters* 75:4714.

[2] J.I. Cirac and P. Zoller, 1995, Quantum computations with cold trapped ions, *Physical Review Letters* 74:4091.

[3] C. Monroe and J. Kim, 2013, Scaling the ion trap quantum processor, *Science* 339:1164-1169.

[4] K.R. Brown, J. Kim and C. Monroe, 2016, Co-designing a scalable quantum computer with trapped atomic ions, *npj Quantum Information* 2:16034.

[5] J. Kim, S. Crain, C. Fang, J. Joseph, and P. Maunz, 2017, "Enabling Trapped Ion Quantum Computing with MEMS Technology," pp. 1-2 in *2017 International Conference on Optical MEMS and Nanophotonics (OMN)*, https://ieeexplore.ieee.org.

[6] D. Hanneke, J.P. Home, J.D. Jost, J.M. Amini, D. Leibfried and D.J.

Wineland, 2010, Realization of a programmable two-qubit quantum processor, *Nature Physics* 6:13.

[7]   P. Schindler, D. Nigg, T. Monz, J. Barreiro, E. Martinez, S. Wang, S. Quint, M. Brandl, V. Nebendahl, C. Roos, M. Chwalla, M. Hennrich, and R. Blatt, 2013, A quantum information processor with trapped ions, *New Journal of Physics* 15:123012.

[8]   S. Debnath, N.M. Linke, C. Figgatt, K.A. Landsman, K. Wright, and C. Monroe, 2016, Demonstration of a small programmable quantum computer with atomic qubits, *Nature* 536:63–66.

[9]   N. Friis, O. Marty, C. Maier, C. Hempel, M. Holzapfel, P. Jurcevic, M. Plenio, M. Huber, C. Roos, R. Blatt, and B. Lanyon, 2017, "Observation of Entangled States of a Fully Controlled 20 Qubit System," arXiv:1711.11092.

[10] J.P. Gaebler, T.R. Tan, Y. Lin, Y. Wan, R. Bowler, A.C. Keith, S. Glancy, K. Coakley, E. Knill, D. Leibfried, and D.J. Wineland, 2016, High-fidelity universal gate set for 9Be+ion qubits, *Physical Review Letters* 117:060505.

[11] C.J. Ballance, T.P. Harty, N.M. Linke, M.A. Sepiol, and D.M. Lucas, 2016, High-fidelity quantum logic gates using trapped-ion hyperfine qubits, *Physical Review Letters* 117:060504.

[12] K.-A. Brickman, P.C. Haljan, P.J. Lee, M. Acton, L. Deslauriers, and C. Monroe, 2005, Implementation of Grover's quantum search algorithm in a scalable system, *Physical Review A* 72:050306(R).

[13] C. Figgatt, D. Maslov, K.A. Landsman, N.M. Linke, S. Debnath, and C. Monroe, 2017, Complete 3-qubit grover search on a programmable quantum computer, *Nature Communications* 8:1918.

[14] T. Monz, D. Nigg, E.A. Martinez, M.F. Brandl, P. Schindler, R. Rines, S.X. Wang, I.L. Chuang, and R. Blatt, 2016, Realization of a scalable Shor algorithm, *Science* 351:1068– 1070.

[15] J. Chiaverini, J. Britton, D. Leibfried, E. Knill, M.D. Barrett, R.B. Blakestad, W.M. Itano, J.D. Jost, C. Langer, R. Ozeri, T. Schaetz, and D.J. Wineland, 2005, Implementation of the semiclassical quantum Fourier transform in a scalable system, *Science* 308:997–1000.

[16] A. Sørensen and K. Mølmer, 1999, Quantum computation with ions in a thermal motion, *Physical Review Letters* 82:1971.

[17] B.P. Lanyon, C. Hempel, D. Nigg, M. M?ller, R. Gerritsma, F. Z?hringer, P. Schindler, J.T. Barreiro, M. Rambach, G. Kirchmair, M. Hennrich, P.

Zoller, R. Blatt, and C.F. Roos, 2011, Universal digital quantum simulation with trapped ions, *Science* 334:57–61.

[18] P.C. Haljan, K.-A. Brickman, L. Deslauriers, P.J. Lee, and C. Monroe, 2005, Spin–dependent forces on trapped ions for phase–stable quantum gates and entangled states of spin and motion, *Physical Review Letters* 94:153602.

[19] S.-L. Zhu, C. Monroe, and L.-M. Duan, 2006, Arbitrary–speed quantum gates within large ion crystals through minimum control of laser beams, *Europhyics Letters* 73(4):485.

[20] C.J. Ballance, T.P. Harty, N.M. Linke, M.A. Sepiol, and D.M. Lucas, 2016, High–fidelity quantum logic gates using trapped–ion hyperfine qubits, *Physical Review Letters* 117:060504.

[21] N.M. Linke, D. Maslov, M. Roetteler, S. Debnath, C. Figgatt, K.A. Landsman, K. Wright, and C. Monroe, 2017, Experimental comparison of two quantum computing architectures, *Proceedings of the National Academy of Sciences of the U.S.A.* 114:13.

[22] J. Zhang, G. Pagano, P.W. Hess, A. Kyprianidis, P. Becker, H.B. Kaplan, A.V. Gorshkov, Z.-X. Gong, and C. Monroe, 2017, Observation of a many–body dynamical phase transition with a 53–qubit quantum simulator, *Nature* 551:601–604.

[23] J. Chiaverini, B.R. Blakestad, J.W. Britton, J.D. Jost, C. Langer, D.G. Leibfried, R. Ozeri, and D.J. Wineland, 2005, Surface–electrode architecture for ion–trap quantum information processing, *Quantum Information and Computation* 5:419.

[24] J. Kim, S. Pau, Z. Ma, H.R. McLellan, J.V. Gates, A. Kornblit, R.E. Slusher, R.M. Jopson, I. Kang, and M. Dinu, 2005, System design for large–scale ion trap quantum information processor, *Quantum Information and Computation* 5:515.

[25] L.-M. Duan, B.B. Blinov, D.L. Moehring, and C. Monroe, 2004, Scalable trapped ion quantum computation with a probabilistic ion–photon mapping, *Quantum Information and Computation* 4:165–173.

[26] B.B. Blinov, D.L. Moehring, L.-M. Duan and C. Monroe, 2004, Observation of a entanglement between a single trapped atom and a single photon, *Nature* 428:153–157.

[27] D. Bouwmeester, P. Jian-Wei, K. Mattle, M. Eibl, H. Weinfurter, and A.

Zeilinger, 1997, Experimental quantum teleportation, *Nature* 390:575–579.

[28]   C. Simon and W.T.M. Irvine, 2003, Robust long–distance entanglement and a loopholefree bell test with ions and photons, *Physical Review Letters* 91:110405.

[29]   L.-M. Duan, M.J. Madsen, D.L. Moehring, P. Maunz, R.N. Kohn Jr., and C. Monroe, 2006, Probabilistic quantum gates between remote atoms through interference of optical frequency qubits, *Physical Review A* 73:062324.

[30]   D. Gottesman and I. Chuang, 1999, Quantum teleportation is a universal computational primitive, *Nature* 402:390–393.

[31]   D.L. Moehring, P. Maunz, S. Olmschenk, K.C. Younge, D.N. Matsukevich, L.-M. Duan, and C. Monroe, 2007, Entanglement of a single–atom quantum bits at a distance, *Nature* 449:68–71.

[32]   J. Hofmann, M. Krug, N. Ortegel, L. G?rard, M. Weber, W. Rosenfeld, and H. Weinfurter, 2012, Heralded entanglement between widely separated atoms, *Science* 337:72–75.

[33]   H. Bernien, B. Hensen, W. Pfaff, G. Koolstra, M.S. Blok, L. Robledo, T.H. Taminiau, M. Markham, D.J. Twitchen, L. Childress, and R. Hanson, 2013, Heralded entanglement between solid–state qubits separated by 3 meters, *Nature* 497:86–90.

[34]   A. Delteil, Z. Sun, W. Gao, E. Togan, S. Faelt and A. Imamo?lu, 2015, Generation of heralded entanglement between distant hole spins, *Nature Physics* 12:218–223.

[35]   D. Hucul, I.V. Inlek, G. Vittorini, C. Crocker, S. Debnath, S.M. Clark, and C. Monroe, 2015, Modular entanglement of atomic qubits using photons and phonons, *Nature Physics* 11:37–42.

[36]   T. Kim, P. Maunz, and J. Kim, 2011, Efficient collection of single photons emitted from a trapped ion into a single–mode fiber for scalable quantum–information processing, *Physical Review A* 84·063423.

[37]   J. Kim, C.J. Nuzman, B. Kumar, D.F. Lieuwen, J.S. Kraus, A. Weiss, C.P. Lichtenwalner, et al., 2003, "1100 × 1100 port MEMS–based optical crossconnect with 4–dB maximum loss," *IEEE Photonics Technology Letters* 15:1537–1539.

[38]   P. Schindler, D. Nigg, T. Monz, J.T. Barreiro, E. Martinez, S.X. Wang, S.

Quint, et al., 2013, A quantum information processor with trapped ions, *New Journal of Physics* 15:123012.

[39]   D. Hanneke, J.P. Home, J.D. Jost, J.M. Amini, D. Leibfried, and D.J. Wineland, 2010, Realization of a programmable two-qubit quantum processor, *Nature Physics* 6:13–16.

[40]   C. Monroe, R. Raussendorf, A. Ruthven, K.R. Brown, P. Maunz, L.-M. Duan, and J. Kim, 2014, Large-scale modular quantum-computer architecture with atomic memory and photonic interconnects, *Physical Review A* 89:022317.

[41]   B. Lekitsch, S. Weidt, A.G. Fowler, K. Mølmer, S.J. Devitt, C. Wunderlich, and W.K. Hensinger, 2017, Blueprint for a microwave trapped ion quantum computer, *Science Advances* 3:e1601540.

[42]   C. Piltz, T. Sriarunothai, S.S. Ivanov, S. W?lk and C. Wunderlich, 2016, Versatile microwave-driven trapped ion spin system for quantum information processing, *Science Advances* 2:e1600093.

[43]   W.D. Oliver and P.B. Welander, 2013, Materials in superconducting quantum bits, *MRS Bulletin* 38(10):816–825.

[44]   S. Gustavsson, O. Zwier, J. Bylander, F. Yan, F. Yoshihara, Y. Nakamura, T.P. Orlando, and W.D. Oliver, 2013, Improving quantum gate fidelities by using a qubit to measure microwave pulse distortions, *Physical Review Letters* 110:0405012.

[45]   R. Barends, J. Kelly, A. Megrant, A. Veitia, D. Sank, E. Jeffrey, T.C. White, et al., 2014, Logic gates at the surface code threshold: Supercomputing qubits poised for faulttolerant quantum computing, *Nature* 508:500–503.

[46]   S. Sheldon, E. Magesan, J. Chow, and J.M. Gambetta, 2016, Procedures for systematically turning up cross-talk in the cross-resonance gate, *Physical Review A* 93:060302.

[47]   R. Barends, J. Kelly, A. Megrant, A. Veitia, D. Sank, E. Jeffrey, T.C. White, et al., 2014, Superconducting quantum circuits at the surface code threshold for fault tolerance, *Nature* 508(7497):500.

[48]   L. DiCarlo, J.M. Chow, J.M. Gambetta, L.S. Bishop, B.R. Johnson, D.I. Schuster, J. Majer, A. Blais, L. Frunzio, S.M. Girvin, and R.J. Schoelkopf, 2009, Demonstration of twoqubit algorithms with a superconducting quantum processor, *Nature* 460:240–244.

[49]   E. Lucero, R. Barends, Y. Chen, J. Kelly, M. Mariantoni, A. Megrant, P.

O'Malley, et al., 2012, Computing prime factors with a Josephson phase qubit quantum processor, *Nature Physics* 8:719-723.

[50] P.J.J. O'Malley, R. Babbush, I.D. Kivlichan, J. Romero, J.R. McClean, R. Barends, J. Kelly, et al., 2016, Scalable quantum simulation of molecular energies, *Physical Review X* 6:031007.

[51] N.K. Langford, R. Sagastizabal, M. Kounalakis, C. Dickel, A. Bruno, F. Luthi, D.J. Thoen, A. Endo, and L. DiCarlo, 2017, Experimentally simulating the dynamics of quantum light and matter at deep-strong coupling, *Nature Communications* 8:1715.

[52] M.D. Reed, L. DiCarlo, S.E. Nigg, L. Sun, L. Frunzio, S.M. Girvin, and R.J. Schoelkopf, 2012, Realization for three-qubit quantum error correction with superconducting circuits, *Nature* 482:382-385.

[53] J. Kelly, R. Barends, A.G. Fowler, A. Megrant, E. Jeffrey, T. C. White, D. Sank, et al., 2015, State preservation by repetitive error detection in a superconducting quantum circuit, *Nature* 519:66-69.

[54] A.D. C?rcoles, E. Magesan, S.J. Srinivasan, A.W. Cross, M. Steffen, J.M. Gambetta, and J.M. Chow, 2015, Demonstration of a quantum error detection code using a square lattice of four superconducting qubits, *Nature Communications* 6:6979.

[55] D. Rist?, S. Poletto, M.-Z. Huang, A. Bruno, V. Vesterinen, O.-P. Saira, and L. DiCarlo, 2015, Detecting bit-flip errors in a logical qubit using stabilizer measurements, *Nature Communications* 6:6983.

[56] N. Ofek, A. Petrenko, R. Heeres, P. Reinhold, Z. Leghtas, B. Vlastakis, Y. Liu, et al., 2016, Extending the lifetime of a quantum bit with error correction in superconducting circuits, *Nature* 536:441-445.

[57] IBM Q Team, 2018, "IBM Q 5 Yorktown Backend Specification V1.1.0," https://ibm.biz/qiskit-yorktown; IBM Q Team, 2018, "IBM Q 5 Tenerife backend specification V1.1.0," https://ibm.biz/qiskit-tenerife.

[58] 앞과 동일

[59] M.W. Johnson, M.H.S. Amin, S. Gildert, T. Lanting, F. Hamze, N. Dickson, R. Harris, et al., 2011, Quantum annealing with manufactured spins, *Nature* 473:194-198.

[60] D Wave, "Technology Information," http://dwavesys.com/resources/publications.

[61] John Martinis, 개별 대화를 통한 의견

[62] W.D. Oliver and P.B. Welander, 2013, Materials in superconducting qubits, *MRS Bulletin* 38:816.

[63] D. Rosenberg, D.K. Kim, R. Das, D. Yost, S. Gustavsson, D. Hover, P. Krantz, et al., 2017, 3D integrated superconducting qubits, *npj Quantum Information* 3:42.

[64] B. Foxen, J.Y. Mutus, E. Lucero, R. Graff, A. Megrant, Y. Chen, C. Quintana, et al., 2017, "Qubit Compatible Superconducting Interconnects," arXiv:1708.04270.

[65] J.M. Chow, J.M. Gambetta, A.D. Córcoles, S.T. Merkel, J.A. Smolin, C. Rigetti, S. Poletto, G.A. Keefe, M.B. Rothwell, J.R. Rozen, M.B. Ketchen, and M. Steffen, 2012, Universal quantum gate set approaching fault-tolerant thresholds with superconducing qubits, *Physical Review Letters* 109:060501.

[66] See, for example, J.W. Silverstone, D. Bonneau, J.L. O'Brien, and M.G. Thompson, 2016, Silicon quantum photonics, IEEE Journal of Selected Topics in Quantum Electronics 22:390–402; T. Rudolph, 2017, Why I am optimistic about the silicon–photonic route to quantum computing?, *APL Photonics* 2:030901.

[67] H. Bernien, S. Schwartz, A. Keesling, H. Levine, A. Omran, H. Pichler, S. Choi, A.S. Zibrov, M. Endres, M. Greiner, V. Vuleti?, and M.D. Lukin, 2017, "Probing Many–Body Dynamics on a 51–Atom Quantum Simulator," preprint arXiv:1707.04344.

[68] H. Levine, A. Keesling, A. Omran, H. Bernien, S. Schwartz, A.S. Zibrov, M. Endres, M. Greiner, V. Vuleti?, and M.D. Lukin, 2018, "High–Fidelity Control and Entanglement of Rydberg Atom Qubits," preprint arXiv:1806.04682.

[69] J.J. Pla, K.Y. Tan, J.P. Dehollain, W.H. Lim, J.J. Morton, D.N. Jamieson, A.S. Dzurak, and A. Morello, 2012, A single–atom electron spin qubit in silicon, *Nature* 489:541–545.

06

스케일링 가능한 양자 컴퓨터의 필수 소프트웨어 구성 요소

기능적 QC는 양자 컴퓨팅용 하드웨어 기능을 만드는 것 외에도 많은 소프트웨어 구성 요소가 필요하다. 이는 고전 컴퓨터의 동작과 유사하지만 프로그래머가 QC 알고리즘을 구현하기 위한 프로그래밍 언어, 구현된 프로그래밍 언어용 컴파일러, 양자 하드웨어에 매핑하는 컴파일러를 포함해 양자 동작을 지원하는 새롭고 다양한 도구가 필요하다. 추가적으로 특정 양자 하드웨어 구현용 분석, 최적화, 디버그 및 테스트 프로그램이 필요하다. QC를 지원하고자 개발된 많은 도구에 대한 예비 버전은 현재 웹에서 얻을 수 있다[1]. 이상적으로 이러한 도구들은 양자역학을 배울 필요 없이도 소프트웨어 개발자가 사용할 수 있어야 한다. 프로그래머가 제어 펄스 생성과 같은 세부 사항에 신경 쓰지 않고 알고리즘 레벨로 사용할 수 있도록 추상화를 제공해야 한다. 마지막으로는 이상적인 목표 양자 아키텍처로 변환 가능한 코드를 사용해 모든 양자 알고리즘을 프로그래밍해야 한다.

5장의 동작 결과를 얻고자 하드웨어 제어 및 소프트웨어 구현 루틴에 상당한 수동적 최적화, 특정 구현 방식이 적용됐다. 이러한 접근 방식은 대형 디바이스를 사용해 효율적으로 확장되진 않는다. 양자 데이터 평면을 구축하기 위한 다양한 접근 방법을 고려해 하드웨어, 알고리즘이 변경될 경우에 초기 단계의 고급 소프트웨어 도구는 유연히 변환 사용될 수 있어야 한다. 이러한 요구 사항은 양자 컴퓨팅용 완벽한 소프트웨어 아키텍처를 개발하는 작업을 복잡하게 한다. 5장의 나머지 부분에서는 QC 소프트웨어 도구 개발의 현재 진행 상태와 확장 가능한 QC를 만들려면 수행해야 할 작업을 살펴보고 여러 문제를 자세히 설명한다.

모든 컴퓨터(고전과 양자 모두 포함)의 소프트웨어 생태계는 알고리즘을 머신에 매핑하는 데 사용되는 프로그래밍 언어, 컴파일러를 포함하고 그 외의 다른 요소들도 가진다. 하드웨어 및 소프트웨어를 디버깅하려면 시뮬레이션 및 디버깅 도구가 필요하다(특히 하드웨어 및 소프트웨어 코드를 개발하는 동안). 그리고 알고리즘의 효율적인 동작을 구현하려면 최적화 도구가 필요하며, 소프트웨어와 하드웨어의 정확성을 얻으려면 선 검증 도구도 필요하다.

양자 컴퓨터의 경우에 시뮬레이터와 같은 시뮬레이션 도구를 사용하면 프로그래머가 각 양자 동작을 모델링하고 시간 흐름에 따라 발전하는 양자 상태를 추적할 수 있는 기능을 사용할 수 있다. 이 기능은 프로그램과 새로 개발된 하드웨어 모두를 디버깅하는 데 필수적이다. 자원 추정기 resource estimator와 같은 최적화 도구는 서로 다른 양자 알고리즘을 수행하는 데 필요한 성능 및 큐비트 자원을 신속하게 예상할 수 있다. 이를 통해 컴파일러는 원하는 계산을 효율적인 형식으로 변환해 해당 하드웨어에 필요한 큐비트 수나 큐비트 연산수를 최소화할 수 있다.

6.1 도전과 기회

QC 소프트웨어 생태계는 몇 가지 이유로 QC 시스템 설계에서 기본적으로 필요하다. 가장 기본적으로 컴파일러 도구를 사용해 QC 하드웨어 시스템으로 알고리즘을 매핑할 수 있는데, 이러한 매핑은 설계, 사용에 있어서 매우 중요하다. QC 하드웨어를 사용할 수 있기 전에 자원 추정기 resource estimator, 시뮬레이션 도구와 결합된 컴파일러 시스템이 개발돼야 한다. 이러한 도구들은 알고리즘 설계 및 최적화에 매우 중요하다. 도구 모음이 얼마나 중요한지 알 수 있는 좋은 예가 라이허 Reiher의 질소 고정의 생화학적 과정을 계산 모델링하는 데 필요한 QC 작업 최적화다[2]. 자원 추정기에 대한 피드백과 향상된 컴파일러 최적화를 사용해 높은 차수의 다항식에서 낮은 차수의 다항식으로 예상 실행 시간을 줄여 양자 컴퓨터를 사용한 솔루션 시간을 수십억 년에서 수 시간 또는 며칠로 줄였다.

이 예제는 프로그래밍 언어와 컴파일러(소프트웨어 '툴체인')가 양자 계산을 실행하는 데 필요한 자원에 어떻게 극적인 영향을 미치는지 보여준다. 고전과 양자 컴퓨팅 모두에 대한 컴파일러는 알고리즘을 분석하고 머신 실행 가능 코드로 변환할 때 많은 자원 최적화를 수행한다. 성공적인 QC 툴체인 자원 최적화는 큐비트의 수와 알고리즘을 실행하는 데 필요한 시간을 대폭 절감해 고전적인 '전환점' 대비 QC가 도달하는 시간을 가속화한다. 고성능 합성과 최적화를 통해 최적화되지 않은 버전보다 훨씬 작은 QC 시스템에서 알고리즘을 구현할 수 있는 가능성이 존재할 수 있다. 소프트웨어 개발은 전통적으로 하드웨어 개발 이후에 발생히는 경향이 있지만 하느웨어 및 소프트웨어 개발을 동시에 잘 진행하면 양자 컴퓨팅이 앞으로 수년 동안 더 실용적으로 발전할 수 있다.

마지막으로 현재 개발 중인 많은 NISQ(디지털 노이즈가 있는 중간 규모 양자) 시스템은 소프트웨어 생태계의 품질과 효용성에 특히 민감하다. 정의에 따르면 NISQ 시스템은 제한된 수의 큐비트와 낮은 게이트 충실도를 가져서 자원이 매우 제한적이다. 따라서 NISQ 시스템을 효과적으로 사용하려면 알고리즘의 신중한 최적화가 필요하다. 최적화된 크기의 디바이스를 위해 설계된 알고리즘에서 특정 NISQ를 구현해 다루기 쉬운 매핑을 식별하려면 거의 모든 스택 정보가 필요하다. 특히 노이즈와 오류 특성 같은 정보로 알고리즘, 매핑 선택에 영향을 줄 수 있는 스택이 어떻게 돼야 할지를 유추할 수 있다. 마찬가지로 알고리즘 특성(예, 병렬 처리) 정보는 매핑 선택 방법을 결정하려면 스택이 어떻게 돼 있는지를 알아야 한다. 다른 말로 표현하면 디지털 NISQ는 거의 모든 스택 레이어에서 통신이 필요하며 시스템 설계를 단순화할 수 어렵다. 스택 정보를 통해 툴체인 설계 시에 특성을 잘 반영해야 한다. 예를 들어 레이어 간의 추상화를 제한하거나 '수동 조정' 모듈의 라이브러리를 사용한다.

핵심 사항: 유용한 양자 컴퓨터를 만들고자 소프트웨어 툴체인의 연구와 개발이 하드웨어, 알고리즘 개발과 동시에 이뤄져야 한다. 실제로 이러한 툴체인 연구를 통해 얻은 결과는 알고리즘, 디바이스 기술 및 기타 분야의 연구를 주도해 전반적인 성공 가능성을 극대화한다.

완벽한 QC 소프트웨어 도구 흐름을 만들려면 몇 가지 문제를 해결해야 한다. 시뮬레이션, 디버깅 및 유효성 검사가 특히 문제다. 다음 절에서는 이러한 문제점을 좀 더 자세히 설명한다.

6.2 양자 프로그래밍 언어

QC 알고리즘을 포함한 알고리즘 설계 시 대부분 문제를 해결하고자 수학적 공식을 사용한다. 프로그래밍과 컴파일은 알고리즘이 갖는 추상적인 수학적 내용을 실제 컴퓨터에서 실행 가능한 구현으로 변환하는 중요한 작업이다. 프로그래밍 언어는 핵심 개념과 동작을 지원하는 표현 문법을 제공해 변환 프로세스를 지원한다. 프로그래밍 QC 시스템은 고전 컴퓨터를 프로그래밍하는 것과는 매우 다른 개념과 동작을 필요로 하므로 새로운 언어와 고유 도구 모음tool set이 필요하다. 예를 들어 프로그래머가 양자 알고리즘에서 양자 간섭을 이용할 수 있게 하는 언어를 설계하는 것은 독특하고 중요한 문제다.

소프트웨어와 알고리즘에는 여러 레벨의 추상화 레벨이 있기 때문에 여러 레이어의 언어가 필요하다. 최상위 레벨에서 프로그래밍 언어를 사용하면 알고리즘을 쉽고 빠르게 프로그래밍할 수 있고 프로그래머 입장에서는 상세한 기본 하드웨어 스펙은 사용하지 않는 것이 이상적이다. 이러한 세부적인 추상화는 이 시스템의 엄청난 복잡도를 완화하는 데 도움이 될 뿐만 아니라 디바이스 독립적이며 이식 가능한 소프트웨어를 더 많이 생성할 수 있다. 디바이스 독립성은 동일한 QC 프로그램이 다른 QC 하드웨어 구현을 목표로 재컴파일되도록 허용할 수 있다. 현재의 프로토타입 언어는 개발자와 프로그래머가 적어도 디바이스 독립적인 고급 언어를 통해 양자 하드웨어와 상호작용할 수 있다.

가장 저급 언어는 하드웨어 구성 요소와 원활하게 상호작용할 수 있고 신속히 프로그램이 실행되기 위한 실제 지침을 완벽하게 제공할 수 있어야 한다. 현재 일부 저급 언어가 디바이스를 직접 프로그래밍하는 데 사용되지만 양자 컴퓨팅의 장기 비전 및 목표는 자동화된 도구 흐름에서 저급 언어를 흡수하는 것이다. 고전 컴퓨터에서의 목표는 낮은 수준의 QC 디바이스 오케스트레이션 자동 생성과 프로그래머 같은 낮은 수준 정보의 추상화다.

고전적인 컴퓨팅 생태계의 초기 단계와 마찬가지로 QC 소프트웨어의 현재 발전 상황에서는 많은 언어와 도구가 포함돼 있다. 이들 중 상당수는 상업적이거나 학술적으로 개발 중인 오픈소스[1]다. 최근의 산업계에서는 대규모 양자 하드웨어 프로토타입(광범위한 용도의 공개 클라우드 가용성 포함)을 추진함으로써 양자 소프트웨어의 사용을 장려하고 개발자커뮤니티를 양성하기 위해 풀 스택 QC 소프트웨어와 하드웨어 필요성이 증가하고 있다. 따라서 양자 프로그래밍 언어와 소프트웨어 생태계가 상당한 주목을 받을 것이며 앞으로 수년 내에 큰 변화가 나타날 것으로 예상된다.

6.2.1 프로그래머 지향(고급) 프로그래밍 언어

QC 프로그래밍 언어의 초기 버전이 개발됐고, 지속적인 관심이 시간이지남에 따라 새로운 언어와 언어 구조의 진화로 이어지고 있다. 지금까지의 초기 경험을 볼 때 여러 프로그래밍 언어 속성들이 전반적인 시스템 설계와 성공에 많은 영향력을 제공한다.

첫째, 높은 수준의 양자 프로그래밍 언어는 추상화된 항목과 세부적 항목 간의 균형을 맞춰야 한다. 한편으로는 양자 알고리즘과 애플리케이션을 간결하게 표현할 수 있어야 한다. 프로그래머가 양자 알고리즘을하드웨어 레벨 프리미티브 연산에 매핑하고자 소프트웨어 도구 흐름 내의 알고리즘 세부 사항을 충분히 지정할 수 있어야 한다. 높은 수준의 양자 프로그래밍 언어는 도메인 특화 언어DSL, Domain Specific Language이며, 경우에 따라 변분형 양자 고윳값, 양자 근사 최적화 알고리즘 등의 주어진 QC 하위 도메인의 추가 전문화를 수행해야 한다.

일부 양자 프로그래밍 언어에서는 알고리즘을 양자 회로로 나타낸다. 그리고 소프트웨어 툴체인 시스템은 회로 폭과 회로 깊이의 관점에서 회로를 분석해 특정 양자 데이터 평면에 맞게 최적화한다. 이러한 접근 방

---

1. https://github.com/markf94/os_quantum_software를 참고한다.

식과 다소 대조적으로, 다른 언어들은 회로 정의보다 더 높은 수준의 알고리즘 정의를 강조한다. 높은 수준의 접근 방식을 가짐에도 불구하고 일부 언어는 하드웨어에 매핑을 잘 지원할 수 있는 함수 라이브러리 사용을 광범위하게 지원한다. 특정 하드웨어용으로 수동 조정돼 모듈 매핑 구현된 서브루틴과 고급 함수를 포함하는 함수 라이브러리는 6.2.3절에서 설명한다.

프로그래밍 언어는 일반적으로 두 가지 유형인 기능적, 필수적인 범주로 분류 가능하다. 두 가지 유형 모두에 대해 QC 프로그래밍 언어가 개발됐으며 아직 QC 애플리케이션을 프로그래밍하는 데 어떤 것이 더 적합한지 여부는 결론 내리기 어렵다. 함수 언어는 좀 더 추상적이거나 수학적으로 알고리즘을 구현하는 것과 잘 맞으며 더욱 간결해질 수 있고 일부 프로그래밍 언어의 연구자는 오류가 적은 코드를 만들 수 있다. QC 기능적 프로그래밍 언어의 예로 Q#, Quipper, Quafl 및 LIQuI|>('liquid')를 들 수 있다. 이와 대조적인 명령형imperative 언어는 변수의 직접적인 수정을 허용하며 QC 시스템, 특히 NISQ 시스템이 실용적으로 사용될 수 있도록 자원 효율 시스템resource efficient system 설계를 지원한다. 명령형 QC 언어의 예로 Scaffold[4]와 ProjectQ[5]를 들 수 있다.

또 다른 설계에서의 결정은 언어가 기본 언어에 '임베디드'돼 있는지와 관련된다. 임베디드 언어는 공식적으로 정의된 기본 언어의 확장으로, 언어 개발자가 기본 언어의 소프트웨어 스택을 사용해 초기 구현 속도를 높일 수 있다. 이러한 언어는 전체 소프트웨어 생태계를 처음부터 만드는 것과 반대로 기본 언어의 컴파일러 및 관련 소프트웨어에 약간 추가해 만든다. 이렇게 공통성을 활용하고자 현재의 일부 QC 프로그래밍 언어[2]는 널리 사용되는 비QC 언어에 임베딩(내장)된다. 다른 언어는 임베딩되지 않지만 대신 비QC 언어와

---

2. Quipper, Quafl, Quil, ProjectQ 및 LIQuI|>를 모두 포함한다.

매우 가깝다.[3] 현재 QC 하드웨어 및 시스템 설계에서 빠른 변화가 이뤄지고, 임베디드 언어 또는 널리 사용되는 기본 언어와 최소한 스타일적으로 관련된 언어를 사용하면 컴파일러와 기타 도구를 '처음부터' 설계하는 것보다 신속히 만들고 쉽게 수정할 수 있다.

 QC 프로그래밍 언어의 또 다른 중요한 설계 문제는 언어에서의 데이터 입력 방식이다. '데이터 유형 지정' 방법은 함수에서 사용되며, 프로그램 또는 함수에서 사용되는 데이터의 종류(또는 유형)를 레이블링하는 프로그래밍 언어 구문이다. 함수가 데이터 유형을 사용해 특정 조작을 수행할 것인지 여부를 결정할 수 있다. 모든 언어는 몇 가지 형태의 데이터 형식을 사용한다. 예를 들어 대부분의 프로그래밍 언어에서 기본 데이터 유형은 정수, 부동소수점 숫자, 문자 및 기타 일반적으로 사용되는 엔티티에 대해 제공된다. 덧셈 정의는 부동소수점 수를 사용할 때와 정수를 사용할 때 다르다. 최근의 일부 QC 언어는 훨씬 더 풍부한 데이터 유형 시스템을 지원하며 더 엄격한 유형 검사 규칙을 가진다. 이러한 '강력하게 형식화된' 언어는 안정적인 소프트웨어를 생성하는 데 도움이 될 수 있는 엄격한 유형 안전성을 제공한다. 특히 컴파일러는 특정 유형의 변수가 다른 변수에 할당될 때 컴파일되는 프로그램이 특정 데이터 유형의 변수를 올바르게 조작하고 해당 규칙을 준수하는지 여부에 관한 유형 검사를 수행할 수 있다(비유하자면 정수 값은 정밀도를 잃지 않으면서 부동소수점 변수에 할당될 수 있지만 부동소수점 값을 정수 변수에 할당하는 것은 문제가 되거나 언어에 따라 정밀도가 떨어질 수 있다).

마지막으로 프로그래머가 사용하는 소프트웨어는 사용자 '커맨드라인 command-line 인터페이스를 언급하지 않고서는 완전하게 사용한다고 할 수 없다. 양자 컴퓨터는 단기간에 대형, 고가의 맞춤형 장비가 될 것으로 예

---

3. 예를 들어 Scaffold 언어와 ScaffCC 툴체인은 C 프로그래밍 언어를 기반으로 한다. Scaffold는 매우 널리 사용되는 고전적인 컴파일러 인프라인 LLVM(https://llvm.org/)을 사용한다.

상되기 때문에 주요 시스템이나 제조업체의 시설과 같은 몇 곳의 특정 위치에 놓고 사용자가 클라우드 서비스로 웹을 액세스할 가능성이 높다.[4] 이러한 상황에서 다양한 레벨의 서비스가 사용자에게 제공될 수 있다. 예를 들어 애플리케이션 레벨, 프로그래밍 환경이나 애플리케이션 프로그래밍 인터페이스[API] 레벨로 접근할 수 있다. 물리적 하드웨어, 관련 애플리케이션과 제조업체, 서비스 제공업체 및 사용자 커뮤니티가 모두 발전함에 따라 QC의 향후 사용자 인터페이스는 계속 발전한다.

6.2.2 제어 처리(저급) 프로그래밍 언어

알고리즘 개발용 고급 프로그래머 지향 언어와 더불어 특정 양자 데이터 평면(5.1.1절)의 제어 프로세서(5.1.3절) 명령어를 만들려면 더 저급 언어가 필요하다. 저급 언어는 고전 언어 컴퓨터에서의 어셈블리 언어 프로그래밍이나 '명령 집합 아키텍처'에 해당한다. 따라서 기본적인 저수준 작업이나 '게이트'와 같은 QC 실행의 핵심 요소를 표현하도록 설계해야 한다. 또한 연산 병렬 처리, 큐비트 상태 이동 및 제어 시퀀싱을 나타내는 구조를 가질 수 있다. 이러한 구조를 양자 중간 표현[QIR, Quantum Intermediate Representation]이라고 한다.

저수준 QC 프로그램과 도구는 효율적인 이유로 고전 컴퓨터에서 사용되는 도구보다 하드웨어에 따라 빨리 달라질 수 있다. 양자 컴퓨터가 마주친 심각한 자원 제약 조건을 고려할 때 양자 프로그램의 컴파일은 특정 프로그램 입력에 따라 엄격히 특화된다. 즉, 모든 작업 전에 컴파일이 수행돼야 한다. 예를 들어 쇼어의 인수분해 알고리즘을 실행하는 QC는 특정한 큰 상수를 고려해 컴파일된 프로그램을 가진다. 화학 시

---

4. 실제로 내셔널 랩(National Labs)에 설치된 D-Wave 파일럿 시스템과 IBM의 개방형 초전도 큐비트 기반 프로세서의 경우가 있다.

뮬레이션용 QC는 특정 분자 구조를 모델링하고자 컴파일된 프로그램을 가진다. 이것은 충분한 자원을 좀 더 자유롭게 사용할 수 있는 고전 컴퓨터와는 대조적이다. 고전 컴퓨터는 많은 다른 입력으로도 실행될 수 있게 프로그램을 컴파일한다. 예를 들어 스프레드시트 프로그램은 새로운 입력마다 고유 프로그램을 컴파일하는 대신 사용자가 입력한 숫자를 받아들이고 계산한다. QC 자원 제약 사항들이 완화될 때까지 QC 프로그램 컴파일은 고전적인 소프트웨어 편집보다는 컴퓨터 하드웨어(예, '하드웨어 합성') 설계에 사용되는 엄격한 최적화 프로세스와 비슷한 특성을 가진다.

QASM[6]이라는 초기의 저급 언어는 매우 기본적인 동작 구조를 갖지만 선형 게이트 시퀀스로 표현된 간단한 회로를 사용하는 조기^{early} QC 기법을 사용한다. QASM의 차후 변형은 표현력과 확장성을 향상시키는 추가 기능을 제공한다. 예를 들어 고전 컴퓨터용 전통적인 고전 어셈블리 코드에서 반복(반복적으로 코드의 일부분을 실행)과 서브루틴 호출(다른 코드 모듈로 점프)을 갖는 구조가 일반적이다. 현재 어셈블리 언어와 C의 요소를 원래의 QASM 구조와 결합한 OpenQASM[7] 양자 어셈블리 레벨 언어를 사용할 수 있다.

컴파일 마지막 단계에서 OpenQASM과 같은 QIR로 표시된 프로그램은 적절한 제어 명령어로 변환돼 제어 프로세서용 코드를 생성한다. 제어 프로세서는 신호를 제어 및 측정 평면으로 전달한다. 그리고 언어와 프레임워크는 평면에서 사용되는 제어 생성과 측정 장비용 소프트웨어 제작을 지원한다. 이러한 유형의 시스템의 예로 물리적 디바이스와 상호작용하는 파이썬 기반 데이터 수집 프레임워크 및 도구 모음인 QcoDeS[8]를 들 수 있다. 다른 예로 특정 하드웨어를 구현하는 경우를 볼 수 있다. 여기에서는 IBM Q용 OpenQASM 백엔드, 이온 트랩 연구 커뮤니티에 의해 주도된 ARTIQ라고 하는 오픈소스 시스템 등이 있다.

현재의 NISQ 시스템은 회로 폭(큐비트)과 깊이(타임스텝 또는 동작 카운트) 측면에서 엄격한 자원 제약을 가진다. 자원 제약을 극복하고자 QC 언어와 컴파일러에서 많은 도전이 이뤄졌다. NISQ 시스템에 알고리즘을 매핑하려면 광범위하고 공격적인 자원 최적화가 필요하다. 여기에는 상대적으로 하드웨어 독립적인 알고리즘 레벨의 자원 감소와 특정 하드웨어 인스턴스 또는 기술 범주에 좀 더 특정한 저수준의 최적화가 모두 포함된다. 고수준의 최적화 중 일부는 루프 언롤링$^{loop\ unrolling}$이나 상수 전파$^{constant\ propagation}$와 같은 고전 컴퓨터의 소프트웨어 컴파일러용으로 처음 개발된 변환 방법이 적용된다. 6.5.1절에서 설명한 QC 게이트 연산자 선택과 같은 다른 고급 최적화가 QC에 해당된다.

저수준 하드웨어 종속 최적화는 자연스럽게 디바이스 특성에 초점을 맞춘다. 그리고 큐비트 레이아웃을 고려한 최적화 및 데이터 통신 최적화가 포함된다. 또한 관측된 결맞음 간격이나 디바이스 오류율을 포함해 특정 디바이스 특성을 위해 최적화하는 접근법이 있다[10]. NISQ 시스템이 대중에게 보급돼 실제 머신 특성에 맞게 조정된 툴체인이 더 널리 사용될 수 있다. 컴파일러 도구를 사용자 맞춤해 알고리즘이 NISQ 에서 제한된 큐비트 수를 가장 효율적으로 사용하도록 한 결과를 얻을 수 있다.

6.2.3 소프트웨어 라이브러리 지원

고전 컴퓨터에서 함수 라이브러리는 프로그래머가 프로그램에서 미리 작성된 서브루틴을 사용해 복잡도를 줄인다. 프로그래밍을 쉽게 하고 코드를 재사용하고자 고속 푸리에 변환$^{FFT,\ Fast\ Fourier\ Transforms}$과 같은 기본 기능이 구현된 라이브러리를 사용할 수 있다. 라이브러리 기능을 사용해서 특정 구현을 위해 프로그램을 특별히 조정함으로써 프로그래머가 다른 방법보다 자원을 효율적으로 사용할 수 있다. 라이브러리 접근법은 효율적인 양자 컴퓨팅에 필수적이다.

중요 라이브러리 세트는 양자 알고리즘 내에서 일반적으로 사용되는 기능을 평가하고자 필요하다. 일부 양자 알고리즘은 모듈식 산술, 블록 암호 구현 및 해시 함수와 같은 덧셈이나 기타 복잡한 함수와 같은 간단한 수학 함수가 필요하다. 라이브러리 함수의 포괄적 세트는 프로그래머가 시간을 절약하고 프로그램 오류의 가능성을 줄이는 데 도움이 된다. 또한 라이브러리 함수는 특정 구현을 위해 많이 최적화된다. 알고리즘 레벨의 프로그래머들이 회로의 폭이나 깊이를 최적화하면서 하드웨어 세부 사항을 완벽히 숙지해야 하는 부담을 덜어준다.

최적화된 라이브러리 함수는 유용한 자원이지만 기본 하드웨어 구현 범위마다 완벽하게 최적화하기는 어렵다. 프로그래머의 알고리즘 레벨 표현식은 라이브러리 옵션을 사용할 때보다 컴파일된 결과를 사용할 때 더 효율적으로 사용될 수 있다. 효율적인 결과를 얻기 위한 절충 사항을 나타내려면 다양하고 원하는 기능 구성 옵션을 포함하는 QC 라이브러리[11-13]를 사용할 수 있다. 일부 하드웨어는 독립적이며 다른 하드웨어들은 특정 구현에 맞게 조정된다. 컴파일러 도구 흐름에서는 자원 예상 도구를 사용해 대상 하드웨어에 가장 적합한 옵션을 선택한다. 또한 주어진 사용자 구현이 라이브러리 옵션보다 우수할 때 일부 경우(예. 오픈소스 시나리오)는 향후 사용을 위해 라이브러리에 통합될 수 있다.

QC 기능 라이브러리를 만들고 사용하는 것은 일반적으로 사용되는 기능에 최적화된 솔루션을 제공하기 위한 실용적이고 효과적인 방법이지만 더 높은 수준의 프로그래밍 및 컴파일과의 상호작용은 향후 연구와 개발이 필요한 영역으로 남아 있다. 라이브러리 개발에서는 회로 깊이, 회로 폭 간의 값을 얻는 것을 최적화하는 컴파일러의 기능을 추가 지원하기 위한 고급 컴파일러 최적화의 추가 개선 사항이 갖는 장점을 사용할 수 있다. 특정 필요 영역은 좀 더 나은 보조 관리 방법과 '더티[dirty]'와

'클린^{clean}' 보조 큐비트를 관리하는 기술을 포함한다.[5] 향후 연구의 또 다른 영역에서는 수치 정밀도의 레벨을 표현하고 분석할 수 있다. 양자 알고리즘 및 컴파일러 내에서 이러한 정밀도를 자동으로 결정하는 방법을 설명한다. 이러한 정밀 분석은 최소 요구 정밀도로만 계산을 수행해 큐비트 또는 연산자 수를 줄이는 적극적인 자원 최적화를 지원할 수 있다 [14].

6.2.4 알고리즘 자원 분석

상업적 또는 실제적으로 유용한 양자 애플리케이션과 프로그램을 개발할 때의 핵심은 알고리즘 비용과 성능 이해 능력이다. 실제 QC 하드웨어 실행과 QC 시스템의 대규모 시뮬레이션이 갖는 어려움을 감안할 때 다른 초기 형태의 자원 추정 방법이 특히 중요하다. 다행히도 자원 분석 resource analysis은 응답을 계산할 때 필요 시간과 자원만 사용하기 때문에 QC 시뮬레이션이나 실제 시스템 실행보다 처리가 쉽다. 이때 응답 자체를 계산하진 않는다. 따라서 다른 접근법에서는 다루기 어려운 완전한 양자 상태 정보를 계산할 필요가 없다. 따라서 자원 추정 resource estimation은 매우 큰 큐비트 입력 크기에 대해 효율적이고 확장 가능하게 만들 수 있으며, 고전 컴퓨터에서 시뮬레이션하거나 현재의 양자 컴퓨터에서 실행하기에 너무 큰 알고리즘의 성능도 분석할 수 있다. 자원 추정기에서 쇼어의 알고리즘과 유사 벤치마크를 수행했고, 최대 수십만 큐비트와 수백만 개의 양자 연산이나 실행 타임스텝^{timestep}이 사용됐다[15].

자원 추정 분석 결과는 특히 양자 데이터 평면에 매핑할 때 최적화 작업을 유도하고 프로그래머가 양자 컴퓨터의 실제 애플리케이션을 분석하

---

5. '보조 큐비트(ancilla qubit)'는 양자 계산이나 회로 구현 중에 스크래치 공간에 사용되는 큐비트다. 일시적으로 할당되며 동일한 시작 상태(0이 아닌 상태에 할당된 경우) 또는 반환될 때 0 상태(0 상태에 할당된 경우)로 반환돼야 한다.

고자 다른 소프트웨어 도구에서 사용할 수 있다. 이론적 분석에서는 양자 알고리즘의 점근 크기 조정asymptotic scaling만 하기 때문에 애플리케이션의 상세 분석이 필요하다. 특정 QC 시스템에서 실제 자원 사용의 균형은 큐비트 연결이나 통신 접근과 같은 구현 선택에 많이 영향을 받을 수 있다. 세부 구현 사항은 점근 크기 조정 추정에 의존하기보다는 자원 추정자가 좋은 설계 선택이 무엇인지를 설명할 수 있다.

자원 분석은 '세부 사항' 대 '정확도'의 균형을 달리하면서 다양한 추상화 레벨에서 하드웨어 알고리즘을 컴파일할 수 있다. 각 단계는 해당 단계에서 최적화 문제에 적합한 양자 하드웨어 모델을 사용한다. 예를 들어 알고리즘을 1, 2 큐비트 연산의 개별 집합에 매핑한 후 회로 폭과 깊이를 분석해 애플리케이션을 실행하는 데 필요한 논리 자원logical resource을 어떻게 최소화하는 것이 가장 좋은 방법인지를 결정할 수 있다. 양자 오류 정정이 적용되고 결과 코드가 하드웨어가 지원하는 실제 작업에 매핑된 후에 다른 레벨의 분석을 다시 할 수 있다. 이러한 분석을 통한 추정 결과로 QEC와 통신 오버헤드를 알 수 있다. 마찬가지로 이러한 추정을 통해 오버헤드 최적화용 컴파일러 분석을 할 수 있다.

6.3 시뮬레이션

시뮬레이터는 양자 컴퓨터와 알고리즘 개발에 중요한 역할을 하지만, 시뮬레이터를 구현하는 작업은 확장성과 스케일링성이라는 근본적인 문제를 마주하게 된다. 가장 낮은 레벨에서 시뮬레이터를 사용하면 본래의 양자 하드웨어 게이트의 동작을 시뮬레이션해 양자 컴퓨터의 예상 출력을 제공하고, 하드웨어 동작을 확인하는 데 사용할 수 있다. 최상위 레벨에서 시뮬레이터는 논리적 알고리즘 계산과 논리적 큐비트 상태를 추적할 수 있다. 시뮬레이터는 다양한 하드웨어의 노이즈 효과를 모델링할 수 있다. 이는 알고리즘 설계자가 알고리즘을 실행할 수 있는 머신이 있기 전에 양자 알고리즘 성능과 노이즈의 영향을 예측하는 데 도움이 된다. 이러한 시뮬레이션 기능은 QEC 지원이 부족한 NISQ 시스템에서 노이즈 효과가 근본적으로 알고리즘 성능과 성공에 영향을 미친다.

QC 시뮬레이션의 근본적인 문제는 상태 공간 확장 속도다. 게이트 연산은 '희소 행렬-벡터 곱셈sparse matrix-vector multiplication'에 의해 고전 컴퓨터에서 구현될 수 있고, 양자 컴퓨터의 시뮬레이션은 '행렬-벡터 곱셈matrix-vector multiplication'의 시퀀스를 가진다. 그러나 N 큐비트를 갖는 양자 컴퓨터의 상태를 나타내는 복소 파동 함수complex-valued wave function의 크기는 2^N으로 증가하며 1 큐비트가 추가되면 QC 하드웨어가 상태 공간을 두 배차지한다는 것을 의미한다. 그러면 공간은 너무 커져서 가장 큰 고전 슈퍼컴퓨터에서도 동일하게 시뮬레이션을 할 수 없다. 현재의 슈퍼컴퓨터는 50 큐비트 시스템 정도에서 시뮬레이션할 수 있다.[6]

전체 시스템 QC 시뮬레이션의 난해함을 해결하고자 QC 시뮬레이터를 구성해 양자 동작의 하위 집합을 모델링할 수 있다. 예를 들어 특정 QEC 코드의 동작을 평가하려면 클리포드Clifford 관련 작업을 시뮬레이션해야 한다('유니버설 게이트 세트'를 구성하지는 않지만 특정 QEC 접근법에 대한 게이트를 구성한다).

QC 시뮬레이션은 다루기 쉬우며[16], 시뮬레이션을 사용해 수천 큐비트

---

6. 대형 시스템 모델링에 대한 최근의 발전 사항들이 보고됐지만, 현재 정확한 결과 값에 대해서는 아직 논쟁이 어지기 있으며 해당 방법외 특성에 따라 달라질 수 있다. 모델링 방법은 다음의 예제들을 참조할 수 있다. C. Neill, P. Roushan, K. Kechedzhi, S. Boixo, S.V. Isakov, V. Smelyanskiy, R. Barends, et al., 2018, A blueprint for demonstrating quantum supremacy with superconducting qubits, Science 360 (6385):195–199;

E. Pednault, J.A. Gunnels, G. Nannicini, L. Horesh, T. Magerlein, E. Solomonik, and R. Wisnieff, 2017, "Breaking the 49–Qubit Barrier in the Simulation of Quantum Circuits," arXiv:1710.05867;

J. Chen, F. Zhang, C. Huang, M. Newman, and Y. Shi, 2018, "Classical Simulation of Intermediate–Size Quantum Circuits," arXiv:1805.01450.

이상의 오류 정정 방법을 연구할 수 있다. 토폴리^{Toffoli}, CNOT 및 NOT 게이트의 시뮬레이션도 효율적으로 가능하며 대규모 산술 양자 회로를 연구하고 디버깅할 수 있다. 또 다른 활용 예로 NOT(Pauli X), 제어형 NOT$^{controlled\text{-}NOT}$, 이중 제어형 NOT$^{doubly\ controlled\text{-}NOT}$(Toffoli) 연산만을 포함하는 Toffoli 회로 시뮬레이션이 있다. 이러한 회로에서 고전적인 입력을 사용할 때 효율적으로 시뮬레이션할 수 있다.

가장 어려운 시뮬레이션인 유니버설 게이트 시나리오의 경우 시뮬레이션 속도는 추상화 레벨이 높은 양자 알고리즘의 일부 동작을 시뮬레이트해 향상시킬 수 있다[17]. 예를 들어 양자 프로그램이 양자 푸리에 변환을 실행하고자 하는 경우 시뮬레이터는 파동 함수에 대해 고속 푸리에 변환을 실행하고 시뮬레이션이 동작하는 고전 컴퓨터에서 사용한다. 쇼어의 알고리즘에 사용되는 모듈러 덧셈과 같은 수학 함수의 경우 시뮬레이터는 가역 모듈러 덧셈$^{reversible\ modular\ addition}$에 필요한 양자 연산 시퀀스를 적용하는 대신 각 계산 기저상태$^{computational\ basis\ states}$에 대한 모듈러 덧셈을 간단히 구현한다. 하이레벨 추상 함수를 만드는 것은 일반적으로 어렵지만 기존 옵션을 함수 라이브러리에 적용할 수 있다. 이렇게 적용하는 접근법은 양자 구현이 적용되지 않은 '오라클 함수'를 사용하는 양자 알고리즘에 특히 유용하며, 프로그래머는 오라클 함수를 고전적 구현 방식으로 제공할 수 있다.

6.4 스펙, 검증, 디버깅

양자 프로그램의 스펙, 검증, 디버깅은 매우 어렵다. 첫째, QC 소프트웨어 및 하드웨어의 복잡도로 인해 정확한 설계가 매우 어렵다. 둘째, QC 시뮬레이션의 난해함은 개발자가 사용할 수 있는 사전 설계 테스트 및 시뮬레이션의 양을 제한한다. 셋째, QC 시스템에서 측정으로 인해 양자 상태가 붕괴된다. 따라서 프로그램 실행 중에 프로그램 변수를 측정하는 방식의 기존 디버깅 방법은 동작을 방해하기 때문에 사용할 수 없다.

검증 문제에서는 양자 컴퓨터가 제공한 결과를 고전 클라이언트로 검증하는 것이 가능한가라는 질문을 가진다. 이 질문에 대한 답을 얻는 것은 어렵다는 사실은 양자역학의 기본 원리를 고려할 때 알 수 있으며, 다음과 같은 이유로 인해 본질적으론 극복할 수 없는 것처럼 보일 수 있다. (1) 중간 규모의 양자 디바이스를 고전 컴퓨터로 직접 시뮬레이션하는 것은 양자계가 기하급수적으로 커지기 때문에 불가능하며, (2) 양자역학의 법칙은 측정을 통해 접근할 수 있는 양자 상태에 관한 정보의 양을 제한한다. 이러한 질문을 해결하고자 세 가지 방법이 모색될 수 있다. 각각의 항목은 대화형 증명 시스템 이론을 사용해 얻은 결과를 바탕으로 얻게 됐으며, 지난 30년 동안의 놀라운 결과들을 만들어낸 고전적인 암호 기법의 상호작용을 살펴볼 수 있다.

첫 번째 실험 담당자 또는 검증자는 '약간의 양자slightly quantum'로, 일정한 수의 큐비트를 조작할 수 있으며 양자 컴퓨터의 양자 채널에 액세스할 수 있다[18, 19]. 양자 인증 기술quantum authentication technique을 사용하면 양자 컴퓨터를 제대로 사용 유지할 수 있다. 인증 프로토콜의 보안 증명은 매우 정밀한 구조를 가지며 최근 몇 년 전부터 사용돼 왔다[20, 21].

두 번째 모델은 얽힘entanglement을 공유하는 다중 양자 소자와 상호작용하는 고전적 검증자를 고려하고, 양자 소자를 효율적으로 특성화하고 응답을 검증할 수 있는 계획을 기술한다[22-24]. 양자 암호학 측면에서 암호 모델은 양자 디바이스에 대해선 잘 맞지 않으므로 양자 암호 무델은 디비이스 독립이라는 명칭을 갖고 연구됐다. 그리고 인증된 난수 생성 방법을 위한 효율적인 프로토콜을 사용할 수 있다[25, 26]. 이러한 방법들을 통해 완전 디바이스에 독립적인 양자 키 분배를 위한 프로토콜을 사용할 수 있다 [27-29].

세 번째 모델은 단일 양자 소자와 상호작용하는 고전적 검증기를 고려한다. 검증기는 소자를 제대로 사용 유지하고자 포스트 양자 암호화를 사용한다. 최근의 연구에서는 트랩 도어 클로 프리 기능trapdoor claw-free function을 기반으로 효율적으로 검증 가능한 양자 우월성quantum supremacy을 수행하는 방법을 보여준다(오류에 의한 학습LWE을 기반으로 구현될 수 있다)[30]. 또한 이 논문에서는 단일 양자 디바이스에서 인증 가능한 난수를 생성하는 방법을 보여준다. 최근의 연구는 고전적인 클라이언트가 클라우드의 양자 컴퓨터에 연산을 수행하게 하고자 트랩 도어 클로 프리 기능을 이용할 수 있는 방법을 보여주며, '양자 완전 동형 암호화quantum fully homomorphic encryption' 작업은 데이터의 프라이버시를 손상시키지 않는다[31]. 추가 개발에서 트랩 도어 클로 프리 기능이 없는 독창적인 프로토콜을 사용해 양자 컴퓨터의 결과를 효율적으로 검증할 수 있다[32].

측정을 하면 시스템 상태가 변경되고 상태에 대한 제한된 여러 정보를 얻을 수 있기 때문에 오류의 원인이 여러 가지 복잡한 것들로 구성된다는 것을 더 잘 살펴보고자 할 때 양자 컴퓨터의 상태를 측정해야 한다. 각 측정이 전체 양자 상태의 단일 인덱스만을 반환하기 때문에 상태 자체를 재구성하고자 측정되는 양자 상태의 확률 분포를 만들려면 반복적인 준비와 측정이 필요하다. '양자 상태 토모그래피quantum state tomography'라고 하는 측정 방법은 기본 양자 상태의 추정치를 제공하지만 반복적 준비와 측정이 필요하다. 예를 들면 n 큐비트의 경우 가능한 각 출력 상태에서 적절한 수의 샘플을 확보하고자 2^{2n}번 측정이 필요하다. 양자 회로를 디버깅하려는 경우 양자 상태 토모그래피가 여러 입력 세트에서 수행되는 양자 프로세스 토모그래피를 적용해 회로에서 입력 상태의 양자 상태를 출력 상태로 변환하는 방법을 파악할 수 있다. 프로세스 토모그래피process tomography를 사용해 회로 동작 중에 발생하는 오류의 완전한 내용을 알 수 있지만 구현하려면 매우 많은 단계가 필요하다.

양자 알고리즘과 도구 흐름을 개발하는 데 어려움이 있는 경우에 설계자는 초기 알고리즘과 컴파일러가 생성하는 낮은 수준 출력 검증에 도움이 될 수 있는 방법이 필요하다(컴파일러에서 수행된 최적화 항목을 확인하고자). QC 개발자는 알고리즘과 도구 흐름이 다 만들어지기 이전에 항상 QC 시스템의 일부 프로그램을 먼저 구현할 것이므로 검증 작업이 특히 문제가 될 수 있다. 이러한 검증 문제 상황은 프로그램 직접 실행 시에 유효성 검사가 어렵다.

QC 디버깅에는 몇 가지 제한된 옵션이 있다. 예를 들어 애플리케이션을 부분적으로 테스트하고자 고전적 또는 하이브리드 고전-양자 시뮬레이션을 사용할 수 있지만, 이는 6.3절에서 다룬 시뮬레이터 제한 사항을 가진다. 또 다른 옵션은 데이터 형식이나 어서션^{assertion}과 같은 프로그래밍 언어 구문을 사용해 오류를 쉽게 찾을 수 있다. 어서션은 프로그램의 라인에 삽입돼 실행 중 해당 시점에 해당되는 특성을 명시(지정)한다. 예를 들어 QC 프로그램은 알고리즘 진행의 특정 지점에서 예상되는 고유 상태^{eigenstate} 또는 상관관계의 어서션을 포함할 수 있다. 그런 다음 컴파일러와 런타임 분석을 사용해 유형이나 어서션을 검사할 수 있다. 그러나 변수의 측정이 상태를 붕괴시킬 수 있기 때문에 이러한 어서션 검사는 계산 중심이 아닌 보조 변수의 측정으로 제한돼야 하며, 그렇지 않으면 유용한 지점에서 측정이 프로그램을 종료하도록 구성해야 한다.

전체 상태 시뮬레이션은 가장 작은 시스템을 제외한 모든 시스템에서 실용적이지 않기 때문에 사용자는 6.2.3절에서 설명한 자원 추정기와 같은 도구를 사용해 양자 프로그램을 디버깅할 수 있다. 도구는 양자 프로그램의 분기 동작을 테스트하며, 분기 가능성이나 다른 통계의 프로그래머의 명시된 내용에 따라 달라질 수 있다. 또한 QC 도구를 기존 소프트웨어 개발 패키지에 통합해 프로그램 중단점^{breakpoint} 설정과 같은 기존 소프트웨어 디버깅 전략을 사용할 수 있다.

그러나 일반적으로 앞서 설명한 디버깅 기술은 작고 부적절한 동작이 대부분 매핑되지 않은 공간에서 이뤄지는 것을 살펴볼 수 있다. QC 시스템 디버깅에서는 시뮬레이션이나 어서션과 같은 접근법을 사용하기가 어려움을 극복해야 하며, 양자 소프트웨어와 하드웨어를 검증하고 디버깅하는 도구를 계속 개발해야 한다.

핵심 사항: 대규모 양자계의 개발에 있어 더 큰 양자계와 프로그램을 디버깅하고 분석하는 방법 개발이 절실히 필요하다.

6.5 높은 수준 프로그램을 하드웨어에 맞게 컴파일

고전 컴퓨터는 많은 추상화와 도구를 사용해 오늘날의 하드웨어 및 소프트웨어 시스템(수십 억 개의 트랜지스터 및 코드 라인으로 구성)이 갖는 엄청난 복잡도를 관리할 수 있다. 대조적으로 QC 시스템, 특히 단기간의 NISQ 시스템은 자원이 제약되기 때문에 자원을 사치스럽게 사용할 수 없다. 앞 절에서는 소프트웨어 범주를 나타냈지만 전형적인 추상화 레이어의 정보 숨김이 QC 시스템의 회로 폭 또는 깊이를 증가시키기 때문에 엄격한 자원 제약으로 인해 잘 정의된 추상화 레이어를 사용하는 것이 어렵다. 그럼에도 불구하고 QC 프로그램의 컴파일 동작은 그림 6.1에서 나타낸 것과 같이 고전적인 방법의 대응 파트와 비슷한 단계를 가진다[33].

그림 6.1은 컴파일러 최적화를 통해 높은 수준 애플리케이션에서부터 양자 연산 자체를 생성하는 실제 제어 펄스까지 컴파일러 도구의 일반적인 동작 흐름 개요를 보여준다. 양자 알고리즘의 고유 요구 사항과 연산을 감안해 프로그래머는 양자 컴퓨팅을 위하거나 QC 내 알고리즘의 하위 도메인을 위해 만들어진 도메인 특화 언어^{DSL, Domain Specific Language}를 사

용한다. DSL은 특정 문제 영역에 한정된 기능으로 설계된 프로그래밍 언어다. 프로그래머는 다른 사람들이 작성한 유용한 루틴 라이브러리에 액세스할 수도 있다.

DSL 컴파일러의 첫 번째 단계는 프로그램을 동일한 프로그램이지만 컴파일러가 분석하고 조작하기가 쉬운 낮은 수준 형태로 나타내는 양자 중간 표현^{QIR, Quantum Intermediate Representation}으로 변환한다. 그런 다음 QIR은 제어 프로세서에서 실행하고 궁극적으로 양자 컴퓨터에서 실행하는 것이 더 효율적이도록 여러 최적화 과정을 거친다. 이 컴파일러의 최종 단계는 큐비트를 양자 데이터 평면의 물리적 위치에 매핑한 다음에 데이터 평면에서 원하는 양자 회로를 실행하는 연산 시퀀스를 생성한다.

QC 컴파일러의 적절한 레이어화 접근법과 추상화 방법은 아직 개선되는 중이다. 예를 들어 고전 컴퓨터에서 ISA^{Instruction Set Architecture}는 하드웨어 타깃의 내구성 있는 장기 추상화 방법을 제공한다. 즉, 소프트웨어는 다시 컴파일하지 않고도 동일한 ISA의 다른 구현에서 실행할 수 있다. 반대로 현재의 QC 시스템은 하드웨어의 상세 사항들을 프로그래머에게 공개한다. 추상화가 잘 안 되는 것은 부분적으로 극단적인 자원 제약에 의해 발생하며, 부분적으로는 초기 QC 구현의 단순한 규약 때문에 발생한다. 그리고 QC 구현은 더욱 복잡해져서 초기 QC 구현은 좀 더 원칙적인 추상화 계층으로 발전된다. 그렇지만 이전에 나타낸 단계에서 설명한 컴파일 동작을 고려해야 한다. 위의 단계 중 일부는 이미 다뤘거나 고전 컴퓨터용 컴파일과 매우 유사하므로 더 이상 다룰 필요가 없다. 다음 절에서는 게이트 합성 및 레이아웃/QEC의 두 가지 측면을 자세히 설명한다.

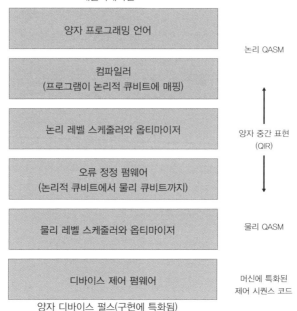

애플리케이션

| 양자 프로그래밍 언어 |

논리 QASM

| 컴파일러
(프로그램이 논리적 큐비트에 매핑) |

| 논리 레벨 스케줄러와 옵티마이저 |

양자 중간 표현
(QIR)

| 오류 정정 펌웨어
(논리적 큐비트에서 물리 큐비트까지) |

| 물리 레벨 스케줄러와 옵티마이저 |

물리 QASM

| 디바이스 제어 펌웨어 |

머신에 특화된
제어 시퀀스 코드

양자 디바이스 펄스(구현에 특화됨)

그림 6.1 양자 프로그래밍을 위한 일반적인 도구 흐름이다. 양자 프로그램은 DSL(Domain-Specific Language)로 구현된 후 일련의 컴파일러 변환과 최적화를 거쳐 하드웨어 명령어로 변환된다. 프로그램의 QIR(Quantum Intermediate representation)은 기존 어셈블리 코드의 논리 레벨 아날로그 동작을 수행할 수 있다. 오류 정정된 큐비트에서 실행되는 프로그램의 경우 컴파일러는 낮은 수준 QEC 라이브러리에서 코드로 변환해 논리적 큐비트 연산을 여러 큐비트의 실제 연산으로 변환한다. '확장된' 양자 프로그램의 큐비트는 특정한 게이트 동작과 이용 가능한 연결성을 설명할 수 있는 특정 하드웨어 구현에 매핑된다. 가장 낮은 레벨에서 물리적 큐비트의 연산은 필요한 특정 제어 펄스(예, 마이크로웨이브 또는 광학)를 조율하는 양자 제어 프로세서 명령어로 만들어진다.

양자 컴퓨터 소프트웨어 아키텍처의 자세한 내용은 F.T. Chong, D. Franklin, and M. Martonosi, 2017, Programming languages and compiler design for realistic quantum hardware, *Nature* 549(7671):180와 T. H?ner, D.S. Steiger, K. Svore, and M. Troyer, 2018, A software methodology for compiling quantum programs, *Quantum Science and Technology* 3(2):

020501 자료를 통해 추가적으로 파악할 수 있다.

6.5.1 게이트 합성

물리적 레벨(하드웨어별)에서 컴파일 단계의 한 가지 역할은 계산에 필요한 특정 게이트 기능 선택과 합성이다. 이러한 게이트 기능은 기존 컴퓨터의 명령어 세트 아키텍처나 하드웨어 기능 유닛과 유사하다. 예를 들어 다중 큐비트 게이트는 큐비트 기술에 의한 1 큐비트 게이트와 2 큐비트 게이트로 합성된다. 그리고 기술 의존 세트에서 얻은 게이트 시퀀스에 대해 단일 큐비트 연산 분해를 포함하는 하드웨어에 특정된 재작성 규칙이 적용된다[34].

앞에서 언급한 임의의 단일 큐비트 회전^{arbitrary single-qubit rotation}은 클리포드 ^{Clifford} + T 게이트 세트를 사용해 정확히 표현하는 것은 불가능하다. 따라서 이러한 회전은 게이트 연산으로 분해해야(이러한 동작을 '합성'이라고 함) 한다. 분해는 임의의 단위로 표현된 일반 회로를 기본 게이트로 구성된 회로로 합성하는 과정이며, 합성에서 사용되는 게이트는 제공되는 범용 이산 세트에서 얻을 수 있다. 채택된 범용 게이트 세트는 클리포드 + T 게이트 세트지만 다른 게이트도 사용할 수 있다(예, 클리포드, 토폴리, V 기본 게이트 세트 등). 특정 범용 게이트 세트를 선택하는 것은 하드웨어 고려 사항과 결함 허용 능력 및 양자 오류 정정의 요구 사항에 의해 결정된다. 일반적으로 양자 단일 큐비트 회전을 $log(1/\varepsilon)$ 게이트로 합성할 수 있는 최첨단 합성 방법[35-40]이 개발됐으며 ε는 시퀀스의 정확도를 나타낸다. 즉, 필요한 게이트 수는 정확도가 증가하면 전전히 증가함을 의미한다.

6.5.2 양자 오류 정정

양자 게이트의 오류율이 높으면 양자 오류 정정이 적용 가능하므로 도구를 사용할 때 핵심 작업은 필요한 논리적 큐비트를 물리적 큐비트 세트로 매핑하고 논리적 큐비트 연산을 물리적 큐비트 연산으로 매핑하는 것이다. 큐비트 게이트의 오류 확률이 급격히 낮아질 때까지 사용 중인 결함 허용 능력 아키텍처는 복잡한 구조(결함 허용 기술을 달성하는 데 필요한 물리적 큐비트 수와 게이트 연산 순서 측면을 모두 고려할 때)를 가진다. 따라서 이러한 양자 컴퓨터는 시스템의 결함 허용 아키텍처를 고려해 설계됨으로써 이와 관련된 장점을 얻을 수 있다. 3장에서 설명한 바와 같이 사용 가능한 아키텍처는 가까운 인접 게이트를 사용하는 큐비트의 2차원 배열에 구현된 '표면 코드'[41, 42]와 네트워크 내의 연결된 모듈을 사용하는 조밀 연결 양자 레지스터에 구현된 '연결된 CSS$^{Calderbank-Shor-Steane}$ 코드'를 포함한다[43, 44]. 적은 자원과 개선된 오류 정정 속성을 필요로 하는 아키텍처를 구별하고자 많은 대안이 가능한 결함 허용 아키텍처가 활발히 조사 및 개발되고 있다.

다수의 큐비트 및 오류 정정을 위해 필요한 연산이 주어지면 오류 정정 연산이 최대한 효율적으로 수행돼야 한다. 이러한 동작은 소프트웨어 툴체인에 의해 이뤄지기 때문에 이러한 효율성을 달성하려면 툴체인이 대상 하드웨어에 맞도록 긴밀하게 구성돼야 한다.

6.6 요약

양자 프로그램을 만들고 디버깅하는 데 필요한 소프트웨어 도구는 모든 크기의 양자 컴퓨터가 사용하는 기본 양자 데이터 평면과 마찬가지로 필수적이다. 이 분야에서 많은 발전이 있었지만 실제 사용 가능한 머신을 사용하기 전에 해결해야 할 많은 문제가 남아 있다. 그중 하나가 시뮬레이션이다. 시뮬레이션은 하이레벨의 알고리즘 시뮬레이션과 저수준의 물리 시뮬레이션을 포함한다. 전형적인 컴퓨터 설계 사이클에서는 현재 세대에서 이미 구축된 시스템을 사용해 미 구축된 설계를 시뮬레이션하는 것을 포함한다. 이를 통해 런타임 성능 및 하드웨어 자원 요구 사항을 예측할 수 있으며 어느 정도의 정확성 테스트가 가능하다. 두 가지 유형의 시뮬레이션은 차세대 QC 하드웨어 및 소프트웨어 시스템 설계를 계획하고 디버깅하는 데 중요하며, 두 가지 유형 모두 근본적인 문제를 나타낼 수 있다. 알고리즘 레벨에서 QC 시스템의 상태 공간은 너무 커서 오늘날의 고전 머신에서 적절한 시간이나 공간을 사용하더라도 약 60개 이상의 큐비트를 사용하는 QC 알고리즘 동작을 시뮬레이션하는 것은 불가능하다. QC의 매력적인 기능인 복잡한 상태 공간을 나타내는 기능은 고전 하드웨어에서의 시뮬레이션을 어렵게 만든다.

노이즈, 기타 환경 및 하드웨어 스펙을 고려한 저수준 시뮬레이션은 훨씬 더 제한된 성능을 가진다. 사용되는 세부 사항들이 고전 컴퓨터가 갖는 능력을 훨씬 뛰어 넘기 때문이다. 결과적으로 QC 커뮤니티는 현재의 컴퓨터 하드웨어 설계 커뮤니티에서 사용되는 '부트스트래핑 방법'과 유사한 더 작은 양자계를 사용해 더 큰 양자계의 특정 측면을 시뮬레이션하는 방법을 개발하고, 새롭게 제안된 차세대 머신을 시뮬레이션하는 데 사용된다. 또한 전체 시스템의 대략적인 시뮬레이션은 초기 설계 평가가 가능하다는 가치를 가질 수 있으며 고급 고전 머신에서 수행될 수 있다.

양자 프로그램의 디버깅과 검증 또한 중요한 과제의 일부분이다. 대부분의 고전 컴퓨터는 프로그래머에게 프로그램의 임의의 지점에서 실행을 중지하고 컴퓨터 상태, 즉 프로그램 변수와 메모리에 저장된 다른 항목의 값을 검사할 수 있는 기능을 제공한다. 따라서 프로그래머는 검사를 통해 상태가 올바른지 아닌지를 결정할 수 있고, 상태가 이상한 경우에는 프로그램 버그를 찾을 수 있다. 대조적으로 QC 프로그램은 물리적 큐비트 측정에 의해 붕괴되는 기하급수적으로 큰 상태 공간을 가지며, 중간 실행 측정 후에 QC 실행을 다시 시작할 수 없다. 따라서 양자 프로그램의 디버깅과 검증 기술 설계는 QC 개발이 발전할 수 있게 하는 기본적이지만 도전적인 요구 사항이다.

QC 시뮬레이션과 디버깅은 도전적 연구 노력이 필요하며, 프로그래밍 언어와 컴파일러와 같은 소프트웨어 툴체인은 더 큰 발전을 이뤘지만 여전히 중요한 역할을 담당하고 있다.

NISQ 시대는 소프트웨어 편집과 도구에서 중요한 변화 시기 중 하나가 될 수 있다. 특히 실제 하드웨어에서 양자 프로그램을 신속하게 개발하고 테스트할 수 있는 능력은 구체적인 애플리케이션 지원을 위해 양자 컴퓨터 지원 성능을 잘 파악하고 개발할 때 유용하고, 하드웨어 개발 시에 빠른 피드백을 얻고 발전할 때 매우 중요하다. 하드웨어 기술뿐 아니라 소프트웨어 기술 발전도 조율해 전체적인 발전이 이뤄질 수 있게 해야 한다.

6.7 참고 문헌

[1]   예를 들어 QISKit 및 OpenQASM은 IBM 사이트(https://www.qiskit.org/), Forest는 Rigetti 사이트(https://www.rigetti.com/forest)에서 확인할 수 있다.

[2]   M. Reiher, N. Wiebe, K. M. Svore, D. Wecker, and M. Troyer, 2017, Elucidating reaction mechanisms on quantum computers, *Proceedings of the National Academy of Sciences of the U.S.A.* 201619152.

[3]   F. T. Chong, D. Franklin, and M. Martonosi, 2017, Programming languages and compiler design for realistic quantum hardware, *Nature* 549(7671):180.

[4]   A. Javadi-Abhari, S. Patil, D. Kudrow, J. Heckey, Al. Lvov, F. T. Chong,

and M. Martonosi, 2014, "ScaffCC: A Framework for Compilation and Analysis of Quantum Computing Programs,"in *Proceedings of the 11th ACM Conference on Computing Frontiers*, http://dx.doi.org/10.1145/2597917.2597939.

[5]   ProjectQ는 https://github.com/ProjectQ-Framework/ProjectQ에서 확인할 수 있다.

[6]   A. W. Cross, https://www.media.mit.edu/quanta/quanta-web/projects/qasm-tools/.

[7]   A. W. Cross, L. S. Bishop, J. A. Smolin, and J. M. Gambetta, 2017, "Open Quantum Assembly Language," arXiv:1707.03429.

[8]   QCoDeS는 최근에 릴리스됐고 http://qcodes.github.io/Qcodes/에서 확인할 수 있다.

[9]   ARTIQ의 최신 버전은 https://github.com/m-labs/artiq에서 확인할 수 있다.

[10]   IBM Q Experience Device, https://quantumexperience.ng.bluemix.net/qx/devices.

[11]   M. Soeken, M. Roetteler, N. Wiebe, and G. De Micheli, 2016, "Design Automation and Design Space Exploration for Quantum Computers," arXiv:1612.00631v1.

[12]   A. Parent, M. Roetteler, and K. M. Svore, 2015, "Reversible Circuit Compilation with Space Constraints," arXiv:1510.00377v1.

[13]   P. M. Soeken, T. Häner, and M. Roetteler, 2018, "Programming Quantum Computers Using Design Automation," arXiv:1803.01022v1.

[14]   M. Roetteler and K. M. Svore, 2018, Quantum computing: Codebreaking and Beyond, *IEEE Security and Privacy* 16(5):22-36.

[15]   마이크로소프트의 양자 개발 키트^Quantum Development Kit는 https://www.microsoft.com/en-us/quantum/development-kit에서 확인할 수 있고, ScaffCC는 https://github.com/epiqc/ScaffCC에서 확인할 수 있다.

[16]   S. Aaronson and D. Gottesman, 2004, Improved simulation of stabilizer circuits, *Physical Review A* 70:052328.

[17]   T. H?ner, D. S. Steiger, K. M. Svore, and M. Troyer, 2018, A software methodology for compiling quantum programs, *Quantum Science and Technology* 3:020501.

[18]   D. Aharonov, M. Ben-Or, E. Eban, and U. Mahadev, 2017, "Interactive Proofs for Quantum Computations," preprint arXiv:1704.04487.

[19] A. Broadbent, J. Fitzsimons, and E. Kashefi, 2009, "Universal Blind Quantum Computation," pp. 517–526 in *50th Annual IEEE Symposium on Foundations of Computer Science 2009.*

[20] J. F. Fitzsimons, and E. Kashefi, 2017, Unconditionally verifiable blind quantum computation, *Physical Review A* 96(1):012303.

[21] D. Aharonov, M. Ben-Or, E. Eban, and U. Mahadev, 2017, "Interactive Proofs for Quantum Computations," preprint arXiv:1704.04487.

[22] B. W. Reichardt, F. Unger, and U. Vazirani, 2012, "A Classical Leash for a Quantum System: Command of Quantum Systems via Rigidity of CHSH Games," preprint arXiv:1209.0448.

[23] B. W. Reichardt, F. Unger, and U. Vazirani, 2013, Classical command of quantum systems, *Nature* 496(7446):456.

[24] A. Natarajan and T. Vidick, 2017, "A Quantum Linearity Test for Robustly Verifying Entanglement," pp. 1003–1015 in *Proceedings of the 49th Annual ACM SIGACT Symposium on Theory of Computing.*

[25] S. Pironio, A. Acín, S. Massar, A. Boyer de La Giroday, D. N. Matsukevich, P. Maunz, S. Olmschenk, et al., 2010, Random numbers certified by Bell's theorem, *Nature* 464(7291):1021.

[26] U. Vazirani and T. Vidick, 2012, "Certifiable Quantum Dice: Or, True Random Number Generation Secure Against Quantum Adversaries," pp. 61–76 in *Proceedings of the Forty- Fourth Annual ACM Symposium on Theory of Computing.*

[27] U. Vazirani and T. Vidick, 2014, Fully device-independent quantum key distribution, *Physical Review Letters* 113(14):140501.

[28] C. A. Miller and Y. Shi, 2016, Robust protocols for securely expanding randomness and distributing keys using untrusted quantum devices, *Journal of the ACM (JACM)* 63(4):33.

[29] R. Arnon-Friedman, R. Renner, and T. Vidick, 2016, "Simple and Tight Device-Independent Security Proofs," preprint arXiv:1607.01797.

[30] Z. Brakerski, P. Christiano, U. Mahadev, U. Vazirani, and T. Vidick, 2018, "A Cryptographic Test of Quantumness and Certifiable Randomness from a Single Quantum Device,"in *Proceedings of the 59th Annual Symposium on the Foundations of Computer Science.*

[31] U. Mahadev, 2018, "Classical Homomorphic Encryption for Quantum Circuits," *Proceedings of the 59th Annual Symposium on the Foundations*

of Computer Science.

[32]   U. Mahadev, 2018, "Classical Verification of Quantum Computations," *Proceedings of the 59th Annual Symposium on the Foundations of Computer Science.*

[33]   F. T. Chong, D. Franklin, and M. Martonosi, 2017, Programming languages and compiler design for realistic quantum hardware, *Nature* 549(7671):180.

[34]   T. Häner, D. S. Steiger, K.Svore, and M. Troyer, 2018, A software methodology for compiling quantum programs, *Quantum Science and Technology* 3(2):020501.

[35]   V. Kliuchnikov, A. Bocharov, M. Roetteler, and J. Yard, 2015, "A Framework for Approximating Qubit Unitaries," arXiv:1510.03888v1.

[36]   V. Kliuchnikov and J. Yard, 2015, "A Framework for Exact Synthesis," arXiv:1504.04350v1.

[37]   V. Kliuchnikov, D. Maslov, and M. Mosca, 2012, "Practical Approximation of Single-Qubit Unitaries by Single-Qubit Quantum Clifford and T Circuits," arXiv:1212.6964.

[38]   N. J. Ross and P. Selinger, 2014, "Optimal Ancilla-Free Clifford+T Approximation of z-Rotations," arXiv:1403.2975v3.

[39]   A. Bocharov, M. Roetteler, and K. M. Svore, 2014, "Efficient Synthesis of Probabilistic Quantum Circuits with Fallback," arXiv:1409.3552v2.

[40]   A. Bocharov, Y. Gurevich, and K. M. Svore, 2013, "Efficient Decomposition of Single-Qubit Gates into V Basis Circuits," arXiv:1303.1411v1.

[41]   R. Raussendorf and J. Harrington, 2007, Fault-tolerant quantum computation with high threshold in two dimensions, *Physical Review Letters* 98:190504.

[42]   A. G. Fowler, M. Mariantoni, J. M. Martinis, and A. N. Cleland, 2012, Surface codes: Towards practical large-scale quantum computation, *Physical Review A* 86:032324.

[43]   C. Monroc, R. Raussendorf, A. Ruthven, K. R. Brown, P. Maunz, L.-M. Duan, and J.Kim, 2014, Large-scale modular quantum-computer architecture with atomic memory and photonic interconnects, *Physical Review A* 89:022317.

[44]   M. Ahsan, R. Van Meter, and J. Kim, 2015, Designing a million-qubit

quantum computer using resource performance simulator, *ACM Journal on Emerging Technologies in Computing Systems* 12:39.

07

양자 컴퓨팅의 타당성과 시간 프레임

실제 관심 분야를 수행할 수 있는 대규모 결함 허용 지원 게이트 기반 양자 컴퓨터는 오픈 사이언스 기업에서는 아직 개발되지 않았다. 일부 연구원[1]은 실용적인 양자 컴퓨팅이 근본적으로 불가능하다고 주장했지만, 위원회에서는 (현재 우리의 양자 물리학 이해가 정확하다는 전제하에서) 그런 시스템을 제작할 수 없다는 어떤 근본적인 이유도 찾지 못했다. 그렇지만 아직 중요한 연구들이 남아 있고, 모든 기초 연구와 디바이스 공학 레벨에서 확장 가능한 양자 컴퓨터 구축 목표를 달성하려면 제기된 많은 질문을 해결해야만 한다. 7장에서는 현재의 발전(2018년 중반 기준)과 보편적인 결함 허용 양자 컴퓨터의 미래 진행 평가용 프레임워크를 제공하고, 이런 내용과 관련된 핵심 마일스톤을 보여준다. 마지막 부분에서는 이 분야의 연구 개발이 갖는 파급 효과의 일부분을 검토한다.

7.1 현재 발전 현황

뮤비트 품질의 상당한 향상과 함께 소규모의 데모 가능한 게이트 기반 양자 컴퓨팅 시스템(수십 큐비트 정도 포함)이 개발됐다. 그러나 주파수가 올라갈수록 디바이스 크기도 증가되고 있다. 결함 허용 능력은 없지만 결어긋남^{decohering}이 발생하기 전에 계산을 수행할 수 있을 정도의 견고함을 갖는 수백 개의 고품질 큐비트를 사용해 NISQ 시스템을 구축하고자 많은 노력을 하고 있다[2].

스케일링할 수 있고 오류가 정정된 머신(논리적 큐비트의 추상화를 사용 가능)을 사용해 더 많은 연산을 수행하는 것은 어려운 작업이다. 연구원은 높은 충실도를 갖는 각 큐비트를 사용하는 것은 가능하지만, 사용하고자 하는 대형 디바이스의 모든 큐비트가 높은 충실도를 갖는 것은 훨씬 더 어렵다. 지금은 디바이스가 계산 동작을 할 때 오류 정정을 지원할 만큼 견고하기 이전에 대형 디바이스가 갖는 큐비트 평균 오류율을 10에서 100배까지 줄여야만 한다. 현재 오류율에서 디바이스의 물리적 큐비트 수는 효과적인 논리적 큐비트 수를 만들고자 적어도 10^5배 증가해야 한다. 논리적 계산을 하고자 필요한 개선점들을 적용하는 것은 중요한 작업이며 외삽법^{extrapolation}을 기반으로 요구 사항을 달성하고자 할 때 모든 예상 시간을 알기는 어렵다.

위원회는 이 연구를 위해 데이터를 수집하는 과정에서 다양한 종류의 대규모 엔지니어링 관련 작업 내용을 연구원들로부터 파악할 수 있었다.[1]

---

1. 미국 에너지부(DOE)의 Excascale 컴퓨팅 프로젝트, DRAM 및 3DNAND 기술의 상용 개발, 프랑스의 국제 열핵 실험 원자로 현장에서 세계 최대 규모의 토카막(핵융합로) 건설과 같은 대규모 엔지니어링 작업이 예에 포함된다. 다른 프로젝트를 진행하는 동안 각 프로젝트 책임자는 대규모 엔지니어링 프로젝트를 완료하는 데 어느 정도의 시간이 필요할지를 경험적으로 관측했다. 위원회는 8 ~ 10년이라는 추정치를 제공하고자, 역사상 가장 야심적이고 자원 집약적인 과학/엔지니어링 프로젝트 중 하나인 맨해튼 프로젝트조차 (2016년의 인플레이션 수준을 반영해 220억 달러의 비용이 들 것으로 예상됐고, 직원 19만 3천명 모두가 헌신적으로 목표 달성을 위해 작업 수행함) 1939년 설립 이후 6년이 걸리고, 1945년 삼위일체(Trinity) 테스트에서 성공적으로 시연됐음을 인용했다.

각 작업 내용은 복잡한 시스템의 펀딩, 개발, 구축, 시연에 필요한 최소 시간이 구체적인 시스템 설계 계획이 확정되고 나서 약 8 ~ 10년 정도 필요할 것으로 예상됐다[3]. 2018년 중반에는 설계 계획을 일반 도메인 외부에서 갖고 있어도 대규모의 결함 허용 양자 컴퓨터를 구축하기 위한 설계 계획을 또 다른 외부에 공개는 어려웠다. 그래서 위원회는 이미 분류됐거나 독점적인 정보에 접근하기 어려웠다.

핵심 사항 1: 양자 컴퓨팅의 최근 상태와 최근 진행률을 감안할 때 RSA 2048 또는 이와 유사한 이산 로그 기반 공개 키 암호 시스템을 손상시킬 수 있는 양자 컴퓨터가 향후 10년 내에는 구축될 것으로는 예상하기 어렵다.

특정 종류의 시스템을 언제 만들 수 있을지 정확하게 예측하기보다는 확장 가능한 양자 컴퓨터를 확보하기 위한 시간이 오래 걸림을 알 수 있다 (실제로 시간이 얼마나 걸릴지 파악하기 어렵다). 따라서 7장에서는 양자 컴퓨터의 발전을 평가하기 위한 프레임워크를 제안한다. 단기간의 추세를 예측하고, 사용하는 양자 컴퓨터 성장을 추적하려면 몇 가지 스케일링 측정 기준을 제시하고, 확장성 있는 결함 허용 능력 양자 컴퓨터를 얻고자 극복해야 할 핵심 마일스톤과 파악된 도전 항목들을 가져야 한다.

7.1.1 선순환 만들기

1장에서 살펴봤듯이 매우 많은 엔지니어링적 노력이 필요한 분야의 발전은 연구 및 개발 노력 강도와 매우 밀접하게 연관돼 있고, 사용할 수 있는 자금에도 의존적이다. 최근에는 공공 및 민간 부문의 투자가 증가해 양자 컴퓨딩도 많은 진보가 있었다. 최근 민간 부문은 다양한 미디어에서 폭넓게 이야기된 바와 같이 양자 컴퓨팅 연구 개발 분야에서 많은 참여를 하고 있다[4]. 그러나 양자 컴퓨팅의 현재 투자는 대부분 투기적인 성격을 가진다. 투자 대상으로는 잠재적 시장성이 있는 양자 센싱과 큐비트 관련 단기 사용 가능 애플리케이션(계측용)이 있지만, 양자 컴퓨팅 시스템의 연구 개발의 목표는 새로운 시장을 창출할 기술을 구축하는 것이다. 반도체 산업과 유사한 선순환 구조가 아직 양자 컴퓨팅 기술에는 적용되지 않았다. 기술로서 양자 컴퓨팅은 아직 초기 단계에 머물러 있다.[2]

양자 컴퓨팅에 대한 열정은 현재 개발 상황에 선순환을 가져올 수 있지만 개발 중인 기술에 대한 단기 애플리케이션 개발에만 해당되며, 주요 혁신을 통해 정교한 머신을 개발할 수 있다. 이러한 마일스톤을 달성하면 재정적으로 이익을 얻을 수 있고 양자 컴퓨팅 분야의 연구 개발에 더 많은 자원을 투입하게 될 것이며, 대형 머신 기술 개발로 확장될 가능성이 높아지게 된다. 이러한 시나리오에서는 시간이 지날수록 양자 프로세서가 처리할 수 있는 용량이 지속적으로 증가할 것으로 예상된다.

그러나 QC R&D가 꾸준히 발전했지만 양자 컴퓨터의 상업적 첫 번째 애플리케이션은 매우 많은 수의 (근래에 시연을 보였거나 예상됐던 것보다 더 많은) 물리적 큐비트가 필요할 수 있다. 이 경우 장기간에 걸친 정부나 기타 조직은 이 분야에 계속해서 자금을 지원할 수 있겠지만 이 자금량이 급속히 증가될 가능성은 낮고 '무어의 법칙' 모양의 개발 커브로 이어진다. 가까운 장래에 상용 애플리케이션이 없으면 펀딩 레벨 변화가 없거나 하락할 수도 있다. 사실 이러한 모습은 이제 스타트업 기술에서는 일반적이다. 이 현상을 극복하는 과정은 '죽음의 계곡'을 건너는 것으로 언급된다[5, 6]. 좀 가혹한 경우에는 자금 부족으로 인해 해당 분야 내에서 평판이 안 좋아져 산업계와 학계에서 발휘했던 그동안의 재능이 사라지고 앞으로 계속해서 오랫동안 발전을 하지 못하는 경우가 생긴다. 이 시

---

2. 실제로 QC는 가트너(Gartner)의 2000년에서 2017년 사이의 신기술 목록에 11회에 걸쳐 선보였고, 매회 하이프 사이클(hype cycle, 기술 성숙도를 나타내기 위한 시각적 도구 – 옮긴이) 내의 초기 단계에 나왔으며 매번 상업화가 10년 이상 걸리는 기술로 분류됐다. 이와 관련해서는 https://www.gartner.com/smarterwithgartner/the-cios-guide-to-quantum-computing/을 참고한다.

나리오를 피하려면 상업적으로 이익이 줄어들더라도 계속 자금 지원이 이뤄져야 한다.

핵심 사항 2: 가까운 장래에 양자 컴퓨터가 상업적으로 성공하지 못하더라도 정부의 자금 지원은 양자 컴퓨팅 연구 및 개발이 현저히 감소되는 것을 막는 데 필수적이다.

무어의 법칙에 영향을 미친 성공적 선순환 적용 결과는 미래에 개발을 위한 자금 지원과 개발 성공에 필요한 재능을 확보하는 데 중요하다. 물론 성공적인 결과의 정의는 이해관계자에 따라 다르다. 양자 과학의 이론과 실제적인 측면에서 모두 성공하려면 핵심적인 역할을 하는 그룹이 존재해야 한다. 기업이나 VC벤처 캐피털 커뮤니티를 통해 자금을 조달한 그룹과 그 외의 개발자들은 과학 발전, 세계 변화 및 재정적 보상에 대한 조합에 관심을 갖고 있다. 그중에서 후자 그룹에는 상업적 성공이 필요하다. 대규모 오류 정정 양자 컴퓨터의 구축 전에 해결돼야 할 많은 기술적 어려움이 있을 것을 고려하면 양자 컴퓨팅을 위해 오랜 시간 동안 지속 가능한 생태계가 필요하고, 이를 통해 모든 잠재적 결과를 달성할 수 있다.

7.1.2 단기간 내 양자 컴퓨터용 애플리케이션의 중요성

위원회의 평가 내용을 보면 현재/계획된 펀딩이 새롭게 이뤄질 수 있는 주요 양자 컴퓨팅 개발이 2020년 초쯤 시작할 것으로 예상하고 있다. 이때까지 확보 가능한 머신 중 최고를 찾는다면 NISQ 컴퓨터를 뽑을 수 있다. 이 머신에서 사용할 수 있는 훌륭한 상업 애플리케이션이 개발되고 합리적인 기간 내에 도입된다면 민간 시장 투자자들은 투자 수익을 가질 수 있고 정부 프로그램 관리자는 정부 프로그램을 통해 중요한 과학적, 상업적 애플리케이션 결과를 얻는다. 이러한 투자 결과는 초기 성공을 통해 얻은 자본 재투자를 포함해 양자 컴퓨팅의 재투자가 이뤄질 수 있도록 지원한다. 또한 양자 컴퓨터는 실제 세계의 관심 문제를 해결할 수 있는 능력을 갖기 때문에 목적을 달성하기 위한 전문 인력이 필요하고, 향후 기술 발전 진행을 주도할 수 있는 학업 및 기타 프로그램 인력을 교육한다. NISQ 컴퓨터의 사용 애플리케이션들은 투자 수익을 만들 수 있는 충분한 시장 관심을 창출할 수 있으며, 펀딩을 증가시키고 관심 인력을 끌어들일 수 있는 선순환virtuous cycle을 만든다. 선순환을 통해 양자 컴퓨팅 능력을 더 갖출 수 있기 때문에 더욱 큰 성공을 얻을 수 있다.

NISQ 컴퓨터는 수백 가지의 물리적(오류가 정정되지 않은) 큐비트를 가질 가능성이 높고, 3장에서 설명한 바와 같이 관심이 많은 연구 방향은 있지만 이 머신 클래스를 효율적으로 사용할 수 있는 알고리즘이나 애플리케이션이 아직은 없다. 따라서 단기간의 양자 컴퓨팅용 상용 애플리케이션 개발을 목표로 갖는 R&D 프로그램을 만드는 것이 실제 개발 현장을 위해 중요하다. R&D 프로그램에는 다음 내용들이 포함될 수 있다.

1. 알고리즘 성능이 개선되지 않은 고전 컴퓨터의 애플리케이션 영역에서 양자 속도 향상을 위한 적정 크기를 결정하는 문제와 제한된 게이트 깊이를 사용할 수 있는 알고리즘을 정의해야 한다.
2. 적당한 크기의 양자 서브시스템을 사용해 속도를 향상시킬 수 있는 하이브리드 고전 양자 기술 알고리즘을 정의해야 한다.
3. 고전 컴퓨터의 최고 알고리즘은 현재 고전적 계산 동작의 고유 스케일링 제한을 갖고 있기 때문에 문제 크기가 커질 경우에 솔루션에 영향을 많이 미칠 수 있는 영역을 정의해야 한다.

핵심 사항 3: NISQ^{Noisy Intermediate-Scale Quantum, 노이즈가 있는 중간 규모 양자} 컴퓨터의 실제 상용 애플리케이션의 연구 및 개발은 양자 컴퓨팅 분야에서 시급하다. 애플리케이션의 연구 개발 결과는 대규모 양자 컴퓨터의 개발 속도와 양자 컴퓨터의 상용 시장 규모 및 견고성에 큰 영향을 미친다.

단기간 내 양자 컴퓨터에 선순환 투자를 시작하기에 경제적으로 충분하더라도 수백 개의 물리적 큐비트를 가진 머신과 대규모의 오류 정정된 양자 컴퓨터 사이에는 여러 차이점이 존재하고, 이러한 차이점을 극복하기에는 상당한 시간과 노력이 필요하다. 이러한 유형의 머신 간 전환 모니터링 방법을 제공하고자 다음 절에서는 발전 현황을 추적하고 평가할 수 있는 두 가지 전략을 제시한다.

7.2 양자 컴퓨팅에서의 진행 상태 평가용 프레임워크

미래의 발명이나 예상치 못한 문제를 예측하기는 어렵다는 것을 감안할 때 장기 기술 예측 결과는 대부분 부정확하다. 일반적으로 기술 진보는 몇 가지 측정 가능한 계량 측정법을 사용해 과거 실적 데이터로 미래 추세를 외삽해 예측한다. 과거의 기존 데이터를 사용해 단기 예측을 생성할 수 있으며, 이는 새로운 진행 상태는 향후 예측을 업데이트하고자 문서화되면서 조정될 수 있다. 이 방법은 기술 발전 사항의 대리자로 사용할 수 있는 안정적인 측정 항목이 있을 때 사용할 수 있다. 예측 방법이 모든 분야에서 잘 사용될 순 없지만 수년간 많이 사용된 실리콘 컴퓨터 칩(측정 항목으로 '컴퓨터 칩당 트랜지스터 수' 또는 '트랜지스터당 비용' 중 하나를 사용)과 유전자 시퀀싱(측정 항목은 '염기 서열 쌍당 비용'임)을 포함한 여러 분야에서는 성공적으로 적용됐다. 양자 컴퓨팅에서 추적 가능한 확실한 측정 항목은 시스템에서 동작하는 '물리적 큐비트 수'다. 쇼어의 알고리즘을 구현할 수 있는 확장 가능한 양자 컴퓨터를 만들려면 큐비트 오류율과 물리적 큐비트 수가 모두 수십 배로 향상돼야 한다. 적절한 시간 내에 이 목표에 도달하려면 연구 개발 커뮤니티가 많은 시간 동안에 디바이스당 큐비트 품질을 향상시켜야 한다. 매우 낮은 오류율을 갖는 게이트 연산을 사용해야 하기 때문에 큐비트 수를 단순히 크기 조정하는 것으로는 충분치 않다. 궁극적으로 오류 정정된 논리적 큐비트가 필요할 것이고, 주어진 QECC에 대해 하나의 논리적 큐비트를 생성하는 데 필요한 물리적 큐비트의 수는 3장에서 다룬 것처럼 기본 큐비트 연산의 오류율과 많은 관련성을 가진다.

7.2.1 물리적/논리적 크기 조정 동작을 추적하는 방법

양자 컴퓨팅 하드웨어의 발전 현황은 두 개의 영역으로 구분해서 볼 수 있으며, 각 영역은 자기만의 측정 항목을 가진다. 첫 번째는 양자 오류 정정 없이 물리적 큐비트를 직접 사용하는 머신의 발전 현황을 추적하고, 두 번째에서는 양자 오류 정정이 효과적인 시스템의 발전 현황을 추적한다.[3] '첫 번째 측정 항목'('측정 항목 1'이라고 함)은 모든 큐비트(1 또는 2 큐비트 게이트)의 평균 충실도를 일정하게 유지할 수 있는 시스템에서 물리적 큐비트의 수를 두 배로 늘리는 데 필요한 시간이다. 예를 들어 5%, 1%, 0.1%와 같은 서로 다른 평균 물리적 큐비트 오류율을 갖는 시스템의 크기와 배가 시간doubling time을 추적해 큐비트 품질과 수량 모든 측면의 발전을 추정할 수 있다.[4] 위원회는 실제 디바이스에서 수행된 계산 작업에서 연산이 사용될 때 발생하는 오류율에 많은 관심을 갖고 있고 RBM^{Randomized BenchMark} 테스팅이 오류율을 결정하는 데 효과적인 방법인 것으로 파악했다. RBM 방법을 사용하면 누화를 포함해 모든 시스템 레벨 오류를 설명할 수 있는 보고된 오류율을

---

3. 앞서 언급했듯이 큐비트 연결은 디바이스에서 계산 수행 시의 오버헤드를 변경할 수 있는 중요한 매개변수다. 그러나 큐비트 수와 오류율만큼 중요하지는 않으며, 그 중요성은 주어진 시스템의 전반적인 설계의 특정 상황에 달려 있다. 여기에 제안된 측정 항목에는 연결(Connectivity) 관련 항목이 포함되지 않는다.

4. 다른 측정 항목들이 제안됐지만 앞으로는 더 새로운 측정 항목들이 제안될 수 있다. 그러나 대부분이 이 매개변수들을 기반으로 한다. 예를 들어 양자 볼륨(https://ibm.biz/BdYjtN)의 측정 항목은 큐비트 수와 유효 오류율을 결합해 단일 숫자 값을 만든다. 양자 컴퓨터 성능 측정 항목은 활발히 연구되는 영역이다. 위원회는 간단하면서 이익이 될 수 있도록 '첫 번째 측정 항목'을 선택했다.

확인할 수 있다.[5]

몇몇 회사가 50 큐비트로 구성된 초전도 칩을 발표[7]했음에도 불구하고, 2018년 중반에 칩의 구체적인 게이트 동작 오류율 수치는 발표되지 않았다. 오류율이 보고된 가장 큰 초전도 QC는 IBM의 20 큐비트 시스템이다. 이 시스템의 평균 2 큐비트 게이트 오류율은 약 5%다[8]. QC의 초기 단계에서 높은 게이트 오류율 레벨을 가진 QC는 발전하고 있다(QEC를 사용해 오류가 없는 동작 제외). 시간이 지날수록 QC는 오류율이 낮은 고품질 큐비트 시스템으로 발전돼 완전 오류 정정 작업이 가능해졌다. 일정한 평균 게이트 오류율을 사용한 물리적 큐비트 발전을 추적하면 향후 머신의 발전 현황 추정 방법을 얻을 수 있고, NISQ 컴퓨터가 상업적으로 제공 가능하게 될 때 특히 유용하게 사용할 수 있다.

'두 번째 측정 항목('측정 항목 2'라고 함)은 QC 기술을 사용해 초기 양자 컴퓨터가 오류 정정 코드를 실행하고 큐비트 작업의 충실도를 향상시킬 수 있도록 개선할 수 있다. 이때 주어진 머신에서 유효한 논리적 큐비트 수[6]를 추적하고 큐비트 수를 두 배로 늘리는 데 필요한 시간을 추적한다. 오류 정정 기능을 가진 소형 머신에서 논리적 큐비트의 유효 숫자를 예상하려면 물리적 큐비트의 수를 다르게 해 측정된 오류율에서 목표 논리적 게이트 오류율(예, $< 10^{-12}$)에 도달하는 데 필요한 물리적 큐비트의 수를 추정할 수 있다. 연결 코드[concatenated code]의 경우 필요한 연결 레벨의 수를 사용하며, 표면 코드[surface code]의 경우에는 3장에서 설명한 대로 필요

---

5. 불행히도 이 측정 항목은 현재 많은 컴퓨터에서 사용되지 않는다. 위원회에서는 '첫 번째 측정 항목'을 결정할 때 RBM 사용을 권장하지만, 7장의 '첫 번째 측정 항목'을 사용할지를 결정하는 예제에서는 머신의 평균 2 큐비트 오류율을 플레이스홀더(placeholder)로 사용한다. 이 데이터는 RBM 데이터를 사용할 수 있을 때 업데이트한다.

6. 논리적 큐비트를 생성하는 데 필요한 물리적 큐비트의 수는 물리적 큐비트의 오류율과 3.2절에서 설명한 논리적 큐비트의 필요한 오류율에 따라 달라진다. 그리고 논리적 큐비트의 오류율은 계산의 논리적 깊이에 따라 달라진다. 이 측정 항목의 경우 크고 일정한 논리적 깊이(예, 10^{12}) 값을 선택하고 기술 확장이 어떻게 되는지를 추적한다.

한 코드의 크기(거리)를 사용한다. 논리적 큐비트의 수는 제조된 QC의 크기(즉, 물리적 큐비트의 수)를 논리적 큐비트를 생성하는 데 필요한 수로 나눈 것이다. 조만간 이 측정 항목 값은 1보다 작게 될 것이다.[7]

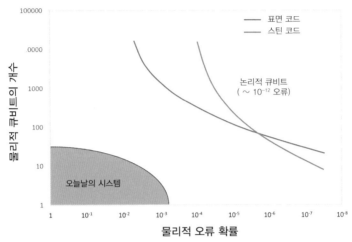

그림 7.1 큐비트 오류 확률 충실도 대 기존 QC의 물리적 큐비트 수, 10^{-12} 오류 확률을 갖고 논리적 큐비트를 만들기 위한 자원 요구 사항을 나타낸다. 다른 선들은 특정 QEC(표면 코드와 이 그림에서 표시된 연결된 스틴(Steane) 코드)의 요구 사항에 해당한다(출처: 자바디 아바리(A. Javadi-Abhari)의 Ph. D. 논문(프린스턴 대학교, 2017년) 내에 있는 논리적 큐비트 커브 데이터를 사용).

이 측정 항목을 살펴보는 한 가지 방법은 그림 7.1을 통해 알 수 있다. 두 큐비트 게이트 작업의 유효 오류 확률error probabilities(또는 비충실도infidelity)을 볼 수 있으며(실제로 1 큐비트 동작 오류율보다 더 나쁨) QECC에 의해 보호되는 고성능 논리적 큐비트를 얻는 목표를 갖고 x축에는 물리적 큐비트의 오류율을 나타내고, y축에는 물리적 큐비트 개수를 나타낸다. 서로 다른 두 선은 서로 다른 두 QEC 코드에 대해 논리적 오류 확률 10^{-12}을

---

7. 이 계산에서는 보편적 게이트 세트를 구현하는 비용을 설명하진 않는다. 논리적 큐비트(logical qubit) 상태를 유지하는 데 필요한 물리적 큐비트 수만 추적한다. 예를 들어 표면 코드 아래의 논리적 큐비트에 T 게이트를 수행하려면 다른 연산보다 많은 물리적 큐비트가 필요하다.

달성하기 위한 요구 사항을 나타낸다. QEC를 실행한 결과를 통해 머신의 전반적인 큐비트 품질을 얻을 수 있다. 논리적 큐비트의 개수는 측정된 물리적 오류율^error rate을 갖는 큐비트를 사용한 논리적 큐비트의 가장 작은 크기(그림 7.1에 표시)와 제조된 큐비트 간의 비율로 나타낼 수 있다.

논리적 큐비트의 수를 추적하는 것은 미래의 오류 정정된 양자 컴퓨터의 타이밍을 예측하는 데 있어서 물리적 큐비트의 수를 추적하는 것보다 명확한 장점을 갖는다. 이 측정 항목은 목표 게이트 오류율을 갖는 오류 정정된 논리적 큐비트의 생성을 가정하고 물리적 큐비트 품질이나 QEC 체계의 향상으로 인해 발생하는 발전 현황을 자연스럽게 반영해 물리적 큐비트 오버헤드를 감소시키고 물리적 큐비트의 주어진 수에 비해 더 많은 논리적 큐비트를 가질 수 있다. 따라서 논리적 큐비트의 수는 양자 컴퓨터의 스케일링을 추적하는 하나의 대표적인 측정 항목으로 사용할 수 있다. 또한 물리적 큐비트와 논리적 큐비트의 스케일링 속도가 다를 수 있음을 의미한다. 시간이 지남에 따라 큐비트 품질과 QEC 성능이 향상되면 논리적 큐비트가 2배 정도 물리적 큐비트보다 빠를 것이다. 물리적 큐비트의 스케일링은 단기간 내에 제공될 애플리케이션에서 중요하지만, 대규모의 결함 허용 양자 컴퓨터가 언제 만들어지는지를 논리적 큐비트 스케일링 방향을 통해 결정할 수 있다.

핵심 사항 4: 위원회가 이용할 수 있는 정보를 감안할 때 스케일링 가능한 양자 컴퓨터가 언제 나올 수 있는지를 예측하는 것은 아직 이르다. 대신 무작위 벤치마킹을 사용해 평가할 때 평균 게이트 오류율이 일정한 상태에서 물리적 큐비트의 비율을 모니터링하고 장기적으로 시스템이 나타내는 논리적(오류 수정된) 큐비트의 오류 수를 모니터링해 발전 상황을 추적할 수 있다.

5장에서 다룬 것처럼 초전도 및 트랩된 이온 큐비트는 현재 양자 데이터 평면을 생성하는 가장 유망한 방법이지만, 위상학적 큐비트^{topological qubit}같은 다른 기술이 가진 장점으로 인해 미래에 더 빠른 속도로 확장하고 현재의 기술을 추월할 수 있다. 결과적으로 미래의 기술 크로스오버 포인트를 더 정확하게 예측하고자 모든 기술의 최상의 QC 스케일링 속도와 다양한 접근법의 스케일링 속도를 추적하는 것이 더 합리적이다.

7.2.2 큐비트 기술의 현황

큐비트를 구현하는 데 사용할 수 있는 다양한 기술의 특성은 이미 이 책에서 자세히 다뤘다. 책에서 다룬 기술 중 초전도 및 트랩된 이온 큐비트 2개만 예비 큐비트 스케일링 법칙을 얻고자 충분한 품질과 통합을 달성했고, 이러한 경우 과거 데이터는 제한적으로만 사용할 수 있다. 그림 7.2는 무지개 색을 사용해 오류율이 다른 머신을 그룹화하는 큐비트 수와 시간의 비율을 보여준다. 빨간색 점이 가장 높은 오류율을 보여주고 자주색 점이 가장 낮은 오류율을 나타낸다. 오류율이 상수 값을 갖는 경우 큐비트 수를 두 배로 늘리는 데 2년 이상 걸렸다. 2016년 이후에 초전도 큐비트 시스템은 좀 더 빠른 스케일링이 가능하게 됐고, 매년 큐비트의 수는 두 배가 됐다. 이러한 스케일링 방법이 계속되면 2019년에는 평균 오류율이 5% 미만인 40 ~ 50 큐비트 시스템을 가질 수 있다. 미래 예측을 할 수 있는 트렌드를 얻을 수 있는 능력은 데이터 포인트의 수가 증가함에 따라 향상될 것이며, 앞으로 몇 년 이내에 그럴 가능성이 높다.

그림 7.3은 이러한 동일한 데이터 포인트를 나타내지만 y축의 오류율과 색상별로 머신 크기를 나타낸다. 이 데이터는 2 큐비트 시스템의 오류율을 꾸준히 감소해 대략 1.5 ~ 2년마다 반으로 줄어들고 있다. 하지만 대형 큐비트 시스템은 오류율이 더 높으며 현재 20 큐비트 시스템은 2 큐비트 시스템보다 10배 높은 오류율(7년 정도를 시프트^{shift})을 가진다.

이러한 방식으로 나타낼 수 있는 제한된 데이터 포인트 수를 잘 살펴봐야 한다. 부분적으로 프로토타입 QC 디바이스를 구축할 때 비교 가능한 데이터는 찾기 어렵기 때문이다. 더 많은 데이터 포인트를 사용하면 트렌드를 확인하고 디바이스를 비교하기 더 쉬워진다. 측정 항목 1에 대해 디바이스 내의 1 큐비트 및 2 큐비트 게이트에서 RBM을 사용해 유효 오류율을 알 수 있다.

7장의 나머지 부분에서는 QC의 머신 마일스톤 매핑 발전 상황이 큐비트 수 기준으로 배수로 측정되거나 현재의 최신 기능을 지원하는 QC 시스템의 필요 오류율은 절반으로 측정된다. 2018년 중반에 24개의 물리적 큐비트 사용하는 것을 가정할 때 오류율은 5%가 된다.

양자 컴퓨터의 성능은 큐비트의 수와 품질에 따라 달라지며, 이 절에서 정의된 측정 항목과 게이트의 속도 및 연결성으로 성능을 추적할 수 있다. 고전 컴퓨터와 마찬가지로 다른 양자 컴퓨터는 다른 클록 속도로 동작하고, 양자 게이트 병렬 처리의 다른 레벨을 이용하며, 다른 프리미티브 게이트 동작을 지원한다. 모든 애플리케이션을 실행할 수 있는 머신은 기본 동작 세트를 지원하고 가능한 한 많은 세트를 가진다. 애플리케이션의 실행 효율성은 양자 데이터 평면이 지원하는 동작 집합과 소프트웨어 컴파일 시스템이 해당 양자 컴퓨터의 애플리케이션을 최적화할 수 있는지 여부에 따라 달라진다.

소프트웨어 시스템의 품질과 양자 데이터 레이어에서 제공되는 기본 동작을 추적하려면 모든 크기의 컴퓨터 성능과 충실도를 측정할 수 있는 간단한 벤치마크 애플리케이션 세드[8]의 표준회가 필요하다.

---

8. 이러한 애플리케이션에는 서로 다른 양자 오류 정정 코드, 변형 고유 부호(eigensolver) 및 고전적인 양자 알고리즘이 포함될 수 있으며, 크기가 다른 '데이터 세트'에서 실행해야 하고 다른 크기의 양자 컴퓨터를 측정할 수 있어야 한다.

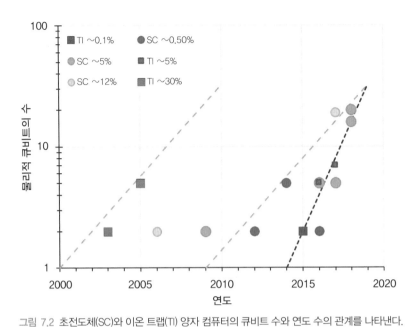

그림 7.2 초전도체(SC)와 이온 트랩(TI) 양자 컴퓨터의 큐비트 수와 연도 수의 관계를 나타낸다. 세로축은 로그 스케일링으로 표시된다. 트랩된 이온의 데이터는 정사각형으로 표시되며 초전도 머신의 경우 원으로 표시된다. 2 큐비트 게이트 평균 오류율은 다른 색상으로 구분했다. 같은 색상의 점은 비슷한 오류율을 가진다. 회색 점선은 2000년과 2009년에 하나의 큐비트를 시작으로 2년마다 두 배가 되는 큐비트 수 증가를 보여준다. 검은 점선은 2014년에 큐비트 1개로 시작해 매년 배가 돼가는 것을 나타낸다. 최근의 초전도체 성장은 매년 두 배로 증가했다. 이 비율이 계속 되면 2019년에는 오류율이 5% 미만인 50 큐비트 머신에 대한 보고를 얻을 수 있다. 출처: 그림 내의 데이터는 다양한 곳에서 얻었으며, 각 데이터 포인트는 다음의 논문을 통해 얻었다.

H. Häffner, W. Hänsel, C.F. Roos, J. Benhelm, D. Chek-al-kar, M. Chwalla, T. Körber, et al., 2005, Scalable multiparticle entanglement of trapped ions, *Nature* 438:643-646, https://quantumoptics.at/images/publications/papers/nature05_haeffner.pdf; D. Leibfried, B. DeMarco, V. Meyer, D. Lucas, M. Barrett, J. Britton, W.M. Itano, B. Jelenković, C. Langer, T. Rosenband, and D.J. Wineland, 2003, Experimental demonstration of a robust, high-fidelity geometric two ion-qubit phase gate, *Nature* 422:412-415, https://ws680.nist. gov/publication/get_pdf.cfm?pub_id=104991; F. Schmidt-Kaler, H. Häffner, M. Riebe, S. Gulde, G.P.T. Lancaster, T. Deuschle, C. Becher, C.F. Roos, J. Eschner, and R. Blatt, 2003, Realization of the Cirac-Zoller controlled-NOT quantum gate, *Nature* 422:408-411, https://quantumoptics.at/images/publications/papers/nature03_fsk.pdf; M. Steffen, M. Ansmann, R.C. Bialczak, N. Katz, E. Lucero, R. McDermott, M. Neeley, E.M. Weig, A.N.

Cleland, and J.M. Martinis, 2006, Measurement of the entanglement of two superconducting qubits via state tomography, *Science*, 313:1423–1425; L. DiCarlo, J.M. Chow, J.M. Gambetta, L.S. Bishop, B.R. Johnson, D.I. Schuster, J. Majer, A. Blais, L. Frunzio, S.M. Girvin, and R.J. Schoelkopf, 2009, Demonstration of two–qubit algorithms with a superconducting quantum processor, *Nature* 460:240–244; J.M. Chow, J.M. Gambetta, A.D. C?rcoles, S.T. Merkel, J.A. Smolin, C. Rigetti, S. Poletto, G.A. Keefe, M.B. Rothwell, J.R. Rozen, M.B. Ketchen, and M. Steffen, 2012, Universal quantum gate set approaching fault–tolerant thresholds with superconducting qubits, *Physical Review Letters* 109:060501; S. Sheldon, E. Magesan, J.M. Chow, and J.M. Gambetta, 2016, Procedure for systematically tuning up cross–talk in the cross–resonance gate, *Physical Review A* 93:060302(R); J.P. Gaebler, T.R. Tan, Y. Lin, Y. Wan, R. Bowler, A.C. Keith, S. Glancy, K. Coakley, E. Knill, D. Leibfried, and D.J. Wineland, 2016, High–fidelity universal gate set for 9Be+ ion qubits, *Physical Review Letters* 117:060505; C.J. Ballance, T.P. Harty, N.M. Linke, M.A. Sepiol, and D.M. Lucas, 2016, High–fidelity quantum logic gates using trapped–ion hyperfine qubits, *Physical Review Letters* 117:060504, https://journals.aps.org/prl/pdf/10.1103/PhysRevLett.117.060504; S. Debnath, N.M. Linke, C. Figgatt, K.A. Landsman, K. Wright, and C. Monroe, 2016, Demonstration of a small programmable quantum computer with atomic qubits, *Nature* 536:63–66, http://www.pnas.org/content/114/13/3305.full; and IBM Q Experience, https://quantumexperience.ng.bluemix.net/qx/devices.

벤치마크 애플리케이션은 양자 컴퓨터의 성능과 복잡도가 향상됨에 따라 정기적으로 업데이트해야 한다. 이렇게 진화하는 벤치마크는 수십년 동안 고전 컴퓨터 성능을 비교하는 데 사용된 표준 성능 평가Standard Performance Evaluation Corporation 벤치마크 애플리케이션 세트[9]와 유사하다. 이는 원래 일반적으로 사용되는 간단한 프로그램이었지만 시간이 지남에 따라 현재 애플리케이션의 계산 로드를 좀 더 정확하게 나타내고자 변경됐다.

그러나 특정 작업을 완료하는 데 많은 프리미티브 연산이 필요할 수 있기 때문에[9] 단일 프리미티브의 속도와 품질이 시스템의 전반적인 성능

---

9. 예를 들어 초전도 데이터 평면(superconducting data plane)의 대부분은 가장 가까운 이웃 간 통신만 지원한다. 즉, 2개의 입력 게이트는 인접 큐비트를 사용해야 한다. 따라서 거리가 먼 큐비트를 필요로 하는 2개의 입력 게이트는 작업이 완료되기 전에 두 개의 인접한 큐비트로 정보를 이동하려면 여러 단계로 분리해야 한다. 유사하게 일부 큐비트 회전들은 원하는 회전을 근사하고자 다수의 연산들로 분해돼야 한다.

을 측정하는 데 적합하지 않을 수 있다. 대신 애플리케이션 성능을 벤치마킹하면 서로 다른 기본 작업을 수행할 수 있는 시스템을 좀 더 효과적으로 비교할 수 있다. 가까운 미래의 양자 컴퓨터가 지원하는 컴퓨팅 능력을 감안할 때 처음에는 이러한 애플리케이션이 다른 크기의 머신에 맞게 조정될 수 있고 양자 오류 정정을 포함하는 공통 기본 루틴을 갖기 때문에 상대적으로 간단하다.

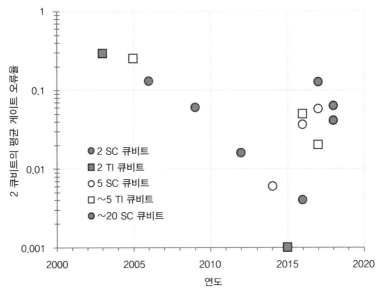

그림 7.3 트랩된 이온 및 초전도체 양자 컴퓨터의 2 큐비트 게이트가 갖는 평균 오류율. 트랩된 이온은 정사각형으로 표시되고 초전도 머신은 원으로 표시된다. 각 점의 색깔은 양자 컴퓨터의 크기를 나타낸다. 2 큐비트 머신의 오류율은 1.5(트랩된 이온)에서 2(초전도)년으로 약 2배 정도 감소했다. 대형 머신(약 20 큐비트)은 7 ~ 8년 더 오래 전의 2 큐비트 머신과 매칭될 수 있는 오류율을 가진다. 오류율이 얼마나 빨리 향상될지 추정할 수 있는 대형 머신의 데이터는 아직 충분하지 않다(출처: 그림 7.2와 동일).

핵심 사항 5: 연구 커뮤니티가 디바이스를 비교하고 이 책에서 제안된 측정 항목들로 그 결과를 변환하고자 명확한 보고 규약을 만들면 각 항목의 내용을 훨씬 쉽게 모니터링할 수 있다. 여러 머신을 비교할 수 있는 벤치마킹 애플리케이션 세트는 양자 소프트웨어의 효율성과 기본 양자 하드웨어의 아키텍처를 향상시키는 데 도움이 된다.

7.3 마일스톤과 시간 추정

완전히 오류 정정된 대규모 양자 컴퓨터는 수천 개까지 확장 가능한 설계를 지원하는 논리적(오류를 정정한) 큐비트와 프로그래머가 컴퓨터를 사용해 문제를 해결하는 데 효율적인 도움이 되는 소프트웨어 인프라가 필요하다. 이 기능들은 점차 컴퓨터가 복잡하게 발전되면서 점진적으로 확보할 수 있다. 양자 컴퓨터의 발전은 양자 컴퓨팅에서 발전을 추적하는 데 사용할 수 있는 일련의 마일스톤으로 구성되고, 하드웨어, 소프트웨어, 알고리즘의 발전에 따라 달라진다. 앞 절에서 알 수 있듯이 알고리즘의 초기 작업은 성장하는 양자 생태계를 발전시키는 데 필수적이며, 물리 큐비트의 수를 늘리고 큐비트 충실도를 높이려면 하드웨어 작업이 필요하다. 소프트웨어와 QEC 개선은 각 애플리케이션에 필요한 물리적 큐비트 수를 줄임으로써 도움이 될 수 있다. 양자 컴퓨터 개발을 위한 마일스톤은 그림 7.4에 설명돼 있으며 마일스톤을 달성하고자 극복해야 할 주요 기술적 과제는 다음 절들에서 설명한다.

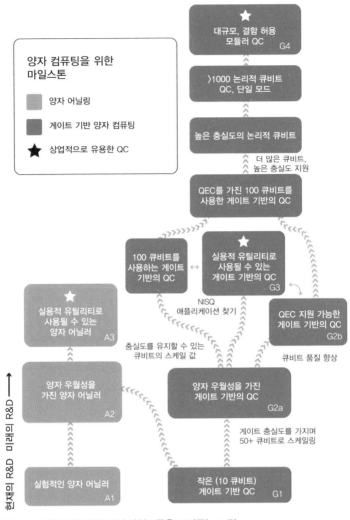

그림 7.4 양자 컴퓨팅의 발전 마일스톤을 보여주는 그림

7.3.1 작은(10 큐비트) 컴퓨터(마일스톤 G1)

첫 번째 벤치마크를 위한 머신은 평균 게이트 오류율이 5% 이상인 약 24 큐비트를 포함하는 디지털(게이트 기반) 양자 컴퓨터 클래스를 가지며

2017년에 처음 출시됐다. 현 시점에서 가장 큰 운영 게이트 기반의 양자 컴퓨터는 IBM Q[10]의 20 큐비트 시스템이며 약 5%의 평균 2 큐비트 게이트 오류율을 가진다. 유사한 접근 방식을 사용하는 시스템은 다른 대학 그룹과 상용 업체에서도 구할 수 있다[11]. 이러한 시스템에서 제어 평면 control plane과 제어 프로세서는 모두 제어 신호가 저온 저장 디바이스를 통해 양자 평면으로 흐르는 상태로 실온에 배치된다. 이온 트랩 QC도 비슷한 스케일로 존재한다. 2 큐비트 오류율이 1 ~ 2%인[12] 메릴랜드Maryland 대학의 7 큐비트 시스템과 인스브루크Innsbruck의 20 큐비트 시스템[13]이 2017년에 발표됐다. 인스부르크의 결과는 기존의 양자 게이트 기반 접근법을 기반으로 하지 않으므로[10] 게이트 오류율을 추출하기는 어렵지만 그 결과에선 트랩된 이온 머신에서 스케일링의 진행을 나타낸다.

7.3.2 게이트 기반의 양자 우월성(마일스톤 G2a)

다음으로 고려할 벤치마크 시스템은 기존의 고전 컴퓨터가 할 수 없는 몇 가지 작업(실용적이지 않을 수도 있음)을 완료할 수 있는 양자 우월성을 가진 양자 컴퓨터다. 양자 우월성은 현재 전망에 따르면 50 큐비트 이상의 머신이 필요하고 평균 게이트 오류율은 0.1% 정도다. 그러나 이는 양자 컴퓨터가 높은 성능을 갖고자 하는 개선 작업이 고전 컴퓨터 접근법으로 계속 이뤄짐에 따라 목표는 계속 움직이고 있다. 고전 컴퓨터가 갖는 한계를 대략적으로 추정하고자 연구자는 고전 컴퓨터가 시뮬레이션할 수 있는 가장 큰 양자 컴퓨터의 크기를 벤치마크했다. 양자 컴퓨터를 시뮬레이션하기 위한 고전 알고리즘의 개선이 최근 보고됐고, 이러한

---

10. 2 큐비트 게이트를 사용하는 대신 체인에서 모든 큐비트를 얽히게 하는 '전역(global)' 게이트를 사용한다. 게이트에서 일부 큐비트를 가져올 수 있다(어떤 큐비트 조합이더라도 게이트로부터 '가져올' 수 있음). 또한 사용자는 개별적으로 단일 큐비트 게이트를 처리할 수 있다. 원칙적으로 이러한 동작은 완전한 게이트 세트를 제공하지만, 오류율 특성화는 문제가 된다.

발전으로 시뮬레이션 성능은 다소 증가되지만 많이 영향을 미치진 못한다[14].[11]

이러한 머신의 클래스는 2017년에 출시된 머신에서 스케일링된 2세대 (약 4배)이고, 평균 게이트 오류율은 적어도 한 단계 감소됐다. 일부 회사는 이 목표를 달성하고자 적극적으로 양자 프로세서를 설계하고 시연하려고 노력 중이며, 일부는 이미 확인된 큐비트 수를 넘어선 초전도 칩을 발표했다. 그러나 지금 시점에서 이 양자 데이터 평면을 사용하는 작업 시스템에서 양자 우월성이나 결과를 발표한 사람은 아직 아무도 없다[15].[12]

이 마일스톤을 달성하려면 큐비트 수가 증가하더라도 새로운 제조 기술은 필요하지 않다. 초전도, 트랩된 이온 큐비트 어레이의 제조 프로세스는 디바이스의 양자 데이터 평면에 추가 큐비트를 쉽게 통합할 수 있다. 큐비트 및 관련 제어 신호의 스케일이 커지더라도 큐비트와 큐비트 동작의 품질을 유지하거나 향상시켜야 한다. 향상시키려면 두 가지 요인을 고려해야 한다. 첫째, 새롭게 생성된 각 큐비트(또는 큐비트를 포함하거나 구동할 수 있는 광학적 커플링, 전극, 트랩된 이온의 경우)는 이웃 큐비트와 약간 다르므로 큐비트의 수가 증가함에 따라 큐비트에서 예상되는 분산

---

11. 예를 들어 연구자들은 고전 알고리즘에서 필요한 문제 공간(problem space)을 줄이고자 시뮬레이션할 때 머신 제약을 해야 한다. 이와 관련된 내용은 E. Pednault, J.A. Gunnels, G. Nannicini, L. Horesh, T. Magerlein, E. Solomonik, and R. Wisnieff, 2017, "Breaking the 49-Qubit Barrier in the Simulation of Quantum Circuits," arXiv: 1710.05867v1을 참고한다.

12. 구글 연구원이 현존 최강의 슈퍼컴퓨터로 1만 년 계산해야 풀 수 있는 복잡한 수학을 단 3분 20초(200초) 만에 풀 수 있는 양자 컴퓨터를 개발했다는 내용의 문서가 언론을 통해 유출돼 학계와 산업계가 발칵 뒤집혔다. 양자 컴퓨터가 기존 슈퍼컴퓨터의 한계를 뛰어넘는 연산 성능을 보이는 것을 '양자 우월성'이라고 한다. 양자 컴퓨터가 본격적인 궤도에 오른 기준으로 보는데, 구글이 사상 처음으로 이 단계에 도달했다고 밝힌 것이다. 구글은 이런 내용이 담긴 문서를 미국항공우주국(NASA) 홈페이지에 게재했다가 언론을 통해 내용이 공개되고 논란이 커지자 삭제한 상태다. 구글은 이후 지금까지 문서의 존재와 사실 여부에 대해 명확한 입장을 내놓지 않고 있다(출처: http://dongascience.donga.com/news.php?idx=31347, 구글 양자 컴퓨터, 슈퍼컴 능가 했는가 '양자우월성 달성' 논란, 2019.09.24). - 옮긴이

값 또한 증가한다. 둘째, 이러한 추가 큐비트는 추가 제어 신호를 필요로 하므로 누화 노이즈crosstalk noise의 가능성이 증가한다. 따라서 주요 과제는 신중한 설계와 교정을 통해 추가된 '노이즈'의 소스를 완화해야 한다. 이와 같은 두 가지 요인을 고려해야 하는 문제는 시스템 크기가 커짐에 따라 더 어려워질 것이며, 교정 품질quality of calibration은 결과 시스템의 큐비트 충실도를 결정하고 양자 우월성이 달성될 시기를 결정할 수 있다. 3장에서 언급했듯이 일부 회사는 2018년에 양자 우월성을 입증하려고 노력하고 있다.

마일스톤의 내용을 배치한 형태는 위원회가 달성할 가능성이 있다고 생각하는 순서다. 그러나 일부는 달성되지 않았거나 지시된 순서대로 달성되지 않을 수도 있다.

양자 우월성을 달성하려면 고전 컴퓨터에서는 수행하기 어렵지만 양자 데이터 평면에서는 계산이 용이한 작업task이 필요하다. 이 작업이 반드시 유용할 필요는 없으므로 사용 가능한 작업의 수는 상당히 많다. 3장에서 다룬 것처럼 후보 애플리케이션은 이미 확인됐으므로 특정 목적을 위한 벤치마크 애플리케이션 개발은 마일스톤 달성 소요 시간을 지연시키지 않는다.

7.3.3 어닐러 기반 양자 우월성(마일스톤 A2)

5장과 6장은 게이트 기반 양자 컴퓨팅에 초점을 맞췄지만 3장에서 봤듯이 양자 컴퓨팅은 '게이트 기반'일 필요는 없다. D-Wave[13]는 2011년부터 초전도 큐비트 기반 양자 어닐러를 생산 및 판매하고 있다. D-wave

---

13. D-wave 시스템은 캐나다의 하드웨어 기업이다. 양자 컴퓨팅을 주 사업 대상으로 하며, D-wave 양자 컴퓨터를 판매한다. D-Wave One은 최초로 프로토타입된 양자 컴퓨터다(출처: https://ko.wikipedia. org/wiki/D-웨이브_시스템). – 옮긴이

시스템으로 특정 애플리케이션 성능을 향상시킨 논문이 나왔고 많은 관심을 불러 일으켰다. 최근 결과[16]에서는 고전 컴퓨터용 알고리즘을 주어진 문제의 특성에 맞게 최적화할 수 있고 고전 시스템을 사용해 양자 어닐러의 성능을 능가하는 경우를 보여줬다. 이러한 결과가 현재의 D-Wave 아키텍처(큐비트 연결 방식)와 큐비트 충실도의 한계를 나타내거나 양자 어닐링quantum annealing에 있어 좀 더 기본적인 내용으로 사용될 수 있을지는 확실치 않다. 현재 진행 상황에서 사용될 수 있는 핵심 벤치마크는 양자 우월성을 입증할 수 있는 양자 어닐러quantum annealer다.

이 마일스톤에 도달하는 것은 단순하게 숫자 값을 스케일링하고 큐비트의 충실도를 향상시키는 것보다 어렵다. 해결돼야 할 문제는 어닐러의 아키텍처와 관련된 것이다. 따라서 이 마일스톤이 충족될 것으로 예상되는 기간을 예측하기가 어렵다. 마일스톤 도달 문제는 이론적 분석이 어렵기 때문에 설계자는 문제의 적절한 해결점을 찾고자 다양한 문제와 아키텍처를 사용해 테스트해야 한다. 문제점이 양자 속도 향상에 있다고 명백히 발견되더라도 동일한 문제 클래스의 더 나은 고전적 컴퓨팅 접근법이 발견될 가능성을 배제할 순 없다. 모든 초기 D-Wave 속도 향상 방법은 더 나은 고전적 접근 방식이 시연됨으로써 효용이 없게 됐다. 특정 합성 벤치마크synthetic benchmark 문제의 예에서 D-Wave의 성능은 최상의 고전 접근 방식과 거의 같지만[17], 더 빠른 고전적인 CPU나 GPU를 사용하면 어닐러의 성능이 향상될 수 있다. 2020년 초까지 이 마일스톤이 달성되지 않는다면 연구자들은 유용한 작업(더 직관적으로 구별 가능한 속성에 관련)이 가능한 양자 어닐러를 만들고자 잘 정의된 문제 처리 노력을 할지 선택하는 대신 양자 어닐링 디바이스의 우월성을 보여줘야 한다. 이와 같은 작업을 통해 양자 우월성을 얻을 수 있다.

7.3.4 스케일링 지원 QEC의 성공적 실행(마일스톤 G2b)

트랩된 이온 및 초전도 큐비트 모두 오류 정정에 필요한 임곗값 미만의 큐비트 게이트 오류율을 보여줬지만 이러한 게이트 오류율 성능은 수십 큐비트 시스템에서 아직 입증되지 않았으며, 초기 머신은 계산 중간에 개별 큐비트를 측정할 수 없다. 따라서 QEC를 성공적으로 실행하고 물리적 큐비트보다 가능한 오류율이 낮은 하나 이상의 논리적 큐비트를 생성하는 시스템을 만드는 것이 주요 마일스톤이다. 이 마일스톤에서 시스템의 가장 나쁜 게이트라도 오류 정정 임곗값 이하의 오류율을 갖는 시스템을 만들 수 있고 QEC 코드가 머신 내의 양자 데이터 평면에서 발생하는 오류의 유형을 정정하는 데 효과적이라는 것을 입증할 수 있다. 또한 이 머신은 소프트웨어 및 알고리즘 설계자가 발생 가능한 오류 유형의 코드를 더욱 최적화할 수 있는 기회를 제공한다.

이러한 마일스톤은 QEC를 적용하고자 머신의 크기 규모는 크고 충분히 낮은 오류율을 갖기 때문에 게이트 기반 양자 우월성이 입증될 때쯤에 달성될 수 있다. 이러한 사건의 시간 순서는 RBM 테스트로 결정된 유효 오류율이 1% 미만인 QEC 요구 사항과 비교해 양자 우월성을 달성하는 데 필요한 정확한 오류율에 따라 달라진다[18].

7장 초반에서 설명했듯이 이 마일스톤은 물리적 큐비트 수와 오류율보다는 논리적 큐비트의 수로 후속 머신의 스케일링 정도를 추적할 수 있기 때문에 중요하다. 위원회 평가에서 볼 때 여기서 언급된 크기를 갖는 머신은 2020년 초까지 학계나 민간 부문에서 생산될 가능성이 크다.

논리적 큐비트의 수를 늘리기 위한 엔지니어링 프로세스에서는 두 가지 노력을 수행한다. 첫 번째는 현재 최고의 큐비트 설계를 채택하고 큐비트 오류율을 유지하거나 감소시키면서 시스템의 물리적 큐비트 수를 늘리는 것에 중점을 둔다. 이 과제에서 도전적인 측면은 점점 더 많은 제어 신호와 양자 데이터 평면 사이에 충분한 제어 대역폭^{bandwidth}과 격리 ^{isolation}를 제공하고 점점 복잡해지는 시스템을 교정하는 방법론을 만들고자 제어 레이어를 확장하는 것이다. 이러한 문제를 해결하면 시스템 설계 및 확장 문제의 학습이 이뤄진다.

다른 노력은 오류율을 줄이고자 큐비트 또는 시스템 설계를 변경하는 방법을 모색하고 분석을 쉽게 하고자 더 작은 시스템에 집중한다. 그리고 나서 오류율을 줄이는 성공적인 접근 방식이 대규모 시스템 설계로 이전된다. 예를 들어 결어긋남이 없는 하위 공간과 노이즈 없는 하위 시스템 기반 접근법은 큐비트 및 게이트 오류율을 개선하는 데 도움이 될 수 있다. 또 다른 좋은 접근법은 5장에서 설명한 비아벨$^{non-Abelian}$인 사람을 기반으로 하는 위상적 큐비트$^{topology\ qubit}$와 같은 기술을 사용하거나 개선될 때 고유의 오류 정정 기능이 있는 시스템을 고려한다. QEC를 통해 품질 향상을 달성하는 것은 논리적 큐비트를 만드는 것이 가능함을 보여주지만 QEC의 오버헤드는 그림 7.1에서 볼 수 있듯이 물리적 시스템의 오류율에 많이 의존한다. 수천 개의 논리적 큐비트로 확장할 수 있는 오류 정정된 양자 컴퓨터를 구현하려면 두 영역 모두에서 개선이 필요하다.

7.3.5 상업적으로 유용한 양자 컴퓨터(마일스톤 A3과 G3)

7장의 앞부분에서 언급했듯이 향후 몇 년 안에 양자 우월성을 입증하려는 최근의 발전과 가능성은 2020년 초까지 양자 컴퓨팅 투자를 촉진하고 확장하기에 충분한 관심을 불러일으킬 것이다. 2020년 말까지 개선 노력이 계속되려면 더 많은 투자가 필요할 것이며, 이 투자는 상업적 유용성이 있음을 보여주는 몇 가지 시연에 달려있다. 즉, 양자 컴퓨터가 상업적인 관심사를 고전 컴퓨터보다 훨씬 효율적으로 수행할 수 있음을 보여줘야 한다. 따라서 다음 주요 마일스톤에서는 양자 계산을 위한 선순환 주기를 지원하고자 상용 수요를 창출할 수 있는 양자 컴퓨터를 만들어야 한다.

이렇게 성공적인 머신을 얻고자 게이트 기반이거나 아날로그 양자 컴퓨터를 사용할 수 있다. 3장에서 설명한 것처럼 두 머신은 동일한 기본 양자 구성 요소인 큐비트를 사용한다. 그리고 이 큐비트는 상호작용 방법을 사용한다. 따라서 모든 유형의 컴퓨터를 구축하기 위한 필요 자원을 늘리면 전체 양자 컴퓨팅 생태계에 파급 효과가 발생할 수 있다.

많은 그룹이 기존 양자 컴퓨터에 웹 기반 액세스를 제공해 더 많은 사람이 서로 다른 애플리케이션을 탐색하고 더 나은 소프트웨어 개발 환경을 만들 수 있으며, 초기 머신에 잘 어울리는 물리 및 화학 문제를 탐구함으로써 상업적으로 성공적인 머신을 얻는 문제를 해결하고자 노력하고 있다. 디지털 양자 컴퓨터의 큐비트가 매년 두 배의 공격적인 속도로 발전한다면 약 5년 안에 수백 개의 물리적 큐비트가 생길 수 있지만, 여전히 완전한 논리적 큐비트를 지원하기에는 충분하지 않다. 그러므로 도움이 될 수 있는 주기를 가지려면 NISQ 컴퓨터에서 유용한 애플리케이션을 찾아야 한다. 이 마일스톤의 타이밍은 디바이스 스케일링(확장)뿐 아니라 NISQ 컴퓨터에서 실행할 수 있는 애플리케이션을 찾는 것에 의존적이다. 따라서 시간 프레임을 적용하기가 더 어렵다.

7.3.6 대형 모듈형 양자 컴퓨터(마일스톤 G4)

어떤 시점에 도달하면 5장에서 디룬 큐비트 수를 스케일링하는 현재의 접근법은 실제적인 한계에 도달할 것이다. 게이트 기반 머신의 초전도 큐비트의 경우 특정 크기 임곗값 이상으로 디바이스를 동작시키는 데 필요한 제어 라인을 관리하는 경우, 특히 디바이스가 포함된 저온 유지 디바이스를 제어 라인이 통과하고자 할 때 실제로는 제대로 못할 가능성이 높다. 초전도 큐비트 기반 어닐러는 이미 큐비트 충실도가 절충돼 제어와 큐비트 평면을 통합해 이런 문제를 해결할 수 있다. 이러한 엔지니어링 전략 중 일부는 게이트 기반 시스템에 적용된다. 트랩된 이온의 경우 제어 신호를 전달하는 데 사용되는 광학 시스템의 복잡도로 나타나거나 이온 결정의 크기가 커짐에 따라 이온의 운동 자유도를 제어하는 실제 문제로 나타난다. 물리적 큐비트 수가 약 1,000이나 현재의 6배가 되면 초전도 및 트랩 이온 게이트 기반 기술 모두 이러한 한계에 도달한다. 모든 대형 엔지니어링 시스템에 유사한 제한이 발생한다. 결과적으로 많은 복잡한 시스템은 모듈식 설계 접근법을 사용한다. 최종 시스템은 더 작은 모듈 세트를 차례로 조합해 여러 개의 개별 모듈을 연결해 만들어진다. 그림 7.5에 나와 있는 접근 방식을 사용하면 포함된 양자 데이터 평면 모듈 수를 늘려 컴퓨터의 큐비트 수를 확장할 수 있다.

이러한 대규모 머신이 실현되기 전에 해결해야 할 많은 시스템 문제가 있다. 첫째, 공간 제약으로 인해 제어 및 측정 레이어는 차가운 제어 전자 디바이스를 구현하고자(노이즈 증가 비용 때문에) 대규모 양자 어닐러에서 수행된 것처럼 양자 모듈에 통합돼야 한다.

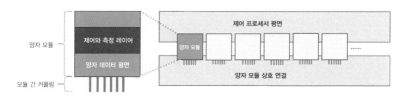

그림 7.5 결함 허용 능력 특성을 갖는 대형 양자 컴퓨터를 구현하는 모듈식 설계 접근법. 다이어그램은 디바이스 추상화를 나타내며, 특정 기술 디바이스 및 구현에 따라 달라질 특정 물리적 디바이스 레이아웃을 나타낸 것은 아니다. 각 양자 모듈은 자체 데이터 평면과 제어 및 측정 레이어로 구성되며 제어 프로세서 평면과 교차 구성된다.

또한 대형 모듈에서는 모듈이 손상될 가능성이 있기 때문에 개별 모듈을 디버깅하고 복구하는 전략을 생각해야 한다. 매우 낮은 온도에서 동작하는 시스템의 경우 결함이 있는 모듈은 가열^{warm}, 수리^{repair}, 재냉각^{recooling} 작업이 필요하다. 이러한 작업들은 시간을 소모하고 에너지를 많이 사용하는 처리를 수행하기 때문에 전체 시스템의 동작을 방해하게 된다. 이러한 모듈과 시스템 레벨의 문제 외에도 이런 유형의 모듈식 설계를 사용하려면 두 가지 중요한 상호 연결 문제를 해결해야 한다. 첫째, 서로 다른 모듈의 큐비트 간에 게이트 연산이 지원돼야 하기 때문에 낮은 오류율로 다른 모듈에 포함된 양자 상태를 결합하는 견고한 메커니즘을 만들어야 한다. 둘째, 모듈 연결은 충분히 낮은 오류율을 가지면서 생성되기 어렵기 때문에 상호 연결 아키텍처와 모듈 크기를 생성해 전체 성능을 극대화하면서 시스템 구축 비용을 최소화해야 한다. 오류 정정된 양자 컴퓨터에서 실행될 주요 알고리즘은 QEC이므로 QEC를 효율적으로 실행하면 이러한 설계를 절충할 수 있는 항목이 많이 나올 수 있다. 마지막으로 QEC를 사용하는 시스템은 크고 에너지 집약적일 가능성이 높다. 다른 가까운 장래의 도전이 진행 과정에서의 병목으로 남아 있기 때문에 이러한 도전이 어떻게 극복될 수 있을지 예측하는 것은 너무 이르다.

7.3.7 마일스톤 요약

쇼어의 알고리즘을 사용해 RSA 2048을 깨거나, 고급 양자 화학 계산을 실행하거나, 다른 실제 애플리케이션을 수행할 수 있는 대규모 결함 허용 양자 컴퓨터를 만드는 데는 10년 이상이 걸릴 것으로 예상된다. 이러한 능력의 머신은 물리적 큐비트의 수를 대략 16번 배가시키고 큐비트 오류율을 9번 반감시켜야 한다. 7장에서 소개된 큐비트 측정 항목 및 양자 컴퓨팅 마일스톤은 이 목표를 향한 발전을 추적하는 데 사용한다.

표 7.1 대규모, 범용, 결함 허용 능력을 가진 양자 컴퓨터의 마일스톤

주요 마일스톤	필요 고급 기술	예상 소요 시간 프레임
A1. 실험용 양자 어닐러	해당 없음	이 유형의 시스템이 이미 존재한다.
G1. 작은(수십 큐비트) 컴퓨터	해당 없음	이 스케일의 시스템이 이미 존재한다.
G2a. 양자 우월성을 보여주는 게이트 기반 양자 컴퓨터	• 100 큐비트 시스템을 주문 제작한다(G1 머신을 약 4배 확대). • 평균 오류율을 0.5% 이상으로 낮춘다(G1 머신보다 약 10배 향상). • 양자 컴퓨터에서는 개선할 수 있지만 고전 컴퓨터에서는 계산이 어려운 작업을 찾는다. • 결과의 정확성을 검증하고 고전 컴퓨터의 더 나은 접근법이 개발됐는지 확인한다.	2018년에 이 머신을 만들기 위한 적극적인 노력이 있었다. 커뮤니티는 이러한 머신이 2020년 초까지는 존재할 것으로 기대하지만 정확한 시기는 아직 불확실하다. 예상 타이밍은 하드웨어 개발 진행과 이러한 하드웨어를 시뮬레이션할 수 있는 고전적인 하드웨어의 능력에 달려 있다.
A2. 양자 우월성을 보여주는 양자 어닐러	• 시스템 아키텍처에 적합한 벤치마크이지를 확인한다. • 고전 컴퓨터가 할 수 없는 벤치마크 작업을 처리한다. • 이 벤치마크가 새로운 것이라면 고전 컴퓨터의 더 나은 알고리즘을 사용해 최상의 고전 접근 방식보다 우월함을 입증한다. • 결과의 정확성을 검증한다.	알기 어려움

(이어짐)

주요 마일스톤	필요 고급 기술	예상 소요 시간 프레임
G2b. 향상된 큐비트 품질을 위한 QEC 구현	• 낮은 오류율을 가지며 실제 하드웨어를 사용해야 한다. • 실시간으로 QEC를 구현할 수 있는 소프트웨어/제어 프로세서/제어 및 측정 레이어를 생성한다. • QEC 동작을 향상시키고자 측정에서 얻은 정보 이득을 사용한다. • 오류 정정된 큐비트를 보여준다.	G2a 시스템과 유사한 사용 시점을 가진다. 고전 머신의 시뮬레이션 기술이 계속 향상되면 더 일찍 사용할 수 있다.
A3/G3. 상업적으로 유용한 양자 컴퓨터	• NISQ 컴퓨터에서 고전 컴퓨터보다 효율적으로 수행할 수 있는 유용한 작업을 식별한다. • 사용 중인 물리적 디바이스에서 효율성을 지원하고자 필요 양자 알고리즘을 사용해야 한다.	이 마일스톤이 2020년 중반이나 후반에 제공되지 않으면 QC 펀딩에 영향을 줄 수 있다. 실제 사용 시점은 현재 알 수 없지만 애플리케이션에 따라 다르다.
G4. 대형(1,000 큐비트), 결함 허용 능력, 모듈형 양자 컴퓨터	• 많은 큐비트 시스템의 물리적 장벽을 극복할 수 있는 모듈식 구성 방식을 개발해야 한다. • 모듈 간 통신 및 결함을 위한 메커니즘을 만든다.	현재의 연구는 모듈을 연결하는 것보다 강력한 내부 논리를 만드는 데 초점을 맞추고 있기 때문에 사용 시점을 아직 알기 어렵다.

더 많은 실험 데이터를 사용할 수 있음에 따라 추출된 측정 항목을 사용해 향후 머신의 개수/오류율을 단기 예측하고 나중에 포함될 논리적 큐비트 수를 예측할 수 있다. 이러한 측정 항목들은 큰 결함 허용 양자 컴퓨터를 만들 때 만날 수 있는 큰 장애물들을 나타내기 때문에 진행률

에 영향을 미치는 일부 큰 문제를 추적하는 데 유용하다. 표 7.1은 마일스톤에서 제공하는 머신, 필요한 고급 항목 및 타이밍의 정보를 요약했다.

7.4 양자 컴퓨팅 연구 개발

정확한 시간 프레임이나 스케일 가능한 QC의 전망과 관계없이 양자 컴퓨팅 연구 개발에 투자해야 하는 많은 이유가 있으며 이 투자는 점점 더 글로벌화되고 있다. QC는 양자 기술의 큰 분야 중 한 요소다(가장 복잡한 구조를 가짐). 양자 기술의 여러 분야에서는 공통 하드웨어 구성 요소, 분석 방법, 알고리즘을 공유하고 한 분야의 발전이 다른 분야에서 종종 활용될 수 있기 때문에 모든 양자 기술의 펀딩이 함께 이뤄진다. 양자 기술은 일반적으로 양자 센싱, 양자 통신, 양자 컴퓨팅을 포함한다. 이번 절에서는 이 분야의 연구 영역 펀딩, 연구로 인해 얻을 수 있는 장점을 살펴본다.

7.4.1 글로벌 연구 현황

공개적으로 투자된 양자 정보 과학 및 기술 분야의 미국 R&D 노력은 크게 기본 연구 프로그램과 설계된 양자 디바이스의 컨셉 증명 데모로 구성된다.[14] NSF[National Science Foundation]와 DOE[Department of Energy]에서 시작한 최근의 시도는 NIST[National Institute of Standards and Technology], IARPA[Intelligence Advanced Research Projects Activity], DOD[Department of Defense]가 자금을 지원하는 연구의 발전 중인 프레임워크에 추가됐다. AFOSR[Air Force Office of Scientific Research], ONR[Office

---

14. 이 절에서는 QC보다 광범위한 양자 정보 과학과 기술의 펀딩 노력 현황을 나타냈으며, 데이터는 집계됐지만 QC 레벨은 별도로 추출하지 않았다.

of Naval Research, ARO^{Army Research Office}, DARPA^{Defense Advanced Research Projects Agency}

가 포함된 후발 기관에서도 많은 노력을 하고 있다. 미국의 일부 국가 실험실과 비영리 단체에서 양자 컴퓨팅 관련 주요 노력이 현재 이뤄지고 있다[19]. 이러한 공적 자금 지원을 통해 공개 상장된 주요 기업에서 상당한 노력이 이뤄지고 있고, 양자 공학 및 기술 분야의 업계 관심이 커짐에 따라 자금 투자는 계속 늘어나고 있다[20]. 민간 자본으로 자금이 지원되는 수많은 신생 기업이 설립되면서 양자 컴퓨팅 분야에서 많은 성장이 이뤄지고 있다[21].

양자 과학 및 기술 분야의 미국 R&D 규모는 상당하지만 이러한 노력은 전 세계적으로도 대규모로 이뤄지고 있다. 맥킨지^{McKinsey}의 2015년 보고서는 그림 7.6에서 나타낸 바와 같이 양자 기술 연구 개발 부문 중에서 세계적으로 비분류된 15억 유로(18억 달러) 규모의 투자를 보여준다.

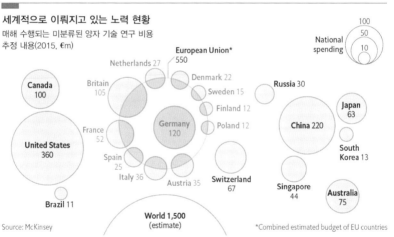

그림 7.6 국가별로 비분류된 양자 기술 연구에 대해 2015년의 연간 지출 비용(수백만 유로) 추정 내용. 최근에 발표된 국가별 R&D 이니셔티브(2018년 중반 현재)로 인한 예상 투자 수준은 표 7.2에서 볼 수 있다(출처: 이코노미스트가 보고한 맥킨지(McKinsey)의 데이터. "Here, There, and Everywhere: Quantum Computing Is Beginning to Come into Its Own," March 9, 2017를 이코노미스트의 허락을 받아 사용했다. 그림에 대한 저작권 사용 승인은 Clearance Center에서 허가받음).

표 7.2 2018년 중반 기준 양자 과학과 기술 연구 개발 관련 발표된 국내 및 국제 이니셔티브 정보

국가	이니셔티브	발표 연도	투자 금액과 시간	범위
영국	UK 국립 양자 기술 프로그램	2013년	2014년부터 5년간 2억 7천만 파운드(미화 3억 5천 8백만 달러)	센서 및 계측, 양자 강화 이미징(QuantIC), 네트워크 양자 정보 기술(NQIT), 양자 통신 기술
유럽 연합	양자 테크놀로지스 플래그십	2016년	10년 동안 10억 유로(11억 달러); 준비가 진행 중임; 2018년 시작.	양자 통신, 계측 및 센싱, 시뮬레이션, 컴퓨팅 및 기초과학
호주	호주 양자 컴퓨팅 & 통신 기술 센터	2017년	7년 동안 3,370만 호주 달러(미화 2천 5백 1십만 달러)	양자 통신, 광학 양자 계산, 실리콘 양자 계산, 양자 자원 및 통합
스웨덴	발렌베리(Wallenberg) 양자 기술 센터	2017년	2017년 EK 10억(미화 1억 1천만 달러)	양자 컴퓨터, 양자 시뮬레이터, 양자 통신, 양자 센서; 산업 및 사설 재단 후원
중국	국립 양자 정보 과학 연구소	2017년	76억 위안(114억 달러); 2.5년에 걸쳐 구축	중앙 집중형 양자 연구 시설

최근 발표된 양자 정보 과학 기술[QIST] 분야에서 주목할 만한 미국 외의 여러 국가의 프로그램과 초기 노력한 결과로 인해 대규모 국제 기금은 계속 성장할 것으로 보인다.

표 7.2에서 요약되고 부록 E에 설명된 이니셔티브를 통해 QIST 지도력

의 정부 인정 수준을 알 수 있다. 일반적으로 이니셔티브는 여러 하위 필드에 걸쳐 있으며, 양자 컴퓨팅에만 집중돼 있지 않다. 이 책이 집필되고 있는 시간에 미국에서는 양자 정보 과학을 위한 국가 전략 개요를 릴리스했고 R&D의 과학적 첫 번째 접근 방식을 강조하고 미래 인력을 모집했다. 또한 업계와의 관계를 강화하고, 핵심 인프라를 제공하며, 국가 안보와 경제 성장 및 국제 협력 발전을 유지하면서 양자 정보 과학을 위한 국가 전략 개요를 발표했다[22]. 미국의 국가 양자 이니셔티브^{National Quantum Initiative} 관련된 여러 법안은 상원과 하원에서 소개되고 발전됐다.

7.4.2 양자 컴퓨터 연구 및 개발의 중요성

아직은 멀고 가능하다고 확신할 수는 없지만 고전 컴퓨터에서 오랜 시간이 걸릴 수 있는 작업을 효율적으로 수행할 수 있는 양자 컴퓨터를 만드는 데 필요한 잠재적 항목들은 도전적인 발전 현황을 가진다. 잠재적이면서 실용적인 애플리케이션을 넘어서 양자 컴퓨팅이 추구하는 것을 달성하려면 인간이 이전에 접근할 수 없었던 상태 공간, '얽힘 영역'을 만드는 전례 없는 정도의 양자 세계를 활용/제어하는 기술이 필요하다. 이 작업은 작은 노이즈와 얽힌 양자계^{lownoise entangled quantum system}를 생성, 제어, 운영하고자 광범위한 엔지니어링이 필요하며, 충분히 가능하다.

QC가 발전돼 어떻게 동작하는지, 그리고 어떤 종류의 양자 제어가 근본적으로 가능한지에 대해 이론적인 예측을 직접 테스트할 수 있다. 예를 들어 양자 우월성 실험은 고도로 복잡한 시스템의 한계를 갖는 양자역학의 기본 테스트다. QC R&D 과정 전반에 걸쳐 양자 컴퓨터 성능의 관측과 실험은 양자 이론의 근본적인 토대를 밝히고 양자 이론의 발전과 정교화에 도움을 주어 예기치 못한 발견이 있을 수 있다.

좀 더 근본적으로 보면 양자 정보 이론과 양자 계산 이론의 개발은 이미 다른 물리 영역에 영향을 미치기 시작했다. 예를 들어 결함 허용 QC를 달성하고자 구현돼야 하는 양자 오류 정정 이론은 양자 중력 및 블랙홀 연구에 필수적이다[23]. 또한 양자 정보 이론과 양자 복잡complexity 이론은 양자물리학과 많은 양자 입자를 갖는 시스템의 동역학dynamics of systems 연구에 필수적이며 직접 적용이 가능하다[24]. 이 분야에서 발전된 내용들은 대부분의 물리적 시스템을 정확하게 이해하는 데 필요하다.

수학, 컴퓨터 과학, 재료 과학, 화학, 공학의 여러 영역을 포함하고 물리학을 넘어선 여러 분야의 기여를 통해 QC 이론과 디바이스가 발전했다. QC를 구축하고 사용하는 데 필요한 지식을 통합하려면 전통적인 학문 분야의 경계를 넘나드는 협력이 필요하다. 이러한 아이디어와 시각의 상호 수정을 통해 새로운 아이디어를 창출하고 새로운 질문을 제기해 새로운 연구 분야를 자극할 수 있다.

특히 양자 컴퓨터quantum computer를 사용하는 데 필요한 양자 알고리즘의 설계 작업은 기초 이론의 계산 성능을 향상시키는 데 도움이 된다. 현재까지 양자 컴퓨팅 연구 결과에서는 여러 가지 메커니즘을 통해 고전 컴퓨팅이 진보할 수 있도록 한 수많은 예가 있다. 첫째, 양자 알고리즘을 개발하기 위한 접근법을 사용해 일부 양자 알고리즘을 고전 알고리즘으로 변환할 수 있고 개선된 고전적인 방법classical method을 얻을 수 있었다[25-27].[15] 둘째, 양자 알고리즘 연구에서는 컴퓨터 과학 분야에서 이전에 제기됐던 질문에 답하기 위한 새로운 근본 증거를 제시했다[28-31].[16] 마

---

15. 예를 들어 고전 머신러닝(Wiebe, 2015)과 최적화 알고리즘(Zintchenko, 2015)에서 양자 영감을 통해 개선됐음을 참고할 수 있다.

16. 예를 들어 양자 근사 최적화 알고리즘(QAOA, Quantum Approximate Optimization Algorithm)은 고전 접근 방식보다 효율적이지는 않지만 특정 유형의 문제에 대한 성능 보장이 가능하며, 연구자의 증명이 가능하다. 이런 유형의 문제 접근법 중에서 이전에는 결코 달성하지 못했던 것도 있다(Farhi et al., 2014). 또 다른 예로 양자 컴퓨터의 특성은 특정 유형의 고전 컴퓨터 능력을 입증하는 데 중요하게 사용될 수 있다(Aaronson, 2005). 세 번째 예에서 고전적인 코딩 알고리즘인 '지역적으로 디코딩 가능한 코드 2개의 질의 방법'이 효율적으로 수행될 수 없음을 처음으로 입증하고자 양자 컴퓨팅에 기반을 둔 방법이 사용됐다(Kerenidis et al., 2004).

지막으로 양자 계산 방법의 진보를 통해 고전 알고리즘 연구자는 동기 부여를 가질 수 있게 됐다. 효율적인 양자 알고리즘의 발전은 훨씬 더 효율적이고 다른 방법으로 추구되지 않았던 새로운 고전 접근 방식의 개발을 촉진시켰다[32-35].[17] 따라서 양자 컴퓨팅의 기초 연구를 통해 현재 발전을 촉진하고 암호 시스템의 안전성을 평가하고, 물리적 계산의 경계를 밝히며, 계산 과학이 발전됐다.

새로운 첨단 도구와 방법을 만들어 이전에는 접근할 수 없었던 영역에 과학자들이 접근할 수 있게 돼 새로운 발견으로 이어지게 됐고, 양자 컴퓨팅의 기술 진보는 기초 연구 분야의 진보와 함께 발전해 왔다. 예를 들어 냉각 기술의 진보를 통해 초전도성을 발견할 수 있었음을 생각해보자. LIGO에서 하이엔드high end 광학적 간섭계 공학은 중력파gravitational wave의 관측을 가능하게 했다. 고성능 입자 가속기 공학을 통해 쿼크quarks와 렙톤leptons을 발견할 수 있었다. 따라서 QC R&D를 통해 물리학, 화학, 생화학, 재료 과학과 같은 여러 과학 분야에서 새로운 발견이나 발전이 가능하게 돼 QC 요소 기술이나 QC 기술 자체로 이어질 수 있다. 그리고 이러한 기술들은 미래의 기술 진보가 가능하게 한다. 모든 기초과학 및 엔지니어링과 마찬가지로 이 작업의 향후 영향은 쉽게 예측할 수 없지만 잠재적인 변환으로 인한 변화와 중요 경제적 이익을 제공할 수 있다.

핵심 사항 6: 양자 컴퓨팅은 우주를 이해하려는 인류의 노력을 향상시키는 데 도움이 되는 기초 연구에서 중요하다. 모든 기초과학 연구와 마찬가지로 이 분야의 발견은 혁신적인 새로운 지식과 응용 분야로 이어질 수 있다.

---

17. 예를 들어 MaxE3Lin2(Farhi et al., 2014)의 선형 대수학 문제에 대한 효율적인 양자 알고리즘의 발견은 컴퓨터 과학자들이 동일한 문제에 대해 여러 가지 새롭고 좀 더 효율적인 고전적인 접근법을 개발하게 자극했다(Barak et al., 2015; Hastad, 015). 이러한 결과는 고전적인 접근법이 좀 더 효율적으로 유지되더라도 양자 접근법을 통해 더 개선될 수 있도록 촉진한다. 또 다른 예로 어떤 학부생은 중요 양자 알고리즘의 성능과 일치하는 고전적인 알고리즘을 발견해 이전의 모든 고전적인 접근법에 비해 기하급수적인 속도 향상을 제공했다(Hartnett, 2018).

기초 연구 분야로서의 강점 외에도 양자 컴퓨팅 R&D는 양자 정보 과학 QIS, Quantum Information Science 분야의 진행을 이끌 수 있는 주요 요인이며 양자 기술의 다른 영역에서의 발전과 밀접한 관련이 있다. 양자 컴퓨팅 분야에서 현재 연구되고 있는 동일 유형의 큐비트는 정밀 시계, 자력계, 관성 센서를 구축하는 데 사용된다. 이러한 애플리케이션들은 가까운 장래에 달성할 수 있다. 양자 컴퓨터에서의 모듈 간, 모듈 내 통신 모두에 있어서 중요한 양자 통신은 자체적으로도 활발한 연구 분야다. 최근의 진보된 내용들은 광자에 의해 매개되는 원격 큐비트 노드들 간의 얽힘 분포, 근본적인 과학적 테스트를 수행하기 위한 거시적 거리들과 다중 양자 컴퓨터들 사이의 양자 연결용 다른 요소들을 포함한다.

대규모 양자 컴퓨터 연구에서는 다른 양자 기술에도 도움이 될 수 있는 양자 제어 및 측정 방법의 개선이 필요하다. 예를 들어 최근에 QC 시스템에서 초전도 큐비트를 측정하고자 개발된 마이크로웨이브 도메인의 첨단 양자 제한 파라메트릭 증폭기advanced quantum-limited parametric amplifier는 살펴보고자 하는 마이크로웨이브 장(예, 압착된 상태squeezed states)의 비고전적 상태를 측정하기 위한 전례 없는 레벨 감도를 얻고자 사용됐다. 그리고 센싱과 계측의 표준 한계를 넘는 민감도를 달성하고자 광범위하게 사용됐다[36, 37]. 실제로 양자 컴퓨팅과 양자 정보 과학의 결과는 양자 논리 분광학quantum logic spectroscopy[38]과 자력계magnetometry[39] 같은 다른 양자 기술에 가치 있는 기술을 제공한다.

핵심 사항 7: 대규모 양자 컴퓨터의 실현 가능성은 아직 확실하지 않지만 실용적인 QC를 개발하려는 노력이 갖는 장점은 크다. 큐비트 기반 센싱과 같은 양자 정보 기술을 여러 가지 가까운 시일 안에 사용 가능한 응용 분야에 계속 적용해 나갈 수 있다.

또한 양자 컴퓨팅 연구는 국가 안보를 확실히 지키고자 이뤄진다. 안보 영역에서의 관심과 발전을 감안해 현재 필요하며 동작 가능한 양자 컴퓨터를 만들 가능성은 낮지만 일부 국가에서는 국가 안보용 양자 컴퓨팅 기술이 계속 발전할 것으로 보인다. 따라서 모든 국가는 미래의 QC 능력 향상을 계획해야 한다. 현재의 비대칭 암호화의 위협은 분명하며, 4장에서 설명한 바와 같이 포스트 양자 암호로 전환하려는 노력을 진행해야 한다.

대규모의 실용적인 양자 컴퓨터를 소유하고 있는 그룹은 오늘날의 비대칭 암호 시스템을 파괴할 수 있고, 중요 신호에 대한 지능적 측면의 장점을 가질 수 있다. 정부 및 민간 시스템에 포스트 양자 암호를 배포하는 것은 앞으로 통신을 보호하는 데 도움이 될 수 있지만, 이미 적이 가로채거나 탈취된 데이터를 보호하진 못한다. 포스트 양자 세계에서 사전 양자prequantum 암호화 데이터의 액세스는 지능적 운영에서 중요한 장점이 될 수 있지만, 대규모 QC를 구축하는 데 걸리는 시간이 길어지면 그 가치가 떨어질 가능성이 크다. 또한 새로운 양자 알고리즘이나 구현은 새로운 암호 해독 기술로 이어질 수 있다. 포스트 보안과 관련해서는 일반적으로 사이버 보안과 마찬가지로 지속적인 보안 연구가 필요하다.

그렇지만 국가 안보에 미치는 영향은 앞에서 이야기한 문제점들을 초월한다. 미래의 경제적, 기술적 리더십에 관한 더 크고 전략적인 질문을 할 수 있다. 양자 기반 컴퓨팅은 다른 기초 연구 분야와 마찬가지로 여러 산업 분야에서 큰 변화를 일으킬 수 있다. 그 이유는 간단한데, 고전 컴퓨터의 발전은 컴퓨팅을 거의 모든 산업에서 필수적인 부분으로 만들었고, 이러한 의존성은 컴퓨팅의 진보가 광범위한 영향을 미칠 수 있기 때문이나. 그러한 변화가 언제, 혹은 활성화될지는 확실치 않지만, 미국이 이러한 발전을 이용해 책임감 있는 방식으로 미래를 이끌어갈 준비가 돼 있는 것은 전략적으로 중요하다. 전략적 중요성을 가지려면 각 분야의 최첨단이면서 강력한 지역 연구 커뮤니티가 필요하고, 징계, 제도적 경계들을 모두 뛰어 넘고 출신과 상관없이 현장에서 발전하고 있는 모든 것을 활용해야 한다. 따라서 이 목표를 위해서는 강력한 QC 연구 그룹을 만들고 유지하는 것이 필수적이다.

핵심 사항 8: 미국은 역사적으로 양자 기술 개발에서 주도적 역할을 해왔지만 양자 정보 과학과 기술은 이제 세계적으로 진행되고 있는 분야다. 최근 미국 외의 일부 국가들이 했던 대규모 자원 공약을 감안할 때 미국이 지도자의 지위를 유지하려면 미국의 지속적인 지원이 중요하다.

7.4.3 개방된 생태계

그동안 별도로 분류되지 않았던 양자 컴퓨팅 커뮤니티는 공동 작업을 통해 얻은 결과를 공개적으로 공유했다. 최근에 원격 또는 클라우드 액세스를 포함한 프로토타입 게이트 기반 및 어닐링 머신을 공유하고자 여러 사용자 커뮤니티가 만들어졌다. 예를 들어 USC-록히드-마틴[Lockheed-Martin] 양자 컴퓨팅 센터는 2011년에 128 큐비트 D-Wave 원[one] 시스템으로 만들어진 최초의 공유 사용자 시설이며, 현재 D-Wave 2X 시스템을 운영하고 있다. 512 큐비트 D-Wave 2 양자 어닐링 시스템은 2013년에 에임스 연구 센터[Ames Research Center]에서 만들었고[18] 다른 하나는 로스앨러모스 국립연구소[Los Alamos National Laboratory]의 양자 연구원[Quantum Institute]에서 D-Wave 2X 양자 어닐링시스템을 만들었다.[19] 디지털 QC에 대해서는 리제티[Rigetti]와 IBM이 게이트 기반 컴퓨터에 웹 액세스를 할 수 있는 기능을 제공한다. 실제 디바이스에서 양자 논리를 구현하는 데 관심이 있는 모든 사람(예, 학생, 연구원, 일반 회원)은 실험 결과를 다른 사람이 사용할

---

18. 이것은 구글, USRA 및 NASA 차세대 컴퓨팅 부서(Advanced Computing Division) 간의 공동 작업으로 현재 머신러닝 애플리케이션을 연구하는 데 사용된다.

19. 이 머신을 '이싱(Ising)'이라고 한다. 이 시설의 목표 중 하나는 아이디어 교환용 개방형 네트워크를 개발하고 사용자가 시스템을 연결하고 다양한 애플리케이션을 탐색할 수 있게 하는 것이다.

수 있게 하는 조건하에서 계정을 만들고 시스템 중 하나를 사용해 원격으로 실험할 수 있으며, 미리 하드웨어 프로그래밍에 대한 지식과 전략을 향상시키는 데 도움이 될 수 있다. 이러한 협력의 결과로 수십 개의 연구 논문이 이미 나왔다[40].

양자 컴퓨팅의 열린 연구와 개발은 하드웨어에만 국한되지 않는다. 양자 컴퓨팅을 지원하는 많은 소프트웨어 시스템은 사용자가 자유롭게 코드를 개선할 수 있는 오픈소스 모델을 사용해 개발되고 라이선싱되고 있다[41]. 개방형 소스 환경을 추구하는 수많은 새로운 양자 소프트웨어 개발 플랫폼이 있으며[20], 개방형 양자 컴퓨팅 R&D 지원은 공동 작업자의 커뮤니티 및 생태계를 구축하는 데 도움을 주며, 그 결과와 발전은 서로를 기반으로 협력하고 있다. 이러한 협력이 계속된다면 양자 컴퓨팅 생태계는 양자 과학 및 공학에서(잠재적으로는 물리학, 수학 및 계산의 다른 영역에서도) 발견되며, 생태계를 통해 기초과학 분야에서 진보가 이뤄지고 물리학의 구성 요소에 대한 사람들의 이해를 확대할 수 있다.

이와 동시에 양자 컴퓨팅 분야는 전 세계적으로 경쟁력을 갖추게 됐다. 앞 절에서 설명한 바와 같이 일부 국가는 중국, 영국, EU, 호주를 포함해 이 작업을 지원하는 대규모 연구 이니셔티브 또는 프로그램을 발표했으며, 많은 사람이 기술 리더가 되려고 한다. 양자 컴퓨팅 분야에서 리더십을 발휘하는 국가 또는 민간 부문의 경쟁이 치열해지면 연구 결과를 발표하고 공유하는 데 있어 그 분야가 덜 개방될 수 있다. 기업들이 일부 지적 재산권을 보유하고 모든 결과를 공개적으로 발표하지 않을 수는 있지만, 아이디어를 공개하는 흐름을 줄이는 것은 실용적인 기술과 인력

---

20. 예를 들어 마이크로소프트(Microsoft)는 양자 개발 키트와 해당 언어 Q#를 오픈소스 라이선스로 배포해 양자 알고리즘 및 라이브러리의 광범위한 개발자 사용 및 발전을 장려했다. 다른 오픈소스 양자 소프트웨어 패키지에는 ETH 취리히(Zurich)에서 개발된 ProjectQ, 댈하우지 대학교(Dalhousie University)의 Quipper 및 IBM에서 개발된 QISKit가 포함된다.

개발의 발전에 영향을 줄 수 있다.[21]

핵심 사항 9: 여러 그룹에서 아이디어를 상호 교환하는 개방 생태계는 기술 발전을 더욱 더 가속화할 수 있다.

7.5 성공적인 미래 목표

양자 컴퓨팅은 풍부한 잠재력을 제공하지만 미래 실현을 위해서는 여러 가지 과제를 해결해야 한다. 이 절에서는 대규모의 결함 허용 양자 컴퓨터를 만들고자 할 때 잠재적 능력의 가장 중요한 영향 요소들을 살펴보고, 이 목표를 달성하기 위한 핵심 과제 목록으로 마무리한다.

7.5.1 양자 컴퓨터 구축 시 사이버 보안의 의미

대형 범용 양자 컴퓨터를 구축함으로써 발생할 수 있는 주요 위험 요인은 오늘날의 전자와 정보 기반 시설의 보안을 뒷받침하는 공개 키 암호화 인프라의 붕괴다. 최고의 가용 하드웨어에서 가장 잘 알려진 고전적 컴퓨팅 기술을 사용해 2048비트 RSA 암호화를 무효로 하는 것은 완전히 불가능하다. 무효화하는 작업에는 몇 년의 세월이 필요하다[42]. 그렇지만 약 2,500개의 논리적 큐비트를 가진 범용 양자 컴퓨터는 불과 몇 시간 만에 이 작업을 수행할 수 있다.[22] 4장에서 언급했듯이 현재 이러한 공격에 저항력을 갖는 고전 머신의 프로토콜이 있지만, 널리 보급돼 있진 않

---

21. 연구 결과를 확보하는 것이 부족해 기술이 실패하게 된 사례 증거를 모으는 것이 어렵긴 하지만 반대를 설명하는 경우를 찾을 순 있다. 예를 들면 번성한 오픈소스 소프트웨어 커뮤니티가 개발한 많은 애플리케이션이나 NSFNet(민간 인터넷의 원래 백본) 출시, 후속 상업 투자가 이뤄진 이후에 인터넷의 빠른 발전 속도를 생각해보면 된다.

22. 표 4.1의 추정치를 확인한다.

다. 비휘발성 프로토콜로 암호화돼 저장된 데이터나 통신은 충분히 큰 크기의 양자 컴퓨터를 사용하는 모든 적의 공격 대상이 된다. 4장에서 설명한 것처럼 새로운 프로토콜을 배포하는 것은 비교적 쉽지만 프로토콜은 모든 컴퓨터, 태블릿, 휴대전화, 자동차, 와이파이 액세스 포인트, TV 케이블 상자, DVD 플레이어(수백 가지의 다른 종류의 디바이스들이 존재할 뿐만 아니라 일부는 매우 스펙이 낮음)에 내장(임베딩)되므로 모두 다 이전 프로토콜을 대체하는 것은 매우 어렵다. 이 프로세스는 수십 년이 걸릴 수 있기 때문에 위협이 발생하기 전에 시작해야 한다.

핵심 사항 10: 현재의 암호를 해독할 수 있는 양자 컴퓨터가 나오려면 10년 이상 걸리더라도 양자 컴퓨터가 가진 위험은 충분히 높기 때문에(더군다나 새로운 보안 프로토콜로 전환하기 위한 기간은 꽤 길고 불확실함) 잠재적인 보안 및 개인 정보 보호 재난의 가능성을 최소화하려면 포스트 양자 암호화(양자 내성 암호화)의 개발, 표준화, 적용의 우선순위를 중요하게 고려해야 한다.

7.5.2 양자 컴퓨팅의 미래 전망

지난 20년 동안 양자계의 과학 및 공학에 대한 사용자의 이해가 매우 향상됐으며, 이러한 이해를 통해 양자 컴퓨팅의 기반이 되는 양자 현상을 제어하는 능력도 향상됐다. 그러나 실용적인 유틸리티를 보유한 양자 컴퓨터를 만들기 전에 중요한 작업들이 남아 있다. 위원회의 평가에서 도출된 주요한 기술적 사항들은 다음과 같다.

- QEC를 사용하려면 많은 큐비트 시스템에서 큐비트 오류율을 10^{-3} 보다 낮춰야 한다.
- 인터리빙된 큐비트 측정 및 연산이 지원돼야 한다.

- 큐비트 오류율을 유지/향상시키면서 프로세서당 큐비트 수를 스케일링(확장)한다.
- 양자 프로그램을 시뮬레이션, 검증, 디버깅할 수 있는 방법이 개발돼야 한다.
- 특히 NISQ 컴퓨터를 사용하기 위한 낮은 비트 수 또는 얕은 회로 깊이에서 관심 있는 문제를 해결할 수 있는 알고리즘을 더 많이 만들어야 한다.
- 낮은 오버헤드가 요구되는 QECC를 최적화하거나 개발해야 한다. 여기서 문제는 논리적 큐비트당 물리적 큐비트의 수만이 아니라 논리적 큐비트(예, T 게이트 또는 표면 코드의 다른 비클리포드 게이트)에서 매우 많은 큐비트와 구현 단계를 사용하기 때문에 일부 연산 구현과 관련된 오버헤드를 줄이는 접근 방식을 찾아야 한다.
- 고전적인 접근법에 비해 알고리즘 속도 향상을 제공할 수 있는 추가 기본 알고리즘을 만들어야 한다.
- 모듈 간 양자 프로세서 입력과 출력(I/O)을 구성해야 한다.

위원회는 위와 같은 항목들의 발전이 이뤄질 것으로 예상하지만, 미래에 어떻게 그리고 얼마나 빨리 전개될 수 있는지 예측하는 것은 어렵다. 양자 컴퓨터의 발전은 '짧은 판독 길이[short read23]' 머신에서 비롯된 유전자 시퀀싱의 급속한 발전과 유사하게 예기치 않은 혁신으로 점진적 성장을 할 수도 있다. 이 작업을 수행할 수 있는 연구 커뮤니티의 능력은 전체 양자 컴퓨팅 생태계의 상태에 따라 다르며, 다음과 같은 요소들과 관련이 있다.

- 민간 부문의 이자율과 펀딩 레벨(다음 항목에 따라 달라질 수 있음)

---

23. short read는 원문 그대로 사용하는 것이 이 책의 독자들이 이해하기에 나아보이지만, 이번에는 '짧은 판독 길이'로 번역했다(https://www.bioin.or.kr/board.do?cmd=view&bid=tech&num=271437). – 옮긴이

- 상용 벤치마크를 적용 가능해야 하고, 특히 실제로 민간 부문의 투자를 유지할 수 있는 중간 규모 양자 컴퓨터에서 단기간 내 유효한 애플리케이션 개발이 이뤄져야 한다.
- 양자 컴퓨팅 알고리즘 분야의 발전이 있고 거의 대부분의 규모를 지원하는 QC 디바이스를 위한 시장성 있는 애플리케이션이 존재해야 한다.
- 특히 민간 부문의 펀딩이 붕괴되는 시나리오에서는 양자 기술 및 양자 컴퓨팅 연구 개발에 충분한 레벨의 정부 투자가 가능해야 한다.
- R&D 기업을 추진하려는 시스템에서 과학자와 엔지니어들의 종합적인 파이프라인이 사용 가능해야 한다.
- 연구 커뮤니티 내에서 공동 작업과 아이디어 교환의 개방성이 있어야 한다.

시간이 지남에 따라 7장의 앞부분에서 정의된 측정 항목들이 두 배가 된 상태를 보면서 열린 기술적 과제와 비기술적 요소를 충족시키는 발전이 이뤄짐을 평가할 수 있다. 7장에서 확인했던 마일스톤이 언제 달성 가능한지의 여부와 관계없이 양자 컴퓨팅 및 양자 기술 분야의 지속적인 연구 개발은 인류의 과학 지식 경계를 확대하고 새로운 과학적 발견을 이끌 것이다. 양자 우월성을 달성할 수 없거나 오늘날의 양자역학 내용이 불완전하거나 부정확하다는 부정적인 결과조차도 양자 정보 기술과 컴퓨팅의 한계를 분명히 밝혀내고 그 자체로 획기적인 발견이 될 것이다. 모든 기초과학 연구와 마찬가지로 아직 수집해야 할 결과들을 통해서 우주에 대한 이해를 변화시킬 수 있을 것이다.

7.6 참고 문헌

[1] 다음 예를 참고한다. G. Kalai, 2011, "How Quantum Computers Fail: Quantum Codes, Correlations in Physical Systems, and Noise Accumulation," preprint arXiv:1106.0485.

[2] J. Preskill, 2018, "Quantum Computing in the NISQ Era and Beyond," preprint arXiv: 1801.00862.

[3] 양자 컴퓨팅의 타당성 및 영향에 대한 기술 평가위원회의 세 번째 공개회의에서 존 숄프[John Shalf], 개리 브로너[Gary Bronner] 및 노버트 홀트캄프 [Norbert Holtkamp]의 발언

[4] 다음 예들을 참고한다. A. Gregg, 2018, "Lockheed Martin Adds $100 Million to Its Technology Investment Fund," *The Washington Post*, https://www.washingtonpost.com/business/economy/lockheed-martin
-adds-100-million-to-its-technology-investmentfund/2018/06/10/095
5e4ec-6a9e-11e8-bea7-c8eb28bc52b1_story.html;
M. Dery, 2018, "IBM Backs Australian Startup to Boost Quantum Computing Network," *Create Digital*, https://www.createdigital.org.au/
ibm-startup-quantum-computing-network/;
J. Tan, 2018, "IBM Sees Quantum Computing Going Mainstream Within Five Years," *CNBC*, https://www.cnbc.com/2018/03/30/ibm-sees-
quantum-computing-goingmainstream-within-five-years.html;
R. Waters, 2018, "Microsoft and Google Prepare for Big Leaps in Quantum Computing," *Financial Times*, https://www.ft.com/content/
4b40be6c-0181-11e8-9650-9c0ad-2d7c5b5;
R. Chirgwin, 2017, "Google, Volkswagen Spin Up Quantum Computing Partnership," *The Register*, https://www.theregister.co.uk/2017/11/08/
google_vw_spin_up_quantum_computing_partnership/;
G. Nott, 2017, "Microsoft Forges Multi-Year, Multi-Million Dollar Quantum Deal with University of Sydney," *CIO*, https://www.cio.com.
au/article/625233/microsoftforges-multi-year-multi-million-dollar-qu
antum-computing-partnership-sydney-university/;
J. Vanian, 2017, "IBM Adds JPMorgan Chase, Barclays, Samsung to Quantum Computing Project," *Fortune*, http://fortune.com/2017/12/
14/ibm-jpmorgan-chase-barclaysothers-quantum-computing/;
J. Nicas, 2017, "How Google's Quantum Computer Could Change the

World," *Wall Street Journal*, https://www.wsj.com/articles/how-googles-quantum-computercould-change-the-world-1508158847; Z. Thomas, 2016, "Quantum Computing: Game Changer or Security Threat?," *BBC News*, https://www.bbc.com/news/business-35886456; N. Ungerleider, 2014, "IBM's $3 Billion Investment in Synthetic Brains and Quantum Computing, *Fast Company*, https://www.fastcompany.com/3032872/ibms-3-billioninvestment-in-synthetic-brains-and-quantum-computing.

[5] Committee on Science, U. S. House of Representatives, 105th Congress, 1998, "Unlocking Our Future: Toward a New National Science Policy," Committee Print 105, http://www.gpo.gov/fdsys/pkg/GPO-CPRT-105hprt105-b/content-detail.html.

[6] L. M. Branscomb and P. E. Auerswald, 2002, "Between Invention and Innovation?An Analysis of Funding for Early-Stage Technology Development," NIST GCR 02-841, prepared for Economic Assessment Office Advanced Technology Program, National Institute of Standards and Technology, Gaithersburg, Md.

[7] 다음 예들을 참고한다. Intel Corporation, 2018, "2018 CES: Intel Advances Quantum and Neuromorphic Computing Research," *Intel Newsroom*, https://newsroom.intel.com/news/intel-advances-quantum-neuromorphic-computing-research/;
Intel Corporation, 2017, "IBM Announces Advances to IBM Quantum Systems and Ecosystems," *IBM*, https://www-03.ibm.com/press/us/en/pressrelease/53374.wss;
J. Kelly, 2018, "A Preview of Bristlecone, Google's New Quantum Processor," *Google AI Blog*, https://ai.googleblog.com/2018/03/a-preview-of-bristlecone-googles-new.html.

[8] IBM의 2개의 클라우드 액세스 가능한 20 큐비트 장치에 대한 현재 성능 프로파일이 온라인으로 공개됐다. 다음 예를 참고한다. https://quantumexperience.ng.bluemix.net/qx/devices.

[9] 다음 예를 참고한다. Standard Performance Evaluation Corporation, https://www.spec.org/.

[10] 다음 예들을 참고한다. B. Jones, 2017, "20-Qubit IBM Q Quantum Computer Could Double Its Predecessor's Processing Power," *Digital Trends*, https://www.digitaltrends.com/computing/ibm-q-20-qubits-

quantum-computing/;

S. K. Moore, 2017, "Intel Accelerates Its Quantum Computing Efforts With 17-Qubit Chip," *IEEE Spectrum*, https://spectrum.ieee.org/tech-talk/computing/hardware/intel-accelerates-its-quantum-computing-efforts-with-17qubit-chip.

[11] 다음 예를 참고한다. Rigetti, "Forest SDK," http://www.rigetti.com/ forest.

[12] N. M. Linke, S. Johri, C. Figgatt, K. A. Landsman, A. Y. Matsuura, and C. Monroe, 2017, "Measuring the Renyi Entropy of a Two-Site Fermi-Hubbard Model on a Trapped Ion Quantum Computer," arXiv:1712.08581.

[13] N. Friis, O. Marty, C. Maier, C. Hempel, M. Holzapfel, P. Jurcevic, M. B. Plenio, M. Huber, C. Roos, R. Blatt, and B. Lanyon, 2018, "Observation of Entangled States of a Fully Controlled 20-Qubit System," https://arxiv.org/pdf/1711.11092.pdf.

[14] T. Simonite, 2018, "Google, Alibaba Spar Over Timeline For 'Quantum Supremacy,'" *Wired*, https://www.wired.com/story/google-alibaba-spar-over-timeline-for-quantum-supremacy/.

[15] 다음 예들을 참고한다. J. Kahn, 2017, "Google's 'Quantum Supremacy' Moment May Not Mean What You Think," *Bloomberg*, https://www.bloomberg.com/news/articles/2017-10-26/google-s-quantum-supremacy-moment-may-not-mean-whatyou-think;

P. Ball, 2018, "The Era of Quantum Computing Is Here. Outlook: Cloudy," *Quanta Magazine*, https://www.quantamagazine.org/the-era-of-quantum-computing-is-hereoutlook-cloudy-20180124/.

[16] T. F. Rønnow, Z. Wang, J. Job, S. Boixo, S. V. Isakov, D. Wecker, J. M. Martinis, D.A. Lidar, and M. Troyer, 2014, Defining and detecting quantum speedup, *Science* 345(6195):420-424.

[17] 이 경우에 D-Wave는 머신에 최적화된 추상적 문제에 지속적인 속도 향상을 보여줬다. 다음 예를 참고한다. S. Mandrà and H.G. Katzgraber, 2017, "A Deceptive Step Towards Quantum Speedup Detection," arXiv:1711.01368.

[18] A. G. Fowler, M. Mariantoni, J. M. Martinis, and A. N. Cleland, 2012, "Surface Codes: Towards Partical Large-Scale Quantum Computation," https://arxiv.org/ftp/arxiv/papers/1208/1208.0928.pdf.

[19] Quantum Computing Report, "Government/Non-Profit,"

https://quantumcomputingreport.com/players/governmentnon-profit/.

[20] Quantum Computing Report, "Public Companies," https://quantumcomputingreport.com/players/public-companies/.

[21] Quantum Computing Report, "Private/Startup Companies," https://quantumcomputingreport.com/players/privatestartup/.

[22] Office of Science and Technology Policy, 2018, *National Strategic Overview for Quantum Information Science*, https://www.whitehouse.gov/wp-content/uploads/2018/09/National-Strategic-Overview-for-Quantum-Information-Science.pdf.

[23] D. Harlow, 2018, "TASI Lectures on the Emergence of Bulk Physics in AdS/CFT," arXiv:1802.01040.

[24] G. K. L. Chan, A. Keselman, N. Nakatani, Z. Li, and S. R. White, 2016, Matrix product operators, matrix product states, and ab initio density matrix renormalization group algorithms, *Journal of Chemical Physics* 145(1):014102.

[25] N. Wiebe, A. Kapoor, C. Granade, and K. M. Svore, 2015, "Quantum Inspired Training for Boltzmann Machines," preprint arXiv:1507.02642.

[26] I. Zintchenko, M. B. Hastings, and M. Troyer, 2015, From local to global ground states in Ising spin glasses, *Physical Review B* 91(2):024201.

[27] G. K. L. Chan, A. Keselman, N. Nakatani, Z. Li, and S. R. White, 2016, Matrix product operators, matrix product states, and ab initio density matrix renormalization group algorithms, *Journal of Chemical Physics* 145(1):014102.

[28] E. Farhi, J. Goldstone, and S. Gutmann, 2014, "A Quantum Approximate Optimization Algorithm," preprint arXiv:1411.4028.

[29] S. Aaronson, 2005, Quantum computing, postselection, and probabilistic polynomialtime, *Proceedings of the Royal Society of London A* 461 (2063):3473-3482.

[30] I. Kerenidis and R. De Wolf, 2004, Exponential lower bound for 2-query locally decodable codes via a quantum argument, *Journal of Computer and System Sciences* 69(3):395-420.

[31] S. Aaronson, 2006, Lower bounds for local search by quantum arguments, *SIAM Journal on Computing* 35(4):804-824.

[32] E. Farhi, J. Goldstone, and S. Gutmann, 2014, "A Quantum Approximate Optimization Algorithm Applied to a Bounded Occurrence Constraint

Problem," preprint arXiv:1412.6062.

[33]   B. Barak, A. Moitra, R. O'Donnell, P. Raghavendra, O. Regev, D. Steurer, L. Trevisan, A. Vijayaraghavan, D. Witmer, and J. Wright, 2015, "Beating the Random Assignment on Constraint Satisfaction Problems of Bounded Degree," preprint arXiv:1505.03424.

[34]   J. Hastad, 2015, *Improved Bounds for Bounded Occurrence Constraint Satisfaction*, Royal Institute of Technology, Stockholm, Sweden.

[35]   K. Hartnett, 2018, "Major Quantum Computing Advance Made Obsolete By Teenager," *Quanta Magazine*, https://www.quantamagazine.org/teenager-finds-classicalalternative-to-quantum-recommendation-algorithm-20180731/.

[36]   C. Macklin, K. O'Brien, D. Hover, M. E. Schwartz, V. Bolkhovsky, X. Zhang, W. D. Oliver, and I. Siddiqi, 2015, A near-quantum-limited Josephson traveling-wave parametric amplifier, *Science* 350(6258): 307–310.

[37]   A. Roy and M. Devoret, 2018, Quantum-limited parametric amplification with Josephson circuits in the regime of pump depletion, *Physical Review B* 98(4):045405.

[38]   P. O. Schmidt, T. Rosenband, C. Langer, W. M. Itano, J. C. Bergquist, and D.J. Wineland, 2005, Spectroscopy using quantum logic, *Science* 309: 749–752.

[39]   J. R. Maze, P. L. Stanwix, J. S. Hodges, S. Hong, J. M. Taylor, P. Cappellaro, L. Jiang, et al., 2008, Nanoscale magnetic sensing with an individual electronic spin in diamond, *Nature* 455(7213):644.

[40]   B. Sutor, 2018, "First IBM Q Hub in Asia to Spur Academic, Commercial Quantum Ecosystem," *IBM News Room*, http://newsroom.ibm.com/IBM-research?item=30486.

[41]   Quantum Computing Report, "Tools," https://quantumcomputingreport.com/resources/tools/.

[42]   digicert, "Check our Numbers," https://www.digicert.com/TimeTravel/math.htm.

부록 A
태스크 선언문

양자 컴퓨팅에 대한 본 연구는 쇼어^{Shor} 알고리즘의 전개에 국한되지 않고 실제 세계의 문제를 해결할 수 있는 기능적 양자 컴퓨터의 충실도와 시사점에 대한 독립적인 평가를 제공한다. 이 연구에서는 하드웨어 및 소프트웨어 요구 사항, 양자 알고리즘, 양자 컴퓨팅과 양자 디바이스의 발전 요인, 사용 사례와 관련된 벤치마크, 필요한 시간 및 자원, 성공 확률 평가 방법을 검토한다. 위원회에서는 다음 사항들을 고려한다.

1. 양자 컴퓨터 개발과 관련된 기술적 위험은 무엇이며, 기능적으로 유용한 머신을 구현하기 위한 실제 일정은 무엇인가? 양자 컴퓨터를 만들고 사용할 수 있는 주요 사용자는 누구일까?
2. 예를 들어 지능형, 통신, 은행 거래 및 상거래 신호에 대해 양자 컴퓨터가 갖는 의미는 무엇인가?
3. 공개 키 암호화의 미래는 무엇일까? 양자 내성 암호화$^{quantum-resistant}$ ^{encryption}를 개발하고 배포하기 위한 잠재 고객과 시간 규모는 어떻게 될까?
4. 시간, 비용, 미국 외에서의 개발, 대체 기술 등의 다양한 가정에서 양자 컴퓨팅의 국가 안보 관점의 비용과 장점은 무엇인가?

이 책에서 위원회는 전망과 시사점에 대한 평가를 제공하지만 별도의 추천 사항들을 담지는 않는다.

부록 B
이온 트랩 양자 컴퓨터

부록 B에서는 양자 데이터 평면을 만들기 위한 기술과 트랩된 이온 양자 컴퓨터의 제어와 측정 계획을 살펴본다. 개별 이온이 큐비트 역할을 하기 때문에 큐비트는 제조 결함을 극복하지 않아도 된다. 이 접근 방식은 낮은 오류율의 게이트 연산의 퍼텐셜을 지원할 수 있다.

B.1 이온 트랩

원자 이온은 전자장을 사용해 공간 내에서 트랩(포획)된다. 점전하(이온)는 정적, 일정한 전기장만을 사용해 자유 공간 내에 안정적으로 트랩될 수 없다. 따라서 전기장과 자기장(페닝 트랩$^{Penning\ trap}$) 또는 시간 독립적인 전기장(파울 트랩$^{Paul\ trap}$)이 원자 이온 배열을 트랩하고자 사용된다. 이러한 트랩 방식들은 진공에서 동작하고 환경 내의 백그라운드 분자들과 상호 연동을 피할 수 있다.

대부분의 트랩된 이온 양자 컴퓨팅 시스템은 파울 트랩을 사용하며 무선 주파수^{RF} 신호가 그라운드^{ground} 전극과 평행한 두 개의 전극에 인가된다. 그리고 4중극자 RF 필드를 형성한다(그림 B.1b) 4중극자 '널^{null}'은 RF

필드가 사라지는 곳이며, 원자 이온은 트랩된 퍼텐셜을 갖고 선 모양을 형성한다(그림 B.1a). 다른 전극은 트랩된 원자 체인의 위치를 결정하고 세밀히 조정할 수 있으며, 선길이 전체에 걸쳐 비균일 트랩된 필드 프로파일을 만들고자 사용되는 직류 전류^{DC} 필드를 사용한다[3].

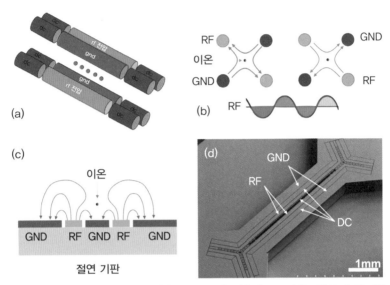

그림 B.1 RF 파울 트랩의 동작 원리. (a) 4개의 전극을 사용하는 RF 파울 트랩의 예. 직교하는 2개의 전극은 RF 그라운드로 동작하고 나머지 2개는 RF 전압으로 사용한다. 이러한 기하학적 구조는 전극 축에 직교인 평면 내 4중극자 전기장 프로파일을 만들고, 이온 체인이 트랩될 수 있는 1차원 선형 트래핑(trapping) 퍼텐셜을 형성한다. (b) RF 전압의 음수 사이클 동안(빨간 화살표)에 양의 충전된 이온은 그라운드 전극에서 RF 전극으로 전송되고, RF 전압의 양수 사이클 동안(파란 화살표)의 이온은 반대 방향으로 움직인다. RF 전압의 주파수는 이온의 자연 운동 주파수(영년 주파수라고 함)보다 높은 값을 가진다. 이온은 전기장이 4중극자 널(제로 필드 영역)을 형성하는 퍼텐셜을 제한한다. (c) 선형 트랩은 기판 평면에서 제조된 전극에 의해 만들어질 수 있다. 전기장의 섹션 간 뷰(view)는 4중극자 널을 만든다. 그리고 선형 트랩은 트랩 표면을 구성한다. (d) 미세 제조 표면 트랩 예제에서는 트랩된 전극 표면의 이온에 대한 광학적인 접근을 할 수 있게 설계했다. 출처: (a) Ph.D D. 헤이즈(Hayes)의 논문, 2012년 메릴랜드 대학 (c) 2015년 산디아 국립 연구소(Sandia National Laboratories)의 이미지 제공

일반적으로 트랩 구조는 4중극자 이온 질량 분석계와 유사하게 메탈 파트들을 조립하고 구성해 만든다. 새로운 설계에서는 파울 트랩의 전극을 평면 기하학적 구조에 매핑하고[4], 고전 컴퓨팅 하드웨어에서 사용되는 것과 같은 반도체 미세 제조 기술을 트랩 구조를 만들고자 사용한다(그림 B.1c)[5, 6]. 미세 제조 기술을 사용해 더 복잡한 트랩 구조와 트랩된 이온은 사용하는 새로운 메커니즘을 적용할 수 있다. 예를 들면 접합을 통해서 셔틀링을 할 수 있다. 이런 동작은 양자계 내의 여러 큐비트를 늘리는 데 있어 중요하게 고려해야 한다(그림 B.1d). 이러한 미세 제조 트랩은 다양한 광학[11-13]과 마이크로웨이브 요소[14-16]를 통합해 이온 트랩의 상위 수준 특징들을 개발하는 데 가속시킬 수 있다. 고성능 큐비트에서 사용되는 미세 제조 이온 트랩은 오늘날 많은 학술 기관, 정부 연구소, 산업 파운드리에서 활용되고 있으며, 전 세계 연구 그룹들이 사용하고 있다.

B.2 큐비트 제어와 측정

이온이 진공 챔버의 트랩 내에서 존재할 때 멀티큐비트 동작에 영향을 주는 무작위 변동을 제거하고자 운동의 바닥상태에서 레이저로 냉각 작업을 한다. 이온의 운동은 원자 이온의 내부 상태 내에 저장된 큐비트에 직접적인 영향을 주진 않는다. 전자기 방사는 큐비트 상태의 동작을 위해 사용된다. 트랩된 이온 큐비트는 큐비트 상태를 나타내는 데 필요한 물리적 상태로 광학적 큐비트와 초미세 큐비트의 2가지 주요 타입을 가진다.

광학적 큐비트(그림 B.2a)는 이온의 준안정 들뜬상태와 바닥 전자 상태를 사용한다. 이러한 레벨 간의 에너지 차이는 그림 내의 왼쪽 '색상'을 가진 광학적 레이저, 즉 '큐비트 레이저'에서의 광자 에너지와 동일하다.

광학적 큐비트는 99.9% 개선된 효율성을 준비할 수 있고 1~30초의 결 맞음 시간을 가진다. 광학적 큐비트 동작에서의 주요 기술 도전은 큐비 트의 정확한 결맞음 제어용 큐비트 레이저를 지속적으로 제어하는 것 이다. 이런 동작을 하려면 (1) 큐비트 결맞음 시간 프레임 동안의 레이 저 출력 주파수(~10^{14} 또는 10^{15} 중 하나의 값)와 (2) 양자 계산 수행 중 광 학적 파장 길이 중 일부분에 대한 레이저빔의 전체 광학적 경로 길이 (또는 위상 에러를 복구할 수 있는 양자 오류 정정) 값이 안정화돼야 한다. 광학적 주파수 정확도는 최신 레이저 기술을 사용해 2018년에 이미 확 보됐다.

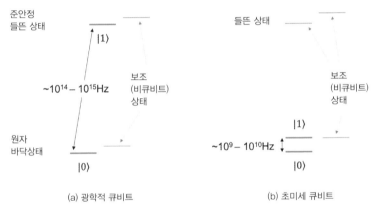

(a) 광학적 큐비트   (b) 초미세 큐비트

그림 B.2 원자 이온 내 큐비트 (a) 광학적 큐비트는 원자 바닥상태와 준안정 들뜬 전자 상태 중 하나로 구성되며, ~10^{14}에서 10^{15}Hz로 구분된다. (b) 초미세 큐비트는 바닥상태 중 하나로 구성 되고 ~10^{9}에서 10^{10}Hz로 구분된다. 일반적으로 들뜬상태는 큐비트를 조작하고자 사용된다. 두 가지 경우에 큐비트를 나타내고자 선택하기보다는 바닥, 들뜬, 준안정 들뜬상태의 다른(보조) 상 태를 가진다.

초미세 큐비트(그림 B. 2b)는 다른 에너지 상태 쌍을 사용하며, 에너지 상 태는 0이 아닌 핵 이온을 가진 원자 이온의 바닥 전자 상태가 갖는 '초미 세' 레벨로 불린다. 자기장은 두 큐비트 상태 간의 에너지 분리(마이크로 웨이브 주파수 범위 1~20GHz에 해당)가 자기장 내의 변경 사항에 덜 민감하도록 설계돼 긴 결맞음 시간(1~1,000초)을 가질 수 있다[17-19]. 마이크로 웨이브 주파수, 위상 또는 큐비트 주파수 대응하는 두 레이저 필드의 주파수 차이가 존재하는 경우에 초미세 큐비트의 결맞음 제어는 실험에서 정확한 방사 특성을 가져야 한다. 그러나 광학적 주파수보다는 마이크로웨이브에서 좀 더 제어가 가능하다[20-22].

큐비트 측정은 이온을 레이저빔을 사용해 살펴볼 수 있는 '상태 의존 형광법state-dependent fluorescence'을 사용해 수행할 수 있으며, 레이저빔은 두 개의 가능한 출력 상태 중 하나만을 사용해 반복적으로 광자를 산란할 수 있고, 광(학) 검출기를 사용해 측정할 수 있다. 산란된 광자의 존재 여부를 통해 큐비트가 어느 특정 상태에 있는지를 알 수 있다. 높은 신뢰도를 갖는 큐비트 상태 준비와 검출 동작은 광학적($\sim 10^{-4}$의 오류율이나 확률을 가짐)[23], 초미세 큐비트($\sim 10^{-3}$의 오류율을 가짐)[24, 25]에서 모두 확인됐다. 2018년에 신뢰 가능한 측정이 이뤄졌고 측정 과정은 큐비트가 측정되는 영역 내의 다른 큐비트에 영향을 미쳤으며, 측정된 큐비트는 들뜬상태에서 존재할 수 있다. 따라서 현재 시스템은 동시에 모든 큐비트를 측정할 수 있고, 재사용되기 전에는 '냉각'돼야 한다.

1 큐비트 게이트 동작은 공진 광학적(광학적 큐비트) 또는 마이크로웨이브(초미세 큐비트) 장으로 이온 상태를 처리할 수 있다. 초미세 큐비트는 한 쌍의 레이저빔을 통해 동작할 수 있고, 빔의 주파수 차이는 '라만 전이Raman transition' 과정을 통해 큐비트 마이크로웨이브 주파수에 정확히 맞출 수 있다[26]. 마이크로웨이브 장에 의한 초미세 큐비트는 $10^{-4} \sim 10^{-6}$ 범위의 단일 큐비트 게이트 오류율(게이트에서 부정확한 상태를 만들 수 있는 확률로 정의)을 가지며, 제어 부분에서 시스템적 에러를 갖는 것이 아닌 큐비트 자체의 결맞음 시간에 의해 제한될 수 있다[27-29]. 이러한 오류율을 갖기 위한 핵심적인 키는 마이크로웨이브 펄스 진폭을 조정해 펄스 너비 또는 진폭 내의 작은 오류가 1차first order 값 수준을 가진다[30-32]. 광

학적 제어 신호를 사용해 유사 제한을 하려는 방법은 레이저를 큐비트에 안정적으로 적용하기가 어렵기 때문에 사용하기 힘들다. 게이트를 동작 시키고자 사용되는 자외선 레이저빔 출력은 레이저빔 경로에서의 기구학적, 온도, 공기 밀도 변동에 의해 왜곡될 수 있다. 최근에는 UV의 광학적 고출력 전력을 버틸 수 있는 단일 모드 광학 섬유를 사용할 수 있기 때문에[33] 2개의 라만 레이저를 사용해 마이크로웨이브 큐비트의 신뢰도를 매우 높일 수 있다. 게이트 구동 광학 장optical field(광학 영역) 내의 시스템적 에러를 제어하기 위한 실험 기술은 계속적으로 발전되고 있으며, 1 큐비트 게이트는 10^{-4} ~ 10^{-5}의 오류율을 가진다[34, 35].

2 큐비트 게이트를 만들려면 시스템은 트랩된 이온 간의 전하 상호작용을 활용해야 한다. 광학적 또는 마이크로웨이브 장을 사용해 그중 하나는 이온을 들뜬상태로 만들어 공간 내에서 진동하게끔 만들어 다른 이온도 움직이게 한다. 구동 영역 내의 주파수를 조절해 목표 이온이 특정 큐비트 상태에 있으면 이온을 밀어 넣을 수 있도록 외부 제어 영역을 준비할 수 있다. 이러한 메커니즘을 '상태 의존력state dependent force'이라고 한다. 들뜬 운동이 완전 결맞음으로 있는 동안에는 2 큐비트 게이트를 사용하고 큐비트 간에서 상호 연동을 전달하는 '양자 버스'로 동작한다. 이는 집적회로 내의 칩에서 다른 부분을 연결하는 것과 동일한 의미를 가진다. 노벨novel 게이트 구조는 상세 운동이 견고한 상호 연동을 할 수 있게 개발됐다[36-38]. 2 큐비트 게이트의 오류율(잘못된 출력 상태를 만드는 확률)은 광학적 장field[39, 40]과 마이크로웨이브 장[41]을 사용할 때 10^{-2}에서 10^{-3}의 값을 가진다. 이러한 신뢰도 제한 메커니즘은 이제 많이 알려졌으며, 많은 연구자가 이 동작에서의 오류율을 향상시키고자 노력 중이다.

B.3 제어와 측정 평면

트랩된 이온 양자 컴퓨터의 제어 시스템은 4개의 주요 서브시스템으로 구성된다. (1) 트랩 동작을 위한 RF와 DC 전압, (2) 연속적인 파동, (3) 결맞음 양자 로직 게이트를 사용하기 위한 '결맞음 큐비트 제어 시스템', (4) 큐비트 상태를 측정하고자 사용하는 광자 검출기다. 폴 트랩의 기본 동작에서는 30 ~ 400V 전압의 전압 진폭을 갖고 20 ~ 200MHz의 주파수 범위를 갖는 RF 소스source가 필요하다. 0 ~ 30V의 전압 범위를 갖는 DC 전압은 축 방향으로 트랩 퍼텐셜을 정의하고자 사용된다. 최신 미세 제조 트랩에서는 100개 이상의 DC 전극이 사용되며, 이를 제어하기 위한 많은 전압 소스가 필요하다. 프로그램 가능한 멀티채널 디지털-아날로그 변환기DAC가 트랩을 제어하고자 사용되고, 여러 이온 체인을 지원할 수 있으며, 이온 체인의 분리, 통합 동작 및 트랩의 다른 영역 간 물리적 이온 셔틀링을 지원한다.

CW 레이저는 레이저 세트로 구성되며, 주파수는 큐비트 전이를 위해 필요한 에너지만큼 안정화(10^{-9} 이내의 값을 가짐)된다. 이러한 레이저 소스는 이온에 적용되는 레이저빔의 주파수와 진폭을 제어하기 위한 여러 개의 광학적 변조기를 거친다. 변조된 CW 레이저빔은 트랩 내의 운동 바닥상태에 가까운 이온을 냉각하고자 큐비트 상태를 초기화하려고(광학적 펌핑을 이용) 사용되며, 여러 개의 큐비트 상태 중 하나를 광자에 산란해 큐비트를 읽을 수 있다. 레이저의 주파수를 절대 기준 주파수로 안정화하고자 표준 주파수 락킹locking 셋업을 사용할 수 있다.

결맞음 큐비트 제어 시스템은 시스템 내의 모든 양자 로직 게이트를 구동하며 양자 프로세서에서 동작하는 양자 회로 성능을 측정할 수 있다. 결맞음 제어 시스템 구현은 사용되는 큐비트에 따라 달라질 수 있다. 광학적 큐비트에 대해서는 '초안정 주파수ultra stable frequency' CW 레이저 (10^{-13} ~ 10^{-15} 사이 중 하나의 값을 사용해 안정화)를 사용하고, 초미세 큐비트에 대해서는 2 큐비트 레벨 간의 에너지 차이 값에 락^{lock}된 서로 다른 주파수를 사용하는 2개의 레이저빔을 사용한다. 로직 게이트를 사용할 때 레이저빔을 목표 이온에 전달하는 시스템이 필요하다. 결맞음 제어는 프로그램 가능한 RF 소스로 구동하고, 광학적 변조기를 사용해 레이저를 변조해 수행할 수 있다. 최근에 결맞음 큐비트 제어를 레이저보다는 마이크로웨이브 소스를 사용해 수행하는 방법에 대한 제안이 많이 이뤄지고 있다. 높은 품질의 결맞음 큐비트 제어 시스템을 만들고 구성하는 것은 매우 도전적인 일이며, 개별 게이트 오류율과 복잡한 회로를 실행할 수 있는 능력과 같은 이온 트랩 양자 컴퓨터의 성능을 결정할 수 있다.

탐지 시스템은 수집된 광자를 측정할 수 있는 광자 카운팅 검출기(광전자 증배기 튜브와 같은)와 이온에서 산란된 광자를 모으는 영상 광학^{image} ^{optics}으로 구성된다. 탐지된 광자(개수, 도착 시간 등)는 큐비트 상태를 결정하고자 사용될 수 있다.

B.4 참고 문헌

[1]   H. Dehmelt, 1988, A single particle forever floating at rest in free space: New value for electron radius, *Physica Scripta* T22:102–110.

[2]   W. Paul, 1990, Electromagnetic traps for charged and neutral particles, *Review of Modern Physics* 62:531.

[3]   D. J. Wineland, C. Monroe, W. M. Itano, D. Leibfried, B. E. King, and D.M. Meekhof, 1998, Experimental issues in coherent quantum-state manipulation of trapped atomic ions, *Journal of Research of the National Institute of Standards and Technology* 103:259–328.

[4]   J. Chiaverini, B. R. Blakestad, J. W. Britton, J.D. Jost, C. Langer, D. G. Leibfried, R. Ozeri, and D. J. Wineland, 2005, Surface-electrode architecture for ion-trap quantum information processing, *Quantum*

Information and Computation 5:419-439.

[5]   J. Kim, S. Pau, Z. Ma, H. R. McLellan, J. V. Gates, A. Kornblit, R. E. Slusher, R. M. Jopson, I. Kang, and M. Dinu, 2005, System design for large-scale ion trap quantum information processor, *Quantum Information and Computation* 5:515.

[6]   D. Stick, W.K. Hensinger, S. Olmschenk, M. J. Madsen, K. Schwab, and C. Monroe, 2006, Ion trap in a semiconductor chip, *Nature Physics* 2:36-39.

[7]   D. Kielpinski, C. Monroe, and D. J. Wineland, 2002, Architecture for a large-scale iontrap quantum computer, *Nature* 417:709-711.

[8]   R. B. Blakestad, C. Ospelkaus, A. P. VanDevender, J. H. Wesenberg, M. J. Biercuk, D. Leibfried, and D. J. Wineland, 2011, Near-ground-state transport of trapped-ion qubits through a multidimensional array, *Physical Review A* 84:032314.

[9]   D. L. Moehring, C. Highstrete, D. Stick, K. M. Fortier, R. Haltli, C. Tigges, and M.G. Blain, 2011, Design, fabrication and experimental demonstration of junction surface ion traps, *New Journal of Physics* 13: 075018.

[10]   K. Wright, J. M. Amini, D. L. Faircloth, C. Volin, S. C. Doret, H. Hayden, C. -S. Pai, D. W. Landgren, D. Denison, T. Killian, R. E. Slusher, and A. W. Harter, 2013, Reliable transport through a microfabricated X-junction surface-electrode ion trap, *New Journal of Physics* 15:033004.

[11]   A. P. VanDevender, Y. Colombe, J. Amini, D. Leibfried, and DJ. Wineland, 2010, Efficient fiber optic detection of trapped ion fluorescence, *Physical Review Letters* 105:023001.

[12]   J. T. Merrill, C. Volin, D. Landgren, J. M. Amini, K. Wright, S. C. Doret, C. -S. Pai, H. Hayden, T. Killian, D. Faircloth, K. R. Brown, A. W. Harter, and R. E. Slusher, 2011, Demonstration of integrated microscale optics in surface-electrode ion traps, *New Journal of Physics* 13:103005.

[13]   M. Ghadimi, V. Blūms, B. G. Norton, P. M. Fisher, S. C. Connell, J. M. Amini, C. Volin, H. Hayden, C. -S. Pai, D. Kielpinski, M. Lobino, and E. W. Streed, 2017, Scalable ion-photon quantum interface based on integrated diffractive mirrors, *npj Quantum Information* 3:4.

[14]   C. Ospelkaus, U. Warring, Y. Colombe, K. R. Brown, J. M. Amini, D. Leibfried, and D. J. Wineland, 2011, Microwave quantum logic gates for trapped ions, *Nature* 476:181.

[15] D. T. C. Allcock, T. P. Harty, C. J. Ballance, B. C. Keitch, N. M. Linke, D. N. Stacey, and D. M. Lucas, 2013, A microfabricated ion trap with integrated microwave circuitry, *Applied Physics Letters* 102:044103.

[16] C. M. Shappert, J. T. Merrill, K. R. Brown, J. M. Amini, C. Volin, S. C. Doret, H. Hayden, C. -S. Pai, K. R. Brown, and A. W. Harter, 2013, Spatially uniform single-qubit gate operations with near-field microwaves and composite pulse compensation, *New Journal of Physics* 15:083053.

[17] P. T. H. Fisk, M. J. Sellars, M. A. Lawn, and C. Coles, 1997, Accurate measurement of the 12.6 GHz 'clock' transition in trapped 171Yb+ ions, *IEEE Transactions on Ultrasonics, Ferroelectrics, and Frequency Control* 44:344-354.

[18] C. Langer, R. Ozeri, J. D. Jost, J. Chiaverini, B. DeMarco, A. Ben-Kish, R. B. Blakestad, et al., 2005, Long-lived qubit memory using atomic ions, *Physical Review Letters* 95:060502.

[19] T. P. Harty, D. T. C. Allcock, C. J. Ballance, L. Guidoni, H. A. Janacek, N. M. Linke, D. N. Stacey, and D. M. Lucas, 2014, High-fidelity preparation, gates, memory, and readout of a trapped-ion quantum bit, *Physical Review Letters* 113:220501.

[20] H. Dehmelt, 1988, A single particle forever floating at rest in free space: New value for electron radius, *Physica Scripta* T22:102-110.

[21] S. Olmschenk, K. C. Younge, D. L. Moehring, D. N. Matsukevich, P. Maunz, and C. Monroe, 2007, Manipulation and detection of a trapped Yb+ hyperfine qubit, *Physical Review A* 76:052314.

[22] T. P. Harty, D. T. C. Allcock, C. J. Ballance, L. Guidoni, H. A. Janacek, N. M. Linke, D. N. Stacey, and D. M. Lucas, 2014, High-fidelity preparation, gates, memory, and readout of a trapped-ion quantum bit, *Physical Review Letters* 113:220501.

[23] A. H. Myerson, D. J. Szwer, S. C. Webster, D. T. C. Allcock, M. J. Curtis, G. Imreh, J. A. Sherman, D. N. Stacey, A. M. Steane, and D. M. Lucas, 2008, High-fidelity readout of trapped-ion qubits, *Physical Review Letters* 100:200502.

[24] T. P. Harty, D. T. C. Allcock, C. J. Ballance, L. Guidoni, H. A. Janacek, N. M. Linke, D. N. Stacey, and D. M. Lucas, 2014, High-fidelity preparation, gates, memory, and readout of a trapped-ion quantum bit,

Physical Review Letters 113:220501.

[25] R. Noek, G. Vrijsen, D. Gaultney, E. Mount, T. Kim, P. Maunz, and J. Kim, 2013, High speed, high fidelity detection of an atomic hyperfine qubit, *Optics Letters* 38:4735-4738.

[26] D. J. Wineland, C. Monroe, W. M. Itano, B. E. King, D. Leibfried, D. M. Meekhof, C. Myatt, and C. Wood, 1998, Experimental primer on the trapped ion quantum computer, *Fortschritte der Physik* 46:363-390.

[27] K. R. Brown, A. C. Wilson, Y. Colombe, C. Ospelkaus, A. M. Meier, E. Knill, D. Leibfried, and DJ. Wineland, 2011, Single-qubit-gate error below 10-4 in a trapped ion, *Physical Review A* 84:030303.

[28] T. P. Harty, D. T. C. Allcock, C. J. Ballance, L. Guidoni, H. A. Janacek, N. M. Linke, D. N. Stacey, and D. M. Lucas, 2014, High-fidelity preparation, gates, memory, and readout of a trapped-ion quantum bit, *Physical Review Letters* 113:220501.

[29] R. Blume-Kohout, J. K. Gamble, E. Nielsen, K. Rudinger, J. Mizrahi, K. Fortier, and P. Maunz, 2017, Demonstration of qubit operations below a rigorous fault tolerance threshold with gate set tomography, *Nature Communications* 8:4485.

[30] S. Wimperis, 1994, Broadband, narrowband, and passband composite pulses for use in advanced NMR experiments, *Journal of Magnetic Resonance A* 109:221-231.

[31] K. R. Brown, A. W. Harrow, and I. L. Chuang, 2004, Arbitrarily accurate composite pulse sequences, *Physical Review A* 70:052318.

[32] G. H. Low, T. J. Yoder, and I. L. Chuang, 2014, Optimal arbitrarily accurate composite pulse sequences, *Physical Review A* 89:022341.

[33] Y. Colombe, D. H. Slichter, A. C. Wilson, D. Leibfried, and D. J. Wineland, 2014, Singlemode optical fiber for high-power, low-loss UV transmission, *Optics Express* 22:19783- 19793.

[34] T. P. Harty, D. T. C. Allcock, C. J. Ballance, L. Guidoni, H. A. Janacek, N. M. Linke, D. N. Stacey, and D. M. Lucas, 2014, High-fidelity preparation, gates, memory, and readout of a trapped-ion quantum bit, *Physical Review Letters* 113:220501.

[35] E. Mount, C. Kabytayev, S. Crain, R. Harper, S. -Y. Baek, G. Vrijsen, S. T. Flammia, K. R. Brown, P. Maunz, and J. Kim, 2015, Error compensation of single-qubit gates in a surface-electrode ion trap using composite

pulses, *Physical Review A* 92:060301.

[36] A. Sørensen and K. Mølmer, 1999, Quantum computation with ions in a thermal motion, *Physical Review Letters* 82:1971.

[37] D. Leibfried, B. DeMarco, V. Meyer, D. Lucas, M. Barrett, J. Britton, W. M. Itano, B. Jelenkovic, C. Langer, T. Rosenband, and D. J. Wineland, 2003, Experimental demonstration of a robust, high-fidelity geometric two ion-qubit phase gate, *Nature* 422:412– 415.

[38] P. C. Haljan, K. -A. Brickman, L. Deslauriers, P. J. Lee, and C. Monroe, 2005, Spin-dependent forces on trapped ions for phase-stable quantum gates and entangled states of spin and motion, *Physical Review Letters* 94:153602.

[39] J. P. Gaebler, T. R. Tan, Y. Lin, Y. Wan, R. Bowler, A. C. Keith, S. Glancy, K. Coakley, E. Knill, D. Leibfried, and D. J. Wineland, 2016, High-fidelity universal gate set for 9Be+ ion qubits, *Physical Review Letters* 117:060505.

[40] C. J. Ballance, T. P. Harty, N. M. Linke, M. A. Sepiol, and D. M. Lucas, 2016, High-fidelity quantum logic gates using trapped-ion hyperfine qubits, *Physical Review Letters* 117:060504.

[41] T. P. Harty, M. A. Sepiol, D. T. C. Allcock, C. J. Ballance, J. E. Tarlton, and D. M. Lucas, 2016, High-fidelity trapped-ion quantum logic using near-field microwaves, *Physical Review Letters* 117:140501.

초전도 양자 컴퓨터

부록 C에서는 초전도 큐비트의 양자 데이터 평면과 제어/측정 계획을 만들기 위한 기술을 살펴본다. 이번 설계에서 초전도 공진기^{superconducting}

부록 C에서는 초전도 큐비트의 양자 데이터 평면과 제어/측정 계획을 만들기 위한 기술을 살펴본다. 이번 설계에서 초전도 공진기^{superconducting} ^{resonator}는 비선형 인덕터$^{nonlinear\ inductor}$와 결합돼 인공 원자$^{artificial\ atom}$를 형성하며, 이러한 '원자'는 컴퓨터의 큐비트로 사용된다.

C.1 제조

저손실을 위해서는 초전도체가 필요하다. 초전도체는 임계 온도 T_c 이하로 냉각될 때 제로 주파수(즉, 직류)에서 전기 저항을 나타내지 않는 고유 재료다. 디지털 양자 컴퓨팅과 양자 시뮬레이션용 큐비트는 실리콘이나 사파이어 기판에 알루미늄 와이어링(T_c = 1.2K) 및 알루미늄-비정질 산화 알루미늄-알루미늄$^{Al-AlOx-Al}$ 조셉슨 접합으로 제조된다. 초전도 큐비드는 실리콘 칩을 제조하는 데 사용된 것과 동일한 설계 도구와 제조 장비를 사용해 제작할 수 있지만, 손실을 유발하는 결함을 제거하기 위한 특정 제조 단계를 수정해 높은 결맞음을 유지할 수 있는 프리미엄을 가진다. 결과적으로 약 100밀리초 정도의 결맞음 시간을 갖는 오늘날 가장 높은 결맞음 큐비트를 만들 수 있는데, 이는 고전 컴퓨터에서 디지털 실리콘이나 초전도 로직 디바이스에 사용되는 10층 메탈 레이어의 복잡한 공정이 아니라 단일 레이어의 메탈을 사용하는 일반적으로 매우 단순한 구조의 디바이스다.

그렇지만 2,000개 이상의 초전도 큐비트 사용을 특징으로 하는 상용 양자 어닐링 컴퓨터는 좀 더 복잡한 기술을 사용해 제작된다. 이 기술은 최대 8개의 메탈 레이어를 지원하는 공정에서 니오브 와이어링niobium wiring(T_c = 9.2K)과 니오븀-비정질 산화 알루미늄-니오브niobium-amorphous aluminum oxide-niobium(Nb/AlOx/Nb) 조셉슨 접합부[1, 2]를 사용한다.

이보다 복잡한 제조 공정을 통해 큐비트 및 초전도 제어 전자 디바이스를 단일 니오븀 제조 공정niobium fabrication process('모놀리식 통합' 예)을 사용해 통합할 수 있다. 그러나 제조 복잡도, 추가 공정 단계 및 손실을 야기하는 실리콘 이산화물silicon dioxide 또는 실리콘 나이트라이드silicon nitride와 같은 유전체 물질의 내부 와이어링 레이어의 필요성 때문에 다층 니오븀 공정multilayer niobium process에서 제조된 큐비트는 일반적으로 10 ~ 100나노초 범위를 가진다[3].

C.2 큐비트 설계

트랩된 이온 큐비트와 마찬가지로 초전도 큐비트는 일련의 양자화된 에너지 상태로 존재할 수 있다. 두 개의 가장 낮은 상태를 사용해 선택적으로 큐비트를 만들 수 있다. 원자를 사용하는 대신 이 설계 방법은 저온에서 양자화된 에너지를 갖는 간단한 인덕터와 커패시터 회로를 사용한다. 비선형 유도성 요소인 레벨 간 에너지 차이를 구분하고자 조셉슨 접합JJ, Josephson Junction이 회로에 추가된다. JJ를 사용할 때 바닥상태와 첫 번째 들뜬상태 간의 차이는 주파수 f_{01}에 의해 고유하게 처리할 수 있다. 즉,

일반적으로 약 5GHz로 설계된 마이크로웨이브 방사를 사용해 높은 들뜬상태에 액세스하지 않고 두 상태 간의 전환을 할 수 있다. 따라서 이 구조는 큐비트(2 레벨의 양자계를 지원)로 사용될 수 있다.

큐비트를 만들고자 인덕터, 커패시터, JJ를 배열하는 방법과 2 큐비트 동작을 하고자 큐비트를 서로 연결하는 방법에는 여러 가지가 있다. 여러 가지 방법이 갖는 차이점을 통해 다음과 같이 큐비트를 단순히 제어하는 것과 고립하고 제어하는 방식의 장단점을 파악할 수 있다.

- **고정 주파수 대 조정 가능한 큐비트의 경우:** 주파수 튜닝 가능 큐비트는 제조 공정 변화나 디바이스 노화 결과로 발생하는 큐비트 주파수 변동을 보정할 수 있다. 하나의 마이크로웨이브 톤이 다중 큐비트를 제어할 수 있다는 점이 장점이다. 이러한 장점을 얻으려면 주파수를 조정하기 위한 추가 제어 신호가 필요하며, 노이즈가 큐비트에 전달되는 추가 경로가 존재한다. 오늘날 디지털 초전도 양자 컴퓨팅에 사용되는 가장 보편적인 두 가지 큐비트는 단일 접합 비조정인 '트랜스몬 큐비트transmon qubit'[4-7]와 2 접합 조정 가능한 형태인 '플럭스 큐비트flux qubit'[8-11]다. 두 가지 트랜스몬 설계는 최첨단 기술을 적용하고자 사용된다.

- **정적 대 조정 가능한 커플링의 경우:** 커패시턴스나 인덕터를 사용해 상호작용을 중개하는 큐비트 간의 정적 결합은 설계상 고정된 '항상 켜져 있는' 커플링을 지원한다. 커플링은 2개의 큐비트를 공진해 '켜짐'으로 전환할 수 있고, 큐비트를 비조정해 꺼지게 할 수 있다. 그러나 꺼짐 상태에서도 작은 잔여 커플링은 존재한다. 이러한 조정은 2개의 큐비트 간에 제3의 객체(다른 커플러 큐비트 또는 공진기)를 추가함으로써 더욱 감소될 수 있다. 두 개의 큐비트는 큐비트와 공진기를 적절한 주파수로 조정해 결합할 수 있다.

큐비트 이외에도 이 회로에는 양자 전기 역학 구조를 사용해 큐비트 상태를 읽고자 큐비트를 5GHz 마이크로웨이브 제어 신호와 약 7 ~ 8GHz에서 동작하게 설계된 초전도 공진기에 결합할 수 있는 간단한 메커니즘을 가진다[12].

C.3 냉각

초전도 큐비트는 밀리 켈빈(mK) 온도에서 동작한다. 디지털 양자 컴퓨팅의 경우 큐비트 동작 주파수는 일반적으로 약 5GHz이며, 이는 약 250mK의 열에너지에 해당한다. 따라서 큐비트는 들뜬상태의 원하지 않는 열적 들뜸$^{thermal\ excitation}$을 피하고자 훨씬 낮은 온도에서 동작해야 한다. 이는 10mK 이하의 온도로 냉각할 수 있는 상업용 3He/4He 희석 냉동기$^{dilution\ refrigerator}$를 사용해 이뤄진다. 다른 한편 양자 어닐러의 가장 실제적이면서 잠재적 사용을 위해 큐비트는 희석 냉동기를 사용해 달성할 수 있는 온도보다 훨씬 낮은 열적 온도$^{thermal\ temperature}$에 해당하는 주파수에서 동작한다. 희석 냉동기를 사용하면 때때로 열잡음이 어닐링 프로토콜에 영향을 주고, 시스템은 바닥상태에서 벗어난다.

지금의 희석 냉동기는 전기 머신식 펄스 튜브(맥동관$^{pulse-tube}$) 쿨러를 사용해 50K와 3K의 두 단계로 냉각을 수행한다. 이러한 온도에 도달하고자 소모 가능한 액체 헬륨 냉각제$^{helium\ coolant}$가 필요 없기 때문에 '건조한^{dry}' 냉동기라고 한다. 그리고 나서 3K에서 헬륨 동위 원소$^{helium\ isotopes}$의 폐쇄 사이클 혼합물인 ^{3}He 및 ^{4}He를 응축 및 순환시켜 700mK, 50mK의 온도 및 약 10mK의 기온에서 일련의 단계를 통해 냉각을 달성한다. 상온$^{room\ temperature}$에서 기본 온도$^{base\ temperature}$로 냉각하는 데는 일반적으로 약 36 ~ 48시간이 걸리며 냉동기는 무한정 차갑게 유지될 수 있다.

현재의 상업용 희석 냉동기에서 기본 온도의 실험 체적은 약 $(0.5m)^3$이고, 기본 온도/20mK/100mK에서의 쿨링 전력은 각각 대략 0/30μW/1000μW이다. 하지만 이 값들은 기본적인 제한 사항이 아니다. 1톤을 초과하는 대형 객체의 경우에는 CUORE 중성미자[neutrino] 검출 실험을 위해 건식 희석 냉동기를 사용해 10mK 이하로 냉각한다[13]. 각 온도 단계에서는 직경이 약 0.5m인 동판을 사용하며, 전선을 식히고 열방사가 큐비트에 도달하는 것을 줄이고자 제어 와이어링을 실온에서 기저 온도까지 조정하고자 사용한다[14]. 동축 케이블, 감쇄기, 필터, 절연체/순환기, 마이크로웨이브 스위치는 극저온에서 동작하며 모두 최첨단 측정 시스템에 사용된다.

C.4 제어와 측정 평면

초전도 양자 컴퓨터의 제어와 측정 평면은 제어 신호와 양자 평면을 만드는 회로 간 존재하는 큰 온도 차이를 처리하는 동안에 큐비트를 조정하고, 마이크로웨이브 제어 신호를 만들며, 큐비트 측정을 안정적으로 검출하고자 사용되는 바이어스 전압/전류를 만든다.

C.4.1 제어 와이어링과 패키징

상온 영역의 전자기 제어 신호 생성부터 mK 온도의 냉동기 내부 큐비트에 이르기까지 모두 열과 전기에 대한 공학적인 내용이 필요하다. 저주파 꼬임 쌍이나 고주파 동축 케이블을 사용하는 와이어링은 혼합 챔버의 과도한 가열을 피하고자 냉동기의 각 온도 단계에서 반드시 열과 관련된 처리를 해야 한다. 반직관적으로 직접 접촉(포논[phonon])을 통한 냉동기의 열 가열은 중요한 도전이 아니라는 것을 알 수 있다. 가장 큰 열 부하는

300K에서 3K로 전환할 때 발생하며, 오늘날의 냉동기는 수백에서 수천 개의 와이어 열 부하를 쉽게 처리할 수 있다. 그리고 더 많은 와이어링이 필요하기 때문에 모든 단계(특히 3K 단계)에서 추가 냉각이 가능한 더 큰 희석 냉동기가 필요하며, 기존 기술을 비례 비용으로 직접 확장할 수 있다. 3K ~ 밀리K 와이어의 경우 초전도 NbTi는 직접 열연결(포논)로 인한 최소한의 가열로 전기 신호를 충실히 전달할 수 있다.

좀 더 중요한 도전 사항은 큐비트 동작의 실내 온도 열잡음 영향을 완화하는 것이다. 원하는 신호를 큐비트에 효율적으로 유도하고 노이즈가 동작에 영향을 주는 것을 방지하는 것 사이에는 절충점이 존재하며, 두 가지 방법을 사용할 수 있다. 필터링(원하는 주파수 범위에 속하지 않는 신호의 감쇄)은 대역 외 방사(디바이스로 전달하려는 신호의 주파수 범위를 벗어나는 노이즈)를 제거하는 데 사용된다. 그러나 감쇄를 사용해 대역 내 방사in-band radiation를 줄일 수 있다. 이는 열잡음의 크기가 온도에 따라 감소하기 때문에 냉동기의 각 단계에서 제어 신호의 진폭이 감소함을 의미한다. 신호가 저온으로 이동함에 따라 노이즈는 감소하며, 신호 감쇄는 열과 열잡음을 생성하기 때문에 감쇄는 한 지점에서 모두 수행될 수 없다. 유사한 이유로 큐비트의 측정은 증폭기의 노이즈를 최소화하고자 극저온에서 수행되는 증폭의 첫 단계를 사용하며, 단계적으로 수행돼야 한다.

많은 신호를 갖는 칩의 한 가지 중요한 제약은 패키징에 있다. 슈퍼컴퓨팅 칩을 위한 패키지는 큐비트 칩에 신호를 저장, 차폐, 라우팅해야 하며 컨트롤 평면의 중요 부분이다. 초전도체 칩은 상대적으로 작으며(일반적으로 $5 \times 5mm^2$) 칩에 공급되는 와이어의 수와 연결 방법은 패키지의 크기를 결정한다. 양자 회로에 필요한 높은 절연용 동축 커넥터, 동축 와이어 하네스, 소형 멀티핀 커넥터 등이 신호를 패키지로 가져오는 데 사용할 수 있는 커넥터 유형이다. 이러한 커넥터가 제공하는 높은 절연성으로 인해 기존의 실리콘 디바이스용 패키지에 사용된 단순한 핀이나 볼 연결보다 크며, 따라서 단위 면적당 신호 수는 훨씬 적다. 신호가 패키지에 도착하면 올바른 위치로 라우팅한 다음 양자 회로에 연결해야 한다. 신호는 범프(칩 주변의 연결), 와이어(칩 둘레의 연결) 본드[15] 또는 패키지 자체의 여유 공간[16]을 사용해 와이어로 큐비트에 연결된다. 제어 와이어의 수가 증가함에 따라 이러한 패키지는 기존의 실리콘 패키징에서 했던 것처럼 영역 본딩 방법(범프 본딩)을 사용해야 한다. 문제는 이러한 커넥터와 와이어링이 있는 큐비트의 깨끗한 마이크로웨이브 환경을 유지해야 한다는 점이다. 이러한 제약 조건을 감안할 때 수천 개로 증가한 많은 신호를 사용하는 패키징은 매우 어려운 문제다.

C.4.2 제어와 측정

실온과 양자 데이터 면에서 신호를 전송하는 방법을 만든 이후에 제어 및 측정 레이어는 다음과 같은 작업을 하는 하드웨어와 소프트웨어를 제공한다. (1) 큐비트를 동작 점에 바이어싱, (2) 논리 연산을 수행, (3) 큐비트 상태 측정 작업이다. 현재의 초전도 큐비트는 DC 바이어스 전류, 큐비트 전이와 공진하는 마이크로웨이브 펄스(일반적으로 약 5GHz) 및 기저 대역 펄스를 조합해 동작한다.

앞에서 언급했듯이 큐비트는 '고정된 주파수' 또는 '조정 가능한 주파수'를 가질 수 있다. 고정 주파수 설계 시에 제조 과정에서 큐비트 주파수를 설정하고 측정 시스템은 주파수를 결정하고 신호를 주파수에 맞춰 조정해야 한다. 튜닝 가능한 큐비트의 기본 주파수는 제조 중에도 설정될 수 있지만, 제어 평면의 바이어스 전류를 사용해 현장에서 바로 소성할 수 있다. 이 바이어스 전류는 큐비트 패키지를 통해 연결되고 원하는 큐비트에 결합된다. 조정 가능한 큐비트는 추가 제어 라인을 필요로 하지만 제어 시스템으로 모든 큐비트에 대한 단일 주파수나 작은 주파수 세트를 사용할 수 있다.

단일 큐비트 및 2 큐비트 논리 연산용 제어 신호는 안정적인 마이크로웨이브 소스, 프로그램 가능한 펄스 형태, 필요한 마이크로웨이브 펄스를 생성하고자 두 신호를 결합하는 믹서를 사용해 생성된다. 이 펄스는 약 10ns(1초당 10억분의 1초)이며, 일반적으로 포획된 이온 큐비트에 사용되는 것보다 훨씬 빠르다. 마이크로웨이브 펄스와 주파수 오프셋의 조합은 2 큐비트 게이트 동작, 예를 들어 제어 위상 게이트 또는 iSWAP 게이트를 달성하는 데 사용된다. 이 게이트는 단일 큐비트 동작보다 느리고 40ns ~ 400ns를 사용한다. 정확한 제어 신호는 큐비트가 직접 결합됐는지 여부에 따라 달라지며 백그라운드 커플링background coupling을 최소화하고자 추가 큐비트나 공진기를 사용한다. 최첨단 2 큐비트 오류율은 일반적으로 1% 레벨이며, 개별 사례는 0.5%로 더 낮다.

펄스 모양, 믹서, 아날로그-디지털 변환기ADC를 생성하는 데 필요한 실온 제어 전자 회로 마이크로웨이브 오실레이터, 임의 파형 발생기AWG는 큐비트 동작을 제한하지 않는 충분한 정밀도를 지원하는 상용 품목이다. 현재의 초전도 큐비트 애플리케이션에서 AWG와 ADC는 일반적으로 1 ~ 2GS/s와 10 ~ 14비트의 분해능으로 동작한다. 상업적으로 이용 가능한 정밀 등급의 지역(로컬) 발진기는 일반적으로 1 ~ 12GHz 주파수 범위를 가지며 10kHz 오프셋에서 −120dB의 단일 측 대역 위상 노이즈를 갖는다. 이 위상 레벨은 일반적으로 10^{-8} 레벨에서 게이트 오류율을 달성하기에 충분하다[17]. 큐비트 수가 증가함에 따라 지원해야 할 전자 디바이스도 증가한다. 일반적으로 각 큐비트에 필요한 바이어스 전류 생성기, 파형 생성기, 믹서가 있다. 따라서 시스템을 더 많은 큐비트로 확장할 수 있도록 지원 대상 전자 디바이스를 잘 통합해야 한다.

모두 동일한 자연의 원자와는 달리 인공 원자는 제조상 차이가 있는 회로 요소로 만들어진다. 따라서 큐비트 매개변수(예, 전이 주파수, 큐비트-큐비트 커플링 등)는 제조된 디바이스에서 다른 디바이스로, 그리고 한 온도 사이클에서 다른 온도 사이클로, 큐비트와 큐비트에서 다를 수 있다. 제어 프로세서에는 광범위한 교정 루틴이 있어야 먼저 이러한 차이를 판별하고 보정할 수 있다. 이 교정의 복잡도는 시스템의 큐비트 수와 함께 초선형적으로 증가하며 큐비트 수를 늘리는 데 중요한 문제 중 하나가 된다.

C.5 참고 문헌

[1] M. W. Johnson, M. H. S. Amin, S. Gildert, T. Lanting, F. Hamze, N. Dickson, R. Harris, et al., 2011, Quantum annealing with manufactured spins, *Nature* 473:194-198.

[2] D Wave, "Technology Information," http://dwavesys.com/resources/publications.

[3] W. D. Oliver, Y. Yu, J. C. Lee, K. K. Berggren, L. S. Levitov, and T. P. Orlando, 2005, Mach-Zehnder interferometry in a strongly driven superconducting qubit, *Science* 310:1653-1657.

[4] J. Koch, T. M. Yu, J. Gambetta, A. A. Houck, D. I. Schuster, J. Majer, A. Blais, M. H. Devoret, S. M. Girvin, and R. J. Schoelkopf, 2007, Charge-insensitive qubit design derived from the Cooper pair box, *Physical Review A* 76:042319.

[5] A. A. Houck, A. Schreier, B. R. Johnson, J. M. Chow, J. Koch, J. M. Gambetta, D. I. Schuster, et al., 2008, Controlling the spontaneous emission of a superconducting transmon qubit, *Physical Review Letters* 101:080502.

[6] H. Paik, D. I. Schuster, L. S. Bishop, G. Kirchmair, G. Catelani, A. P. Sears, B. R. Johnson, et al., 2011, Observation of high coherence in Josephson junction qubits measured in a three-dimensional circuit QED architecture, *Physical Review Letters* 107:240501.

[7] R. Barends, J. Kelly, A. Megrant, D. Sank, E. Jeffrey, Y. Chen, Y. Yin, et al., 2013, Coherent Josephson qubit suitable for scalable quantum integrated circuits, *Physical Review Letters* 111:080502.

[8] J. E. Mooij, T. P. Orlando, L. S. Levitov, L. Tian, C. H. van der Wal, and S.

Lloyd, 1999, Josephson persistent-current qubit, *Science* 285:1036–1039.

[9] T. P. Orlando, J. E. Mooij, L. Tian, C. H. van der Wal, L. S. Levitov, S. Lloyd, and J. J. Mazo, 1999, Superconducting persistent-current qubit, *Physical Review B* 60:15398.

[10] M. Steffan, S. Kumar, D. P. DiVincenzo, J. R. Rozen, G. A. Keefe, M. B. Rothwell, and M.B. Ketchen, 2010, High-coherence hybrid superconducting qubit, *Physical Review Letters* 105:100502.

[11] F. Yan, S. Gustavsson, A. Kamal, J. Birenbaum, A. P. Sears, D. Hover, T. J. Gudmundsen, et al., 2016, The flux qubit revisited to enhance coherence and reproducibility, *Nature Communications* 7:12964.

[12] A. Blais, R. -S. Huang, A. Wallraff, S. M. Girvin, and R. J. Schoelkopf, 2004, Cavity quantum electrodynamics for superconducting electrical circuits: An architecture for quantum computation, *Physical Review A* 69:062320.

[13] V. Singh, C Alduino, F. Alessandria, A Bersani, M. Biassoni, C. Bucci, A. Caminata, et al., 2016, The CUORE cryostat: Commissioning and performance, *Journal of Physics: Conference Series* 718:062054.

[14] R. Barends, J. Wenner, M. Lenander, Y. Chen, R. C. Bialczak, J. Kelly, E. Lucero, et al., 2011, Minimizing quasiparticle generation from stray infrared light in superconducting quantum circuits, *Applied Physics Letters* 99, 024501.

[15] D. Rosenberg, D. K. Kim, R. Das, D. Yost, S. Gustavsson, D. Hover, P. Krantz, et al., 2017, 3D integrated superconducting qubits, *npj Quantum Information* 3:42.

[16] H. Paik, D. I. Schuster, L. S. Bishop, G. Kirchmair, G. Catelani, A. P. Sears, B. R. Johnson, et al., 2011, Observation of high coherence in Josephson junction qubits measured in a three-dimensional circuit QED architecture, *Physical Review Letters* 107:240501.

[17] H. Ball, W. D. Oliver, and M. J. Biercuk, 2016, The role of master clock stability in quantum information processing, *npj Quantum Information* 2:16033.

부록 D
큐비트 생성 방법

트랩된 이온이나 초전도 양자 컴퓨터를 스케일링할 때 많은 기술적 문제가 남아 있기 때문에 많은 연구 그룹에서 큐비트를 만드는 여러 가지 접근 방법을 계속 연구하고 있다. 큐비트를 만드는 기술은 개발이 더 필요하며, 지금은 단일 큐비트와 2 큐비트 게이트를 만드는 데 중점을 두고 있다. 이러한 기술의 스케일업scale-up은 이온 트랩과 초전도체의 문제들과 많은 유사점을 가진다. 이 부록 D에서는 큐비트를 만드는 방법을 간략하게 설명한다.

D.1 광자적 양자 계산

광자는 양자 컴퓨터에서 사용하기에 매우 매력적인 몇 가지 특성을 가진다. 광자는 특정 환경에서 서로 상대적으로 약하게 상호작용한다. 이러한 특성 때문에 광자가 산란되거나 흡수되지 않고 많은 물질에서 아주 멀리 이동힐 수 있고, 광자 큐비트photonic qubit가 좋은 결맞음 속성을 제공하고 장거리에서 양자 정보를 전송하는 데 유용한 특성을 가진다[1]. 따라서 이 분야의 연구 개발은 다른 컴퓨팅 기술이 대형large scale 컴퓨팅 애플리케이션에 적합하다고 판명되더라도 장거리 양자 통신 채널을 구현하는 데 중요하다. 광자 양자 조작 능력을 개발해 잠재적으로 양자 센싱과 양자 통신용 변형 애플리케이션을 지원할 수 있다.

광자의 양자 얽힘을 탐색하는 실험은 1970년대 벨[Bell] 정리[1]를 벗어나는 경우를 찾기 위한 아주 오랜 역사의 초기 실험으로 거슬러 올라가야 한다[2]. 지난 수십 년 동안 많은 광자의 얽힌 상태를 만들고, 조작하고 측정하고자 많은 장애물을 극복하는 방법이 개발됐다. D.1절에서는 오류 정정된 광자 프로세서를 개발하고자 극복해야 할 나머지 항목과 스케일업할 때 갖는 궁극적 한계를 간단히 설명한다.

여러 가지 면에서 광자는 훌륭한 큐비트로 사용될 수 있다. 단일 큐비트 게이트는 위상 시프터[phase shifter]와 빔 분할기[beam splitter] 같은 표준 광학 디바이스를 사용해 만들어질 수 있으며, 앞에서 언급했듯이 물질 및 상호 간에 약하게 상호작용하기 때문에 좋은 결맞음을 가진다. 그러나 큐비트 게이트가 갖는 힘(약한 상호작용)으로 인해 2 큐비트 게이트를 만들기 어렵기 때문에 광자적 양자 컴퓨터 개발에 큰 걸림돌이 된다. 이번 절에서는 이런 문제를 해결하기 위한 두 가지 전략을 설명한다. 선형 광학적 양자 컴퓨팅에서 효과적인 양자 간 상호작용은 단일 광자 연산과 측정의 조합에 의해 만들어지기 때문에 2 큐비트 게이트를 구현하는 데 사용될 수 있다. 광자와 강하게 상호작용해 광자 사이에 강한 효과적인 상호작용을 유도하는 광학 활성 결함 및 양자 점[2]을 사용하는 두 번째 접근법은 광학적으로 게이트된 반도체 양자에 관한 D.3.1절에서 다룬다.

---

1. 벨 정리는 "숨겨진 변수 이론이 지역적이라면 양자역학에서 사용하기 어려우며, 양자역학에서 사용 가능하다면 지역적이지 않을 것이다"라는 특성을 가진다. 본질적으로 이러한 특성은 얽힘과 같은 양자역학 현상을 설명할 수 있는 비양자 물리 이론을 통해 현재의 양자물리학에 대한 이해 가능한 내용들을 반박할 수 있을 것으로 본다(J. Bell, 1987, Speaker and Unspeakable in Quantum Mechanics, Cambridge University Press, p. 65).

2. 또한 '나노 입자(nano particles)'라고 불리는 양자 점은 결정질 구조를 지닌 원자의 작은 클러스터며, 그 물리적 성질은 원자 또는 벌크 형태와 관련된 원소의 성질과는 매우 다르다. 양자 점은 특이한 성질을 갖는데, 예를 들어 흡수하거나 방출하는 빛의 파장은 크기와 관련된 엔지니어링 방식을 통해 조정할 수 있다.

광자적 양자 컴퓨팅에서 큐비트는 일반적으로 두 개의 큐비트 상태로 작용하는 두 개의 다른 광자 분극(up-down과 left-right를 지원)을 사용하는 개별 광자다. 단일 큐비트 게이트는 편광polarization을 회전시키는 데 사용되는 표준 수동 광학 부품으로 구현할 수 있지만, 2 큐비트 게이트는 저손실 비선형성을 필요로 하고 달성하기가 어렵다[3]. 5장의 트랩된 이온에서 설명한 것처럼 빔 분할기beam splitter의 두 출력 포트에서 일치를 확인하기 위한 측정 방법에서는 2 큐비트 게이트를 구현하고 강력한 유효 비선형 특성을 얻지만[4], 게이트는 확률적인 특성을 가진다. 다행스럽게도 게이트 신호가 성공적인 결과를 가지면(두 검출기 모두에서 광자가 센싱되는 경우) 알고리즘을 구현할 수 있지만 타이밍 요구 사항으로 복잡하고 적절하게 초기화된 광자의 안정적인 소스가 필요하다. 최근에 계산 동작 시작 이전에 매우 얽혀있는 '클러스터 상태cluster state'를 구성하고 측정을 수행함으로써 계산이 구현될 수 있는 측정 기반의 양자 컴퓨팅 방식이 상당한 관심을 끌고 있다.

지난 수년간 광자적 양자 컴퓨팅을 구현하는 데 필요한 많은 기술의 개발이 이뤄졌다. 광자적 칩은 계속 개선되고 있으며, 광자 소자와 인터페이스 내의 광자 손실률은 양자 오류 정정을 구현하는 데 필요한 값에 근접하고 있다. 매우 높은 효율의 광자 검출기가 개발됐고, 이는 오류 정정의 핵심이다. 이러한 나노 와이어 기반 검출기는 헬륨 온도(약 4K)에서 작동하므로 이 온도로 냉각해야 하고, 이전에 설명한 것처럼 이러한 냉각 방식은 가능해 보인다. 광자 손실률을 줄이는 데 있어 계속적인 진행 상황이 존재한다고 가정할 때 적절한 크기의 디바이스를 제작할 경우의 주된 장애물은 높은 비율의 얽힌 광자를 생성할 수 있는 소스 개발이다[7]. 얽힌 광자의 삼중 출처Sources of triplets가 존재하지만[8], 얽힌 광자 삼중항이 생성되는 속도는 대규모 계산을 할 때 실제로 증가돼야 한다. 가장 크게 얽혀 있으며 완전히 연결된 큐비트 시스템은 6개의 광자 각각에 대해 3가지 자유도를 사용해 2018년에 시연됐고[9], 이 방법은 자체적인 어려움이 존재하며 확장이 용이하지 않다.

궁극적 확장성: 광자적 양자 컴퓨팅에 사용되는 광자는 일반적으로 1 마이크론 정도의 파장을 가지며, 광자가 빛의 속도로 이동하고 일반적으로 광학 칩의 한 차원을 따라 이동하기 때문에 광자의 수, 광자 디바이스의 큐비트 수는 공간에서 지역화될 수 있는 큐비트를 갖는 시스템만큼 크게 만들 수 없다. 그러나 수천 큐비트의 배열을 만드는 것은 가능할 것으로 기대된다[10]. 또한 이 기술은 대규모의 양자 통신을 지원하는 스위칭 네트워크 개발에 매우 중요하다.

D.2 중성 원자 양자 계산

이온 배열을 생성하고 전하를 이용해 이온을 제자리에 고정시키는 대신 레이저를 사용해 중성 원자를 가두는 광학 트랩 배열을 만들 수 있다[11, 12]. 이 접근법은 이온 트랩 양자 계산과 기술적인 유사점을 갖고 있으며, 큐비트 조작에 광학 및 마이크로웨이브 펄스를 사용해 최대 백만 큐비트의 개별 어레이array를 만들 수 있다. 중성 원자 기술은 초전도 큐비트를 포함한 광자와 다른 유형의 큐비트 사이의 인터페이스를 제공하는 데 매우 유용하다[13]. 현재까지 약 50개의 원자 배열이 만들어졌으며 51개의 원자 양자 시뮬레이터가 시연됐다[14]. 전형적인 5 마이크론 간격을 가정할 때 10^4개의 원자는 0.5mm 2차원 배열에 트랩될 수 있으며, 백만 개의 원자는 0.5mm 3차원 배열에 트랩될 수 있다. 큐비트 상태는 알칼리 원자(루비듐 또는 세슘)의 에너지 레벨을 갖고, 트랩당 하나의 원자가 있으며, 큐비트 조작과 판독은 광학적으로 수행된다.

트랩된 이온 시스템과 마찬가지로 레이저는 원자를 마이크로 켈빈 온도까지 냉각시키는 데 사용되며, 매우 차가워진 원자는 진공 시스템의 광학 트랩에 불러온다. 큐비트의 상태를 초기화하고자 또 다른 레이저를 사용하고, 광학 게이트와 마이크로웨이브 필드의 조합을 통해 논리 게이트를 수행하고 공진 형광을 통해 출력을 탐지한다[15]. 이 시스템에서 시스템의 시작 상태를 만들고자 할 때 몇 가지 문제를 가진다.

- 레이저 냉각 중 가벼운 보조 충돌로 인해 원자가 쌍을 이루고 트랩을 떠나는 경향이 있다. 공극^{vacancy}은 배열의 양자 컴퓨터 사용을 복잡하게 만든다. 그러나 최근에는 공극이 있는 트랩을 사용하고 전체가 점유된 트랩을 만들 수 있는 재구성 방법이 개발돼 사용 복잡도에 대한 어려움을 극복할 수 있다.

- 중성 원자는 잔류 백그라운드 가스 원자와의 충돌로 트랩에서 빠져 나올 수 있다. 표준 시스템에서 이러한 충돌은 원자당 100초마다 한 번 발생한다. 수명은 저온 진공 시스템에서 수십 분을 초과할 수 있다. 이처럼 드물게 발생하는 손실을 처리하고자 결국 오류 정정 체계가 필요하다. 연속된 동작으로 원자를 미리 냉각된 원자의 보조 저장소에서 다시 불러오는 작업은 작은 규모로 시연됐다[16].

- 현재 측파대^{sideband} 레이저 냉각은 절대적인 3D 진동 바닥상태에서 트랩 내 원자들의 약 90%를 얻는 데 사용된다. 냉각은 대부분의 양자 컴퓨팅 방식에서 적용할 정도로 충분히 차갑게 할 수 있지만 냉각 방법은 더 향상될 수 있다. 이론적인 냉각 한계는 100% 바닥상태에 도달할 수 있다.

단일 큐비트 게이트 시간은 수십에서 수백 마이크로초까지 여러 가지이기 때문에 원칙적으로 최장 실효 시간 내에서 10^5회의 동작을 수행할 수 있다(이 값이 최적의 값이다). 오류율이 낮은 단일 큐비트 게이트(0.004 이하)는 이미 시연됐다[17]. 실험에서의 충실도는 마이크로웨이브 장의 비균질성, 트랩에 의한 큐비트 전이 주파수의 변화, 비타깃 사이트에 영향을 미치는 레이저빔의 부정확성 또는 불완전성으로 인한 오차에 의해 제한된다[18].

2 큐비트 게이트를 사용하는 전략은 트랩된 이온 전략과 유사하다. 원하는 원자를 서로 가깝게 이동시켜야 하는 전력이 필요하다. 원자는 중립이기 때문에 간격이 작아야 하므로 움직이는 트랩과 원자의 운동 상태를 충분히 정확하게 제어하는 것은 어렵다. 다른 방법은 강한 들뜬상태의 린드버그^{Rydberg} 상태(전자가 원자에 매우 약하게 결합돼 있는 상태)로 원자를 일시적으로 들뜸^{excite}시켜야 하는데, 강한 상호 쌍극자 상호작용을 가져야 한다. 이 두 번째 접근 방식은 여러 그룹에 의해 추진됐다. 이론적 계산에서는 얽힘 오류율 0.01%를 달성할 수 있으며, 2018년 중반까지 얽힘 오류율은 3%가 달성됐다[19].

현재의 실험에서 원자 가열과 린드버그^{Rydberg} 상태의 한정된 방사 수명과 같이 알려진 불충실도^{infidelity} 원인은 큰 오류율 값을 설명하기에 충분하지 않지만, 컨테이너 표면에 흡착된 원자 및 분자로 인해 백그라운드 전기장이 변동하는 것으로 알려져 있다. 린드버그 원자가 갖는 큰 민감도로 인해 2 큐비트 게이트에서 더 큰 불충실도를 초래할 수 있다. 이 문제는 적절한 표면 코팅 개발에 의해 해결할 수 있다.

이 기술이 초전도 및 이온 트랩 큐비트와 경쟁하려면 2 큐비트 게이트의 실험적 개선이 중요하다.

궁극적 확장성: 중성 원자의 트래핑^{trapping} 메커니즘은 트랩된 이온의 트래핑 메커니즘과 다르며 이 플랫폼은 유사한 제어 및 측정 평면을 사용한다. 단일 배열에서 제어될 수 있는 큐비트 수를 넘어서는 스케일링에 대해서는 광자 얽힘$^{photonic\ entanglement}$을 갖는 다중 어레이를 사용해야 하고 트랩된 이온 시스템을 위해 개발 중인 아키텍처를 다시 사용해야 한다.

D.3 반도체 큐비트

반도체 큐비트는 광학적으로 또는 전기적으로 조작되는지 여부에 따라 두 가지 유형으로 나눌 수 있다. 광학 게이트된 반도체 큐비트는 일반적으로 광학적 활성 결함optically active defect 또는 양자 점quantum dot을 사용해 광자 간에 강한 결합을 효과적으로 유도하는 반면 전기적으로 게이트된 반도체 큐비트는 리소그래피로 정의된 메탈 게이트에 적용된 전압을 사용해 큐비트를 형성하는 전자를 제한/조작하고, 현재의 고전적 컴퓨팅 전자 디바이스에서 사용되는 방법과 비슷하게 사용된다. 광 게이팅된 반도체 큐비트는 광자 큐비트의 기능을 많이 향상시키는 광자와 효과적인 상호작용을 구현하는 데 사용할 수 있으며, 예를 들어 광학적 광자optical photon를 위한 양자 메모리 구현용 메커니즘으로 사용한다. 전기적으로 게이팅된 반도체 큐비트는 고전적인 컴퓨팅 전자 기기에서 사용되는 방법과 매우 유사하기 때문에 고전 전자 기기의 잠재적 확장성을 지원하는 대규모 투자를 통해 양자 정보 프로세서의 스케일링을 용이하게 할 수 있다.

D.3.1 크리스탈에서 광학적 게이팅된 큐비트

광학적으로 게이팅된 반도체 큐비트optically gated semiconductor qubit는 반도체(일반적으로 크리스탈 내의 결함이나 호스트 물질의 양자 점)에서의 시스템으로 구성되며, 광학 응답은 결함/점dot의 양자 상태에 의존한다. 결함 및 양자 점 시스템은 다소 보완이 필요한 장단점이 있지만 많은 공통점도 가진다. 반도체에서 광학 활성 불순물이나 양자 점으로 구성된 큐비트는 광자 접근법에 강한 비선형성을 도입하는 강력한 수단을 제공하며, 통신 및 센싱 애플리케이션에서 변형돼 적용될 수 있는 잠재력을 가진다.

매우 높은 관심을 갖고 있는 결함 시스템[defect system]은 다이아몬드에서 질소 공극[NV, Nitrogen-Vacancy] 중심[center]이 해당된다[20, 21]. 여기서의 결함은 공극[vacancy]과 함께 탄소[carbon]를 대체하는 질소 원자[nitrogen atom]로 구성되고 광학적으로 조작[manipulation]되고 측정될 수 있는 상자성 중심[paramagnetic center]이다. 개별 NV 중심의 초기화[initialization], 조작[manipulation], 측정[measurement] 동작은 시연됐다[22]. 양자 조작[Quantum manipulation]은 실리콘 카바이드[silicon carbide]의 공극을 포함한 다른 재료의 결함 중심[defect center]을 사용해 증명됐다[23]. 놀랍게도 이러한 시스템의 양자 결맞음[quantum coherence]은 실내 온도만큼 높은 온도에서도 지속될 수 있다[24]. 고온에서의 양자 결맞음과 우수한 생체 적합성[biocompatibility]을 통해 반도체의 광학 활성 결함 중심은 생물학적 응용[26]을 포함해 양자 센서로서 중요한 응용 분야가 될 것으로 기대된다[25].

이러한 여러 큐비트 사이에서 2 큐비트 게이트는 매우 가까운 거리(수십 나노미터[nm])를 필요로 하며[27], 이 거리는 결함의 광 어드레싱[optical addressing]을 매우 어렵게 만들거나 광자를 사용해 커플링해야 한다[28]. 광자를 사용하면 큐비트 간격이 멀어지지만 결함과 광자 간의 상호작용이 약하기 때문에 얽힘 생성 게이트[entanglement-generating gates]가 느려지는 경향이 있다 (일반적으로 얽힘 작업이 성공하기 전에 많은 시도가 이뤄진다). 게이트 작업이 성공하더라도 느린 얽힘 속도는 많은 양의 큐비트 간에 얽힘을 만들려는 시도를 복잡하게 만든다.

광학적 활성 양자 점[active quantum dots]은 양자 결맞음을 요구하는 애플리케이션의 가능성을 보여준다. 2 큐비트 게이트는 양자 점 사이의 터널 커플링[tunnel coupling]을 사용해 구현되며[29], 광자와 양자 점 사이의 강한 결합이 이뤄질 수 있고[30], 강한 결합은 고충실도 광자 매개 2 큐비트 게이트 개발에 유용하게 사용될 수 있다. 이 시스템에서 큐비트 동작은 매우 빠른 속도를 갖지만 결어긋남 속도도 빠르다. 양자 점과 광자 사이의 강한 커플링(결합)은 광자 양자 컴퓨팅과 통합용 메커니즘으로 매력적이며, 3개 광자의 얽힘 상태를 만들고[31] 광자 회로를 위한 양자 메모리 구현을 가능하게 한다[32].

물질 개발은 광학 게이팅 반도체 큐비트를 개선할 때 핵심이 된다. 반도체의 결함 중심에 대해 결함과 결정 격자 들뜸crystal lattice excitation 간 커플링이 매우 약한 결함 재료 조합defect-material combination을 찾아야 하기 때문에 본질적으로 모든 광학 붕괴가 에너지를 결정 격자로 전달하지 않는다. 새로운 물질을 사용해 견고한 큐비트를 예측하기 위한 이론적 기법의 가능성을 입증하고 중요성을 나타내기 위한 몇 가지 중요한 작업이 있지만[33], 이 분야에서 더 많은 작업을 수행해야 한다. 광자와 결함 간의 비교적 약한 결합을 높이는 것도 중요하다. 최근의 많은 발전은 광학 필드의 제어를 향상시킴으로써 커플링을 증가하는 것이 가능해졌고, 추가적인 개선도 더 필요하다. 또한 이러한 내용들은 스핀 결어긋남 메커니즘과 양자 결맞음 시간을 늘리기 위한 전략 탐구와 관련이 있다[34]. 양자 점의 경우 잘 제어되고 재현 가능한 제작 방법 개발에 현재 어려움이 있어 주요 한계를 가진다. 양자 점의 광학 특성들은 크기와 모양에 따라 다르므로, 균일하고 예측 가능한 양자 점 크기가 중요하다.

궁극의 확장성: 각 큐비트를 개별적으로 처리할 수 있는 광 액세스optical access 보장에 대한 요구 사항으로 인해 큐비트 밀도density에 상당한 제약이 가해지기 때문에 이러한 시스템에서 대량의 큐비트까지 스케일업하는 것은 어려울 수 있다. 그러나 스케일업은 매우 긴 거리에서 결맞음을 유지할 수 있는 광학 큐비트를 사용하는 물질 기반 큐비트material-based qubit를 연결하는 방법을 제공하는 상호 연결 방법이 매우 중요한 역할을 한다[35]. 또한 센싱 애플리케이션으로 인해 적당량의 큐비트를 갖는 시스템은 상업적으로 중요하며, 정보 처리 애플리케이션information processing application과 관련된 크기로 스케일링될 때 양자계의 상용 가능성

을 확립할 수 있다.

D.3.2 전기적으로 게이트된 반도체 큐비트

전기적으로 게이트된 반도체 양자 컴퓨팅 기술은 큐비트의 크기가 작고 고전 전자에서 사용되는 것과 매우 유사한 제조 방법을 사용하기 때문에 매우 많은 큐비트까지 확장할 수 있다. 전기적으로 게이트된 반도체 큐비트는 반도체 표면의 리소그래피로 정의된 메탈 게이트에 전압을 인가해 정의하고 조작할 수 있다[36]. 제조와 리소그래피 방법은 고전 전자에서 사용되는 방법과 매우 유사하며, 방법의 유사성은 고전 전자의 스케일업을 위한 대규모 투자를 매우 많은 큐비트의 스케일업에 활용할 수 있다.

그러나 이 플랫폼에서는 단일 큐비트를 구성하고자 상당한 양의 재료 및 기술 개발이 필요하고, 고충실도 단일 큐비트 게이트는 상대적으로 최근에 개발됐다[37]. 지난 몇 년 동안 충실도가 높은 단일 큐비트 게이트가 여러 그룹에 의해 구현됐으며, 충실도가 높은 2 큐비트 게이트 구현에 대한 진행은 최근에 있었고[38], 양자 알고리즘이 프로그래머블 2 큐비트 양자 프로세서에서 최근에 구현됐다[39]. 이러한 최근 진행이 이뤄질 수 있게 한 핵심 요소는 새로운 재료 시스템과 리소그래피 방법의 개발이었고, 이 방법은 실험자가 이전의 재료 플랫폼과 리소그래피 전략의 한계를 극복할 수 있다. 첫 번째 전기적으로 게이트된 반도체 큐비트는 갈륨 비소 및 알루미늄 갈륨 비소의 이형 구조heterostructure로 만들어졌지만[40], 이 재료 시스템에서는 호스트 재료에서 핵 스핀의 결어긋남 효과가 고충실도 게이트 동작의 구현을 많이 복잡하게 만든다. 실리콘이 풍부한 제로 스핀 핵 동위 원소를 갖고 있고 동위 원소적으로 농축된 실리콘을 갖기 때문에 핵의 99% 이상이 최근에 사용 가능해진 스핀 제로를 갖고 있어 이용할 수 있고, 이러한 동작으로 인해 결맞음 시간의 실질적인 증가를 가져왔기 때문에 실리콘 기반 구조물에서 큐비트 발달[41~43]로 인해 핵 스핀에서의 결어긋남이 많이 감소된다[44]. 또 다른 중요한 발전을 통해 좀 더 소형의 게이트 패턴이 가능하고 도핑된doped 모드에서 축적accumulation 모드 디바이스로의 전환이 가능한 새로운 디바이스의 설계와 개발을 할 수 있다. 이러한 변화로 인해 적절한 디바이스 수율을 갖는 작은(~25nm) 점(도트)의 디바이스 제작이 가능해졌다.

이 분야의 현재 과제는 신뢰할 수 있고 충실도가 높은 2 큐비트 게이트 개발이다. 현재 2 큐비트 게이트 오류율[45-48]은 약 10%이며 결함 허용 동작을 달성하려면 추가 개선이 필요하다. 현재 이러한 디바이스의 전하 노이즈는 게이트 결맞음을 제한하지만, 최근의 연구는 가까운 시일 내에 고충실도 게이팅이 가능할 것으로 예상된다[49-52]. 최근 발전은 빠른 속도를 갖지만, 매우 얇은 산화물 레이어로 분리된 복잡한 다중 레이어 게이트 패턴을 갖는 현재 대학 기반 제조 시설의 평범한 제조 수율에 의해 제약을 받고 있다. 제조 수율은 HRL 연구소와 Intel을 비롯한 업계에서 최근 이 영역으로 진입하고 있고 산디아 국립연구소Sandia National Laboratories와 같은 DOEDepartment of Energy 실험실의 참여로 인해 빠르게 향상될 것으로 예상된다.

원칙적으로 전기적으로 게이트된 반도체 큐비트는 제조에 사용되는 방법이 고전 전자 기기에 사용되는 방법과 매우 유사하고 큐비트 풋프린트가 실질적으로 평방 미크론 미만이기 때문에 수십억 큐비트로 확장 가능하다. 실제로 필요한 충실도를 갖는 2 큐비트 게이트를 개발하는 것 외에도 측정 충실도를 향상시킬 필요가 있으며, 측정 방법을 대규모 큐비트 어레이와 호환 가능하게 만들 필요가 있다. 또한 냉각 요구 사항, 제어 전략 및 큐비드 제어 전압의 수파수 범위가 초전도 큐비트의 대응 항목들과 유사하기 때문에 초전도 큐비트 커뮤니티가 직면한 것과 유사한 누화 및 팬아웃 문제를 극복해야 한다. 이러한 문제는 큐비트 사이의 간격이 작으면 와이어 간의 커플링이 악화되고 큐비트와 인터페이스할 수 있는 확장 가능한 컨트롤/측정 레이어를 만드는 것이 어려워지기 때문에 이 시스템에선 특히 어렵다.

D.4 위상 큐비트

위상(토폴로지컬^{topological}) 양자 컴퓨팅 아키텍처의 개발은 논리적 큐비트를 사용하는 오류 정정 구현이 필요하지 않거나 적어도 최소한의 오버헤드로 오류 정정을 가능하게 할 수 있도록 매우 낮은 고유 오류율을 갖는 큐비트를 구축하기 위한 접근 방법이다. 큐비트 구축에 성공할 경우 이 접근법은 다른 접근법에 비해 고전 컴퓨터에서 다루기 어려운 문제를 해결하고자 계산 능력을 달성하는 데 필요한 물리적 큐비트 수를 많이 줄여준다. 따라서 양자 컴퓨터의 스케일링에 있어 유용하게 사용될 수 있는 경로가 될 수 있다.

위상 양자 계산은 큐비트 연산이 미세(현미경) 레벨$^{microscopic\ level}$에서 구현된 위상 대칭에 의해 보호되기 때문에 물리적 큐비트의 연산이 매우 높은 충실도를 가질 수 있다. 양자 정보의 위상학적 보호는 기초적인 기반 표면 코드이기 때문에 비위상 큐비트에 오류 정정 알고리즘을 적용하는 대신에 미시 물리학$^{microscopic\ physics}$에 오류 정정 메커니즘을 구현한 위상 양자 계산을 확인할 수 있다. 오류 정정과 관련된 큰 오버헤드를 발생시키지 않으면서 고전 컴퓨터에서 다루기 어려운 상업적으로 흥미로운 문제를 해결하는 데 필요한 매우 높은 충실도 달성 가능성은 마이크로소프트와 같은 회사에서 양자 계산 전략에 상당한 투자를 하려는 강한 동기를 제공한다. 그러나 위원회는 이 책에 기술된 다른 기술들보다 위상 큐비트 기술이 현저히 개발되지 않았다는 점을 주목했다. 이 책을 집필하는 시점에 실험적으로 단일 큐비트 연산 능력을 증명한 주요 단계가 존재했다(2018)[53].

위상 양자 계산을 구현하려면 지역적인(국지) 변경 때문에 상호 간에 얻기 어려운 많이 축퇴된degenerate 바닥ground 상태를 갖는 시스템을 구성해야 한다. 위상 양자 계산을 실험적으로 구현하기 위한 현재 노력의 예를 그림 D.1에서 볼 수 있다. 이 그림은 스핀이 없는 페르미온 시스템을 보여주며, 시스템의 바닥상태는 이웃 사이트에서 페어링된 마요라나 페르미온Majorana fermion의 컬렉션으로 볼 수 있고, 끝부분에는 2개의 '남은' 사이트가 존재한다. 비평형 마요라나 페르미온은 임의로 멀리 떨어져있을 수 있고, 이들을 재결합하는 것은 시스템의 전체 길이의 양자 상태를 수정하므로 들뜬상태는 지역 섭동local perturbations에 대해 대단히 강한 특성을 가진다.

$\gamma_{A,1}$ $\gamma_{B,1}$ $\gamma_{A,2}$ $\gamma_{B,2}$ $\gamma_{A,3}$ $\gamma_{B,3}$ $\gamma_{A,N}$ $\gamma_{B,N}$

그림 D.1 마요라나(majorana) 제로 모드를 지원하는 1차원 시스템의 개략적인 모습이다. 각각의 스핀 없는 페르미온은 두 개의 마요라나 페르미온으로 분해되며, 하나씩은 각 사이트(γ'로 표시되고 빨간색으로 표시)에 존재한다. 마요라나는 벌크(두 개의 라인을 연결하는 두꺼운 선으로 표시)에서 쌍을 이루며, 체인의 끝에 2개의 제로 에너지 마요라나 모드를 남긴다. 양 끝 사이의 큰 공간적 분리는 이 아키텍처에서 구현된 양자 컴퓨팅의 결어긋남에 대한 저항 동작에 기반이 된다. 출처: J. Alicea, Y. Oreg, G. Refael, F. von Oppen, and M.P.A. Fisher, 2011, Non-Abelian statistics and topological quantum information processing in 1D wire networks, Nature Physics 7(5):412-417.

마요라나Majorana 제로 모드를 지원할 수 있는 재료 시스템 개발의 관심을 통해 키타예프Kitaev의 연구(2003)가 이러한 위상 들뜬상태topological excitation를 적절히 만들고 조작할 수 있다면 양자 컴퓨터를 만드는 것이 가능하다는 것을 보여준다[54]. 적절한 시스템 구축을 실험적으로 더 실현 가능하게 하기 위한 많은 연구가 이뤄져 왔으며 최근의 연구는 단일 입자 들뜬상태가 매우 억제된 초전도막에 강하게 결합된 강한 스핀 궤도spin-orbit 결합을 갖는 나노 와이어 어레이를 구성하고 측정할 수 있다[55]. 마요나라 제로 모드의 주요 조작에 대한 실험적 증명은 아직 이뤄지지 않았지만, 나노 와이어가 와이어 길이에 따라 기하급수적으로 감소하는 상호작용을 나타내는 나노 와이어 끝에서 들뜬상태를 갖게 된 증거는 매우 많다[56]. 마요나라 제로 모드를 지원하는 잘 제어된 재료 시스템이 주어지면 중요하지 않은 큐비트 작업의 성능을 입증하기 위한 합리적이며 직접적인 실험적 경로가 될 수 있다[57]. 그러나 그렇게 하려면 실질적인 재료 및 제조에 도전해야 한다. 처리돼야 하는 복잡도 중 일부는 초전도 나노 와이어의 들뜸이 초전도체가 아닌 양자 점에 커플링을 통해 측정되고 이러한 서로 다른 시스템 간의 커플링이 필요한 작업을 구현하고자 잘 제어되고 조정할 수 있어야 한다.

마요나라 제로 모드의 성공적인 많은 조작과 측정 결과가 실험적으로 입증되면 이론적으로 예측된 우수한 충실도의 실제 성취 여부를 실험에서 판단할 수 있다. 실험적으로 측정된 충실도가 실제로 예상되는 마이크론의 길이 스케일에서 나노 와이어의 길이에 따라 기하급수적으로 향상되면 적당한 길이의 나노 와이어는 매우 높은 충실도를 갖는 게이트를 만들 수 있다.

제안된 표면 코드 구현과 유사하게 클리포드^Clifford 게이트의 구현은 보편적인 양자 계산을 구현하는 데 필요한 추가 게이트('T 게이트'라고 불리는)의 실현보다 훨씬 더 간단할 것으로 예상된다. 최근의 이론적 연구에서는 클리포드 게이트에 사용된 하드웨어 아키텍처와 동일한 하드웨어 아키텍처를 사용해 고충실도 T 게이트를 달성할 수 있다고 예측하지만, 이러한 게이트의 구현은 이 기술을 사용하는 범용 양자 컴퓨터의 구현에서 추가적으로 필요한 단계다.

앞에서 언급했듯이 위상 양자 컴퓨터의 단일 큐비트 게이트를 증명하고자 중요한 재료, 제조, 측정 과제의 사용 도전을 극복해야 한다. 부분적으로 양자 오류 정정 구현이 어렵고, 필요한 프로세서 크기는 오류 처리

아키텍처에 필요한 것보다 훨씬 작다. 따라서 오류 정정이 필요하지 않거나 오류 정정이 거의 필요 없는 매우 높은 충실도의 게이트 구현 가능성을 얻으려는 것이 이 접근법의 강한 동기다.

D.5 참고 문헌

[1]   J. Yin, Y. Cao, Y. -H. Li, S. -K. Liao, L. Zhang, J. -G. Ren, W. -Q. Cai, et al., 2017, Satellitebased entanglement distribution over 1200 kilometers, *Science* 356:1140-1144.

[2]   S. J. Freedman and J. F. Clauser, 1972, Experimental test of local hidden-variable theories, *Physical Review Letters* 28:938-941.

[3]   J. W. Silverstone, D. Bonneau, J. L. O'Brien, and M. G. Thompson, 2016, Silicon quantum photonics, *IEEE Journal of Selected Topics in Quantum Electronics* 22: 390-402.

[4]   E. Knill, R. Laflamme, and G. J. Milburn, 2001, A scheme for efficient quantum computation with linear optics, *Nature* 409:46-52.

[5]   T. Rudolph, 2017, Why I am optimistic about the silicon-photonic route to quantum computing, *APL Photonics* 2:030901.

[6]   M. K. Akhlaghi, E. Schelew, and J. F. Young, 2015, Waveguide integrated superconducting single-photon detectors implemented as near-perfect absorbers of coherent radiation, *Nature Communications* 6:8233.

[7]   T. Rudolph, 2017, Why I am optimistic about the silicon-photonic route to quantum computing, *APL Photonics* 2:030901.

[8]   M. Khoshnegar, T. Huber, A. Predojević, D. Dalacu, M. Prilmüller, J. Lapointe, X. Wu, P. Tamarat, B. Lounis, P. Poole, G. Weihs, and H. Majedi, 2017, A solid state source of photon triplets based on quantum dot molecules, *Nature Communications* 8:15716.

[9]   X. -L. Wang, Y -H. Luo, H. -L. Huang, M. -C. Chen, Z. -E. Su, C. Liu, C. Chen, et al., 2018, 18-qubit entanglement with six photons' three degrees of freedom, *Physical Review Letters*, doi:10.1103/PhysRevLett.120.260502.

[10]   다음 예를 참고한다. J. W. Silverstone, D. Bonneau, J. L. O'Brien, and M. G. Thompson, 2016, Silicon quantum photonics, *IEEE Journal of Selected*

Topics in Quantum Electronics 22:390–402;

T. Rudolph, 2017, Why I am optimistic about the silicon–photonic route to quantum computing," *APL Photonics* 2:030901.

[11] M. Saffman, 2016, Quantum computing with atomic qubits and Rydberg interactions: Progress and challenges, *Journal of Physical B* 49:202001.

[12] D. S. Weiss, and M. Saffman, 2017, Quantum computing with neutral atoms, *Physics Today* 70:44.

[13] J. D. Pritchard, J. A. Isaacs, M. A. Beck, R. McDermott, and M. Saffman 2014, Hybrid atom–photon quantum gate in a superconducting microwave resonator, *Physical Review A* 89:01031.

[14] H. Bernien, S. Schwartz, A. Keesling, H. Levine, A. Omran, H. Pichler, S. Choi, et al., 2017, "Probing Many–Body Dynamics on a 51–Atom Quantum Simulator," preprint arXiv:1707.04344.

[15] M. Saffman, 2016, Quantum computing with atomic qubits and Rydberg interactions: Progress and challenges, *Journal of Physical B* 49:202001.

[16] B. A. Dinardo and D. Z. Anderson, 2016, A technique for individual atom delivery into a crossed vortex bottle beam trap using a dynamic 1D optical lattice, *Review of Scientific Instruments* 87:123108.

[17] T. Xia, M. Lichtman, K. Maller, A. W. Carr, M. J. Piotrowicz, L. Isenhower, and M. Saffman, 2015, Randomized benchmarking of single–qubit gates in a 2D array of neutral–atom qubits, *Physical Review Letters* 114:100503.

[18] M. Saffman, 2016, Quantum computing with atomic qubits and Rydberg interactions: Progress and challenges, *Journal of Physical B* 49:202001.

[19] H. Levine, A. Keesling, A. Omran, H. Bernien, S. Schwartz, A.S. Zibrov, M. Endres, M. Greiner, V. Vuletić, and M.D. Lukin, 2018, "High–Fidelity Control and Entanglement of Rydberg Atom Qubits," preprint arXiv:1806.04682.

[20] M. W. Doherty, N. B. Manson, P. Delaney, F. Jelezko, J. Wrachtrup, and L. C. L. Hollenberg, 2013, The nitrogen–vacancy colour centre in diamond, *Physics Reports* 528:1–45.

[21] V. V. Dobrovitski, G. D. Fuchs, A. L. Falk, C. Santori, and D. D. Awschalom, 2013, Quantum control over single spins in diamond, *Annual Review of Condensed Matter Physics* 4:23–50.

[22] T. Gaebel, M. Domhan, I. Popa, C. Wittmann, P. Neumann, F. Jelezko, J. R. Rabeau, et al., 2006, Room–temperature coherent coupling of single

spins in diamond, *Nature Physics* 2:408-413.

[23] W. F. Koehl, B. B. Buckley, F. J. Heremans, G. Calusine, and D. D. Awschalom, 2011, Room temperature coherent control of defect spin qubits in silicon carbide, *Nature* 479:84-88.

[24] 다음 예를 참고한다. T. Gaebel, M. Domhan, I. Popa, C. Wittmann, P. Neumann, F. Jelezko, J. R. Rabeau, et al., 2006, Room-temperature coherent coupling of single spins in diamond, *Nature Physics* 2:408-413; W. F. Koehl, B. B. Buckley, F. J. Heremans, G. Calusine, and D. D. Awschalom, 2011, Room temperature coherent control of defect spin qubits in silicon carbide, *Nature* 479:84-88.

[25] J. M. Taylor, P. Cappellaro, L. Childress, L. Jiang, D. Budker, P. R. Hemmer, A. Yacoby, R. Walsworth, and M.D. Lukin, 2008, High-sensitivity diamond magnetometer with nanoscale resolution, *Nature Physics* 4:810-816.

[26] D. Le Sage, K. Arai, D. R. Glenn, S. J. DeVience, L. M. Pham, L. Rahn-Lee, M.D. Lukin, A. Yacoby, A. Komeili, and R.L. Walsworth, 2013, Optical magnetic imaging of living cells, *Nature* 496:486-489.

[27] F. Dolde, I. Jakobi, B. Naydenov, N. Zhao, S. Pezzagna, C. Trautmann, J. Meijer, P. Neumann, F. Jelezko, and J. Wrachtrup, 2013, Room-temperature entanglement between single defect spins in diamond, *Nature Physics* 9:139-143.

[28] H. Bernien, B. Hensen, W. Pfaff, G. Koolstra, M. S. Blok, L. Robledo, T. H. Taminiau, M. Markham, D. J. Twitchen, L. Childress, and R. Hanson, 2013, Heralded entanglement between solid-state qubits separated by three metres, *Nature* 497:86-90.

[29] D. Kim, S. G. Carter, A. Greilich, A. S. Bracker, and D. Gammon, 2011, Ultrafast optical control of entanglement between two quantum-dot spins, *Nature Physics* 7:223-229.

[30] K. Müller, A. Rundquist, K. A. Fischer, T. Sarmiento, K. G. Lagoudakis, Y. A. Kelaita, C. Sánchez Muñoz, E. del Valle, F. P. Laussy, and J. Vučković, 2015, Coherent generation of nonclassical light on chip via detuned photon blockade, *Physical Review Letters* 114:233601.

[31] M. Khoshnegar, T. Huber, A. Predojević, D. Dalacu, M. Prilmüller, J. Lapointe, X. Wu, P. Tamarat, B. Lounis, P. Poole, G. Weihs, and H. Majedi, 2017, A solid state source of photon triplets based on quantum dot

molecules, *Nature Communications* 8:15716.

[32] K. Heshami, D. G. England, P. C. Humphreys, P. J. Bustard, V. M. Acosta, J. Nunn, and B. J. Sussman, 2016, Quantum memories: Emerging applications and recent advances, *Journal of Modern Optics* 63:S42–S65.

[33] J. R. Weber, W. F. Koehl, J. B. Varley, A. Janotti, B. B. Buckley, C. G. Van de Walle, and D. D. Awschalom, 2010, Quantum computing with defects, *Proceedings of the National Academy of Sciences of the U.S.A.* 8513– 8518.

[34] H. Seo, A. L. Falk, P. V. Klimov, K. C. Miao, G. Galli, and D. D. Awschalom, 2016, Quantum decoherence dynamics of divacancy spins in silicon carbide, *Nature Communications* 7:12935.

[35] J. Yin, Y. Cao, Y. –H. Li, S. –K. Liao, L. Zhang, J. –G. Ren, W. –Q. Cai, et al., 2017, Satellitebased entanglement distribution over 1200 kilometers, *Science* 356:1140–1144.

[36] D. Loss and D. P. DiVincenzo, 1998, Quantum computation with quantum dots, *Physical Review A* 57:120–126.

[37] J. J. Pla, K. Y. Tan, J. P. Dehollain, W. H. Lim, J. J. Morton, D. N. Jamieson, A. S. Dzurak, and A. Morello, 2012, A single–atom electron spin qubit in silicon, *Nature* 489:541–545.

[38] 다음 예를 참고한다. M. Veldhorst, C. H. Yang, J. C. C. Hwang, W. Huang, J. P. Dehollain, J. T. Muhonen, S. Simmons, A. Laucht, F. E. Hudson, K. M. Itoh, A. Morello, and A. S. Dzurak, 2015, A two–qubit logic gate in silicon, *Nature* 526:410–414;
J. M. Nichol, L. A. Orona, S. P. Harvey, S. Fallahi, G. C. Gardner, M. J. Manfra, and A. Yacoby, 2017, High–fidelity entangling gate for double–quantum–dot spin qubits, *npj Quantum Information* 3:3;
D. M. Zajac, A. J. Sigillito, M. Russ, F. Borjans, J. M. Taylor, G. Burkard, and J. R. Petta, 2017, "Quantum CNOT Gate for Spins in Silicon," preprint arXiv:1708.03530.

[39] T. F. Watson, S. G. J. Philips, E. Kawakami, D. R. Ward, P. Scarlino, M. Veldhorst, D. E. Savage, M. G. Lagally, M. Friesen, S.N. Coppersmith, M.A. Eriksson, L.M.K. Vandersypen, 2017, "A Programmable Two–Qubit Quantum Processor in Silicon," preprint arXiv:1708.04214.

[40] 다음의 예를 참고한다. J. R. Petta, A. C. Johnson, J. M. Taylor, E. A. Laird, A. Yacoby, M. D. Lukin, C. M. Marcus, M. P. Hanson, and A. C. Gossard,

2005, Coherent manipulation of coupled electron spins in semiconductor quantum dots, *Science* 309:2180-2184;

M. D. Shulman, O. E. Dial, S. Pasca Harvey, H. Bluhm, V. Umansky, and A. Yacoby, 2012, Demonstration of entanglement of electrostatically coupled singlet-triplet qubits, *Science* 336:202-205.

[41]   J. J. Pla, K. Y. Tan, J. P. Dehollain, W. H. Lim, J. J. Morton, D. N. Jamieson, A. S. Dzurak, and A. Morello, 2012, A single-atom electron spin qubit in silicon, *Nature* 489:541-545.

[42]   F. A. Zwanenburg, A. S. Dzurak, A. Morello, M. Y. Simmons, L. C. L. Hollenberg, G. Klimeck, S. Rogge, S. N. Coppersmith, and M. A. Eriksson, 2013, Silicon quantum electronics, *Reviews of Modern Physics* 85:961-1019.

[43]   D. Kim, Z. Shi, C. B. Simmons, D. R. Ward, J. R. Prance, T. Seng Koh, J. King Gamble, D. E. Savage, M. G. Lagally, M. Friesen, S. N. Coppersmith, and M. A. Eriksson, 2014, Quantum control and process tomography of a semiconductor quantum dot hybrid qubit, *Nature* 511:70-74.

[44]   M. Veldhorst, C. H. Yang, J. C. C. Hwang, W. Huang, J. P. Dehollain, J. T. Muhonen, S. Simmons, A. Laucht, F. E. Hudson, K. M. Itoh, A. Morello, and A. S. Dzurak, 2015, A two-qubit logic gate in silicon, *Nature* 526: 410-414.

[45]   J. M. Nichol, L. A. Orona, S. P. Harvey, S. Fallahi, G. C. Gardner, M. J. Manfra, and A. Yacoby, 2017, High-fidelity entangling gate for double-quantum-dot spin qubits, *npj Quantum Information* 3:3.

[46]   M. Veldhorst, C. H. Yang, J. C. C. Hwang, W. Huang, J. P. Dehollain, J. T. Muhonen, S. Simmons, A. Laucht, F. E. Hudson, K. M. Itoh, A. Morello, and A. S. Dzurak, 2015, A two-qubit logic gate in silicon, *Nature* 526:410-414.

[47]   T. F. Watson, S. G. J. Philips, E. Kawakami, D. R. Ward, P. Scarlino, M. Veldhorst, D. E. Savage, M. G. Lagally, M. Friesen, S. N. Coppersmith, M. A. Eriksson, L. M. K. Vandersypen, 2017, "A Programmable Two-Qubit Quantum Processor in Silicon," preprint arXiv:1708.04214.

[48]   D. M. Zajac, A. J. Sigillito, M. Russ, F. Borjans, J. M. Taylor, G. Burkard, and J. R. Petta, 2017, "Quantum CNOT Gate for Spins in Silicon," preprint arXiv:1708.03530.

[49] J. M. Nichol, L. A. Orona, S. P. Harvey, S. Fallahi, G. C. Gardner, M. J. Manfra, and A. Yacoby, 2017, High-fidelity entangling gate for double-quantum-dot spin qubits, *npj Quantum Information* 3:3.

[50] M. D. Reed, B. M. Maune, R. W. Andrews, M. G. Borselli, K. Eng, M. P. Jura, A. A. Kiselev, T. D. Ladd, S. T. Merkel, I. Milosavljevic, and E. J. Pritchett, 2016, Reduced sensitivity to charge noise in semiconductor spin qubits via symmetric operation, *Physical Review Letters* 116(11):110402.

[51] F. Martins, F. K. Malinowski, P. D. Nissen, E. Barnes, S. Fallahi, G. C. Gardner, M. J. Manfra, C. M. Marcus, and F. Kuemmeth, 2016, Noise suppression using symmetric exchange gates in spin qubits, *Physical Review Letters* 116:116801.

[52] T. F. Watson, S. G. J. Philips, E. Kawakami, D. R. Ward, P. Scarlino, M. Veldhorst, D. E. Savage, M. G. Lagally, M. Friesen, S. N. Coppersmith, M. A. Eriksson, and L. M. K. Vandersypen, 2017, "A Programmable Two-Qubit Quantum Processor in Silicon," preprint arXiv:1708.04214.

[53] R. M. Lutchyn, E. P. A. M. Bakkers, L. P. Kouwenhoven, P. Krogstrup, C. M. Marcus, and Y. Oreg , 2017, "Realizing Majorana Zero Modes in Superconductor-Semiconductor Heterostructures," preprint arXiv:1707.04899.

[54] A. Y. Kitaev, 2003, Fault-tolerant quantum computation by anyons, *Annals of Physics* 303:2-30.

[55] T. Karzig, C. Knapp, R. M. Lutchyn, P. Bonderson, M. B. Hastings, C. Nayak, J. Alicea, K. Flensberg, S. Plugge, Y. Oreg, C. M. Marcus, and M. H. Freedman, 2017, Scalable designs for quasiparticle-poisoning-protected topological quantum computation with Majorana zero modes, *Physical Review* B 95:235305.

[56] M. T. Deng, S. Vaitiek nas, E. B. Hansen, J. Danon, M. Leijnse, K. Flensberg, J. Nygård, P. Krogstrup, and C. M. Marcus, 2016, Majorana bound state in a coupled quantum-dot hybrid-nanowire system, *Science* 354:1557-1562.

[57] T. Karzig, C. Knapp, R. M. Lutchyn, P. Bonderson, M. B. Hastings, C. Nayak, J. Alicea, K. Flensberg, S. Plugge, Y. Oreg, C. M. Marcus, and M. H. Freedman, 2017, Scalable designs for quasiparticle-poisoning-protected topological quantum computation with Majorana zero modes, *Physical Review B* 95:235305.

[58] J. Haah, M. B. Hastings, D. Poulin, and D. Wecker, 2017, "Magic State Distillation with Low Space Overhead and Optimal Asymptotic Input Count," preprint arXiv: 1703.07847.

해군 수상전 연구 센터[Naval Surface Warfare Research Center]의 달그렌[Dahlgren] 사단에서 연구원이 수행한 최근의 참고 문헌 분석[bibliometric analysis]은 국가별 대중 연구 결과를 시계열로 보여준다(그림 E.1). 이 분석에 따르면 미국 기관들은 양자 컴퓨팅 및 양자 알고리즘 분야에서 1996년 이래로 다른 국가에 비해 더 많은 연구 논문을 만들었다. 그러나 중국 내 관련 연구원의 노력이 2006년 이후 많이 증가했다. 미국과 중국 두 국가는 2012년 이후 매년 다른 모든 국가의 실적을 앞질렀다. 포스트 양자 암호화와 양자 키 분배를 포함할 때 중국의 논문 산출량은 매년 만들어지는 논문 수 기준으로 미국 논문 수(이후 미국 출판물이 더 많이 인용됐지만)를 능가한다.

몇 가지 주목할 만한 미국 외 국가에서 국가 수준의 프로그램과 양자 과학/기술 분야의 이니셔티브가 최근에 발표됐는데, 이는 수년 내에 연구 환경을 바꿀 만한 정도였다. 표 7.2에 요약된 이니셔티브를 살펴보면 해당 정부가 양자 과학 및 공학 분야에서 이룬 리더십을 보여준다. 일반적으로 양자 과학 및 기술 분야에서 다양한 영역을 다루며 양자 컴퓨팅에만 전념하진 않는다.

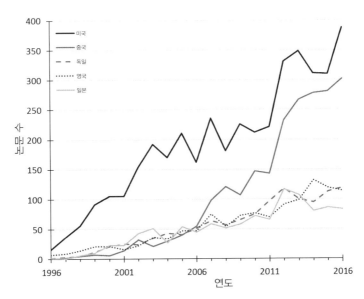

그림 E.1 양자 컴퓨팅 및 알고리즘 분야의 상위 5대 글로벌 업체가 출간한 국가별 논문 수. 대중이 접근 가능한 연구 간행물만을 포함한다. 데이터는 해군 수상전 연구 센터 달그렌 사단(Dahlgren Division)의 팀에서 수행한 참고 문헌 분석의 결과다. 출처: 야콥 파린홀트(Jacob Farinholt)의 데이터 제공

E.1 EU 양자 기술 플래그십

유럽 연합^{EU}은 양자 과학과 양자 기술 분야의 연구를 20년 이상 지원했으며 연구 개발을 위한 프레임워크 프로그램을 통해 약 5억 5천만 달러의 누적 예산을 지원했다. 2016년에 학계, 산업계, 정부의 3,000명 이상이 서명한 양자 기술 연구 개발 전략(양자 매니페스토$^{Quantum\ Manifesto}$)이 유럽 집행 위원회$^{EC,\ European\ Commission}$에 제출됐다. 이 전략에 따라 EC는 EC 호라이즌^{Horizon} 2020 연구 계획의 일환으로 2018년에 시작된 양자 기술의 야심찬 11억 달러, 10년 플래그십 연구 프로그램의 계획을 발표했다. 이 계획에서 조정된 프로그램 기금은 호라이즌 2020, 기타 EU 국가에서

나온다. 매니페스토(선언문)과 후속 계획 문서는 양자 통신, 계산, 시뮬레이션, 센싱 및 계측과 같은 네 가지 주요 R&D 영역을 구별해 나타내고 있다. 각 영역은 교육/훈련, 소프트웨어/이론 및 엔지니어링/제어의 세 가지 차원으로 다룬다. 이 이니셔티브를 기반으로 하는 제안서의 첫 번째 요청 사항은 2017년 10월에 5개 분야를 대상으로 발표됐고, 각각 적어도 3개의 유럽 국가에서 최소 3개의 다른 기관에 걸쳐 진행되고 1억 3천만 파운드까지 지원할 수 있는 공동 연구 프로젝트[1, 2]가 발표됐다.

플래그십 주도하에서 국가별 특정 프로그램이 추가로 등장했다. 예를 들어 양자 기술을 위한 스웨덴 왈렌버그 센터Wallenberg Center for Quantum Technology 프로그램이 2017년에 발표됐으며, 크넛과 앨리스 왈렌버그 재단Knut and Alice Wallenberg Foundation(6억 SEK(크로나, 스웨덴 화폐 단위))과 산업 자원(4억 SEK)이 후원했다. 후원 목적에서는 100 큐비트 초전도 양자 컴퓨터를 개발하기 위한 10년 핵심 목표를 가진 EU 플래그십 프로그램 목표가 포함돼 있다. 이 프로그램은 4개의 대학에 걸쳐 진행되며, 전담 대학원을 포함하고 프로그램이 만료된 후에도 지속될 양적 노동력을 수립하고자 새로운 교수진과 연구 과학자를 모집하는 것을 목표로 한다[3, 4].

E.2 영국 국립 양자 기술 프로그램

2014년 영국의 공학 및 물리학 연구 협의회Engineering and Physical Sciences Research Council는 양자 기술 개발을 지원하고 가속화하고자 국가 차원의 주도적 사업을 시작했다. 5년 동안 2억 7천만 파운드를 투자한 영국 국립 양자 기술 프로그램은 양자 센서 및 계측, 양자 강화 이미징, 네트워크 양자 정보 기술 및 양자 통신 기술에 중점을 두고 있다. 양자 과학의 연구는 확립된 자금 조달 메커니즘에 따라 진행되지만, 이 프로그램은 과학적 산출물을 유익한 애플리케이션을 갖춘 실용적인 기술로 변형시키고 현장에서 영국의 리더십을 확립하도록 특별히 설계됐다. 이 사업은 프로그램 활동을 감독하고 조정하고 미래 기술의 로드맵 작성 및 비전을 수립하고자 매년 3회 모이는 국제 회원으로 구성된 전략 자문위원회와 정부 기관 간 조정을 촉진하고자 매년 6회 모이는 프로그램 운영 그룹에 의해 관리된다[5].

E.3 양자 컴퓨팅과 통신 기술을 위한 호주 센터

2017년 호주 연구 협의회ARC, Australian Research Council는 최우수 프로그램 지원 센터Centre of Excellence Program를 통해 양자 계산 및 통신 기술 센터에 자금을 지원했다. 뉴사우스 웨일즈New South Wales 대학이 주도해 7년 동안 3,370만 달러의 기금을 지원하고, 이 센터는 양자 통신, 광학 양자 컴퓨팅, 실리콘 양자 컴퓨팅, 양자 자원 및 통합 분야의 연구를 집중 지원한다. 이 센터는 호주의 6개 대학의 시설과 해외 대학과의 공식 협력 및 파트너십을 포함한다. 구성 요소 기술 개발 외에도 양자 인터넷 개발 비전을 비롯해 양자 기술을 시장에 출시, 통합 및 통합하기 위한 프레임워크에 중점을 두고 있다.

E.4 양자 정보 과학을 위한 중국 양자 국립 연구소

최근의 많은 뉴스 기사에서 양자 통신 및 양자 암호 분야의 중국 연구자들의 발전을 강조했다. 인공위성과 longpath 광섬유를 통한 양자 통신의 시연이 많은 관심을 받았다. 베이징과 상하이 사이에 양자 키 분배QKD, Quantum Key Distribution를 가능하게 하는 시외 채널이 만들어졌다. QKD는 최근 위성과 지상 연결을 통해 처음으로 국제적으로 배포되고, 중국과 비엔나 간의 최초 양자 암호화 비디오 화상 회의를 이뤘다. 통신 경로상에서는 몇 가지 보안 약점과 고전적인 중간 체류stopover가 포함돼 있었지만 대륙 간 통신에 QKD를 처음 사용하는 사례가 됐다[6].

중국은 양자 통신의 진보와 함께 2017년에 안후이 성 허페이Hefei의 양자 정보 과학 연구소National Information Technology Science Institute를 설립했다. 이러한 노력이 양자 기술의 잠재적 응용 범위를 넓힐 것으로 예상되고 일단은 양자 계측 및 양자 컴퓨팅이 강조됐다. 2020년에 양자 우월성을 달성하기 위한 목표가 발표됐다[7].

E.5 참고 문헌

[1]   A. Ac?n, I. Bloch, H. Buhrman, T. Calarco, C. Eichler, J. Eisert, D. Esteve, et al., 2017, "The European Quantum Technologies Roadmap," arXiv:1712.03773.

[2]   European Commission, 2016, "European Commission Will Launch €1 Billion Quantum Technologies Flagship," May 17, https://ec.europa.eu/digital-single-market/en/news/european-commission-will-launch-eu1-billion-quantum-technologies-flagship.

[3]   Chalmers University of Technology, 2017, "Engineering of a Swedish Quantum Computer Set to Start," EurekAlert!, November 15, https://www.eurekalert.org/pub_releases/2017-11/cuot-eoa111417.php.

[4]   Chalmers University of Technology, 2017, "Research Programme Description: Wallenberg Centre for Quantum Technology," Chalmers University of Technology, http://www.chalmers.se/en/news/Documents/programme_description_WCQT_171114_eng.pdf.

[5]   U.K. National Quantum Technologies Programme, "Overview of Programme," updated 2018, http://uknqt.epsrc.ac.uk/about/overview-of-programme/.

[6]   S. Chen, 2018, "Why This Intercontinental Quantum-Encrypted Video Hangout Is a Big Deal," Wired.com, January 20, https://www.wired.

com/story/why-this-intercontinental-quantum-encrypted-video-hangout-is-a-big-deal/.

[7]   S. Chen, 2017, "China Building World's Biggest Quantum Research Facility," South China Morning Post, September 11, http://www.scmp.com/news/china/society/article/2110563/china-building-worlds-biggest-quantum-research-facility.

부록 F
위원회와 스태프 소개

위원회

마크 호로비츠^{Mark A. HOROWITZ}

스탠포드 대학교의 야후 창립자 교수며 2008년부터 2012년까지 전기 공학과 의장을 지냈다. 1978년 매사추세츠 공과 대학교^{Massachusetts Institute of Technology}에서 전기공학 학사 학위를 받았고, 1984년 스탠포드 대학교에서 박사 학위를 받았다. IEEE(전기전자 공학연구소)와 ACM(컴퓨팅 머신 협회)의 펠로우며 미국 예술 과학원의 회원이다. 1985년 젊은 연구자상^{Young Investigator Award}, 1993 ISSCC 최우수 논문상, 1989년 ISCA 2004 가장 영향력 있는 논문^{Most Influential Paper}, 2006년 돈 페더슨^{Don Pederson} IEEE 기술 분야상, 2011 SIA 교수 연구원상, 2015년 ChipEx 글로벌 리더십^{Global leadership} 상 등 많은 상을 수상했다. 연구 관심 분야는 전기 공학 및 컴퓨터 과학 분석 방법을 사용해 분자 생물학의 문제를 아날로그 및 디지털 VLSI^{Very Large Scale Integration} 회로로 만드는 새로운 설계 방법까지 광범위하다. 초기의 RISC^{Reduced Instruction Set Computer} 칩에서부터 최초의 분산 공유 메모리 다중 프로세서를 만드는 데 이르기까지 많은 프로세서 설계에 참여했으며, 현재 특수 가속기를 사용해 전력 효율이 높은 시스템을 개발하고 있다. 최근 계산 사진학$^{computational photography}$[1] 분야에서 여러 가지 문제를 다뤘다. 1990년에 스탠포드를 떠나 고대역폭 메모리 인터페이스 기술을 설계한 램버스사$^{Rambus, Inc}$를 창업했고 램버스^{Rambus}와 스탠포드^{Stanford}의 협력 작업을 통한 고속 I/O 구현을 10년 이상 해 왔다.

앨런 아스푸루-구직$^{Alán Aspuru-Guzik}$

현재 양자 화학 분야의 캐나다 150 연구 위원장이자 토론토 대학교 University of Toronto의 화학 및 컴퓨터 과학 교수다. 인공 지능 연구소^{Vector} $^{Institute for Artificial Intelligence}$의 교수이자 CIFAR의 선임 연구원이다. 아스푸루 2006년에 하버드 대학교의 화학 및 화학 생물학 교수로 경력을 시작했으며, 2010년에는 부교수로 있었고 2013년부터 2018년에는 정교수로 있었다. 1999년에 멕시코 국립 자율 대학^{UNAM}에서 화학 학사 학위를 받았으며 UNAM에서 Gabino Barreda 메달을 받았다. UNAM은 각 분야의 최고 성취자를 표창하고 있다. 2004년 UC 버클리의 물리 화학에서 윌리엄 레스터 주니어$^{William A. Lester Jr.}$ 교수 밑에서 박사 학위를 받은 후 2005년부터 2006년까지 UC 버클리의 마틴 헤드 고든$^{Martin Head-Gordon}$ 그룹에서 박사 후 과정을 거쳤다. 컴퓨터 과학, 물리학 및 화학의 인터페이스 관련 연구를 수행해 왔다. 특히 화학 시스템을 위한 전용 양자 시뮬레이터와 같은 양자 컴퓨터의 조기 응용 분야에 중점을 두고 양자 정보와 화학의 인터페이스를 개척해 왔다. 재료 탐색을 가속화하고자 인공 지능, 높은 처리량의 양자 화학 검사 및 로봇 공학을 통합하는 재료 가속 플랫폼에 관한 연구를 수행했다. 응용 분야에는 유기 반도체, 광전지, 유기 전지 및 유기 발광 다이오드가 포함된다. 2009년에는 DARPA 젊은 교수상$^{Young Faculty}$ ^{Award}, 카밀과 헨리 드레퓌스$^{Camille and Henry Dreyfus}$ 교사-학자상 및 슬론 연구

---

1. computational photography은 계산 사진학이라는 단어로 옮겨졌다. 다음의 문서를 통해 번역이 이뤄졌다 (출처: https://www.nvidia.co.kr/content/apac/pdf/tegra/chimera-whitepaper-kr.pdf). – 옮긴이

펠로우십Sloan Research Fellowship을 받았다. 2010년에는 에버렛 멘델 손 대학원 멘토링상Everett-Mendelsohn Graduate Mentoring Award을 수상했으며 ACSAmerican Chemical Society의 컴퓨터 화학 부문에서 HP 뛰어난 젊은 교수상Outstanding Junior Faculty Award을 수상했다. 같은 해 매사추세츠 공과 대학교에서 35세 이하 최우수 혁신가로 선정됐다. 2012년에는 APSAmerican Physical Society의 펠로우로 선출됐으며, 2013년에는 이론 화학에서 ACS 신진 학술상Early Career Award을 수상했다. 또한 화학 저널의 부편집인이다.

데이빗 오샬롬David D. Awschalom

스핀트로닉스Spintronic와 양자 정보Quantum Information 관련 리우 패밀리Liew Family 교수며, 시카고 대학의 분자 공학 연구소IME, Institute for Molecular Engineering 의 부원장deputy director이다. 뉴욕의 요크타운 하이츠Yorktown Heights에 위치한 IBM 왓슨 리서치 센터의 불균형Unquilibrium 물리학과의 매니저이자 연구 스태프 멤버였다. 1991년 산타 바바라에 있는 캘리포니아 대학교의 물리학 교수로 합류했으며, 2001년에는 전기 및 컴퓨터 공학 교수로 추가 임명됐다. IME에 입사하기 전에 피터 클락크Peter J. Clarke 교수 및 캘리포니아 나노시스템NanoSystems 연구소 소장, 스핀트로닉스 및 양자 컴퓨팅 센터 책임자로 재직했다. APS 올리버 E. 버클리 상과 줄리어스 에드거 릴리 엔 펠트상Julius Edgar Lilienfeld Award, 유럽 물리 학회 유로물리학상Europhysics Award, 재료 연구 학회Materials Research Society의 데이빗 턴불상David Turnbull Award 및 우수 탐구상, 미국 과학 진흥 협회AAAS, American Association for the Advancement of Science의 뉴콤 클리브랜드상Newcomb Cleveland Prize, 국제 순수 및 응용 물리학 연합International Physical and Purity and Applied Physics의 국제 자력상 International Magnetism Prize 및 닐 메달Neel Medal, IBM 우수 혁신상IBM Outstanding Innovation Award을 받았다. 미국 예술 과학 아카데미American Academy of Arts and Sciences, 전미 과학 한림원NAS, National Academy of Sciences, 전미 공학 한림원NAE,

National Academy of Engineering 및 유럽 과학 아카데미European Academy of Sciences의 회원이다. 일리노이 대학교Urbana-Champaign에서 물리학 학사 학위를 받고, 코넬 대학의 실험 물리학으로 박사 학위를 받았다.

밥 블레이크리Bob Blakley

시티그룹Citigroup의 글로벌 정보 보안 혁신 이사다. 최근 사이버 공간 신원 생태계 지휘 그룹Cyberspace Identity Ecosystem Steering Group2에서 신뢰성 있는 신원을 관리하는 국가 전략 본부 의장, 중요 인프라 보호 및 국토 안보를 위한 금융 서비스 섹터 협의회의 조정위원회 내 공동 연구/개발 위원장을 역임했다. 현재 사이버 레질리언스 포럼(전미 과학 한림원, 의학 및 의학 원탁회의)의 회원이다. 시티그룹에 합류하기 전에는 가트너 및 버튼 그룹Burton Group의 신원과 개인 정보 보호의 뛰어난 분석가 및 의제agenda 관리자였다. 그 전에는 IBM의 보안 및 개인 정보 보호 담당 수석 과학자였다. IEEE 보안, 개인 정보 보호 심포지엄 및 연례 컴퓨터 보안 애플리케이션ACSA의 새로운 보안 패러다임 워크숍의 총재를 역임했다. 2002년 ACSAC의 탁월한 보안 실무자상Distinguished Security Practitioner Award을 수상했으며, 정보 보안 및 컴퓨터 업계 이벤트에서 자주 연설하고 있다. 개방형 관리 그룹Open Management Group CORBASecurity 스펙 및 OASIS SAML 스펙의 편집장이었으며 『CORBA Security: An Introduction to Safe Computing with Objects』(Addison-Wesley, 1999)의 저자이기도 하다. OATH 공동 조정위원회의 첫 번째 의장이었으며, 또한 '인증 기술 및 개인 정보 보호 의미'와 'Whither 생체 인식'에 관한 전미 한림원 연구에 참여했다. 암호 및 정보 보안 분야에서 20개의 특허를 보유하고 있으며 정보 보안 및 개인

---

2. '신원 생태계 지휘 그룹'이라는 용어에 대해서는 다음의 출처를 통해서 확인했다(출처: https://now.
k2base.re.kr/portal/trend/mainTrend/view.do?poliTrndId=TRND0000000000027115&menuNo=
200043). – 옮긴이

정보 보호에 관한 내용을 학술지에 정기적으로 게시한다. 프린스턴 대학교Princeton University에서 고전 학사 학위를 받았고, 미시간 대학에서 컴퓨터 및 커뮤니케이션 과학 전공으로 석사, 박사 학위를 받았다.

단 보네Dan Boneh

컴퓨터 과학 교수이며 스탠포드 대학교에서 1997년부터 교수로 재직 중이며 적용 암호화 그룹applied cryptography group을 이끌고 있다. 연구는 컴퓨터 보안에 대한 암호 적용에 중점을 둔다. 작업에는 새로운 속성을 가진 암호 시스템, 웹 보안, 모바일 디바이스 보안, 디지털 저작권 보호 및 암호 해독이 포함된다. 이 분야의 백여 개가 넘는 출판물의 저자이자 패커드상, 알프레드 플론상Alfred P. Sloan Award 및 RSA 수학상을 수상했다. 2011년에는 산업 교육 혁신 부문에서 이시상Ishii Award을 수상했다. 프린스턴 대학교에서 컴퓨터 과학을 전공하고 박사 학위를 받았다.

수잔 코퍼스미스Susan Coppersmith

위스콘신 대학교University of Wisconsin 매디슨 캠퍼스 물리학과의 로버트 파스나흐트와 빌라스Robert E. Fassnacht and a Vilas 연구 교수다. 복잡한 시스템 영역에서 광범위한 문제를 연구하고 유리, 입상 물질, 타입 II 초전도체의 자속 격자의 비선형 동역학 및 양자 컴퓨팅을 포함하는 주제들의 이해에 상당한 기여를 한 이론 응축 물질 물리학자다. 위스콘신 대학교 물리학과의 학과장으로 NORDITA 자문위원회 위원, 국립 과학 재단 수학 및 물리학 자문 위원회 위원, 물리학을 위한 아스펜 센터 이사를 맡고 있다. APS의 응축 물질 물리학과 의장, AAAS 물리학과 의장, 고든 리서치 콘퍼런스Gordon Research Conferences의 이사회 위원장, 캘리포니아 산타 바바라 대학의 카블리 이론 물리학 연구소Kavli Institute의 외부 자문위원회 위원장을 역임했다. APS, AAAS 및 미국 예술 과학원^{Academy of Arts and Sciences}의 펠로우며 NAS 회원이다. 코넬 대학 물리학과에서 박사 학위를 받았다.

김정상

듀크 대학교^{Duke University}의 전기 및 컴퓨터 공학, 물리학 및 컴퓨터 공학과의 교수다. 듀크 대학교의 다기능 통합 시스템 기술 그룹^{Multifunctional Integrated Systems Technology Group}을 이끌고 있다. 이 그룹은 확장 가능한 양자 정보 프로세서와 양자 통신 네트워크를 구축하고자 포획된 원자 이온과 다양한 광자 기술을 사용한다. 반도체 기반 단일 광자 소스 및 검출기에 대한 논문 작업을 마친 후에 1999년 루슨트^{Lucent Technologies}의 벨연구소^{Bell Laboratories}에 합류해 기술 스태프 및 기술 관리자로 일했다. 벨연구소에서는 새로운 광학 및 무선 통신 장비를 연구 개발했다. 2004년 듀크 대학교에서 일하면서 양자 정보 처리 및 고해상도 광센서에 중점을 두고 연구하고 있다. 트랩된 이온을 사용하는 양자 컴퓨터의 기능적 통합의 미세 제작된 이온 트랩, 광학 미세 전자 머신 시스템, 고급 단일 광자 검출기, 소형 극저온 기술 및 진공 기술과 같은 신기술의 도입을 개척했다. 2015년, 이온 트랩 양자 컴퓨터의 상용화 노력을 선도하는 메릴랜드 대학의 크리스토퍼 몬로^{Christopher Monroe} 교수와 공동으로 IonQ, Inc.를 설립했다. OSA의 펠로우이자 IEEE의 수석 멤버다. 서울 대학교에서 학사 학위를 받았고, 스탠포드 대학에서 박사 학위를 받았다.

존 M. 마르티니스^{John M. Martinis}

캘리포니아 대학교, 산타 바바라^{UCSB, University of California, Santa Barbara}의 물리학 교수며, 양자 컴퓨터를 제작하고자 구글과 협력하고 있다. 논문은 초전도체에서의 양자 비트 상태의 선구자적인 시연을 보여줬다. 프랑스

싸클레^{Saclay}의 원자력 및 대체 에너지 위원회^{Commisiariat Energie Atomic}에서 박사 후 과정을 마친 후 콜로라도주 볼더^{Boulder}에 있는 국립 표준 기술 연구소^{NIST, National Institute of Standards and Technology}의 전자기 기술 부문에 합류했다. NIST에서는 전자를 기반으로 한 새로운 전기 표준을 개발했으며, X선 미세 분석 및 천체 물리학 측정을 위한 초전도 센서를 기반으로 하는 미세 열량계를 개발했다. 2004년에 UCSB로 옮겨 현재 실험 물리학 부분의 워스터 체어^{Worster Chair}(실험 물리학 지원 기금)를 보유하고 있다. 그리고 UCSB에서 새로운 양자 디바이스 및 기능의 다양성을 입증하는 양자 계산 작업을 계속해 왔다. 앤드류 클레랜드^{Andrew Cleland}와 함께 2010년에 메카니컬 오실레이터^{mechanical oscillator}의 첫 번째 양자 동작을 보여주는 실험을 통해 올해 AAAS 과학 돌파구^{science breakthrough}상을 수상했다. 2014년에는 저온 물리학 연구에 대한 런던상^{London Prize}을 수상했다. 2014년에 구글 Quantum-AI 팀에 합류했고 현재 최초의 실제 양자 컴퓨터를 개발하기 위한 노력을 시작했다. 1976년부터 1987년까지 UC 버클리에서 물리학 분야에서 학사 학위(1980)와 박사 학위(1987)를 받았다.

마가렛 마르토노시^{Margaret Martonosi}

프린스턴 대학교^{Princeton University} 컴퓨터 과학과의 휴 트럼벌 아담스^{Hugh Trumbull Adams} '35 교수로 1994년부터 교수로 재직 중이다. 또한 엔지니어링 교육 혁신을 위한 프린스턴 켈러 센터^{Princeton Keller Center}의 이사이자 코넬 대학교^{Cornell University}의 AD 방문^{White-Visiting-at-Large} 객원 교수이기도 하다. 2015년 8월부터 2017년 3월까지 미 국무부 내에서 제퍼슨 과학 펠로우로 재직했다. 연구 분야는 컴퓨터 아키텍처와 모바일 컴퓨팅 분야다. 연구에는 케냐의 얼룩 말 추적 고리 설계 및 실제 적용을 위한 Wattch 전력 모델링 도구 및 프린스턴 ZebraNet 모바일 센서 네트워크 프로젝트의 개발이 포함됐다. 현재 연구는 고전 및 양자 컴퓨팅 시스템에서 하드웨어-소프트웨어 인터페이스 접근법에 중점을 두고 있다. IEEE와 ACM의 펠로우며, 논문은 2015 ISCA 장기 영향력상Long-term impact award, 2017 ACM SIGMOBILE 실험 시간상Test-of-Time Award, 2017 ACM SenSys 실험 시간 논문상Test-of-Time Paper Award, 2018 (취임식에서) HPCA 실험 시간 논문상Test-of-Time Paper Award을 받았으며, FCCM의 20년간 가장 중요한 25개 논문 목록(2013년도)에 포함됐다. 기타 주목할 만한 상으로 2018년 IEEE 컴퓨터 협회 기술상, 2010년 프린스턴 대학교 대학원 멘토링상, 2013년 국립 여성 및 정보 기술 센터NCWIT 학부 연구 멘토링상, 2013년 아니타 보그 협회Anita Borg Institute 기술 리더십상 및 2015년 Marie Pistilli 여성 EDA 공로상을 수상했다. 많은 간행물 외에도 미국 특허 7건의 발명가이며 전력 인식 컴퓨터 아키텍처의 두 개의 기술 참조 서적을 공동 저술했다. 코넬 대학교에서 전기 공학으로 학사 학위를 취득했다. 스탠포드 대학교에서 석사 학위와 박사 학위를 받았다.

미쉘 모스카Michele Mosca

워털루 대학교University of Waterloo의 양자 컴퓨팅 연구소Institute for Quantum Computing를 공동 창립했고, 수리과학부Faculty of Mathematics의 조합/최적화 학과Department of Combinatorics and Optimization 교수이면서 이론 물리학에 대한 워털루 페리미터(둘레) 연구소Waterloo Perimeter Institute의 창립 멤버다. 양자 세이프quantum-safe 암호화 기술의 교육 프로그램인 CryptoWorks21의 창립 이사다. 양자 세이프 암호화 분야의 ETSI-IQC 워크숍 시리즈를 공동 창립했으며, 이는 세계적으로 표준화된 양자 세이프 암호화를 위해 노력하는 다양한 이해관계자를 모으기 위해 만들었다. 양자 소프트웨어 도구와 서비스를 제공할 수 있도록 지원하고자 evolutionQ 회사를 설립했으며, 양자 취약 시스템 및 사례를 발전시켜 양자 세이프 시스템에 적용할 수 있는 조직을 지원하기 위한 softwareQ 회사를 공동 설립했다. 양자 컴퓨터 알고리즘을 주제로 옥스퍼드 대학교에서 1999년 수학 박사 학위를 취득했다. 연구 분야에는 양자 기술에서 안전하게 적용할 수 있는 양자 계산과 암호화 도구를 포함한다. 학계, 산업계 및 정부가 양자 컴퓨터를 통해 사이버 시스템을 안전하게 준비할 수 있도록 협력했기 때문에 전 세계적으로 인정받고 있다. 연구는 일류 저널에 널리 발표됐으며, 존경받는 교과서인 『An Introduction to Quantum Computing(양자 컴퓨팅 개론)』(Oxford University Press, 2007)을 공동 저술했다. 2010년 캐나다 톱 40을 포함하는 수많은 상을 수상했다. 프리미어 연구 우수상Premier's Research Excellence Award(2000-2005)을 수상했고 2010년부터 CIFARCanadian Institute for Advanced Research 연구원, 양자 계산Quantum Computation의 캐나다 연구 위원장(2002-2012년), 워털루 대학교의 캐나다 연구 회장Canada Research Chair(2012-현재)이고, 엘리자베스 2세 다이아몬드 주빌리Elizabeth II Diamond Jubilee 메달(2013), SJU Fr. 노엄 코에이트 평생 공로상Norm Choate Lifetime Achievement Award(2017)을 받았으며, 이탈리아 공화국 공로에 따른 기사 작위Cavaliere(2018)를 받았다.

윌리엄 올리버William D. Oliver

매사추세츠 공과 대학교MIT의 링컨 연구소Lincoln Laboratory 연구 펠로우이고, MIT 물리학과 교수professor of the practice이자 MIT 전자 연구소의 부소장이다. 양자 정보 및 통합 나노 시스템 그룹(MIT 링컨 랩) 및 엔지니어링 양자계 그룹(MIT 캠퍼스)의 수석 연구원으로 양자 정보 과학 애플리케이션을 위한 양자/전통적인 고성능 컴퓨팅 기술 개발과 관련된 프로그램의 프로그래밍 및 기술 리더십을 제공한다. 관심 분야는 극저온 CMOS 및 단일 플럭스 양자 디지털 논리를 포함하는 저온 패키징 및 제어 전자 기기의 개발뿐 아니라 초전도 큐비트의 재료 발전, 제조, 설계 및 측정을 포함한다. 스탠포드 대학교에서 전기 공학으로 박사 학위를 받았다.

크리스타 스보레[Krysta Svore]

워싱턴주 레드몬드에 있는 마이크로소프트 연구소의 수석 연구 매니저로 양자 아키텍처와 계산[Quantum Architectures and Computation] 그룹을 이끌고 있다. 높은 수준의 양자 프로그램을 낮은 수준의 디바이스별 양자 구현으로 변환하기 위한 소프트웨어 아키텍처 설계 및 양자 오류 정정 코드 연구를 포함하는 양자 알고리즘 개발 및 구현, 결함 허용 능력 및 확장성을 지원하기 위한 양자 오류 정정 코드 연구를 진행하고 있다. 또한 순위 지정[ranking], 분류 및 요약[summarization] 알고리즘을 비롯한 웹 애플리케이션을 위한 머신러닝 방법을 개발했다. 2013년 주목할 만한 기사[notable article]상을 수상했다. 2010년에는 랭킹에 도전한 '야후! 러닝[Yahoo! Learning]' 팀의 우승 팀 멤버였다. ACM의 선임 회원이며 NCWIT의 학술 동맹[Academic Alliance] 대표자이며 APS의 정회원이다. 현재 양자 정보 처리 콘퍼런스[Quantum Information Processing Conference]의 운영 위원회[steering committee] 위원장을 맡고 있다. 2001년 프린스턴 대학에서 수학과 프랑스어 전공 학사 학위를 받았고, 2006년 콜롬비아 대학에서 컴퓨터 과학 전공으로 박사 학위를 받았으며 가장 높은 점수를 얻었다.

우메쉬 바지라니[Umesh V. Vazirani]

UC 버클리의 전기 공학 및 컴퓨터 과학과의 로저 스트라우치[Roger A. Strauch] 교수이자 버클리 양자 계산 센터[Berkeley Quantum Computation Center]의 이사다. 연구 관심은 주로 양자 컴퓨팅에 있으며 알고리즘에 관련 교과서의 저자이기도 하다. 양자 컴퓨팅 분야의 창립자 중 한 명이다. 학생인 에단 번스타인[Ethan Bernstein]과 함께 작성한 양자 복합물 이론에 관한 논문은 복잡도 기반의 분석을 할 수 있는 양자 튜링 머신의 모델을 정의했다. 또한 이 논문은 양자 푸리에[Quantum Fourier] 변환을 위한 알고리즘을 제시했고, 피터 쇼어^{Peter Shor}에 의해 정수를 인수분해하기 위한 유명한 양자 알고리즘으로 사용됐다. UC 버클리에서 컴퓨터 과학 전공으로 박사 학위를 받았다.

스태프

에밀리 그럼블링^{Emily Grumbling}

전미 한림원의 컴퓨터 과학 및 전기 통신위원회^{CSTB}의 프로그램 책임자다. 이전에 국립 과학 재단의 컴퓨터/정보 과학 및 엔지니어링 담당 국장(2012-2014)으로 AAAS 과학 및 기술 정책 펠로우로 일했으며, 미국 하원의 ACS 의회 특별 연구 과정(2011-2012)을 거쳤다. 2010년 애리조나 대학교에서 물리 화학 분야로 박사 학위를 받았다. 2004년에는 바드 대학^{Bard College}에서 화학과 영화/전자 미디어 아트 분야의 이중 전공으로 학사 학위를 받았다.

존 아이젠버그^{Jon Eisenberg}

CSTB의 선임 이사다. 인터넷 및 광대역 정책, 네트워킹 및 통신 기술을 연구하는 일련의 연구를 포함해 다양한 업무를 담당하는 연구 이사로도 활동했다. 1995~1997년에는 미국 국제 개발처^{U.S. Agency for International Development}에서 AAAS 과학, 엔지니어링 및 외교 펠로우로 재직했고 기술 이전 및 정보 통신 정책 관련 업무를 담당했다. 1988년에는 매사추세츠 대학교(애머스트)에서 물리학 학사 학위를 받았다. 1996년 워싱턴 대학교에서 물리학으로 박사 학위를 받았다.

카티리아 오티즈Katiria Ortiz

CSTB의 어소시에이트 프로그램 담당자associate program officer다. 이전에 미국 법무부U.S. Department of Justice의 인턴으로 재직했으며 메릴랜드 대학(컬리지 파크)에서 사이버 보안 계량 실험실Cybersecurity Quantification Laboratory의 학부 연구 조교로 근무했다. 조지 워싱턴 대학교George Washington University에서 국제 과학 기술 정책 석사 학위를 받았고, 메릴랜드 대학(컬리지 파크)에서 세포 생물학 및 분자 유전학 학사 학위, 범죄학 및 형사학 학사 학위를 받았다.

얀키 파텔Janki Patel

CSTB의 선임 프로그램 어시스턴트senior program assistant다. 이전에는 전미 한림원의 에너지 및 환경 시스템 이사회의 프로그램 조교로도 일했으며, 메릴랜드주 란햄Lanham의 AB 컨설턴트사AB Consultants, Inc.의 지반 공학 연구소 조수로 일했다. 메릴랜드 대학(컬리지 파크)에서 대기 및 해양 과학, 지질학, 환경 과학 및 기술 분야로 물리학 학사 학위를 받았다. 현재 메릴랜드 대학교UMUC, University of Maryland, University College에서 환경 관리 및 기술에 대한 석사 학위를 취득 중이다.

샤나 브래들리Shenae Bradley

CSTB의 행정 어시스턴트다. 그 전에는 이사회의 시니어 프로젝트 조교로 일했다. 전미 한림원에 오기 전에는 메릴랜드/DC/델라웨어 대도시 지역의 에지우드 관리 회사Edgewood Management Corporation의 아파트 임대 커뮤니티를 관리했다. 메릴랜드 대학(컬리지 파크)에서 가정학 학사 학위를 받았다.

위원회 회원

2017년 3월 23일 ~ 24일

브래드 블레이크스타드^{Brad Blakestad}, 정보 고등연구 기획국^{Intelligence Advanced}
Research Projects Activity

알렉스 크로닌^{Alex Cronin}, 국립 과학 재단

제이크 페린홀트^{Jake Farinholt}, 해군 수상전 연구 센터, 달그렌 사단

데이빗 허니^{David Honey}, 국가 정보 국장실

마이클 맨델버그^{Michael Mandelberg}, 물리학 실험실

드미트리 마슬로프^{Dmitry Maslov}, 국립 과학 재단

더스틴 무디^{Dustin Moody}, 국립 표준 기술 연구소

세렌 수수트–버넷^{Ceren Susut-Bennett}, 에너지 부

칼 윌리엄스^{Carl Williams}, 국립 표준 및 기술 연구소

2017년 6월 15일 ~ 16일

벨라 바우어^{Bela Bauer}, 마이크로소프트 연구소

켄 브라운^{Ken Brown}, 조지아텍^{Georgia Institute of Technology}

에릭 다울러Eric Dauler, MIT 링컨 랩Lincoln Labatory

오스틴 파울러Austin Fowler, 구글

제이 감베타Jay Gambetta, IBM 연구소

앤드류 랜달Andrew Landahl, 산디아Sandia 국립 연구소

크리스 먼로Chris Monroe, 메릴랜드 대학교

마쿠스 라이허Markus Reiher, ETH 취리히

존 사라오John Sarrao, 로스 알라모스 국립 연구소

롭 쉘코프Rob Schoelkopf, 예일 대학교

나탄 위베Nathan Wiebe, 마이크로소프트 연구소

윌 젱Will Zeng, 리게티 컴퓨팅Rigetti Computing

2017년 7월 20일 ~ 21일

단 번스타인Dan Bernstein, 일리노이 대학교

게리 브론너Gary Bronner, 램버스Rambus

밥 콜웰Bob Colwell, 독립 컨설턴트

노버트 홀트캄프Norbert Holtkamp, SLAC 국립 가속기 연구소

마크 존슨Mark Johnson, D-Wave 시스템

마크 카세비치Mark Kasevich, 스탠포드 대학교

헬무트 카츠그라버Helmut Katzgraber, 텍사스 A & M 대학교

아담 랭글리Adam Langley, 구글

크리스 페이커트Chris Peikert, 미시건 대학교

알레한드로 페르도모-오르티즈Alejandro Perdomo-Ortiz, 나사 에임스 연구 센터

존 숄프John Shalf, 로렌스 버클리 국립 연구소

부록 H
약어 정리

1D	1차원^{one-dimensional}
2D	2차원^{two-dimensional}
3D	3차원^{three-dimensional}
ACM	컴퓨팅 머신 협회^{Association for Computing Machinery}
ADC	아날로그-디지털 변환기^{Analog-to-Digital Converter}
AES	고급 암호화 표준^{Advanced Encryption Standard}
API	애플리케이션 프로그래밍 인터페이스^{Application Programming Interface}
AQC	단열 양자 컴퓨팅^{Adiabatic Quantum Computing}
ARC	호주 연구 위원회^{Australian Research Council}
AWG	임의 파형 발생기^{Arbitrary Waveform Generator}
BOG	빈 출력 생성^{Binned Output Generation}
BQP	한정 오차 양자 다힝 시간^{Bounded error Quantum Polynomial time}
CA	인증기관^{Certificate Authority}
CAM	콘텐츠 주소 지정 가능 메모리^{Content Addressable Memory}
CMOS	상보성 금속 산화막 반도체^{Complementary Metal Oxide Semiconductor}

부록 H
약어 정리

1D	1차원 one-dimensional
2D	2차원 two-dimensional
3D	3차원 three-dimensional
ACM	컴퓨팅 머신 협회 Association for Computing Machinery
ADC	아날로그-디지털 변환기 Analog-to-Digital Converter
AES	고급 암호화 표준 Advanced Encryption Standard
API	애플리케이션 프로그래밍 인터페이스 Application Programming Interface
AQC	단열 양자 컴퓨팅 Adiabatic Quantum Computing
ARC	호주 연구 위원회 Australian Research Council
AWG	임의 파형 발생기 Arbitrary Waveform Generator
BOG	빈 출력 생성 Binned Output Generation
BQP	한정 오차 양자 다힝 시간 Bounded error Quantum Polynomial time
CA	인증기관 Certificate Authority
CAM	콘텐츠 주소 지정 가능 메모리 Content Addressable Memory
CMOS	상보성 금속 산화막 반도체 Complementary Metal Oxide Semiconductor

CNOT	제어형 NOT	Controlled-NOT
CSTB	컴퓨터 과학 및 통신위원회	Computer Science and Telecommunications Board
CW	연속파	Continuous Wave
DC	직류	Direct Current
DES	데이터 암호화 표준	Data Encryption Standard
DOD	국방부	Department of Defense
DOE	에너지부	Department of Energy
DSL	도메인 특화 언어	Domain-Specific Language
EC	유럽 집행 위원회	European Commission
ECC	오류 정정 코드	Error Correction Code
ECDSA	타원 곡선 디지털 서명 알고리즘	Elliptic Curve Digital Signature Algorithm
EM	전자기	electromagnetic
FFT	고속 푸리에 변환	Fast Fourier Transform
FPGA	필드 프로그래머블 게이트 어레이	Field Programmable Gate Array
GaAs	갈륨 아세나이드	Gallium Arsenide
GCM	갈로아 계수기 모드	Galois Counter Mode
GDP	국내 총생산 국내 총생산	Gross Domestic Product
HOG	무거운 출력 생성	Heavy Output Generation
IC	집적회로	Integrated Circuit
IEEE	전기전자 기술자 협회	Institute of Electrical and Electronics Engineers
ISA	명령어 세트 아키텍처	Instruction Set Architecture
JJ	조셉슨 접합부	Josephson Junction

LDPC	저밀도 패리티 검사	Low-Density Parity-Check
LMSS	Leighton-Micali 서명 구성표	Leighton-Micali Signature Scheme
LWE	오류가 있는 학습	Learning With Errors
NCWIT	국립 여성 정보 센터	National Center for Women and Information Technology
NISQ	노이즈가 있는 중간 규모 양자	Noisy Intermediate-Scale Quantum
NIST	표준 기술 연구소	National Institute of Standards and Technology
NP	비결정적 다항 시간	Nondeterministic Polynomial time
NSF	국립 과학 재단	National Science Foundation
NV	질소 공극	Nitrogen-Vacancy
P	다항 시간	polynomial time
PQC	포스트 양자 암호	Post-Quantum Cryptography
QA	양자 알고리즘	Quantum Algorithms
QA	양자 어닐링	Quantum Annealing
QAOA	양자 근사 최적화 알고리즘	Quantum Approximate Optimization Algorithm
QC	양자 컴퓨터/양자 컴퓨팅	Quantum Computer/Quantum Computing
QEC	양자 오류 정정	Quantum Error Correction
QECC	양자 오류 정정 코드	Quantum Error Correction Code
QEM	양자 오류 완화	Quantum Error Mitigation
QFS	양자 푸리에 샘플링	Quantum Fourier Sampling
QFT	양자 푸리에 변환	Quantum Fourier Transform
QIR	양자 중간체 표현	Quantum Intermediate Representation
QIST	양자 정보 과학 기술	Quantum Information Science and Technology
QKD	양자 키 분배	Quantum Key Distribution
QRAM	양자 무작위 액세스 메모리	Quantum Random Access Memory
qubit	양자 비트	quantum bit

R&D	연구 개발 Research and Development
RAM	무작위 액세스 메모리 Random Access Memory
RBM	무작위 벤치마크 테스트 Randomized BenchMark testing
RCS	무작위 회로 샘플링 Random Circuit Sampling
RF	무선 주파수 Radio Frequency
RISC	감소 명령 집합 컴퓨터 Reduced Instruction Set Computer
RQL	역양자 논리 Reciprocal Quantum Logic
RSA	Rivest-Shamir-Adleman 암호 시스템 cryptosystem
SFQ	단일 플럭스 양자 Single-Flux Quantum
SVP	최단 벡터 문제 Shortest Vector Problem
TLS	전송 레이어 보안 Transport Layer Security
UV	자외선 ultraviolet
VLSI	초대형 통합 회로 Very Large Scale Integration
VQE	변분 양자 아이겐솔버 Variational Quantum Eigensolver

거리(Distance): 오류 정정 코드에서 한 컴퓨터의 유효한 상태를 다른 상태로 변환하는 데 필요한 비트 오류 수다. 오류 수가 (D-1)/2보다 작으면 오류가 없는 상태를 추출할 수 있다.

게이트 합성(Gate synthesis): 일련의 간단한 게이트들을 표준 게이트 리스트로 구성하는 동작이다.

게이트(Gate): 하나 이상의 비트(고전 컴퓨터의 경우) 또는 큐비트(양자 컴퓨터의 경우)를 사용해 출력하는 계산 작업이다.

결맞음(Coherence): 간섭^{interference}, 중첩^{superposition}, 얽힘^{entanglement}과 같은 양자 현상을 가능하게 하는 양자계의 품질을 나타낸다. 수학적으로 말하면 양자계는 기여하는 양자 상태의 복소 계수가 서로에 대해 명확하게 정의될 때 결맞음이 존재할 수 있으며, 시스템은 단일파$^{single\ wave}$ 함수로 표현될 수 있다.

결어긋남(Decoherence): 양자계는 시간이 지남에 따라 궁극적으로 에너지와 정보를 더 넓은 환경과 교환하는 프로세스를 가지므로 손실되면 복구할 수 없다. 이 프로세스는 큐비트 시스템의 오류 원인 중 하나가 된다. 수학적으로 말하면 결어긋남은 양자계의 기여 상태$^{contributing\ state}$들의 계수 간 관계가 잘못 정의될 때 발생한다.

결함 허용(Fault tolerant): 오류에 대한 탄력적인 처리 특성이다.

계산 깊이(Compute depth): 주어진 작업을 수행하는 데 필요한 순차적 작업의 수를 의미한다.

계산 복잡도(Computational complexity): 특정 계산 작업을 수행하는 데 따르는 어려움이 일반적으로 작업 완료 필요 단계 수에 맞춰 문제 입력의 크기에 따라 어떻게 달라지는지를 나타내는 수학적 표현 방식이다.

고전 컴퓨터(Classical computer): 예를 들면 오늘날 상업적으로 배포된 많은 컴퓨터 중 하나며, 양자 정보 이론을 기반으로 하지 않는 정보 처리를 수행한다.

고전적 공격(Classical attack): 암호화를 깨거나 파괴하기 위한 고전 컴퓨터를 사용한 시도다.

기본 노이즈(Fundamental noise): 온도가 절대 0도를 초과하는 객체에서 자발적으로 발생하는 에너지 변동으로 인한 노이즈다.

기저(basis): 벡터 공간에 걸쳐있는 선형적으로 독립적인 벡터 집합이다. 큐비트 또는 큐비트 시스템의 파동 함수는 일반적으로 기저^{basis} 함수와 상태 선형 조합으로 만들어진다. 단일 큐비트의 경우 가장 일반적인 기저는 $\{|0\rangle, |1\rangle\}$이고, 고전적인 비트의 상태에 해당한다.

노이즈(Noise): 오류 및 원하지 않는 결과를 초래할 수 있는 물리적 시스템의 불필요한 변동 항목을 의미한다.

노이즈 방지(Noise immunity): 오류를 최소화하고자 신호에서 노이즈(원하지 않는 변화)를 제거하는 기능이다.

노이즈 있는 중간 규모 양자 컴퓨터(NISQ, Noisy Intermediate–Scale Quantum Computer). 오류가 완전히 정정되지 않았지만 시스템이 결맞음을 잃기 전에 효과적으로 계산을 수행할 수 있을 만큼 안정적인 양자 컴퓨터다. NISQ는 디지털 또는 아날로그일 수 있다.

논리 게이트(Logic gate): 고전적인 컴퓨팅에서 디지털 신호의 입력과 출력을 처리하고, 불리언 논리(거짓 0 또는 참 1일 수 있는 신호를 결합하는 규칙)를 사용해 표현 및 모델링할 수 있는 트랜지스터 컬렉션이다.

논리적 큐비트(Logical qubit): 결함 허용 큐비트 동작을 수행하고자 양자 오류 정정을 구현한 물리적 큐비트 컬렉션의 추상화 방법이다.

단방향 기능(One-way functions): 한 방향으로 계산하기 쉬우며, 다른 방향으로는 계산할 수 없는 기능이다.

단열 양자 컴퓨터(Adiabatic quantum computer): 0K(절대온도 0도)에서 동작하는 이상적인 아날로그 범용 양자 컴퓨터다. 게이트 기반 양자 컴퓨터와 동일한 계산 능력을 가진다.

단일 작업(Unitary operation): 벡터 길이를 보존하는 벡터의 대수 연산 algebraic operation이다.

대칭 암호화(Symmetric encryption): 송신자와 수신자가 공유하는 비밀 키가 통신 암호화 및 암호 해독에 사용되는 암호화 유형이다.

디지털 게이트(Digital gate): 단일 비트 바이너리 출력을 만들고자 다수의 바이너리 단일 비트 입력을 사용해 바이너리 동작을 수행하는 트랜지스터 회로다.

디지털 양자 컴퓨터(Digital quantum computer): 큐비트로 소수의 프리미티브 연산이나 게이트를 사용해 계산을 수행할 수 있는 양자계다.

마이크로프로세서(Microprocessor): 단일 칩 내의 중앙 처리 디바이스 요소를 포함한 집적회로다.

무손실(Lossless): 에너지가 낭비되지 않는 현상이다.

범용 컴퓨터(Universal computer): 튜링 머신이 수행될 수 있는 계산 수행 가능 컴퓨터다.

복잡도 클래스(Complexity class): 복잡도에 따라 계산 작업을 정의하고 그룹화하는 데 사용되는 범주를 의미한다.

붕괴(무너짐, Collapse): 양자계를 측정할 때 시스템이 관측 가능한 단일 상태로 되돌아가 시스템의 파동 함수에 대한 다른 상태들의 기여를 잃는 현상이다.

비결정적 다항 시간(NP, Nondeterministic Polynomial time): 특정 계산 복잡도 클래스를 나타낸다.

비대칭 암호화(Asymmetric cryptography, 공개 키 암호화): 시스템이 널리 알려진 공개 키와 소유자의 비밀 개인 키를 사용하는 암호화 방식이다. 그러한 시스템은 오늘날의 대부분의 전자 통신의 암호화에서 주요 교환 프로토콜에 일반적으로 사용된다.

소프트웨어 도구(Software tool): 사용자가 새로운 컴퓨터 프로그램을 설계하고 작성하는 데 도움이 되는 컴퓨터 프로그램이다.

쇼어의 알고리즘(Shor's algorithm): 1990년대 피터 쇼어[Peter Shor]가 개발한 양자 알고리즘은 충분한 규모의 실제 양자 컴퓨터에서 구현되는 경우에 인터넷 통신 및 데이터 보호에 사용되는 암호화를 깨뜨릴 수 있다.

시스템 노이즈(Systematic noise): 신호 간섭으로 인해 발생하는 노이즈로, 특정 조건에서 항상 나타나며 원칙적으로 모델링하고 수정할 수 있다.

신호(Signal): 전자 회로에서 정보를 전달하는 데 사용되는 전자기장이다.

실행 시간(Run time): 계산 작업을 수행하는 데 필요한 시간이다. 실제로 작업에 필요한 실제 시간은 디바이스 및 특정 물리적 구현의 설계에 많이 의존하므로 실행 시간은 계산 단계 개수로 설명될 수 있다.

아날로그 신호(Analog signal): 실수 또는 복소수 범위 내에서 값이 매끄럽게 변하는 신호다.

아날로그 양자 컴퓨터(Analog quantum computer): 큐비트상에서 소수의 프리미티브 연산(게이트) 세트로 작업을 중단하지 않고 계산을 수행하는 양자 컴퓨터다. 현재 양자 머신에서 완벽한 결함 허용 모델은 없다.

아날로그 컴퓨터(Analog computer): 아날로그 신호를 기반으로 부울 논리 연산을 사용하지 않고 노이즈가 제거되지 않는 컴퓨터다.

알고리즘(Algorithm): 컴퓨터가 특정 문제를 해결하거나 특정 작업을 수행하는 데 사용되는 수학적 용어의 특정 접근 방식이다.

암호 시스템(Cryptosystem): 의도하지 않은 수신자가 데이터 및 통신을 읽지 못하도록 특정 암호화 알고리즘을 배포하는 시스템이다.

암호 해독 알고리즘(Decryption algorithm): 암호화된 메시지를 암호화되지 않은 형식으로 반환하기 위한 명령어 집합이다. 이러한 알고리즘은 입력으로 암호문과 그 암호 키를 사용하고 평문cleartext, 읽을 수 있는 버전의 메시지를 반환한다.

암호 해독(Cryptanalysis): 컴퓨터를 사용해 암호화를 무력화시키는 것이다.

암호(Cipher): 정보를 인코딩해 정보의 의미를 은폐하는 접근법이다.

암호문(Ciphertext): 스크램블 또는 무의미하게 보이는 암호화된 메시지 형식이다.

암호화(Cryptography): 특정 수학 문제 해결 어려움에 의존해 내용을 난독하게 하려고 정보를 인코딩하는 행위다.

암호화(Encryption): 컴퓨터 시스템 및 인터넷 통신에 널리 사용되는 정보를 보호하기 위한 암호 적용 방법이다.

암호화 알고리즘(Encryption algorithm): 이해할 수 있는 데이터를 이해할 수 없는 암호나 암호문으로 변환하기 위한 일련의 방법이다. 실제로 이 알고리즘은 암호화 키와 함께 암호화될 메시지를 입력으로 받아 수학적 절차에 따라 메시지를 스크램블한다.

양자 간섭(Quantum interference): 얽힘과 중첩에 기여하는 상태가 파동 형태로 건설적으로 또는 파괴적으로 결합하는 동작이며, 계수가 더하거나 빼질 수 있다.

양자계(Quantum system): 고전물리학 방정식으로 그 행동을 적절히 근사할 수없는 (일반적으로 매우 작은) 물리적 객체의 집합이다.

양자 계산(Quantum computation): 간섭, 중첩, 얽힘과 같은 양자 머신 현상을 사용해 고전 컴퓨터에서 수행되는 것과 거의 유사하게(동작은 매우 다르지만) 계산을 수행한다.

양자 센싱 및 계측(Quantum sensing and metrology): 고전적 기술보다 더 정밀하게 주요 물리적 특성을 측정하고자 환경 방해에 극도로 민감한 양자계를 연구하고 개발하기 위한 기술이다.

양자 암호(Quantum cryptography): 관측자에 의해 도청되지 않는 통신 시스템을 설계하고자 양자 속성이 사용되는 양자 통신의 하위 필드다.

양자 어닐러(quantum annealer): 양자 게이트를 사용하는 대신 시스템 해밀토니안의 아날로그 값을 변경해 큐비트의 일관된 조작을 통해 동작할 수 있는 아날로그 양자 컴퓨터다. 특히 양자 어닐러는 큐비트의 최종 상태가 문제의 답에 높은 확률로 일치하도록 주어진 문제의 매개변수를 정의할 때까지 임의의 초기 상태에서 큐비트 세트를 준비하고 에너지 환경을 변경함으로써 계산을 수행한다. 일반적으로 양자 어닐링 디바이스는 반드시 보편적인 것은 아니며, 해결할 수 없는 몇 가지 문제도 있다.

양자 정보 과학(Quantum information science): 관련 통계, 한계 및 양자역학의 고유 자산을 포함해 정보가 양자계에서 어떻게 인코딩될 수 있는지, 인코딩 가능한지를 연구한다.

양자 컴퓨터(Quantum computer): 양자 계산을 수행하는 디바이스(이론적으로 또는 실제로 구현됨)의 일반적인 용어다. 양자 컴퓨터는 아날로그 또는 게이트 기반이며, 범용 또는 특정 용도로 사용될 수 있다. 그리고 노이즈가 있거나 결함 허용 능력을 가질 수 있다.

양자 통신(Quantum communication): 양자계로 인코딩된 정보의 전송이나 교환을 의미한다.

얽힘(Entanglement): 시스템에서 두 개 이상의 양자 객체가 상관되거나 본질적으로 연결돼 두 객체가 얼마나 멀리 떨어져 있는지에 관계없이 한 객체의 측정이 다른 객체의 가능한 측정 결과를 변경할 수 있는 속성이다.

연쇄(Concatenation): 2개의 순서를 순차적으로 조합하는 방법이다. 양자 오류 정정^{QEC}의 맥락에서는 두 개 이상의 QEC 프로토콜을 순차적으로 수행하는 것을 의미한다.

오류 정정된 양자 컴퓨터(Error-corrected quantum computer): 양자 오류 정정 알고리즘을 실행해 이상적인 결함 허용 양자 컴퓨터를 에뮬레이션할 수 있는 양자 컴퓨터의 인스턴스다.

오버헤드(Overhead): 컴퓨터 작업을 수행하는 데 필요한 작업량(예, 작업 수) 또는 자원 양(예, 큐비트 또는 비트 수)을 의미한다. '비용^{cost}'이 때때로 동의어로 사용된다.

이진 표현(Binary representation): 각 숫자에 0 또는 1의 두 가지 가능한 값만 있는 2진 숫자의 표현이다. 데이터를 인코딩하는 데 사용되고 머신 레벨 계산 수행에서도 사용된다.

인증기관(Certificate authority): 온라인 거래에서 사용되는 공개 키의 소유권을 증명하고자 디지털 인증서를 발행하는 주체를 의미한다.

저온 유지 디바이스(Cryostat): 일반적으로 실험실 내의 매우 낮은 온도에서 물리적 시스템의 온도를 조절할 수 있는 디바이스다.

전송 레이어 보안 핸드셰이크(Transport Layer Security(TLS) handshake): 가장 일반적인 키 교환 프로토콜로, 인터넷 트래픽을 보호하는 데 사용된다.

전자 서명(Digital signature): 데이터 무결성을 확인하는 데 사용되는 중요한 암호화 메커니즘이다.

제어 프로세서 평면(Control processor plane): 양자 프로그램 구현에 필요한 신호와 측정을 결정하기 위한 고전 프로세서를 포함한 양자 컴퓨터의 구성 요소를 나타내고자 추상화하는 방법이다.

제어와 측정 평면(Control and measurement plane): 큐비트에서 연산을 수행하고 그 상태를 측정하는 데 필요한 요소를 나타내기 위해 양자 컴퓨터의 구성 요소를 나타내고자 추상화하는 방법이다.

중첩(Superposition): 시스템이 한 번에 하나 이상의 상태에 있는 양자 현상이다. 수학적으로 말하면 중첩 상태에 있는 양자계의 파동 함수는 복소수 계수에 의해 가중치를 부여한 기여 상태^contributing state 의 합으로 표현된다.

추상화(Abstraction): 사용자가 설계할 시스템 구성 요소의 주요 측면에 집중할 수 있게 해주는 컴퓨터 시스템 설계의 다른 모델(표현 또는 사고방식)이다.

충돌(Collision): 해싱에서 두 개의 다른 입력이 동일한 출력이나 해시 값에 매핑되는 상황이다.

충실도(Fidelity): 확률 측면에서 정량화될 수 있으며 올바르게 특정 작업이 수행될 하드웨어 동작 품질을 의미한다.

측정(Measurement): 양자계의 관측을 의미하며, 단일 고전 출력만을 생성하고 시스템의 파동 함수를 해당 상태로 붕괴시킨다.

코딩 이론(Coding theory): 예를 들어 두 당사자가 노이즈가 존재하는 채널을 통해 통신할 수 있도록 특정 애플리케이션의 인코딩 구조를 설계하는 과학 기술이다.

큐비트(Qubit): 양자 비트는 양자 컴퓨터에 의해 구현된 양자 컴퓨터의 기본 하드웨어 구성 요소다. 고전 비트(또는 2 진수)와 유사하게 큐비트는 0 또는 1에 해당하는 상태를 나타낼 수 있다. 고전적인 비트와는 달리 큐비트는 한 번에 두 상태의 중첩으로 존재할 수 있으며 각각의 가능한 상대와 함께 존재할 수 있다. 양자 컴퓨터에서 큐비트는 일반적으로 얽혀 있다. 즉, 큐비트의 상태는 다른 큐비트의 상태와 불가분하게 연결돼 있어서 독립적으로 정의 불가능하다.

키 교환(Key exchange): 의도된 수신자 간에 키가 공유돼 정보 암호화와 암호 해독에 사용되는 암호화 알고리즘과 프로토콜 단계를 의미한다.

타원 곡선의 이산 로그 문제(Discrete-log problem on elliptic curves): 출력이 주어져도 입력을 계산하기 어려운 특정 암호 프로토콜의 기초로 사용 가능한 특정 대수적 문제다.

파동 입자 이중성(Wave-particle duality): 양자 객체가 때로는 물결 모양의 성질로, 때로는 입자와 같은 특성으로 가장 잘 묘사되는 현상이다.

파동 함수(Wave function): 양자계의 상태를 수학적으로 기술한 것으로, 파동과 유사한 특성을 나타낸다.

포스트 양자 암호(Post-quantum cryptography): 양자 컴퓨터에 의한 암호 해석에 대해 내성을 가질 것으로 예상되는 암호 방법의 집합이다.

표면 코드(Surface code): 기존의 QECC보다 노이즈에 덜 민감하지만 오버헤드가 높은 QECC^Quantum Error Correction Code다.

표준 셀 라이브러리(Standard cell library): 사전 설계되고 테스트된 로직 게이트 세트다.

프로그램(program): 특정 접근법이나 알고리즘을 사용해 하나 이상의 작업을 완료하거나 하나 이상의 작업을 완료하고자 컴퓨터가 수행해야 하는 지침 및 규칙의 시퀀스를 나타내는 추상화 동작이다.

프리미티브(Primitive): 기본 계산 동작을 의미한다.

해밀토니안(Hamiltonian): 물리적 시스템의 에너지 환경적/수학적 표현이다. 양자역학의 수학에서 해밀토니안은 선형 대수 연산자의 형태를 취한다. 때때로 이 용어는 수학적 표현이 아니라 물리적 환경 자체를 나타내기 위해 사용된다.

호스트 프로세서(Host processor): 양자 제어 시스템의 구성 요소를 설명하는 데 사용되는 추상화 방법으로, 사용자가 제어하는 시스템의 일부를 구동하는 고전 컴퓨터 구성 요소다.

확장성, 결함 허용 능력, 범용 게이트 기반 양자 컴퓨터(Scalable, fault-tolerant, universal gate-based quantum computer): 회로 기반의 고전 컴퓨터와 유사한 큐비트의 게이트 기반 연산을 통해 동작하고 양자 오류 정정을 사용해 계산 시간 동안에 발생할 수 있는 시스템 노이즈(불완전한 제어 신호 또는 서로 간에 의도하지 않은 큐비트 커플링으로 인한 오류 포함)를 정정한다.

희석 냉동기(Dilution refrigerator): 절대 0도에 가까운 온도에서 기기를 유지할 수 있는 특수 냉각 디바이스다.

SHA256: 입력 크기에 관계없이 256비트 해시 값을 출력하는 특정 해시 함수다.

| 찾아보기 |

양자 컴퓨팅 발전과 전망

발 행 | 2020년 7월 29일

지은이 | 전미 과학 · 공학 · 의학한림원
옮긴이 | 테크 트랜스 그룹 T4

펴낸이 | 권 성 준
편집장 | 황 영 주
편 집 | 조 유 나
디자인 | 박 주 란

에이콘출판주식회사
서울특별시 양천구 국회대로 287 (목동)
전화 02-2653-7600, 팩스 02-2653-0433
www.acornpub.co.kr / editor@acornpub.co.kr

한국어판 ⓒ 에이콘출판주식회사, 2020, Printed in Korea.
ISBN 979-11-6175-433-8
http://www.acornpub.co.kr/book/quantum-computing-prospects

이 도서의 국립중앙도서관 출판시도서목록(CIP)은 서지정보유통지원시스템 홈페이지(http://seoji.nl.go.kr)와
국가자료공동목록시스템(http://www.nl.go.kr/kolisnet)에서 이용하실 수 있습니다.(CIP제어번호: CIP2020028700)

책값은 뒤표지에 있습니다.